AWESOME LARAVEL
어썸 라라벨

정상우 지음

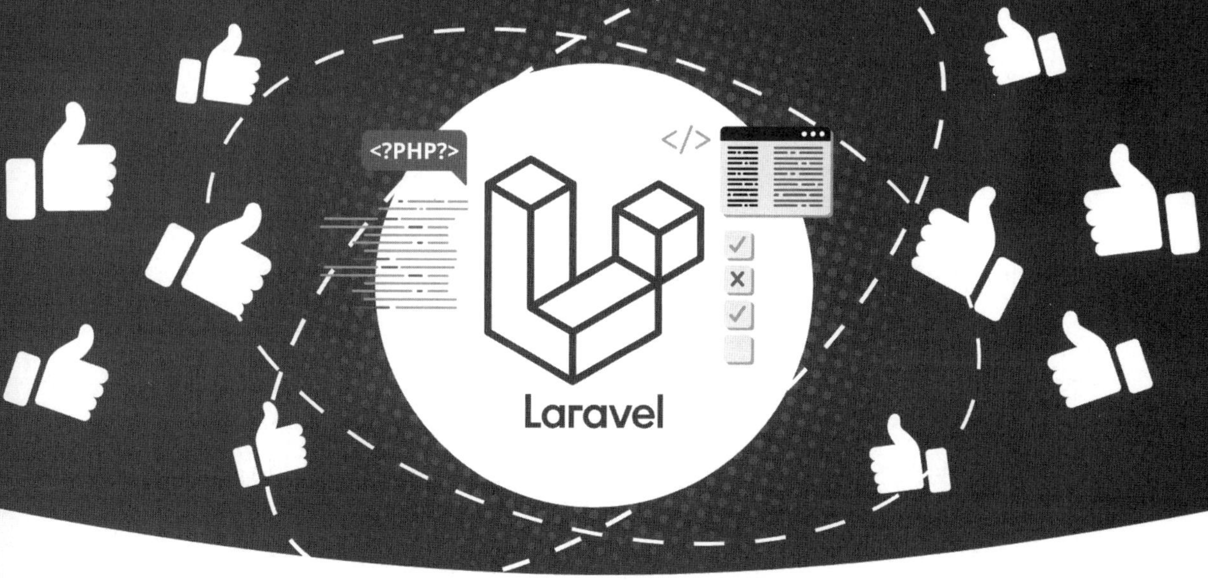

실전 프로젝트로 배우는 라라벨 입문서

이제 더 이상의 레거시는 그만, 라라벨 프레임워크를 통해 과거를 이겨내고
미래로 한 걸음 도약할 수 있는 PHP 개발자로 나아가자!

서문

책 속으로 들어가기 전에 독자 여러분에게 이야기하고 싶은 내용이 있다면, 이 책은 레퍼런스 서적이 아니라는 점이다. 여기서 이야기하는 레퍼런스 서적이란, 보다 많은 정보를 전달하기 위해 실용적인 부분보다는 프레임워크의 기능 및 함수를 나열하거나 소개하는 형식으로 이어나가는 형태의 책을 말하는데, 일반적으로 이러한 서적은 개발을 하면서 참고용으로 옆에 두고 쓰는 것이기 때문에 라라벨 프레임워크를 처음 접하는 입문자에게는 적절하지 않다. 설령 처음부터 끝까지 다 읽는다고 하더라도 사용하지 않으면 잊어버리기 때문에 천 페이지가 넘는 책을 힘들게 읽었음에도 무용지물이 되는 경우도 많다. 라라벨의 생태계는 넓은 편이라 긴 내용을 쓰는 것도 가능한 일이지만, 모든 것을 책에 담는 것은 집필자와 독자 모두 힘들어지는 길이기에 백과사전처럼 나열하는 것은 배제하기로 하였다.

이 책이 지향하는 바를 한마디로 표현하자면, '프로젝트를 통해 라라벨 프레임워크와 친해지기'다. 라라벨 프레임워크를 처음 사용하는 입문자를 대상으로 하기 때문에 필요한 경우가 아니라면 서비스(Service)와 리포지터리(Repository) 및 레이어드 아키텍처(Layered Architecture)와 같이 라라벨 프레임워크를 넘어서는 개념들에 대해서는 이야기하지 않는다.

라라벨 프레임워크 기능의 나열 및 소개보다는 공식 문서 및 프레임워크에서 이야기하는 기본 개념을 분명하게 이해하고 직접 프로젝트를 만들어보면서 해당 기능이 언제 그리고 무엇을 위해 필요한 것인지 파악할 수 있도록 하였다. 따라서 기능을 먼저 익히고 프로젝트를 진행하는 것이 아니라 단지 라라벨 프레임워크의 구조만을 익힌 상태에서 바로 프로젝트를 시작한다. 세부적인 개념이나 라라벨의 생태계와 기능 및 내용은 프로젝트에서 필요할 때 소개한다.

문서만 찾아도 나오는 얕은 내용보다는, 이해하고 고민해야 하는 내용들로 채우고자 하였다. 함수나 메서드를 하나씩 나열하면서 백과사전식으로 진행하는 것은 이 책이 지향하는 바가 전혀 아니다. 머리로만 코드를 이해하거나 책에 쓰인 코드를 그대로 작성하기보다는 이 코드가 왜 쓰였는지, 로직이 어떻게 연결되는지를 이해하고자 한다면 라라벨을 배우는데에 큰 도움이 되리라 생각한다.

라라벨 프레임워크

라라벨 프레임워크 이전에도 PHP 프레임워크는 코드이그나이터(CI, CodeIgniter)와 심포니(Symfony) 등이 존재했다. 해외에서는 심포니, 국내에서는 CI 기반의 프로젝트들도 다수 출현하였지만, 사용이 더욱 간결하고 설정이 적으면서도 컴포저를 적극적으로 사용할 수 있는 라라벨이 나타나면서 CI는 점차 구닥다리가 되어버렸고, 이제는 라라벨이 PHP 프레임워크에서 주류의 자리를 차지하게 되었다.

프레임워크조차 사용하지 않았던 레거시 환경에서 개발하던 시대에는 디렉터리 구조가 정해져 있지 않았으며 또 프로젝트마다 달라 유지보수에 많은 어려움이 있었다. 이러한 프로젝트는 지금도 어딘가에서 살아 숨 쉬며 우리에게 서비스를 제공하고 있다. 게다가 class, interface 등의 요소를 사용하는 객체지향 자체도 적용되지 않은 프로젝트가 많았다.

PHP는 언어의 레벨에서부터 구조가 정해져 있지 않아 자유도가 높고 진입장벽은 너무나도 낮은 탓에 과거에는 개발자들이 PHP로 서버 개발을 시작하는 경우가 많았다. 실제로 대학에서도 서버사이드로 PHP를 배우는 경우가 많다. 그만큼 서버사이드의 개념을 이해하기에 있어서는 구현도 단순하고 좋았기 때문이다. 하지만 인기가 많고 자유도가 높아서 생기는 부작용 덕에 레거시 프로젝트가 양산되어 2010년대 이후부터 많은 개발자가 PHP를 기피하게 되는 현상이 발생하게 되었으며 이는 현재 진행형이다.

C++, 자바(Java) 등 객체지향 개발에 익숙하던 개발자에게 PHP는 그다지 반갑지 않은 존재로 여겨지곤 했다. 소스 코드의 구성 측면에서는 사용자에게 실제로 보여주는 뷰와 비즈니스 로직이 상당수 뒤섞여 있는 경우가 많아 난잡하고, 유지보수가 어려워 결국에는 많은 개발자들에게는 기피되는 존재로 여겨졌고, 배우면 안 된다는 인식이 자리 잡기 시작했다.

PHP는 빠른 프로토타이핑으로 최소기능제품(MVP, Minimum Viable Product)을 제작하기 용이하다는 점이 큰 장점으로 여겨진다. 국내의 유니콘 기업과 이름이 알려진 글로벌 기업들 중에서도 처음에는 PHP를 사용하여 시작한 경우가 많다. 하지만 자바의 스프링 프레임워크와 강력한 자바스크립트 생태계를 중심으로 성장한 Node.js와 비교를 해보았을 때 현실적으로 PHP로 개발을 진행해서 얻는 이점이 그다지 많지 않았기에 시간이 지날수록 PHP의 위상은 작아질 수밖에 없는 실정이었다. 또한 정부에서조차 자바를 사용한 교육과 서비스를 만들다 보니 인력수급 또한 자바에 비해 한참 떨어지는 결과를 초래하게 되었다.

과거에는 의존성 관리자라 부르는 패키지 매니저 또한 없었기 때문에 다른 사람이 작성한 컴포넌트를 프로젝트에 포함시키는 일 또한 어려웠다. 시장에는 여전히 레거시 프로젝트가 많고, 표준 권장안인 PSR(PHP Standard Recommendation)을 지키는 것을 기대하는 것도 어려운 상황이었기 때문에 PHP 기술 생태계는 앞으로 나아가고 있었지만 현실이 그것을 따라가지 못하고 있는 아이러니한 상황이 벌어지고 있었다. 그래서 2000년대 초중반 PHP의 평가가 고점을 찍고 난 뒤, 2015년에 PHP 7이 나타났으나 고전을 면치 못하고 있었다.

제각기 다른 프로젝트 구조와 더불어 성능 측면에서는 자바, Node.js에 밀리는 탓에 서비스가 성장하면서 기술 스택을 변경하는 기업이 늘어나 PHP는 대규모 비즈니스에 어울리지 않는다는 인식이 뿌리 깊게 자리 잡혀 있었다. 그러나 2020년 11월에 나타난 PHP 8에 JIT(Just in Time)가 추가되면서 이제는 타 언어의 성능 부분에서도 대항할 수 있는 수준에 도달하였다. 하지만 여전히 시장에 있는 레거시 프로젝트들로 초래된 나쁜 인식은 넘어야 할 벽으로 남아있는 상황이다.

라라벨은 PHP를 사용하여 웹 어플리케이션을 개발할 때 사용하는 프레임워크(Framework)다. 라라벨을 사용할 때에는 개발자가 임의로 프레임워크에서 정한 디렉터리 구조를 마음대로 수정하거나 코드 작성 관례에 어긋나는 행동을 하면 안 된다. 개발자에 의해 라라벨이 제어되는 것이 아니라, 라라벨에 의해 개발자의 행동이 제약되기 때문에 라라벨을 프레임워크라고 부른다. 프레임워크를 사용하면 개발자의 행동에 일부 강제성이 발생하지만, 프레임워크를 사용하지 않는 것에 비해 많은 이점이 존재한다. 이제 라라벨이 어떤 문제를 해결해주는지 알아보도록 하자. 라라벨은 프레임워크가 이전에 언급한 문제들 및 레거시로 존재하던 PHP 프로젝트가 가지고 있었던 일부 문제를 해결하기 위해 나타났으며 다음과 같은 문제를 해결한다.

1. 패키지 매니저인 컴포저(Composer)를 적극적으로 활용하여 다른 사람이 만든 오픈소스 패키지를 포함할 수 있고, 그에 더해 라라벨에서 더욱 쉽게 사용할 수 있도록 구성된 패키지 또한 여럿 존재한다. PSR-4 Autoloader Standard를 따르기 때문에 include, require를 사용하여 파일을 수동으로 포함할 필요가 없어진다.

2. 아키텍처 중 하나인 MVC(Model, View, Controller)를 따르는 방식으로 구성되어 있어서 일관성이 없던 레거시 프로젝트보다 구조적이고 단단하게 어플리케이션을 구성할 수 있으며, 그에 따라 사용하게 될 여러 기능과 구성 요소들이 위치할 폴더 또한 일정 부분 정해져 있다. 프로젝트마다 디렉터리 구조의 차이가 미미하기 때문에 유지보수에 용이하며 다른 개발자가 개발을 이어받더라도 추가적인 기능 개발에 어려움이 줄어든다. 디렉터리 구조나 아키텍처에 대한 고민을 덜 수 있기 때문에 비즈니스 로직에 집중할 수 있다.

3. 의존성 주입(DI, Dependency Injection)과 의존성 제어 역전(IoC, Inversion of Control)을 통해 비즈니스 로직이 특정 객체를 직접 제어하지 않고 외부에서 주입을 통해 처리할 수 있도록 한다. 그로 인해 로직이 가지는 결합도를 낮출 수 있고 코드의 재사용성이 크게 향상된다.

4. 내장함수로 처리되던 array_*, str_* 계열 함수의 일관성 없는 사용법 등을 개선하고 다양한 보조함수들을 제공하며 map, reduce, each 등 함수형 프로그래밍으로 컬렉션(Collection)을 처리할 수 있도록 코드를 개선할 수 있다.

5. 모델(Model)과 엘로퀀트 ORM(Eloquent ORM)을 사용하여 데이터베이스를 간결하게 조작할 수 있기 때문에 직접 PDO(PHP Data Object) 레이어를 통해 데이터베이스에 접근할 필요가 없으며 mysqli_*과 같은 구닥다리 함수들은 쓸 이유조차 사라졌다. 또한 로직 내부에서 직접 SQL을 하드코드로 작성하여 타입에 알맞게 데이터를 바인딩하지 않아도 되므로 코드가 단순해지고 보안에도 도움이 된다.

6. 뷰(View)에 대해서는 블레이드(Blade)라는 별도의 템플릿을 사용하고 상속, 포함, 컴포넌트를 사용하여 쉽게 레이아웃을 구성할 수 있다. @ 로 시작하는 지시어(Directive)를 사용하여 기존의 .php 파일에서 HTML과 함께 사용했을 때 적어야 했던 꺽쇠(<?php)의 굴레에서 벗어날 수 있게 되었다.

7. 라우팅(Routing)과 컨트롤러(Controller)로 인해 Endpoint에 더이상 .php가 붙을 필요가 없어졌고, 먼저 요청을 한 곳으로 모아 처리하는 프론트 컨트롤러(Front Controller) 패

턴을 사용하여, index.php를 제외하고는 Document Root 바깥에 위치하고 있어서 레거시 프로젝트보다 더 보안에 뛰어나다.

8. 세션을 켜고 값을 필터링하고, CSRF_TOKEN을 검증하는 등 꼭 필요하기는 하지만 본질적으로 비즈니스 로직과는 관련이 없고 코드가 중복되는 부분들은 미들웨어(Middleware)라는 별도의 레이어로 따로 분리하였다. 이로 인해 비즈니스 로직에만 집중할 수 있다.

9. 데이터베이스 마이그레이션(Migrations)을 사용하면 직접 SQL을 사용하여 테이블을 생성하는 대신에 PHP 코드를 사용하여 생성할 수 있다. 또한 그에 더해 시딩(Seeding)을 통해 마이그레이션된 테이블에 더미데이터를 입력할 수 있어서 시간이 절약된다.

10. 요청(Reuqest)과 응답(Response)을 래핑하여 일관된 방법으로 요청 파라매터를 얻어올 수 있고, 값의 유효성(Validation)을 검사하는 일도 손쉽게 처리할 수 있다. 따라서 $_REQUEST, $_GET, $_POST와 같은 글로벌 변수를 사용하지 않아도 된다. 응답의 경우 리다이렉트, 파일 바이너리, JSON에 대한 응답을 주는 것도 문제없다.

그 외에 사용자 인증이 간단하고 라라벨 자체뿐만 아니라 공식 외부 패키지를 사용하여 다양한 기능을 사용할 수 있다는 것도 장점이다. 예를 들면 직접 구현해야 한다면 상당히 시간이 소모되었을 터인 OAuth 2 서버는 Laravel Passport를 사용하면 금방 만들어낼 수 있다. 라라벨의 생태계는 상당히 넓으며 개발자가 필요에 따라 도구를 사용할 수 있기 때문에 그 도구에 대한 자세한 사용법을 알아두기보다는 이 도구는 어떨 때 필요한지만 알아 두면 배워서 적재적소에 쓸 수 있다.

라라벨에는 개발자를 위한 많은 기능들이 준비되어 있다. 인증, 이메일, 큐, 캐싱 등의 기능들이 있는데, 서비스를 개발하면서 사용하게 될 기능들이 일부는 이미 내장되어 있다. 그로 인해 라라벨은 무겁다는 의견도 다소 존재한다. 이에 대비하여 라라벨 기반의 마이크로 프레임워크인 루멘(Lumen)이라는 것도 존재한다. 주로 가벼운 API 서버를 구성할 때 사용한다.

처음 라라벨을 접한다면 라라벨에서 제공하는 기능의 양이 많다고 느껴질 수도 있다. 실제로 라라벨에서 제공하는 기능은 많다. 하지만 프레임워크를 공부하면서 제공되는 기능들을 전부 익히려고 하는 것은 그다지 효과적이지 않은 방법이다. 배우더라도 자주 사용하지 않으면 금방 잊어버리기 때문이다. 전부 알고 넘어가려고 하지 않아도 된다. 그저 라라벨에는 이런 기능이 있는데 언제 그리고 왜 쓰는지 정도만 알고 넘어가도 된다. 그리고 그다음에 이르러서야 해당 패키지와 기능에 대한 공식문서를 찾아보면 된다.

라라벨 공식문서

라라벨의 공식문서에는 라라벨의 기본적인 사용법과 기능이 일부 나열되어 있다. 공식문서를 보면 라라벨의 컨셉이나 라라벨의 지향점을 이해할 수 있게 된다. 하지만 공식문서만 봐서는 나열된 기능이 실제로 언제 어떻게 쓰이는지는 직관적으로 이해하기가 어렵다. 이 책은 그러한 문제를 해결하기 위해 작성되었기 때문에 조금 더 와 닿으면서도 실용적인 내용을 다룬다. 다만 공식문서를 기반으로 작성된 내용도 있기 때문에 문서와 책을 함께 보면 더욱 시너지 효과를 누릴 수 있다. 라라벨의 공식문서는 영어로 되어있기 때문에 파악하기가 어려우면 한글 번역 문서를 참고해보자.

이 책에서는 공식문서에서 이야기하는 모든 내용을 이야기하지는 않았다. 세부적인 내용들이나 실습에 있어서 중요하지 않은 내용이 제법 많기 때문이다. 따라서 라라벨의 기본기와 실무에서 자주 쓰이는 개념들을 중점으로 이야기할 예정이다. 하지만 라라벨의 공식문서를 기본으로 해야한다는 것은 변하지 않기 때문에 이 책을 다 읽은 이후에 공식문서를 살펴보면 더욱 많은 내용을 알게 될 것이다. 이 책에는 별도의 부록이 없고, 그에 해당할 만한 내용들은 공식문서로 대체하기로 했다. 이를테면 API 목록이나 서비스 컨테이너 바인딩 매핑 테이블 같은 것들이다. 라라벨의 공식문서는 한글 번역문서보다는 영어로 된 문서를 읽는 것이 기본이 되어야만 한다. 아직 라라벨에 대한 명확한 이해가 안 됐을 때는 한글문서가 큰 도움이 되는 것은 사실이다. 하지만 영어 문서에 비해서 코드의 갱신이 느리다는 점이 단점이다. 종이책도 마찬가지다. 라라벨의 버전이 바뀌면 이 책에 소개된 사용법이랑 달라질 수도 있다.

라라벨의 메이저 버전은 대체로 1년, 마이너 버전은 1주일 단위로 갱신된다. 이 책은 라라벨

10.x 를 기준으로 하고 있지만 2024년이 되면 라라벨 11.x 가 출시될 것이다. 새로운 버전이 출시되면 영문 공식문서에는 마이그레이션 가이드가 게시된다. 단지 그것만 따라가면 끝이며 Laravel Shift(https://laravelshift.com)를 사용하면 버전 갱신도 금방 할 수 있다. 사실상 기능의 추가나 문법의 변화만 조금씩 있을 뿐이지 라라벨의 기본기는 사실 필자가 처음 라라벨을 접했을 때인 라라벨 5.x 나 지금의 라라벨 10.x 나 본질적으로 큰 차이는 없다는 점은 눈여겨 볼만하다. 하지만 세부적인 내용은 달라질 수 있음을 인지할 필요가 있다.

- 라라벨 공식문서: https://laravel.com/docs/10.x
- 라라벨 공식문서 한글 번역: https://laravel.kr/docs/10.x

공식문서에서는 라라벨 코어가 가지고 있는 API 목록을 살펴볼 수도 있다. 라라벨이 가지고 있는 주요한 내용은 이 책에서 이야기하겠지만, 책에 나오지 않은 내용이라면 공식문서를 찾아볼 필요가 있다. 함수가 어떤 일을 하고, 무엇을 반환하는지, 어떠한 것을 상속하고 인터페이스를 구현하는지 API 문서를 통해 어느 정도 파악할 수 있다. 프로그래밍 언어, 라이브러리, 프레임워크 등을 공부할 때 제공되는 기능과 함수 시그니처를 전부 외우는 일은 비효과적인 방법 중 하나다. 예를 들어 모델에 대응하는 Illuminate\Database\Eloquent\Model 클래스의 경우 다양한 프로퍼티와 메서드를 가지고 있는데, 해당 문서(https://laravel.com/api/10.x/Illuminate/Database/Eloquent/Model.html)에 있는 목록을 전부 외우려고 하는 것은 들인 시간에 비해서 그렇게 큰 효과를 볼 수 없다. 따라서 자주 사용하는 함수들만 일부 기억해두는 것이 좋다.

키워드와 함수의 기반 이름을 알아두는 것도 도움이 된다. 모델 사이의 관계(Relationship)를 선언하려고 할 때, 관련된 함수는 hasOne(), hasMany(), belongsTo(), belongsToMany() 등이 있는데, 기반이 되는 단어인 has, belongs 정도만 기억하고 대략적인 용도만 알더라도 세부적인 내용은 API에서 검색이 가능하고 관련된 내용은 무엇이 있는지 살펴볼 수 있다. 함수들은 자주 사용하다 보면 자연스럽게 기억이 될 것이기 때문에 인위적으로 외우지 않아도 된다. 만약 라라벨로 처음 프레임워크를 시작하거나 다른 프레임워크나 라이브러리 사용을 많이 해보지 않았다면 공식문서 보는 법을 반드시 숙지하자. PHP 내장함수 및 클래스의 참고가 필요하다면 PHP 공식문서도 살펴볼 필요가 있다.

- php.net: https://php.net
- 라라벨 API 문서: https://laravel.com/api/10.x

라라벨 커뮤니티

PHP가 성장하고 있는 타 언어와 프레임워크에 비해 시장에서 자리를 조금씩 잃어가고 있던 찰나, 라라벨 프레임워크가 혜성처럼 나타났다. 그리고 CMS(Conetent Management System)인 워드프레스와는 그 역할이 달라 예외로 치더라도 CI, Symfony, CakePHP, Yii와 같은 기존에 존재하던 프레임워크들이 가지고 있던 점유율을 잡아먹기 시작하며 시장에서 주목받기 시작했다. 이렇게 라라벨이 다른 프레임워크의 자리를 차지할 수 있었던 이유에는 커뮤니티가 있다.

라라벨은 커뮤니티를 기반으로 성장한 프레임워크다. 따라서 커뮤니티를 빼고 라라벨을 소개할 수는 없다. 라라벨의 창시자인 테일러 오트웰(Taylor Otwell)은 개발자 커뮤니티를 통해 라라벨을 알리고 성장시키기 위해 부단히 노력했다. 라라벨은 유연하고 많은 아이디어가 도사리고 있는 커뮤니티를 기반으로 성장하였으며 라라콘(Laracon)과 같은 개발자들을 위한 이벤트 및 라라캐스트(Laracast), Laravel News와 같이 라라벨을 중점으로 하는 커뮤니티도 다수 등장하였다.

- 라라캐스트(Laracast): https://laracasts.com
- Laravel.io: https://laravel.io
- 라라벨 뉴스(Laravel News): https://laravel-news.com
- 라라콘(Laralcon): https://laracon.net

그밖에도 라라벨을 기반으로 하는 다양한 패키지가 등장하여 라라벨만의 생태계가 형성되었으며 라라벨에만 익숙해진다 하더라도 많은 일들이 가능하게 되었다. Laravel Debugbar 등 라라벨 전용으로 패키지를 별도로 배포하기도 한다. 또한 라라벨 내부에서 Monolog, swiftMailer, Faker 등 기존에 알려진 라이브러리 및 패키지들을 사용하기도 하므로 그와 관련한 커뮤니티의 도움을 받는 것도 가능하다.

책 속으로 들어가기 전에

이 책은 라라벨 프레임워크를 처음 배우는 입문자를 대상으로 하고 있지만, PHP 8.1 문법 및 객체지향을 알고 있는 것을 전제로 하고 있다. 최소한 레거시 프로젝트에서는 자주 사용되지 않던 interface, class, trait, namespace 그리고 패키지 매니저인 컴포저(Composer)의 개념을 반드시 알고 있어야 하며 아직 잘 모르겠다면 공식문서 등을 통해 반드시 숙지하고 올 것을 권한다. 컴포저를 사용하여 패키지를 다운받을 때 자주 사용되는 사이트로는 패키지스트가 있다.

- 컴포저(Composer): https://getcomposer.org
- 패키지스트(Packagist): https://packagist.org

PHP의 표준 권장안을 담당하고 있는 PSR(PHP Standard Recommendation)은 PHP 프로그래밍을 하면서 지키면 좋은 권장 사항들이 담겨있다. 예를 들면 PSR-1, PSR-12는 코드 스타일을, PSR-4에서는 Autoloader Standard를 이야기하고 있다. PSR-4는 namespace, use 키워드와 함께 class, trait, interface와 같은 요소들을 매번 include, require를 적지 않더라도 Autoload하여 처리할 수 있는 매커니즘을 제공한다. 이는 라라벨을 비롯한 모든 PHP를 사용하는 프레임워크를 익힐 때 사용되는 가장 주요한 기능이므로 이 부분이 부족하다면 반드시 알아 둘 필요가 있다.

- PSR(PHP Standard Recommendation): https://www.php-fig.org/psr
- PSR 한글 번역: https://psr.kkame.net

예제코드는 깃허브에 작성되어 있다. 클론코드를 진행함과 동시에 먼저 이미 작성된 코드가 어떤 형태로 작성되었는지 파악하고 넘어가고 싶다면 예제코드를 살펴보는 것이 좋다. 그에 더해 이후에는 이 책을 기반으로 유료 강좌도 제작될 예정이므로 자세한 내용은 예제코드의 깃허브 레포지토리에서 참고할 수 있다.

- 예제코드: https://github.com/php-courses-inflearn/laravel

저자 소개

정상우

기술보다는 가치를 중시하는 개발자. 학창 시절 피아니스트를 꿈꾸다가 벽을 마주하고 그만둔 뒤, 고등학교 2학년 때 처음 개발을 만나 지금까지 인연을 이어오고 있다. 대학교를 가지 않고 회사생활을 하다가 지금은 퇴사하고 20대 프리랜서 개발자로서 개발 이외에도 강의와 집필 활동을 하고 있다. 인프런에서 〈PHP 7+ 프로그래밍〉, 〈PHP 7+ 프로그래밍: 객체지향〉, 〈PHP 8, 새로운 기능 알아보기〉를 강의했다. 그밖에도 개발 블로그에 칼럼을 쓰거나 티스토리 스킨 프레임워크 〈티도리〉, 티스토리 스킨 〈hELLO〉 등 오픈소스 활동도 하고 있다.

- 깃허브 https://github.com/pronist
- 기술 블로그 https://pronist.dev
- 인프런 https://www.inflearn.com/users/@pronist
- 이메일 pronist@naver.com

베타 리더 추천사

평소 웹 개발에 관심이 많아 관련 학과에서 공부하면서 백엔드 관련 기술들에 대해서 공부하던 중에 PHP를 접할 기회가 있었으나 실질적인 프로젝트나 실무에서 어떻게 쓰이는지가 궁금하였습니다. Spring이나 Node.Js, Django 등의 여러 가지 백엔드 관련 프레임워크들이 존재하고 취업 시장에서도 큰 비중을 차지하고 있지만 라라벨을 사용한 백엔드 기술들을 다양한 프로젝트에 구현해 볼 수 있는 기회가 없었던 것 같습니다.

이 책을 통해 PHP 프레임워크인 라라벨을 이용하여 백엔드 기능 구현들을 배워 볼 수 있습니다. 입문서인데도 불구하고 학습자가 궁금한 점이나 에러에 대한 해결책을 얻을 수 있도록 각종 커뮤니티를 소개하고 있는 부분이 매우 인상적이었습니다. 그리고 아키텍처 세부적인 내용들 및 각각 주요 파일들이 가지는 기능들에 대한 그림과 자세한 설명이 저자가 지향하는 왜 이러한 코드가 쓰였으며 어떻게 로직이 연결되는 지에 대한 이해를 도왔으며, 개발시 필요한 여러 가지 유용한 툴들을 소개함과 더불어 라라벨 프로젝트 생성을 위한 가상머신 생성에서부터 회원 인증 기능, 소셜 로그인, 블로그, 파일 업로드, 대시 보드, API 구현 등 다양한 기능들을 구현해보고 테스트를 해보면서 백엔드 실무에 있어서의 기초를 다져갈 수 있는 공부가 되었습니다. PHP 프로젝트에 관심이 있는 입문자이거나 백엔드 업무의 기초에 관심이 있는 분들에게는 좋은 학습의 시간과 경험이 될 것 같습니다.

김동원

백엔드 개발자로서 새로 출간될 '어썸 라라벨'을 꼼꼼하게 읽어보고 검토했습니다. 검토하는 내내 새롭게 알게 된 값진 내용이 상당히 많이 담겨있어서 정말 괜찮은 책이라고 느꼈고 PHP 개발에 도전하시는 분이나 백엔드를 학습하시는 독자분들께 자신있게 추천드려도 좋겠다는 확신이 들었습니다. 이 책은 그냥 좋은 책이 아니라 라라벨 개발자가 되기 위해 유용한 지식은 물론 보다 실무에 가까운 정보를 전달합니다.

제가 처음 PHP를 접했을 때는 이렇다 할 프레임워크가 없이 구조와 체계조차 없는 그야말로 날코딩이었습니다. 그렇다 보니 품질 수준도 기대 이하였습니다. 그렇게 시간이 지나 PHP는 자바와 자바스크립트에 밀려 사장되는 미래를 걷게 될 것이라 예측했는데 라라벨이라는 굉장히 신선한 프레임워크가 나와 다시 스포트라이트를 받고 있습니다. 이 책에서는 그런 라라벨의 구조와 설계 방법, 그리고 코딩 규칙 등에 대해 아주 상세한 가이드를 해줍니다. 제 개인적으로는 미들웨어의 상세한 설명과 테스트에도 많은 분량의 비중을 둔 점, 그리고 SQL을 하드코딩 없이 손쉽게 해주는 Eloquent ORM의 사용 방법에서 상당한 도움을 받았습니다.

그리고 단순히 문법적 설명을 하는 것이 아니라 라라벨을 활용하여 어떻게 개발자가 효율적으로 개발을 할 수 있는지에 초점을 맞추어 책을 구성했다는 것이 느껴졌습니다. 커뮤니티를 만들어보는 클론코딩을 통해 구체적으로 라라벨을 이용하여 PHP 개발이 이루어지는 과정과 상세 설명을 알 수 있습니다. 이 책의 백미로는 'RESTful API'라는 주제를 가진 7장을 가장 꼽고 싶습니다. 백엔드 개발자라면 반드시 이 부분을 완전히 자기 것으로 만드시기 바랍니다. 이 부분은 비단 PHP나 라라벨 개발자가 아니라고 하더라도 모든 백엔드 개발자에 도전하는 분들에게 해당되는 내용이기 때문입니다. 비록 라라벨 전문개발자는 아니지만 제가 현업에서 백엔드 개발 업무를 하고 있기 때문에 RESTful API에 대한 기초 지식과 충분한 이해가 왜 중요한지 잘 느끼고 있습니다.

현재 라라벨을 다루는 책은 이미 서점에 나와 있지만 라라벨에 대해 이렇게 설명이 상세하면서 실제와 유사한 프로젝트를 클론코딩을 통해 반드시 필요한 기능을 배우게 하는 책은 많이 보지 못한 것 같습니다. 국내에도 라라벨 개발자 커뮤니티가 존재하고 있습니다. 라라벨 개발자를 채용하는 기업도 봤고 어떤 기업은 아예 예전 시스템을 뜯어 고쳐서 라라벨, 그것도 최신의 규격으로 개발을 유지하고 있는 것도 알게 되었습니다. 우리나라는 이른바 '자바 공화국'이라서 백엔드 개발자라고 하면 자바 스프링 개발자만 우대해주는 편향적 환경에 놓여있습니다. 하지만 PHP의 라라벨도 자바 스프링에 뒤지지 않는 좋은 기술입니다. 이 책을 통해 많은 PHP 라라벨 개발자가 양성되어 보다 훌륭한 개발자들이 많이 배출되기를 바랍니다.

핫셀러 백엔드 개발자 임혁

저자는 이 책을 '프로젝트를 통해 라라벨 프레임워크와 친해지기'라고 표현하고 있는데 이 말처럼 프레임워크의 기능을 나열하여 설명하기보다 프로젝트를 진행하면서 필요한 기능들을 구현하고, 해당 기능들을 언제, 왜 사용하는지를 파악할 수 있도록 설명하고 있습니다. 이러한 방식으로 학습하면 비슷한 기능 구현이나 해결 과제가 생겼을 때 경험을 바탕으로 보다 쉬운 문제 접근과 해결이 가능하리라 생각됩니다. 많은 현대 개발 언어들이 그렇듯 PHP도 다른 언어의 좋은 점을 채택하며 꾸준히 발전되어 왔습니다. 비단 언어만이 아니라 프레임워크도 마찬가지인데 라라벨 프레임워크도 내부의 구현 방식이나 동작 패턴들이 Java의 Spring Framework와 유사한 부분이 많이 있습니다. 생산성 높은 웹 개발을 위해 PHP를 사용하여 프로젝트를 시작한다면 Laravel 프레임워크를 도입하는 것을 추천드리며 이 책은 좋은 안내서가 되어 줄 것입니다.

성지훈

목차

서문 · 2
저자 소개 · · · · · · · · · · · · · · · · · · · 11
베타 리더 추천사 · · · · · · · · · · · · · 12

CHAPTER
01. 안녕, 세계! — 18
1.1 로컬 환경에 설치하기 · 20
1.2 아티즌 · 25
1.3 환경설정 · 26
1.4 설정 · 27

CHAPTER
02. 아키텍처 — 28
2.1 MVC(Model, View, Controller) · 30
2.2 컨테이너 · 42
2.3 서비스 프로바이더 · 49
2.4 파사드 · 55
2.5 헬퍼함수 · 59
2.6 Laravel Contracts · 60

CHAPTER
03. 프로젝트 개요 및 준비 — 62
3.1 새로운 프로젝트 생성하기 · 64
3.2 개발환경 · 65
3.3 라라벨 홈스테드 · 65
3.4 라라벨 디버그바 · 71

3.5 라라벨 팅커 ··· 74
3.6 로깅 ··· 75
3.7 예외 ··· 79
3.8 라라벨 텔레스코프 ·· 85
3.9 테스트 ·· 90
3.10 에셋 번들링 ··· 95

CHAPTER

04. 인증 ··· 100

4.1 데이터베이스 ·· 102
4.2 뷰 ··· 120
4.3 라우팅 & 컨트롤러 ··· 126
4.4 회원가입 ··· 134
4.5 로그인 & 로그아웃 ·· 185
4.6 소셜 로그인 ··· 193
4.7 비밀번호 재설정 ··· 213
4.8 비밀번호 확인 ·· 231
4.9 마이페이지 ·· 240

CHAPTER

05. 커뮤니티 ··· 250

5.1 블로그 ·· 253
5.2 구독 ··· 290
5.3 글 ·· 305
5.4 댓글 ··· 324
5.5 파일 ··· 356
5.6 피드 ··· 393

CHAPTER

06. 레벨업 ·· 406

6.1 큐 ·· 408

6.2 메일 ··· 413
6.3 알림 ··· 430
6.4 이벤트 ·· 446
6.5 브로드캐스팅 ·· 463
6.6 아티즌 콘솔 ·· 482
6.7 작업 스케줄링 ·· 501
6.8 검색 ··· 508
6.9 로케일 ·· 519

CHAPTER

07. RESTful API ·· **524**

7.1 RESTful API란 무엇인가? ·· 526
7.2 라라벨 생텀 ·· 531
7.3 HTTP 클라이언트 ·· 542
7.4 API ·· 549
7.5 모델 직렬화 ·· 569
7.6 API 리소스 ·· 574
7.7 캐시 ··· 583
7.8 레이트 리미터 ·· 592
7.9 SPA 인증 ··· 596
7.10 JWT(Json Web Token) 인증 ································ 604

CHAPTER

08. 배포 ·· **620**

8.1 프로비저닝 ··· 622
8.2 Laravel Envoy ·· 624
8.3 점검모드 ·· 633

한층 더 나아가기 ···················· 634
찾아보기 ································ 642

CHAPTER 01

안녕, 세계!

1.1 로컬 환경에 설치하기
1.2 아티즌
1.3 환경설정
1.4 설정

시작하면서...

라라벨의 아키텍처와 기능들을 자세히 알아보기 이전에 간단하게 라라벨을 설치해보고 내장 서버를 실행하여 우리의 첫 번째 라라벨 프로젝트가 실행되는 모습을 살펴보자. 그 후 아티즌 명령어와 환경변수를 설정하는 방법을 배워보자.

그 전에, 터미널에서 진행해야 하는 작업이 많은데, 터미널의 경우 Git(https://git-scm.com/download/win)을 설치하여 Git Bash를 사용할 것을 권한다.

1.1 로컬 환경에 설치하기

이 책은 라라벨 10.x를 기준으로 하기 때문에 그에 따른 요구사항을 처리해야 할 필요가 있다. 가장 먼저 설치해야 하는 것은 PHP 8.1 - 8.2, 컴포저(Composer)다. 컴포저를 사용하면 어플리케이션에서 사용하는 각종 패키지를 관리하기 용이하다. 자바스크립트 생태계를 경험해본 적이 있다면 NPM(Node Package Manager)을 생각하면 쉽게 와 닿을 것이다. 라라벨은 컴포저가 요구되기 때문에 반드시 설치가 필요하다. 컴포저가 이미 설치되어 있는 환경이라면 설치 과정은 넘어가자.

1.1.1 컴포저

컴포저의 다운로드 및 설치 페이지(https://getcomposer.org/download)에 접속하여 운영체제에 맞는 컴포저를 설치해야 한다. 기본적으로 OpenSSL 확장이 활성화되어 있어야 한다. 또한 현재 코드가 실행되는 환경은 Windows라는 점을 참고하자. 만약 CLI(Command Line Interface)에서 설치하고 싶다면 다음과 같은 과정을 거친다.

```
$ php -r "copy('https://getcomposer.org/installer', 'composer-setup.php');"
$ php composer-setup.php
```

컴포저는 PHP로 실행할 수 있다. 만약 CLI를 통해 설치했다면 다음과 같이 실행해볼 수 있다.

```
$ php composer.phar --version
Composer version 2.5.3 2023-02-10 13:23:52
```

Windows용 인스톨러인 Composer-Setup.exe나 다른 방법을 통해 설치하고 PATH 환경변수에 컴포저의 경로가 등록이 된 상태라면 터미널에서 composer –version 명령어를 사용하여 처리하면 된다.

```
$ composer --version
Composer version 2.5.3 2023-02-10 13:23:52
```

만약 명령어를 실행할 때 문제가 발생한다면 PATH 환경변수에 컴포저를 실행하기에 적합하게 설정이 포함되어 있는지 살펴보자. 아래는 Windows에서 Composer-Setup.exe로 설치하여 설정된 것이다.

```
$ echo $PATH
/c/ProgramData/ComposerSetup/bin
```

1.1.2 확장

라라벨 프레임워크를 구동하기 위해 요구되는 확장 목록은 아래와 같다. 아래와 같은 확장들이 활성화되어 있는지 확인하자. Windows에서 라라벨을 실행할 때 추가적인 확장 설치 없이도 큰 무리 없이 동작할 수 있을 것이다.

```
BCMath, Ctype, Fileinfo, JSON, Mbstring, OpenSSL, PDO, Tokenizer, XML
```

php –ini를 사용하면 현재 설정된 ini 파일을 확인할 수 있는데, 설정되어 있지 않다면 PHP가 설치된 폴더에 php.ini 파일이 존재하는지 살펴보아야 한다. 설치 직후에는 php-production.

ini와 같이 되어있는 경우가 많아서 이름을 변경할 필요가 있다.

```
$ php --ini
```

Windows의 경우 php.ini의 Extensions 영역에서 활성화할 수 있다. 일부 JSON, Tokenizer 와 같은 확장들은 이미 PHP 내부에 Built-in되어 있기 때문에 수동으로 활성화해 줄 필요는 없다.

```
;;;;;;;;;;;;;;;;;;;;;
; Dynamic Extensions ;
;;;;;;;;;;;;;;;;;;;;;
extension=fileinfo
extension=mbstring
extension=openssl
extension=pdo_mysql
extension=curl
```

확장을 설치하는 방법이 궁금하다면 PHP 공식문서(https://www.php.net/manual/en/extensions.membership.php)에서 설치하고자 하는 확장을 찾고 Installation을 참고하여 확인할 수 있다. 예를 들어 BCMath 확장은 Windows용 PHP에서 빌트인으로 포함되어 있음이 명시되어 있다.

The Windows version of PHP has built-in support for this extension. You do not need to load any additional extensions in order to use these functions.

만약 Windows에서 확장로드가 실패하는 경우에는 php.ini에서 extension_dir 설정을 확인해보아야 한다. 기본적으로 ext가 지정되어 있을 것이며 주석 처리 되어 있다면 해제하자.

```
; Directory in which the loadable extensions (modules) reside.
; https://php.net/extension-dir
;extension_dir = "./"
; On windows:
extension_dir = "ext"
```

1.1.3 라라벨 인스톨러

컴포저 설치와 확장 활성화가 완료되었다면 이제 라라벨 인스톨러(Laravel Installer)를 통해 라라벨 프로젝트를 다운받고 실행할 수 있다. 먼저 아래와 같은 명령을 통해 라라벨 인스톨러를 설치해보자.

```
$ composer global require laravel/installer
```

전역(Global) 영역에 laravel installer가 설치된다. 컴포저를 사용하여 다른 패키지를 다운받을 때도 composer [global] require <package> 형태로 다운로드받을 수 있다. 지금은 전역에 설치했기 때문에 어느 위치에서든 laravel 명령어를 사용할 수 있다.

```
$ laravel --version
Laravel Installer 4.2.17
```

만약 laravel 명령어를 찾을 수 없는 경우 PATH 환경변수가 아래의 경로를 포함하고 있는지 살펴보고 포함되어 있지 않다면 포함해야 한다.

```
macOS: $HOME/.composer/vendor/bin
Windows: %USERPROFILE%\AppData\Roaming\Composer\vendor\bin
GNU / Linux Distributions: $HOME/.config/composer/vendor/bin or $HOME/.composer/vendor/bin
```

laravel new 명령어를 사용하여 홈 디렉터리에 helloworld 프로젝트를 생성해보자. 또는 composer create-project를 사용할 수도 있다.

```
$ cd ~
# composer create-project laravel/laravel helloworld
$ laravel new helloworld
```

1.1.4 안녕, 세계!

프로젝트를 생성했다면 helloworld로 이동해서 php artisan serve를 입력하여 내장 서버를 켜보자. 그다음 http://127.0.0.1:8000에 접속해보면 라라벨의 기본 화면이 나타날 것이다.

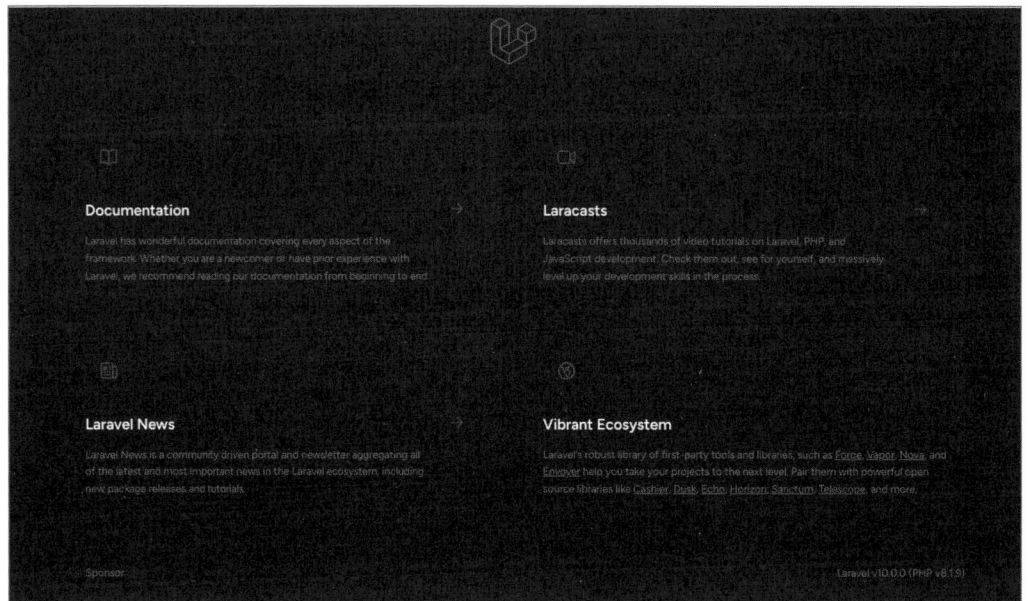

[그림 1-1] 라라벨 프레임워크

```
$ cd ~/helloworld
$ php artisan serve
```

지금은 로컬 환경에서 내장 서버를 실행했지만, 나중에는 가상머신을 사용하여 라라벨 프로젝트를 동작시킬 것이다. 최신 라라벨 공식문서에서는 Windows에서 WSL 2(Windows Subsystem for Linux 2), Docker를 사용하여 구동하고 있는데, 이 책에서는 라라벨에서 제공하는 개발환경 구축 패키지 중 하나인 라라벨 홈스테드(Laravel Homestead)를 사용해서 라라벨 프로젝트를 동작시킬 예정이다.

만약 이 시점에 127.0.0.1:8000로 접속을 시도했는데 에러가 발생했다면 몇 가지 이유가 있다.

에러가 발생하지 않고 정상적으로 라라벨의 환영 페이지가 나타난다면 아래의 내용을 읽지 않아도 된다. 프로젝트를 깃허브 등 VCS(Version Control System)에서 다운받아 사용하는 것이 아니고, laravel new를 실행하고 바로 php artisan serve를 실행했다면 에러가 나타나지 않을 것이다.

1. 500 Internal Server Error: 서버 에러는 많은 것을 의미하지만, 이 시점에서는 프로젝트에 있는 .env.example 파일의 이름을 바꿔주지 않았기 때문에 발생한 에러일 가능성이 크다. 이 파일은 데이터베이스 설정과 같은 어플리케이션에서 필요한 각종 설정이 담겨 있는 파일이다. 이 파일에 대한 내용은 추후 알아보기로 하고, 지금은 이 파일이 로드가 되어야 어플리케이션이 올바르게 동작한다는 점만 이해하고 넘어가자. laravel new로 프로젝트를 설치한 경우에는 .env.example을 .env로 복사해주지만, 그렇지 않은 경우에는 이름을 .env로 바꿔주어야 한다.

2. No application encryption key has been specified: 어플리케이션의 키가 설정되지 않았기 때문에 발생한 에러다. 이 에러는 .env 파일에 APP_KEY의 값이 설정되지 않아서 발생한 것이므로 값을 설정해주어야 하는데, 터미널에서 php artisan key:generate 아티즌 명령어를 사용하면 키가 설정된다. 이 키는 쿠키 등의 데이터의 암호화를 위해 사용된다.

1.2 아티즌

아티즌(Artisan)은 라라벨 프레임워크를 사용할 때 개발자에게 각종 도움을 주기 위한 명령어 집합이다. php artisan serve처럼 사용한 것이 아티즌으로 명령을 수행한 것이다. 명령어를 모두 나열하지는 않겠지만, 라라벨을 사용할수록 자연스럽게 자주 쓰게 된다. php artisan serve 이외에도 컨트롤러(Controller)와 모델(Model)을 생성하거나 데이터베이스 마이그레이션(Migration)을 실행하는 명령어가 있으며 단순하고 귀찮지만 중요한 작업들을 처리할 수 있다. 어떤 아티즌 명령어가 있는지는 php artisan list 명령어를 사용하면 살펴볼 수 있다.

```
$ php artisan list
Laravel Framework 10.0.0

Usage:
  command [options] [arguments]
```

만약 대략적인 명령어를 알고는 있지만 사용법이나 어떤 옵션이 있는지 까먹었을 수도 있다. 그럴 때는 php artisan help를 사용해보자. 예를 들어 serve 명령어의 사용법이 궁금하다면 다음과 같이 할 수 있다.

```
$ php artisan help serve
Description:
  Serve the application on the PHP development server
```

1.3 환경설정

라라벨의 환경변수는 .env 파일에서 관리된다. 이 파일에는 데이터베이스 설정이나 캐시 및 세션 드라이버 설정 등 어플리케이션이 구동되는 환경에 대한 설정이 담겨있다. APP_KEY, 데이터베이스 비밀번호 등 외부에 노출되면 위험한 정보가 담겨있기 때문에 일반적으로 Git과 같은 VCS(Version Control System)에 푸시(Push)하지 않는다. 일정 부분 공유가 필요하다면 키는 놔두되 값은 비우고, env.example로 이름을 바꿔서 푸시하면 된다.

환경설정은 이름=값 형태로 구성되며 전역변수인 $_ENV 변수에 할당된다. APP_KEY 같은 경우 php artisan key:generate로 설정된 값이며 APP_DEBUG의 경우 true로 놓을 경우 어플리케이션의 정보가 노출되기 때문에 프로덕트 환경에서는 활성화해서는 안 된다.

```
APP_ENV=local
APP_KEY=base64:9mmLYDPH/geWy3zi53TtPBpgwk0/ZoaTrJFgkjvhQ8Y=
APP_DEBUG=true
```

어플리케이션 내부에서는 env()로 설정값에 접근할 수 있는데, config 디렉터리 아래에 있는 설정 파일을 제외한 컨트롤러 등 나머지 부분에서 env()로 직접 환경설정에 접근하는 것은 권장되지 않는다. config/app.php은 어플리케이션의 일반적인 설정값을 가지고 있으며 env()를 통해 환경변수 값에 접근하는 모습을 볼 수 있다. env()의 두 번째 값은 환경변수가 설정되지 않았을 경우의 기본값을 지정한다.

```
'env' => env('APP_ENV', 'production')
```

1.4 설정

라라벨은 config 디렉터리에 있는 설정 파일에서 정의된 값에 따라 어플리케이션에서 사용하는 기능의 설정이 정의된다. 캐시와 데이터베이스에 해당하는 cache.php, database.php 등 여러 설정 파일들이 있는 것을 볼 수 있는데, 이 파일들은 라라벨의 내부 기능들을 살펴볼 때 자주 보게 될 예정이므로 지금 당장 살펴보는 것은 낭비다. 따라서 이 시점에 파일을 열어볼 필요는 없다.

config()를 사용하면 env()로 직접 환경설정에 접근하는 대신 설정 파일에서 값을 읽을 수 있다. 이 함수는 설정값에 접근할 때 사용하며 이때 점(.) 표기법을 사용하여 접근할 수 있다. 설정값을 읽어올 때는 env()가 아닌 config()를 통해 얻어 오는 것이 바람직한 방법이다. 아래의 표현은 config/app.php에서 env로 설정된 값을 가져오는 코드다.

```
config('app.env'); // local
```

CHAPTER 02

아키텍처

2.1 MVC(Model, View, Controller)
2.2 컨테이너
2.3 서비스 프로바이더
2.4 파사드
2.5 헬퍼함수
2.6 Laravel Contracts

시작하면서...

라라벨 프레임워크를 구성하는 뼈대를 알아보자. 나무를 보기 전에 숲을 보는 것처럼 전체적인 구조를 파악하는 것은 프레임워크를 파악하기에 앞서 무엇보다 중요하다. MVC(Model, View, Controller)에 대해 알아보고, 그다음 서비스 컨테이너(Service Container)와 서비스 프로바이더(Service Provider), 파사드(Facades)에 대해 알아보자. 프레임워크에서 제공하는 각종 세부적인 기능을 먼저 알아보는 것보다 뼈대를 먼저 이해하는 것이 어플리케이션을 작성하기 위해 우선시된다.

2.1 MVC(Model, View, Controller)

서비스 컨테이너와 서비스 프로바이더 등을 알아보기 이전에 알아야 하는 사항은 바로 MVC(Model, View, Controller)다. 라라벨은 기본적으로 사용자에게 무엇을 보여줄 것인지 그리고 어플리케이션이 다루는 데이터가 무엇인지를 표현하는 모델(Model)과, 이 모델을 사용자에게 어떤 유저 인터페이스를 통해 보여줄 것인지를 나타내는 뷰(View), 마지막으로 모델에서 데이터를 얻어 오고 뷰에 데이터를 전달하며 소통하는 컨트롤러(Controller)로 구성되어 있다. 현재는 라라벨 프레임워크와 MVC를 이해하기 위한 기본적인 사항만 이해하기로 하고 자세한 내용은 이후에 알아보게 될 것이다.

[그림 2-1]을 보기 전에, MVC의 기본 개념도는 관점에 따라 다르다는 점을 먼저 이야기하고 싶다. 아래 그림은 사용자가 뷰(View)를 시작으로 데이터가 입력되는 것부터 시작한다.

예를 들어 댓글을 쓴다고 생각해보자. 사용자가 뷰에서 댓글을 입력(1)하고 댓글 쓰기 버튼을 통해 서버에 요청을 보내면(2), 컨트롤러(Controller)에서는 댓글에 해당하는 데이터, 즉 모델에 접근하여 쓰기(Create) 작업을 진행하고(3) 새로 작성된 댓글(4)에 대한 모델을 뷰에 반환(5)한다. 그 이후에는 뷰에서 자바스크립트 작업을 거쳐 댓글 추가 작업을 하면 된다.

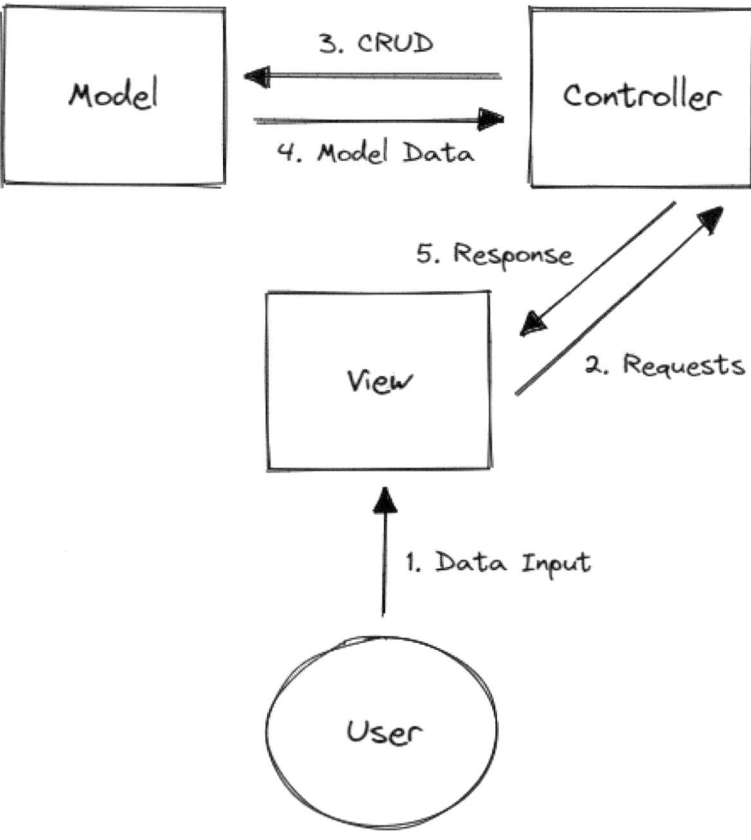

[그림 2-1] MVC(Model, View, Controller)

관점에 따라 Updates, Notify와 같은 단어를 사용하여 표현하기도 하는데, 본질적으로는 같은 이야기이기 때문에 큰 문제는 없으며 지금은 MVC의 각 구성요소가 어떤 순서로 소통하는지만 분명하게 알고 넘어가는 것이 좋다.

2.1.1 모델

모델(Model)은 사용자에게 보여줄 데이터를 의미한다. 이러한 데이터는 일반적으로 MySQL, Oracle과 같은 DBMS(Database Management System)에 관리되는 데이터베이스에 담겨있다. 라라벨 프레임워크 내부에서는 데이터베이스 테이블에 대해 하나의 클래스로 표현하고 각 칼럼 또한 프로퍼티로 매핑되어 있다. 모델에 있는 프로퍼티를 조작하고, 데이터베이스와 관련된 메서드를 호출하여 데이터를 동기화하는 것으로 데이터베이스의 내용이 변하게 되는 마법을 부릴 수 있다. App₩Models₩User는 users 테이블에 대응하는 User 모델이라 부른다.

```
namespace App\Models;

use Illuminate\Foundation\Auth\User as Authenticatable;

class User extends Authenticatable
{
    use HasFactory, Notifiable;
}
```

User 모델은 라라벨의 관례에 따라 users 테이블에 연결된다. 라라벨은 사용자가 직접 설정을 하는 것보다는 암묵적으로 서로 약속한 관례에 따라 설정이 되는 것을 지향하고 있기 때문에 모델의 이름만 보더라도 이 모델이 어떤 테이블과 연결되는지를 알 수 있다.

객체지향 관점에서 보자면 User 모델은 인증과 관련이 있어서 User(as Authenticatable) 클래스를 상속하고 있지만, 일반적인 모델은 Illuminate₩Database₩Eloquent₩Model 클래스를 상속받는다. Authenticatable를 살펴보면 알 수 있다.

```
namespace Illuminate\Foundation\Auth;

use Illuminate\Database\Eloquent\Model;

class User extends Model implements
    AuthenticatableContract,
    AuthorizableContract,
    CanResetPasswordContract
{
    use Authenticatable, Authorizable, CanResetPassword, MustVerifyEmail;
}
```

Model은 모델을 위한 여러 프로퍼티를 가지고 있다. 그 예로 Model::$table은 관례적으로 연결되는 테이블의 이름을 변경할 수 있게 해준다. 이를테면 User 모델의 테이블의 이름을 users 가 아니라 다른 것으로 바꿀 수 있다. 그 외에도 많은 프로퍼티가 존재하는데, 책에서 이야기하지 않는 내용들은 공식문서를 살펴보자.

앞으로 우리가 생성할 모델들도 데이터베이스에 있는 테이블과 연결되어 있을 것이다. 라라벨에서는 한 가지 놀라운 기능을 제공하는데, 엘로퀀트(Eloquent)라는 이름을 가진 ORM(Object Relational Mapping)을 사용한다면 SQL(Structured Query Language)을 하드코드하지 않더라도 간단하게 데이터베이스 테이블에 접근하여 내용을 추가하거나 수정하고 조회할 수 있게 된다. 데이터 바인딩과 같은 부분은 라라벨이 알아서 처리해준다. 라라벨에서 모델과 엘로퀀트 ORM을 사용하면 코드가 얼마나 간단한지 미리 살펴보자.

```php
$pdo = new PDO(...);

$sth = $pdo->prepare("SELECT * FROM users");

if ($sth->execute()) {
    $users = [];

    while ($user = $sth->fetchObject()) {
        array_push($users, $user);
    }
}
```

라라벨을 사용하지 않고, PHP 내장 클래스 중 하나인 PDO(PHP Data Object) 레이어를 통해 쿼리를 준비(Prepared Statement)한 다음, 실행하고 결과를 하나씩 가져와 배열에 넣는다. 쿼리를 준비하는 과정에는 SQL Injection 공격 방지를 위한 문자열 처리도 포함된다. PDO는 PHP에서 데이터베이스의 종류에 상관없이 동일한 인터페이스로 데이터베이스를 조작할 수 있는 레이어(Layer)이며 모던 PHP에서 데이터베이스에 연결하기 위한 기본개념 중 하나다. 하지만 엘로퀀트 ORM을 사용하여 조회하면 아래와 같이 간결하게 처리될 수 있다.

```php
$users = User::all();
```

User 모델에서 all() 메서드를 마치 정적 메서드를 호출하는 것처럼 사용한 것을 볼 수 있는데, PHP의 언어 기능 중 하나인 매직 메서드(https://www.php.net/manual/en/language.oop5.magic.php)에서 __callStatic()을 살펴보면 아이디어를 얻어볼 수 있다.

2.1.2 뷰

뷰(View)는 사용자 인터페이스(UI, User Interface)를 통해 HTTP 요청을 다른 로직에 전달하거나, 컨트롤러에서 반환되어 사용자에게 응답한다. 응답으로 반환된 뷰는 렌더링되어서 사용자에게 보일 것이다. 라라벨에서는 블레이드(Blade)라는 전용 템플릿을 사용한다. 만약 Mustache, Twig 등의 다른 템플릿을 사용해본 경험이 있다면 어렵지 않게 익힐 수 있다.

블레이드 템플릿이 가지는 주요 기능 중 하나는 레이아웃 템플릿을 상속하거나 컴포넌트와 슬롯 등의 개념을 사용하여 마크업을 구성할 수 있다는 점이다. resources/views/welcome.blade.php 파일을 열어보면 마크업이 있는 모습을 볼 수 있는데, 이것이 블레이드 템플릿이다. 여기에서는 일반적인 for, foreach 등의 일반적인 php 문법이 아닌 @for, @foreach와 같은 @가 포함된 지시어(Directive)를 사용한다. resources/views/welcome.blade.php에 있는 파일의 일부를 보면 다음과 같이 코드가 있는 모습을 볼 수 있다.

```
@if (Route::has('login'))
    <div class="sm:fixed sm:top-0 sm:right-0 p-6 text-right">
        @auth
            <a href="{{ url('/home') }}" class="font-semibold text-gray-600 hover:text-gray-900 dark:text-gray-400 dark:hover:text-white focus:outline focus:outline-2 focus:rounded-sm focus:outline-red-500">Home</a>
        @else
            <a href="{{ route('login') }}" class="font-semibold text-gray-600 hover:text-gray-900 dark:text-gray-400 dark:hover:text-white focus:outline focus:outline-2 focus:rounded-sm focus:outline-red-500">Log in</a>

            @if (Route::has('register'))
```

```
                <a href="{{ route('register') }}" class="ml-4 font-semibold
text-gray-600 hover:text-gray-900 dark:text-gray-400 dark:hover:text-
white focus:outline focus:outline-2 focus:rounded-sm focus:outline-red-
500">Register</a>
            @endif
        @endauth
    </div>
@endif
```

login에 해당하는 라우트가 존재하는 경우(@if)에 대해 사용자 인증(@auth)이 된 경우 /home에 해당하는 링크를, 인증이 되지 않은 경우(@else)에는 login이라는 이름을 가진 라우트의 링크를 생성한다. 그리고 register라는 라우트가 있는 경우 마찬가지로 그에 해당하는 링크를 생성한다.

라라벨의 뷰에 해당하는 블레이드 템플릿은 앞서 말한 상속, 컴포넌트, 슬롯을 포함한 기본적인 제어 구문과 반복문 그리고 기존의 PHP에는 없는 디렉티브 및 인증과 관련된 기능을 포함하고 있으므로 공식문서(https://laravel.com/docs/10.x/blade)를 통해서도 알아볼 수 있다. 자세한 내용은 프로젝트를 진행하면서 이후 블레이드 템플릿을 살펴볼 때 알아보자.

2.1.3 컨트롤러

컨트롤러(Controller)에는 어플리케이션의 주요 로직이 담겨있다. 컨트롤러가 아닌 레이어드 아키텍처(Layered Architecture)에 따라 서비스 레이어(Service Layer)에 비즈니스 로직을 두는 경우가 더 많기는 하지만, 계층을 나누지 않는다면 컨트롤러에서 처리하게 된다. 컨트롤러는 사용자가 요청하면 라우터와 미들웨어를 거쳐 도달하게 되는데, 주로 모델을 생성하거나 갱신하게 되고 이후 뷰를 응답으로 반환하거나, 다른 페이지로 리다이렉트, XML, JSON 등의 포맷으로 변환된 데이터를 반환하게 된다. 일반적인 웹 서비스를 만들 때는 뷰에 데이터를 전달하여 응답하거나 다른 페이지로 리다이렉트하며, API 서버를 만든다면 JSON과 같은 포맷으로 응답하는 것이 일반적이다.

사용자가 HTTP 요청을 하고 라우터를 통해 컨트롤러에 도달하는 과정을 잠깐 알아보자. 라라벨은 프론트 컨트롤러(Front Controller)를 사용하여 사용자의 모든 요청을 public/index.php로 먼저 모으게 된다. 여기에서는 어플리케이션을 부트스트래핑(Bootstrapping)하고 PSR-4 Autoloader Standard에 따라 오토로더를 초기화한 뒤, 사용자의 요청을 주소에 맞게 각 컨트롤러로 전달하게 된다.

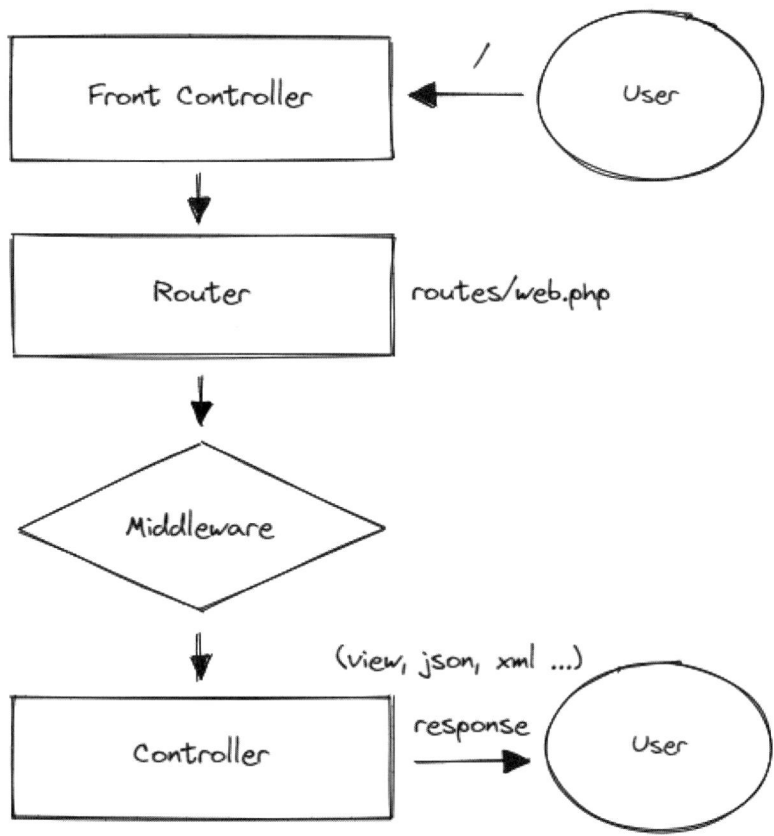

[그림 2-2] 사용자의 요청에서 컨트롤러까지

사용자의 요청을 가장 먼저 맞이하는 프론트 컨트롤러인 public/index.php를 살펴볼 필요가 있다. LARAVEL_START 상수는 어플리케이션이 시작된 시각을, $maintenance는 점검모드 일

때를 이야기하는데, 그렇게 중요하지는 않다.

```php
use Illuminate\Contracts\Http\Kernel;
use Illuminate\Http\Request;

define('LARAVEL_START', microtime(true));

if (file_exists($maintenance = __DIR__.'/../storage/framework/maintenance.php')) {
    require $maintenance;
}

require __DIR__.'/../vendor/autoload.php';

$app = require_once __DIR__.'/../bootstrap/app.php';

$kernel = $app->make(Kernel::class);

$response = $kernel->handle(
    $request = Request::capture()
)->send();

$kernel->terminate($request, $response);
```

주요하게 살펴보아야 할 부분은 오토로딩과 메인 어플리케이션을 생성하고 커널을 생성하는 일이다.

```php
require __DIR__.'/../vendor/autoload.php';
```

PSR-4 Autoloader에 따라 오토로더를 설정하는 코드다. 어플리케이션에서 사용하는 외부 패키지에 대한 의존성을 등록해주며, 이를 포함한 이후부터는 include, require 등의 PHP 언어 구조를 사용하지 않더라도 use를 통해 class, interface, trait를 불러올 수 있다.

```
use Illuminate\Contracts\Http\Kernel;

$app = require_once __DIR__.'/../bootstrap/app.php';

$kernel = $app->make(Kernel::class);

$response = tap($kernel->handle(
    $request = Request::capture()
))->send();

$kernel->terminate($request, $response);
```

bootstrap/app.php에서는 어플리케이션을 부트스트래핑하고 서비스 컨테이너(Service Container)인 Illuminate\Foundation\Application 객체를 얻어 온다.

```
$app = new Illuminate\Foundation\Application(
    $_ENV['APP_BASE_PATH'] ?? dirname(__DIR__)
);
```

이후 컨테이너를 통해 Illuminate\Contracts\Http\Kernel을 따르는 구체 클래스를 생성한다. 커널(Kernel)은 사용자의 요청을 라우터와 미들웨어로 전달하고 중간에 예외가 발생하면 처리한다. 그 일은 Kernel::handle()이 담당한다. 이러한 커널에는 웹 요청을 처리하는 HTTP Kernel과 아티즌 명령어 등 명령줄 요청에 대한 커널인 Console Kernel이 있다. 이후 라우터를 거쳐 컨트롤러로 전달하고 응답을 얻는다. 여기서 얻은 응답은 커널의 terminate() 메서드에서 마무리된다.

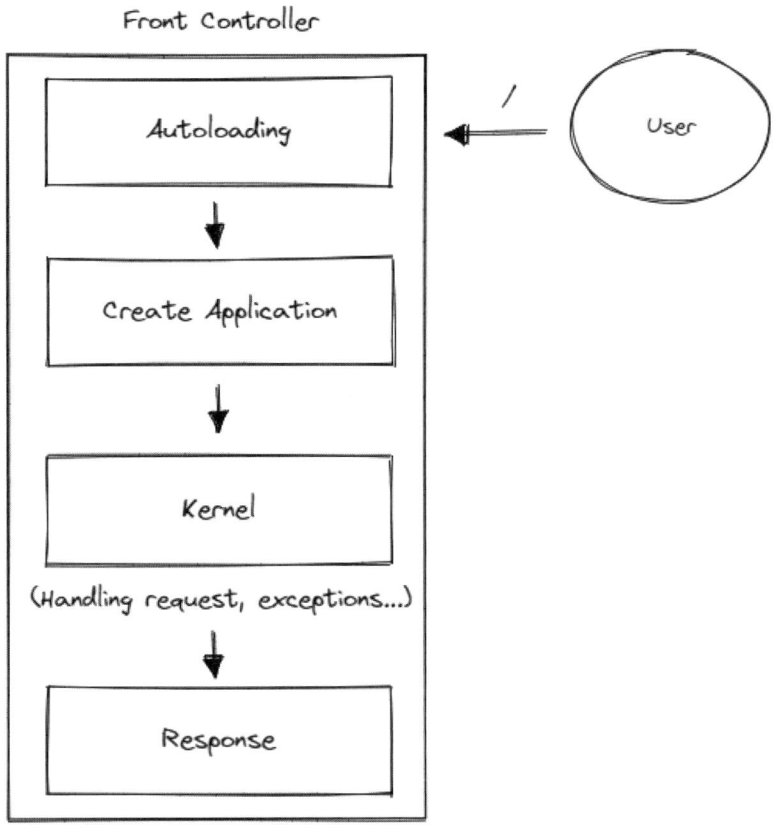

[그림 2-3] 프론트 컨트롤러

프론트 컨트롤러의 커널단을 거치면 라우터로 도달하게 된다. 라우팅(Routing)의 가장 기본적인 코드를 살펴보자. routes/web.php 파일을 살펴보면 다음과 같은 코드가 있다.

```
Route::get('/', function () {
    return view('welcome');
});
```

라우터에 컨트롤러를 클로저 형태로 등록했다. 이 코드는 사용자가 요청하면 URL을 파싱하고 등록된 클로저를 실행하라는 의미를 담고 있다. 다시 말하면 사용자가 GET / 요청을 하면 컨트롤러가 welcome에 해당하는 뷰인 resources/views/weclome.blade.php를 반환하여 클라이언트에 응답한다. 이 코드가 있어서 우리는 서버를 실행하고 / 경로로 접속했을 때 그에 해당하는 뷰를 볼 수 있었던 것이다.

컨트롤러는 클로저가 아닌 별도의 컨트롤러 클래스로 등록하는 것이 일반적이며 리소스 라우트 등 라라벨에서 지원하는 라우트 세팅도 존재한다. 간단하게 welcome 뷰를 반환하는 컨트롤러를 클래스 형태로 만들고 등록해보자. 먼저 컨트롤러를 생성하는 명령어를 입력해보자.

```
$ php artisan make:controller WelcomeController --invokable
```

php artisan make:controller 명령어를 사용하면 클래스 형태의 컨트롤러를 만들 수 있다. --invokable은 단일 액션 컨트롤러를 의미한다. 일반적으로 컨트롤러 클래스에는 다수의 메서드가 정의되는데, 만약 컨트롤러 클래스가 하는 일이 명백하게 한 가지밖에 없을 경우 단일 액션 컨트롤러로 만들 수도 있다. 만들어진 컨트롤러는 App₩Http₩Controllers₩Welcome-Controller이며 생성된 코드에 welcome 뷰를 반환하는 코드를 추가하는 예제다.

```
namespace App\Http\Controllers;

use Illuminate\Http\Request;

class WelcomeController extends Controller
{
    public function __invoke(Request $request)
    {
        return view('welcome');
    }
}
```

WelcomeController를 생성했다면, 이제 rotues/web.php에 GET /로 등록된 라우트를 변경하면 기존의 코드와 똑같이 동작하게 될 것이다. 이렇게 하면 컨트롤러 클래스를 라우터에 등록하는 것이다.

```
Route::get('/', \App\Http\Controllers\WelcomeController::class);
```

라우터를 거쳐 컨트롤러로 사용자의 요청을 전달하기 전에 미들웨어(Middleware)라는 계층을 하나 더 통과하게 되는데, 이러한 미들웨어에서는 세션을 활성화하거나 CSRF 토큰을 확인하고 인증된 사용자인지 확인하는 등의 일을 할 수 있다.

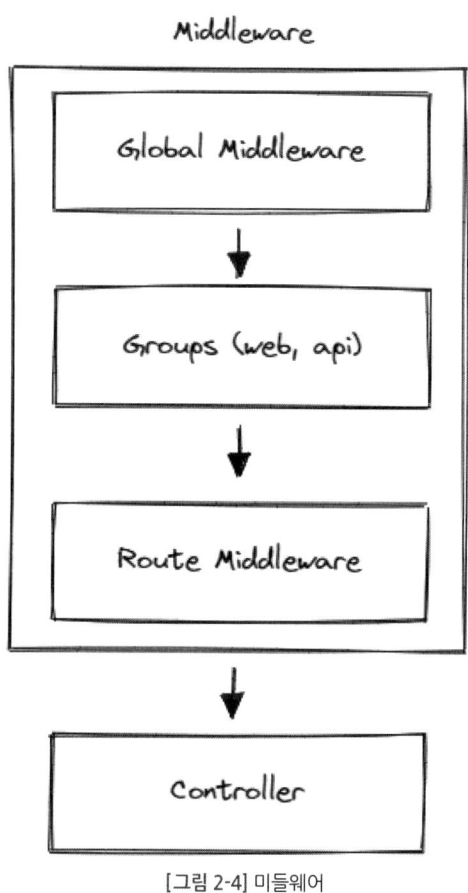

[그림 2-4] 미들웨어

미들웨어는 전역적인 요청에 대해 처리하는 글로벌 미들웨어와 개별 라우트에 설정할 수 있는 라우트 미들웨어, 그리고 미들웨어들을 그룹화한 그룹 미들웨어가 있다. 이러한 미들웨어들이 기본적으로 어떤 것들인지는 app/Http/Kernel.php에서 확인할 수 있는데, 프로젝트를 진행하면서 다양한 미들웨어를 사용하게 될 것이므로 바로 넘어가자.

2.2 컨테이너

라라벨의 서비스 컨테이너(Service Container)는 IoC(Inversion of Control) 컨테이너, 어플리케이션 컨테이너 등 여러 이름을 가지고 있다. 컨테이너에 대해 알아보려면 먼저 의존성 주입(DI, Dependency Injection)에 대한 이해가 선행되어야 한다.

2.2.1 의존성 주입

의존성 주입은 사실 그다지 특별한 개념이 아니라 생성자, 메서드, 세터(Setter)에 파라매터를 통해 외부에서 구체 클래스(Concrete Class) 또는 인터페이스(Interface)를 충족하는 객체를 넣는 것이다. 의존성(Dependency)이란 어떤 기능이 제대로 동작하기 위해서는 다른 기능에 의존하는 것이 필요함을 말하는데, 의존성을 외부에서 주입하지 않고 비즈니스 로직 내부에서 객체를 직접 생성하면 클래스 간 결합도가 크게 증가하여 유연성이 떨어지게 된다. 아래는 의존성 주입의 기본적인 예다.

```php
class Foo
{
    public function __construct(
        public readonly string $message
    ) {}
}
class Bar {}
class Baz
{
    public function __construct(Foo $foo, Bar $bar) {}
}

$foo = new Foo('Hello, world');
$bar = new Bar();

new Baz($foo, $bar);
```

Baz는 구체 클래스인 Foo, Bar의 객체를 의존성으로 가지는데, 이 두 객체를 생성해서 Baz를 생성할 때 주입(Injection)시킨 것을 볼 수 있다. Baz는 Foo, Bar 이외에 다른 객체를 받을 수 없어서 유연하지 않다. 의존성 주입을 사용하면 내부에서 구체 클래스를 생성하는 일은 거의 사라지는데, 결합도를 느슨하게 하기 위해 구체 클래스보다는 인터페이스를 사용하는 경우가 많다.

```
interface Qux {}
class Quux implements Qux {}
class Quuz implements Qux {}
class Corge
{
    Public function __construct(Qux $qux) {}
}

$quux = new Quux();
new Corge($quux);
$quuz = new Quuz();
new Corge($quuz);
```

Corge는 Qux를 충족하는 클래스의 객체라면 전부 받을 수 있는데, 이 이야기는 구체 클래스가 아닌 인터페이스 타입으로 한다면 인터페이스를 만족하는 그 어떤 구체 클래스도 넣을 수 있다는 말이 된다. 이는 클래스가 전반으로 유연해지는 장점이 있다. 라라벨에서는 구체 클래스보다는 인터페이스를 통한 의존성 주입이 많은데, 이후 Laravel Contracts에서 알아보자.

2.2.2 서비스 컨테이너

라라벨의 서비스 컨테이너는 IoC 컨테이너로서 의존성을 외부에서 주입해서 해결(Resolve)해준다. IoC는 비즈니스 로직에서 의존성을 직접 제어(new로 직접 생성)하지 않고 컨테이너에 의해 외부로부터 주입하는 것으로 제어의 주체를 로직이 아닌 외부의 영역에서 하도록 만드는 것이다. 따라서 컨테이너는 객체의 생성 방법을 알고 있으며, 이를 대신해주고 필요한 곳에 주입해준다.

비지니스 로직에서 어떠한 객체를 컨테이너에 요구하면 객체를 적절하게 생성해서 넘겨주게 되는데, 이를 의존성 해결이라 한다. 라라벨에서 기본적으로 해결해주는 것도 있고 의존성 해결을 위해 바인딩을 거쳐야 하는 일도 있다.

라라벨에서는 컨테이너를 통해 이를 명시적으로 객체를 생성해서 주입하지 않고도 서비스 컨테이너가 컨트롤러 등에서 타입힌트(Type Hint)만 해주면 자동으로 의존성이 해결된다. 이를 오토 와이어링(Auto Wiring) 기능이라고 한다. 다시 WelcomeController를 살펴보면 라라벨의 요청 래핑인 Illuminate\Http\Request를 주입 받고 있는 것을 볼 수 있다.

```
use Illuminate\Http\Request;

class WelcomeController extends Controller
{
    public function __invoke(Request $request)
    {
        return view('welcome');
    }
}
```

단지 Request를 타입힌트만 했을 뿐인데도 올바르게 동작한다. 이는 서비스 컨테이너에 Request가 필요하니 달라고 요구하는 것이다. 우리는 Request를 만들 때 어떻게 해야 하는지 모르고 굳이 알 필요도 없다. 그저 생성의 책임은 서비스 컨테이너에 던져버린 뒤 요구만 했을 뿐이다. 이것이 라라벨 서비스 컨테이너로 의존성을 주입 받는 방법이다.

app(), 또는 resolve()라는 헬퍼함수(Helper Functions)를 통해서도 의존성을 해결할 수 있다. 파라메터로 Request를 받는 대신, 헬퍼를 사용해서 만들어보자. 라라벨에는 이러한 헬퍼가 많이 존재한다. 그리고 이후에 더욱 많이 나올 것이다. 컨트롤러에서 뷰를 반환할 때 사용한 view() 함수도 헬퍼함수다.

```
use Illuminate\Http\Request;
```

```
public function __invoke()
{
    // $request = app(Request::class);
    $request = app()->make(Request::class);

    return get_class($request); // Illuminate\Http\Request
}
```

app()을 사용하면 의존성을 해결할 수 있다. 또한 app()->make()를 사용해도 의존성을 해결하고 객체를 생성할 수 있다. 이 방법은 구체 클래스보다는 인터페이스를 통한 의존성 해결에 조금 더 많이 사용된다. new 키워드를 사용해서 생성한 것과 큰 차이를 느끼지 못할지도 모르겠지만, 라라벨에서는 app()을 사용해서 서비스 컨테이너에 객체의 생성을 위임하는 것이 조금 더 나은 방법이다. resolve()로도 의존성을 해결할 수 있지만, 단순히 app()을 반환하므로 큰 차이는 없다.

```
if (! function_exists('resolve')) {
    function resolve($name, array $parameters = [])
    {
        return app($name, $parameters);
    }
}
```

만약 컨테이너가 객체를 생성하는 방법을 모른다면 어떻게 해야 할까? 그리고 인터페이스를 타입힌트했는데 구체 클래스를 원한다면 어떻게 해야 할까? 프론트 컨트롤러에도 인터페이스를 요구했으나 구체 클래스를 반환하는 모습을 볼 수 있었다.

```
use Illuminate\Contracts\Http\Kernel;

$kernel = $app->make(Kernel::class);
```

이를 해결하려면 의존성을 해결하는 방법을 컨테이너에 알려주어야 한다. 그 예를 살펴보자. 프론트 컨트롤러에서 부트스트래핑을 위해 bootstrap/app.php를 포함하는 것을 볼 수 있었는데, 일부를 살펴보자.

```
$app->singleton(
    Illuminate\Contracts\Http\Kernel::class,
    App\Http\Kernel::class
);

$app->singleton(
    Illuminate\Contracts\Console\Kernel::class,
    App\Console\Kernel::class
);

$app->singleton(
    Illuminate\Contracts\Debug\ExceptionHandler::class,
    App\Exceptions\Handler::class
);
```

서비스 컨테이너에 인터페이스가 타입힌트되면 구체 클래스로 어떤 것을 사용할지를 알려준다. 예를 들어 Illuminate\Contracts\Http\Kernel를 타입힌트하면 App\Http\Kernel을 생성하여 넘기라고 이야기한다. 여기서 Illuminate\Contracts\Http\Kernel은 인터페이스다. Illuminate\Contracts에는 라라벨의 코어 서비스들을 정의한 인터페이스가 담겨있다. 인터페이스를 의존성 해결에 사용할 수 있다는 점은 강력한 기능이며 로직의 결합도를 느슨하게 하는 것에 크게 기여한다.

서비스 컨테이너에 있는 Illuminate\Foundation\Application::singleton()과 같은 메서드들로 의존성을 해결하기 위한 방법을 컨테이너에 알려준다. 일반적으로 서비스 컨테이너에 의존성 해결 방법과 객체 생성 방법을 알려주는 일은 어디서 해야 할까? 그건 보통 서비스 프로바이더(Service Provider)에서 한다. 서비스 프로바이더는 라라벨 어플리케이션에서 사용할 외부 패키지나 기능을 제공하기 위해 사용한다. 서비스 프로바이더는 추후에 알아보도록 하고, 지금은 의존성을 해결하는 방법을 살펴보자.

App₩Providers₩AppServiceProvider::register()에서 의존성을 해결해보자. 의존성을 컨테이너가 스스로 해결할 수 없는 상황에서는 new 키워드로 직접 객체를 생성하는 방법을 알려주어야 한다. Baz는 컨테이너가 해결할 수 없는 생성자 파라미터를 요구하고 있으므로 컨테이너에서 Foo를 생성하여 Baz의 의존성을 해결하는 방법을 알려줄 필요가 있다.

```
namespace App\Providers;

use Illuminate\Support\ServiceProvider;
use App\Foo;
use App\Bar;
use App\Baz;

class AppServiceProvider extends ServiceProvider
{
    public function register()
    {
        $this->app->bind(Baz::class, function ($app) {
            $foo = new Foo('Hello, world');

            return new Baz($foo, $app->make(Bar::class));
        });
    }
}
```

Baz의 의존성을 해결하기 위해 Application::bind()에서 Foo 클래스는 직접 생성하고, 의존성 해결이 가능한 Bar 클래스에 대해서는 컨테이너의 Application::make()로 해결하는 모습을 볼 수 있다. Baz의 의존성을 처리해달라고 컨트롤러 등에서 요구하는 것은 클로저에 작성된 로직대로 처리하라는 의미다. 이렇게 하면 컨테이너가 자체적으로 해결하지 못하는 의존성을 컨테이너에 알려주고 의존성을 해결할 수 있게 된다.

Application::bind()는 가장 일반적인 의존성 해결법이다. 클로저를 넘겨줌으로 컨테이너에 객체의 생성 방법을 알려주는 것이다. Application::singleton()의 첫 번째 파라미터에 구체 클래스가 아닌 인터페이스를 넘겨준 모습도 볼 수 있는데, Application::bind()에서도 그렇게 사용할 수 있으며 인터페이스로 타입힌트를 하면 특정 구체 클래스를 넘기라는 의미가 된다.

Application::when()처럼 사용하여 특정 문맥에 따라 의존성을 해결하는 방법도 제공한다. 인터페이스 Qux를 만족하는 객체를 WelcomeController에서 사용할 때는 Quux가 필요하다고 컨테이너에 알려보자.

```
use App\Controllers\WelcomeController;
use App\Qux;
use App\Quux;
use App\Quuz;

public function register()
{
    $this->app->when(WelcomeController::class)
        ->needs(Qux::class)
        ->give(Quux::class);

    $this->app->bind(Qux::class, Quuz::class);
}
```

Application::when()도 사용했고, Application::bind()도 사용했다. 사실 Application::bind()는 사용할 필요는 없지만, 둘을 함께 사용하면 어떻게 될지 알아보기 위해 적었다. Application::when()만을 단독으로 사용한 상태로 WelcomeController::__invoke()의 의존성을 해결하려 들면 에러가 발생한다. 주입이 되는 곳이 다르기 때문이다.

WelcomeController의 생성자에서 처리하면 Quux가 주입이 되고, 메서드에서는 Quuz가 주입된다. 이 얘기는 결국 Application::when()에 컨트롤러를 지목하여 처리하면 기본적으로는 생성자에 주입된다는 이야기다.

```
class WelcomeController extends Controller
{
    public function __construct(public readonly Qux $qux) {}
```

```
public function __invoke(Qux $qux)
{
    // Quux, Quuz
    return [get_class($this->qux), get_class($qux)];
}
}
```

2.3 서비스 프로바이더

서비스 프로바이더(Service Provider)는 라라벨 어플리케이션에 기능을 제공하기 위해 사용된다. 예를 들어 라우트, 이벤트, 브로드캐스팅, 인증 등이 해당된다. 어플리케이션을 시작하기 위한 부트스트래핑이 진행되면서 발생하는 중요한 과정 중 하나는 서비스 프로바이더를 등록하고 부팅시키는 일이다. 컨테이너에서 의존성 해결을 위해 바인딩을 등록했던 곳이 서비스 프로바이더임을 다시 한번 생각해보자.

기본적으로 라라벨 프레임워크 템플릿이 가지고 있는 서비스 프로바이더들은 app/Providers에 존재하며 AppServiceProvider, RouteServiceProvider 등이 위치하고 있다. 라라벨 코어에 있는 기능들을 어플리케이션에 제공하기 위한 서비스 프로바이더들은 config/app.php의 app.providers에 명시되어 있다. 라라벨 디버그바(https://github.com/barryvdh/laravel-debugbar)와 같이 라라벨에 친화적인 라이브러리들을 보면 서비스 프로바이더를 제공하고 있는 경우가 있는데, 등록할 때 app.providers에 넣어주면 된다.

```
return [
    'providers' => [
        Illuminate\Auth\AuthServiceProvider::class,
        Illuminate\Broadcasting\BroadcastServiceProvider::class,
```

```
        Illuminate\Bus\BusServiceProvider::class,

      App\Providers\AppServiceProvider::class,
      App\Providers\AuthServiceProvider::class,
      // App\Providers\BroadcastServiceProvider::class,
      App\Providers\EventServiceProvider::class,
      App\Providers\RouteServiceProvider::class,
    ],
];
```

컨테이너에서 의존성을 등록할 때 이야기했던 AppServiceProvider를 다시 한번 살펴보자. 서비스의 의존성을 바인딩하는 일은 서비스 프로바이더의 ServiceProvider::register()에서 처리하는 것이 일반적이다. 바인딩 이외에 다른 일을 처리하는 것은 잘못된 결과가 나타날 수 있다. ServiceProvider::boot()는 다른 모든 서비스 프로바이더가 등록된 이후에 호출된다. 만약 의존성이 하나도 등록되어 있지 않다면 내용이 비어 있을 것이다.

```
class AppServiceProvider extends ServiceProvider
{
    public function register() {}
    public function boot() {}
}
```

의존성을 바인딩하는 일이 복잡하지 않다면, Application::bind(), Application::singleton() 메서드를 사용하지 않더라도 ServiceProvider::$bindings, ServiceProvider::$singletons 프로퍼티에 추가하면 의존성을 등록할 수 있도록 지원하고 있다.

```
class AppServiceProvider extends ServiceProvider
{
    public $bindings = [
        ServerProvider::class => DigitalOceanServerProvider::class,
    ];
```

```
    public $singletons = [
        DowntimeNotifier::class => PingdomDowntimeNotifier::class,
        ServerProvider::class => ServerToolsProvider::class,
    ];
}
```

2.3.1 부트스트래핑

서비스 프로바이더가 등록되고 부팅되는 부트스트래핑 과정을 살펴보기 위해 라라벨의 코어 소스를 조금만 살펴보자. 코어를 살펴볼 때는 코드를 전부 파악하려 들 필요 없이 이게 무엇을 하려고 하는 건지 의도만 파악해도 된다.

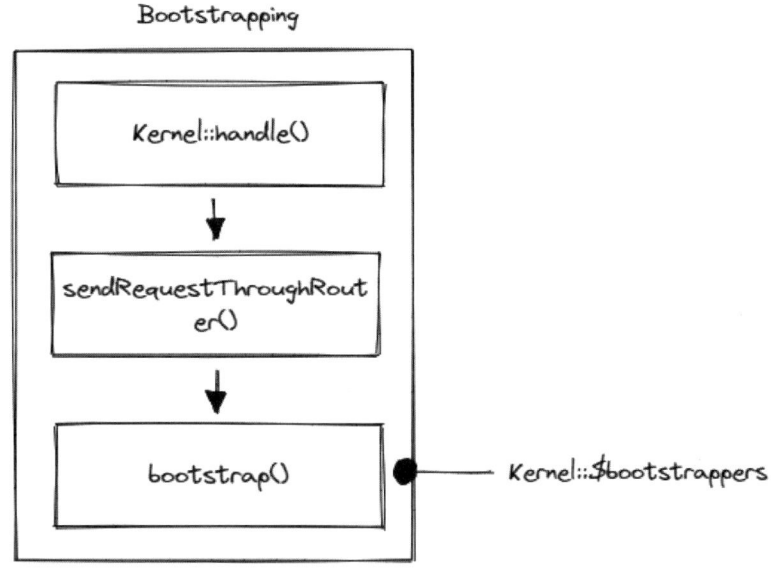

[그림 2-5] 부트스트래핑

결론부터 이야기하면, 서비스 프로바이더의 등록은 커널에서 bootstrap/app.php에서 생성하는 Illuminate₩Foundation₩Application을 통해 진행된다. 먼저, 프론트 컨트롤러에서 컨테이너를 통해 $app->make(Kernel::class)로 생성된 커널이 Kernel::handle() 메서드를 호출하고 있는 것을 볼 수 있다.

```
$kernel = $app->make(Kernel::class);

$response = $kernel->handle(
    $request = Request::capture()
)->send();
```

생성한 커널 인스턴스는 바인딩 등록에 따라 App\Http\Kernel로 나타나는데, 해당 커널은 Illuminate\Foundation\Http\Kernel을 상속한다. Kernel::handle() 메서드의 구현과 함께 관련된 메서드를 보여준다. 일부 내용은 생략하였다.

```
namespace Illuminate\Foundation\Http;

class Kernel implements KernelContract
{
    protected $app;

    protected $bootstrappers = [
        \Illuminate\Foundation\Bootstrap\LoadEnvironmentVariables::class,
        \Illuminate\Foundation\Bootstrap\LoadConfiguration::class,
        \Illuminate\Foundation\Bootstrap\HandleExceptions::class,
        \Illuminate\Foundation\Bootstrap\RegisterFacades::class,
        \Illuminate\Foundation\Bootstrap\RegisterProviders::class,
        \Illuminate\Foundation\Bootstrap\BootProviders::class,
    ];

    public function handle($request)
    {
        $response = $this->sendRequestThroughRouter($request);

        return $response;
```

```
    }

    protected function sendRequestThroughRouter($request)
    {
        $this->bootstrap();
    }

    public function bootstrap()
    {
        if (! $this->app->hasBeenBootstrapped()) {
            $this->app->bootstrapWith($this->bootstrappers());
        }
    }
}
```

Kernel::sendRequestThroughRouter()에서 $this->bootstrap()을 호출, Kernel::bootstrap()에서 Application::bootstrapWith()을 호출하여 부트스트랩하는 모습을 볼 수 있다. 여기서 Kernel::bootstrappers()는 단순하게 Kernel::$bootstrappers를 반환한다.

Kernel::$bootstrappers를 살펴보면 서비스 프로바이더를 등록하는 일뿐만 아니라, 환경설정을 불러오거나 설정하고, 파사드를 등록하는 일도 하고 있음을 알 수 있다. 부트스트랩 대상이 되는 클래스는 Illuminate\Foundation\Bootstrap에 있으며, 여기에 소속된 클래스들은 각 bootstrap() 메서드를 가지고 있어서 Application::bootstrapWith()에서 호출된다.

```
namespace Illuminate\Foundation\Bootstrap;

use Illuminate\Contracts\Foundation\Application;

class RegisterProviders
{
    public function bootstrap(Application $app)
    {
```

```
        $app->registerConfiguredProviders();
    }
}
```

2.3.2 지연된 서비스 프로바이더

지연된(Deferred) 서비스 프로바이더란 단순하게 서비스 프로바이더에 바인딩만을 등록하는 단순한 케이스의 경우, 의존성 해결을 위해 사용될 때까지 등록을 지연할 수 있는 프로바이더를 말한다. 어플리케이션을 부트스트래핑할 때 모든 요청에 대해 서비스 프로바이더를 로드해 놓는 것이 아니라 해당 의존성 해결이 필요한 경우에만 서비스 프로바이더를 로드하고 등록하도록 할 수 있다.

서비스 프로바이더에 Illuminate\Contracts\Support\DeferrableProvider를 구현하는 것으로 서비스 프로바이더가 지연된 서비스 프로바이더임을 나타낼 수 있고, DeferrableProvider::provides()에는 바인딩을 등록한 인터페이스나 클래스의 이름 목록을 반환하면 된다.

```
namespace App\Providers;

use App\Services\Riak\Connection;
use Illuminate\Contracts\Support\DeferrableProvider;
use Illuminate\Support\ServiceProvider;

class RiakServiceProvider extends ServiceProvider implements
DeferrableProvider
{
    public function register()
    {
        $this->app->singleton(Connection::class, function ($app) {
            return new Connection($app['config']['riak']);
        });
```

```
    }

    public function provides()
    {
        return [Connection::class];
    }
}
```

2.4 파사드

라라벨의 파사드(Facades) 기능은 세션과 큐와 같은 라라벨의 기능들을 사용하기 위해 거쳐야 하는 복잡한 절차를 간편하게 사용하게 할 수 있도록 정적 메서드의 형태로 제공하는 라라벨의 기능 중 하나다. 파사드가 어떤 것인지 살펴보려면 같은 효과를 내면서 표현은 다른 코드를 볼 필요가 있으므로 의존성 주입, 파사드, 헬퍼함수를 살펴보자.

```
use Illuminate\Contracts\View\Factory;
use Illuminate\Support\Facades\View;

class WelcomeController extends Controller
{
    public function __invoke(Factory $factory)
    {
        return view('welcome'); // Helper Functions
        return View::make('welcome'); // Facades
        return $factory->make('welcome'); // Dependency Injections
    }
}
```

3가지 사용 방법은 모두 같은 결과를 낸다. view(), View::make() 기능은 같은 효과를 내면서

View::make()는 Illuminate₩View₩Factory::make()를 부른다. 즉, 파사드는 이름이 길고 기억하기 어려우며 사용하기에도 번거로운 구체 클래스 또는 인터페이스 대해 정적 프록시 (Proxy) 역할을 하게 되는 것이다.

파사드의 등록 과정은 잠깐 살펴보았듯이 부스트래핑 과정인 Illuminate₩Foundation₩ Bootstrap₩RegisterFacades에서 진행되고 이후 config/app.php에 있는 aliases에 나열된 클래스들이 등록되는 과정이 발생한다. aliases에는 클래스의 별칭이 붙는데, Illuminate₩ Foundation₩AliasLoader를 사용하여 진행된다. 이렇게 하면 글로벌 네임스페이스에서 호출하는 ₩View::make()와 같은 접근도 동작하게 된다.

```
return [
    'aliases' => [
        'View' => Illuminate\Support\Facades\View::class
    ]
];
```

이제 파사드가 어떻게 동작하는지 다시 한번 라라벨의 코어를 살펴보자. 먼저 View 파사드를 보자.

```
namespace Illuminate\Support\Facades;

class View extends Facade
{
    protected static function getFacadeAccessor()
    {
        return 'view';
    }
}
```

라라벨에 등록된 파사드들은 Façade::getFacadeAccessor() 정적 메서드를 가지고 있으며 반환하는 값은 서비스 컨테이너에서 의존성을 해결하기 위한 이름이다. 그 의미는 아래와 같은 접근이 허용된다는 것을 의미한다.

```
// Illuminate\Support\Facades\View::make('welcome');
app('view')->make('welcome');
```

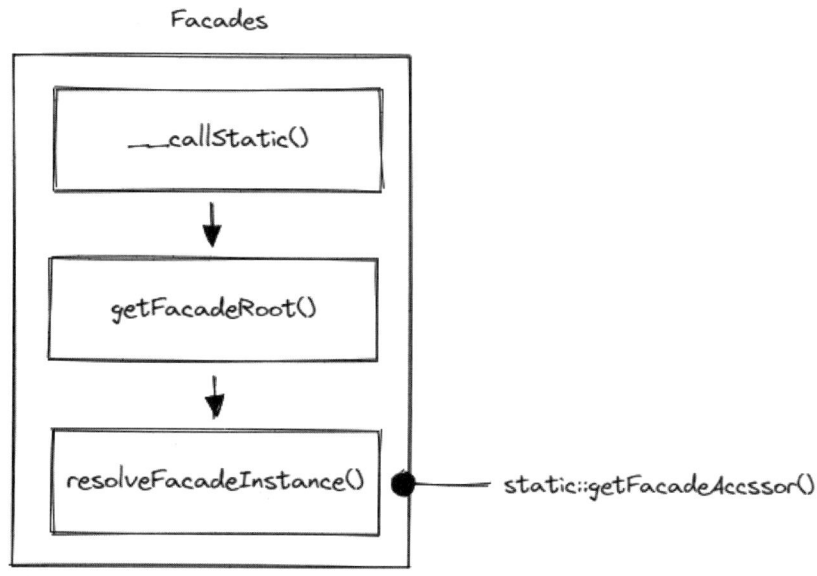

[그림 2-6] 파사드

파사드는 Illuminate₩Support₩Facades₩Facade를 상속하며 매직 메서드인 Façade::__callStatic()을 통해 처리된다. Façade::__callStatic()이 호출되면, Façade::getFacadeRoot()에서 static::getFacadeAccessor()를 호출하여 이름을 얻어 오고 Façade::resolveFacadeInstance()에서 static::$app[$name]으로 의존성을 해결하는 모습을 볼 수 있다.

```php
namespace Illuminate\Support\Facades;

abstract class Facade
{
    public static function __callStatic($method, $args)
    {
        $instance = static::getFacadeRoot();

        if (! $instance) {
            throw new RuntimeException('A facade root has not been set.');
        }

        return $instance->$method(...$args);
    }

    public static function getFacadeRoot()
    {
        return static::resolveFacadeInstance(static::getFacadeAccessor());
    }

    protected static function resolveFacadeInstance($name)
    {
        if (static::$app) {
            return static::$app[$name];
        }
    }
}
```

파사드는 라라벨에서 정말 많이 쓰게 될 내용이고, 프로젝트를 진행하면서도 많이 나오게 될 것이다. 파사드가 어떤 클래스가 연결되어 있는지 알고 싶다면 공식문서(https://laravel.com/docs/10.x/facades#facade-class-reference)에서 찾아볼 수 있다. View 파사드를 살펴보면 Illuminate₩View₩Factory로 지정되어 있음을 알 수 있다.

2.4.1 실시간 파사드

라라벨에는 실시간 파사드라는 기능이 있다. 만약 정석대로 파사드를 새로 만들려면 Illuminate₩Support₩Facades₩Facade를 상속받는 클래스를 만들고 Façade::getFacadeAccessor()를 구현할 필요가 있다.

실시간 파사드 기능을 사용하면 어떨까? 실시간 파사드는 직접 파사드 클래스를 상속받아서 만들지 않더라도 그저 네임스페이스에 Façades만 붙이면 사용할 수 있는 기능을 제공한다. use에 다른 네임스페이스 형태를 포함하고 있음을 주목하자.

```
use Facades\App\Contracts\Publisher;

class Podcast extends Model
{
    public function publish()
    {
        Publisher::publish($this);
    }
}
```

이처럼 실시간 파사드를 사용하면 Illuminate₩Support₩Facades₩Facade를 상속받아 파사드 클래스를 만들지 않더라도 간편하게 사용할 수 있다. 실시간 파사드의 네임스페이스에서 Facades 뒤에 있는 경로에 대해서는 컨테이너에서 처리되므로 우리가 신경 써야 할 사항은 별로 없다.

2.5 헬퍼함수

이제 라라벨에서 파사드 못지않게 많이 사용하는 헬퍼함수(Helper Functions)에 대해 알아보

자. 컨트롤러에서 뷰를 반환하고 싶을 때 view()를 사용했고, 환경설정과 관련된 헬퍼함수로 env(), config()를 사용한 바 있다. 그밖에도 session(), report(), logger() 등이 존재한다.

헬퍼함수는 특별한 것이 아니라 그냥 일반적인 함수다. 단지, 라라벨에서 이 함수들의 이름을 지칭하는 것이 헬퍼(Helper)인 만큼, 귀찮은 작업들을 간단하게 할 수 있도록 도와준다는 점이 특징이다. 이미 사용한 적이 있는 view() 헬퍼함수의 구현을 살펴보자.

```php
use Illuminate\Contracts\View\Factory as ViewFactory;

if (! function_exists('view')) {
    function view($view = null, $data = [], $mergeData = [])
    {
        $factory = app(ViewFactory::class);

        if (func_num_args() === 0) {
            return $factory;
        }

        return $factory->make($view, $data, $mergeData);
    }
}
```

app()을 사용하여 Illuminate\Contracts\View\Factory(as ViewFactory)를 만족하는 객체를 생성하기 위해 의존성을 해결하고 Factory::make()를 호출하는 것을 볼 수 있다. 결국 헬퍼함수, 파사드, 그리고 마지막으로 의존성 주입으로의 생성에 있어서는, 사용 방법과 존재 의의가 다를 뿐 실질적으로는 기능적으로 큰 차이가 없다고 볼 수 있다.

라라벨의 헬퍼함수는 그 종류가 많으므로 나열하지는 않겠으나 공식문서(https://laravel.com/docs/10.x/helpers)를 참고하면 어떤 함수들이 있는지 살펴볼 수 있다. 라라벨에는 많은 헬퍼함수가 존재하고 있으므로 프로젝트를 진행하면서 필요할 때마다 알아볼 예정이다.

2.6 Laravel Contracts

Contracts는 라라벨 프레임워크에서 단순히 인터페이스를 의미하며 Illuminate\Contracts에 위치한다. 서비스 컨테이너의 바인딩에 따라 인터페이스를 컨테이너에 요청하면 구체 클래스를 던진다. 이러한 인터페이스를 타입힌트에 사용하여 의존성을 주입함으로써 사용하는 것이 가능하다. 예를 들어 Illuminate\Contracts\View\Factory를 컨테이너에서 요청하면 Illuminate\View\Factory를 반환한다. 또한 Illuminate\View\Factory는 View 파사드에 바인딩되어 있는 구체 클래스이기도 하다.

```php
use Illuminate\Contracts\View\Factory;

class WelcomeController extends Controller
{
    public function __construct(public readonly Factory $viewFactory) {}

    public function __invoke()
    {
        // View::make(), view()
        return $this->viewFactory->make('welcome');
    }
}
```

이처럼, 타입힌트하여 의존성을 주입하므로 로직에서 관련 기능을 사용할 것이라고 타 개발자에게 암시하는 일은 할 수 있다. 하지만 파사드와 의존성 주입, 둘 중에 무엇을 사용해도 어플리케이션을 만드는 것에는 문제가 없으므로 파사드를 사용하는 것을 굳이 망설일 필요는 없다. Contracts가 어떤 구체 클래스에 바인딩되어 있는지는 공식문서(https://laravel.com/docs/10.x/contracts#contract-reference)에서 확인할 수 있다.

CHAPTER 03

프로젝트 개요 및 준비

3.1 새로운 프로젝트 생성하기
3.2 개발환경
3.3 라라벨 홈스테드
3.4 라라벨 디버그바
3.5 라라벨 팅커
3.6 로깅
3.7 예외
3.8 라라벨 텔레스코프
3.9 테스트
3.10 에셋 번들링

시작하면서...

이제 라라벨 프레임워크를 사용하여 프로젝트를 구성하고, 간단한 서비스를 만들어 보자. 프로젝트 개요 및 준비에서는 프로젝트를 위한 개발환경 준비와 라라벨 개발 시 유용하게 사용되는 도구 중 하나인 라라벨 디버그바, 라라벨 텔레스코프를 설정해본다. 또한 라라벨에서 제공하는 로그와 예외 처리 방법에 대해서도 살펴본다. 우리가 만들어 볼 서비스는 크게 인증, 커뮤니티, API로 구성된다.

일반적으로는 라라벨 프레임워크가 가지고 있는 기본적인 기능을 알아보고 프로젝트로 들어가겠지만, 이 책에서는 프로젝트를 만들어보면서 기능도 같이 익히는 방향으로 진행하게 될 예정이다. 각 프로젝트별로 사용하는 기능이 다르기 때문에 어떤 서비스를 만들 때 어떤 기능을 써야 할지 익힐 수 있도록 하는 것이 주요 목적이다.

기능만을 먼저 배우면 막상 프로젝트를 진행할 때 해당 기능을 적용하지 못하는 경우가 발생하므로 이 책에서는 그러한 것은 지향하지 않는다. 클론코드를 진행할 때에는 책에 쓰인 코드를 그저 따라 하기보다는 해당 코드가 왜 이렇게 동작하는지 이해하고 넘어가는 것을 권한다. 그렇지 않으면 막상 코딩하다가 막히면 왜 안 되는지 그 이유도 모르게 될 것이다. 그래서는 내 코드가 될 수 없으므로 막힌다면 앞으로 나아가지 말고 멈춰서 고민해보는 것이 좋다.

3.1 새로운 프로젝트 생성하기

개발환경을 구성하기 전에 인증, 커뮤니티, API에 해당하는 프로젝트를 생성해주자. 모두 하나의 프로젝트에서 관리된다. helloworld 때와 마찬가지로 laravel new를 사용하자.

```
$ cd ~
$ laravel new code
```

3.2 개발환경

라라벨에서 개발환경을 구축하는 방법은 3가지가 있다. 데이터베이스와 테스트 도구 등 개발에 필요한 구성요소와 도구들을 전부 수동으로 설치하는 것, WAMP와 같은 범용 로컬 개발환경 도구를 사용하는 것, 그리고 마지막으로 라라벨에서 제공하는 개발환경 패키지를 사용하는 방법이다. 라라벨에서 제공하는 패키지는 3가지로 다음과 같다.

- Laravel Homestead
- Laravel Sail
- Laravel Valet

라라벨 홈스테드(Laravel Homestead)를 사용하면 VMWare, Hyper-V, VirtualBox와 같은 가상머신(Virtual Machine) 소프트웨어를 통해 개발환경을 구축할 수 있다. MySQL, MariaDB와 같은 DBMS를 비롯한 Apache, Nginx와 같은 일반적인 웹 서버도 준비가 완료되어 있다. 별도의 가상머신을 사용하므로 HostOS에 관계없이 구축할 수 있다.

라라벨에서는 도커를 사용한 개발환경을 구축하는 패키지도 제공하는데 바로 라라벨 세일(Laravel Sail)이다. 라라벨 세일(https://laravel.com/docs/10.x/sail)을 사용하면 간편하게 도커를 사용하여 라라벨 개발환경을 구축할 수 있다. 다른 환경보다 도커가 편하다면 사용해보는 것도 나쁘지 않다.

만약 개발환경으로 MacOS를 사용하고 있다면 라라벨 발렛(Laravel Valet)도 좋은 선택지가 될 수 있다. 발렛(https://laravel.com/docs/10.x/valet)은 메모리를 적게 사용하고 MacOS에서 빠르게 구축할 수 있다.

3.3 라라벨 홈스테드

이 책에서는 라라벨 홈스테드를 사용하여 개발환경을 구축할 예정이다. Windows, MacOS/

Linux에서 사용할 수 있다. 프로젝트에 공통으로 사용할 홈스테드를 설치하고 프로젝트를 위한 하나의 홈스테드 개발환경을 구축해보자. 홈스테드의 공식문서(https://laravel.com/docs/10.x/homestead)를 참고하면서 글로벌 홈스테드를 구성해볼 것이다.

라라벨 홈스테드를 설치하기 전에 유의해야 할 점은 반드시 버전에 신경 써야 한다는 점이다. 버전이 서로 맞지 않으면 에러를 유발해 실습에 문제를 초래하게 될 수도 있다. 따라서 버전에 유의하면서 설치를 진행해보자. 버그픽스 버전까지 신경 쓸 필요는 없지만 최소한 메이저 버전은 일치해야 한다.

3.3.1 VirtualBox

홈스테드는 GuestOS에 개발환경을 구성하는 것이 기본이므로 홈스테드 가상머신을 구축하기 위해서는 가상머신 소프트웨어를 사용해야 한다. VirtualBox 7.0(https://www.virtualbox.org/)을 설치해보자.

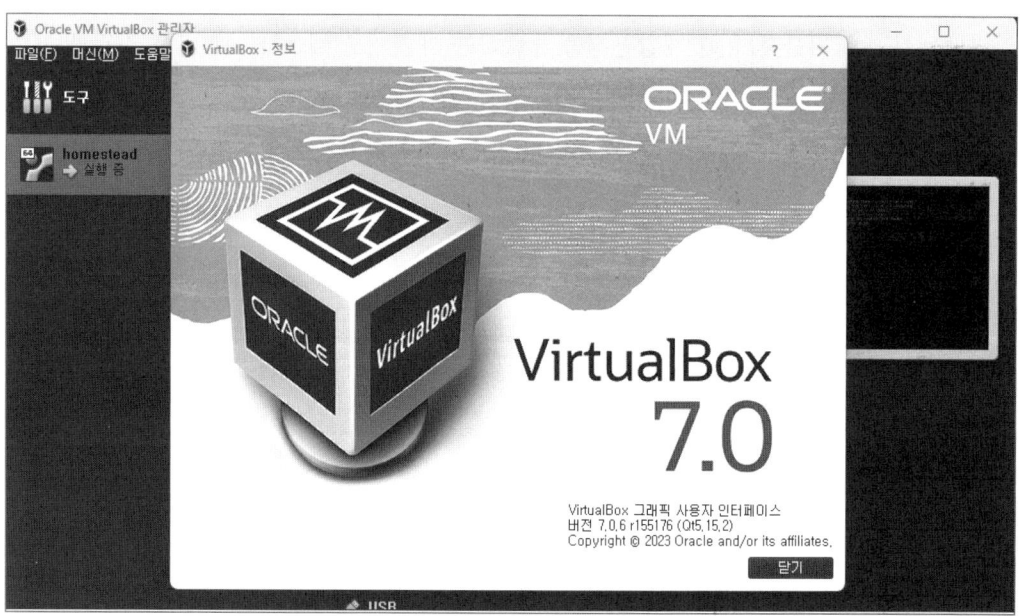

[그림 3-1] VirtualBox 7.0

3.3.2 Vagrant

가상머신에 개발환경 구축을 위해 Vagrant(https://www.vagrantup.com) 도구를 같이 사용하게 된다. Vagrant는 개발환경을 구축할 수 있는 CLI 기반 도구다. Vagrant를 사용하면 짧은 명령어를 사용하기만 해도 라라벨 개발을 위한 가상머신을 빠르게 준비하고 SSH를 통해 접속할 수 있다.

```
$ vagrant --version
Vagrant 2.3.4
```

Vagrant의 설치가 끝나면 라라벨을 위해 Homestead Box를 추가해야 한다. 아래의 명령어를 입력하여 라라벨 홈스테드를 위한 Box를 추가하자. Box를 설치할 때 사용할 가상머신 소프트웨어는 virtualbox를 선택하면 된다.

```
$ vagrant box add laravel/homestead --box-version=13.0.0
==> box: Loading metadata for box 'laravel/homestead'
    box: URL: https://vagrantcloud.com/laravel/homestead
This box can work with multiple providers! The providers that it
can work with are listed below. Please review the list and choose
the provider you will be working with.

1) parallels
2) virtualbox
3) vmware_desktop

Enter your choice: 2
```

Vargrant Box를 추가한 다음, 아래와 같이 입력하면 Box가 있는지 확인할 수 있다.

```
$ vagrant box list
laravel/homestead (virtualbox, 13.0.0)
```

3.3.3 laravel/homestead

홈스테드의 깃허브 레포지토리(https://github.com/laravel/homestead)를 복사하자. 아래의 명령어를 실행하면 홈 디렉터리에 Homestead 폴더가 생성된다. Homestead 폴더로 들어가서 v14.2.2 브랜치로 변경하자. 홈스테드 공식문서에는 release 브랜치로 변경하라고 되어 있지만 버전 일관성 유지를 위해 v14.2.2에 해당하는 버전을 사용한다.

```
$ git clone https://github.com/laravel/homestead.git ~/homestead
$ cd ~/homestead
$ git checkout tags/v14.2.2 -b v14.2.2
```

홈스테드의 전반적인 설정을 구성하기 위한 파일을 생성해야 하는데, 현재 운영체제에 따라 쉘스크립트 또는 배치 스크립트를 실행하면 Homestead.yaml이 생성된다. Homestead.yaml에서 가상머신에서 할당할 자원 또는 로컬과 가상머신 사이의 프로젝트 매핑 경로를 지정할 수 있다.

```
// macOS / Linux...
$ bash init.sh
// Windows
$ ./init.bat
```

Homestead.yaml의 주요 내용을 살펴보자. ip, memory, cpus는 각각 가상머신에 할당할 ip 주소, 메모리, CPU를 의미하며 provider는 홈스테드에 사용할 가상머신 소프트웨어의 이름이다. virtualbox를 사용한다. authorize, keys는 가상머신에서 SSH 접속에 인증하기 위해 사용되는 공개키, 비밀키 키페어(Key-Pair)이다.

folders.map은 로컬 프로젝트의 위치를 의미한다. folders는 가상머신 내부에 매핑될 프로젝트 경로다. folders.map에 변경점이 있다면 가상머신의 folders.to도 갱신된다. sites.map은 프로젝트에 사용할 도메인을 의미하며 sites.to에는 해당 도메인에서 사용할 Document Root를 지정한다. 따라서 homestead.test의 Document Root는 /home/vagrant/code/public이 된다.

databases는 가상머신에서 사용할 database의 이름을 의미하고, features에는 추가적으로 설치할 소프트웨어를 지정해줄 수 있으며 mysql 대신에 mariadb를 사용하는 것도 가능하다. services에서는 활성화할 서비스와 비활성화할 서비스를 지정해줄 수 있다. Homestead.yml이 아래의 내용과 일치하는지 확인해주자. 더 사용 가능한 features, services는 공식문서에서 자세히 확인할 수 있다.

```
ip: "192.168.56.56"
memory: 2048
cpus: 2
provider: virtualbox

authorize: ~/.ssh/id_rsa.pub

keys:
    - ~/.ssh/id_rsa

folders:
    - map: ~/code
      to: /home/vagrant/code

sites:
    - map: homestead.test
      to: /home/vagrant/code/public

databases:
    - homestead

features:
    - mysql: true
```

```
        - mariadb: false
        - postgresql: false
        - ohmyzsh: false
        - webdriver: false
        - meilisearch: true

services:
    - enabled:
        - "mysql"
#   - disabled:
#       - "postgresql@11-main"
```

3.3.4 프로비저닝

이제 Vagrant를 사용하여 가상환경을 만들어보자. 터미널에 vagrant up을 입력하면 가상머신이 생성되면서 구성 작업이 시작된다. 이 과정에서 에러를 만난다면, 경우의 수가 다소 많은 편인데, 이러한 경우 Vagrant, Vagrant laravel/homestead Box, VirtualBox, laravel/homestead를 삭제하고 최신버전으로 설치하거나 공식문서 등을 통해 이미 설치된 버전의 호환성을 확인하는 과정이 필요하다.

그 외에도 네트워크 설정 때문에 발생하거나 SSH 키를 불러오지 못해서 발생하는 문제 등이 있을 수 있다. 모든 경우에 대해 이야기할 수는 없기 때문에 에러 메시지를 살펴보고 그를 토대로 검색을 통해 해결해보자. 라라벨 홈스테드의 경우 버전이 바뀜에 따라 설치과정에서 에러가 발생하는 경우가 종종 있으므로 이슈(https://github.com/laravel/homestead/issues)를 살펴보면 큰 도움이 된다.

```
$ vagrant up
Bringing machine 'homestead' up with 'virtualbox' provider...
```

가상머신의 구성이 끝났으면 Homestead.yaml의 ip에 지정되어 있던 주소인 192.168.56.56으로 접속해보자. php artisan serve로 실행했었던 화면과 동일한 모습을 볼 수 있다. 만약

homestead.test 주소로 접속해보고 싶다면 hosts 파일에서 아래와 같이 설정하자. 맥과 리눅스에서는 /etc/hosts, 윈도우에서는 C:/Windows/System32/drivers/etc/hosts에서 설정하면 된다.

```
192.168.56.56 homestead.test
```

홈스테드로 작업을 하다 보면 데이터베이스 마이그레이션 작업과 같이 가상머신 내부로 접속하여 작업을 해야 하는 순간이 있는데, 그럴 때 ssh로 접속을 해야 할 필요가 있다. 이때에는 vagrant ssh를 통해 간단하게 접속할 수 있다.

```
$ vagrant ssh
vagrant@homestead:~$
```

이제 프로젝트로 돌아와서 .env를 열고 hosts 파일을 수정했던 것처럼 APP_URL를 http://homestead.test로 바꿔줄 필요가 있다.

```
APP_URL=http://homestead.test
```

3.4 라라벨 디버그바

라라벨 디버그바(https://github.com/barryvdh/laravel-debugbar)는 라라벨 프레임워크를 사용하여 어플리케이션을 구성할 때 쿼리, 뷰, 라우트, 이벤트 등 개발자에게 도움이 되는 다양한 정보를 화면상에 표시해주는 패키지다. 라라벨 디버그바는 라라벨을 사용하여 개발할 때 필수적으로 사용되는 도구이다. 따라서 우리도 프로젝트의 코드를 구성하기 전에 디버그바를 설치해보자.

```
$ composer require barryvdh/laravel-debugbar
```

```
"require-dev": {
    "barryvdh/laravel-debugbar": "^3.8"
}
```

이후 php artisan vendor:publish를 사용하여 디버그바의 설정 파일을 복사하자. php artisan vendor:publish 명령어를 사용하면 외부 라이브러리에서 제공하는 설정과 블레이드 템플릿 등을 로컬 프로젝트로 퍼블리싱할 수 있다.

```
$ php artisan vendor:publish --provider="Barryvdh\Debugbar\ServiceProvider"
Copied File [\vendor\barryvdh\laravel-debugbar\config\debugbar.php] To [\config\debugbar.php]

Publishing complete.
```

config/debugbar.php 파일이 생성되며 디버그바에 대한 각종 설정을 확인할 수 있는데, 이 부분은 책에서 나열하는 것보다 직접 설정 파일을 열어보고 어떤 옵션들이 있는지 살펴보는 것이 더 좋다. 주요하게 살펴볼 만한 옵션은 딱히 없기 때문이다. 프로젝트에서는 별도로 설정을 건드리지 않고 기본설정을 그대로 사용하자.

이제 마지막으로 할 일은 서비스 프로바이더와 파사드를 등록하는 일이다. config/app.php 파일을 열어서 app.providers, app.aliases에 아래와 같이 추가하자. 아키텍처 부분에서 살펴보았듯이 app.providers에 등록한 서비스 프로바이더는 부스트래핑 과정에서 등록될 것이며 app.aliases에 등록하면 글로벌 네임스페이스에서 손쉽게 호출할 수 있도록 해준다.

```
'providers' => [
    Barryvdh\Debugbar\ServiceProvider::class,
],
'aliases' => Facade::defaultAliases()->merge([
    'Debugbar' => Barryvdh\Debugbar\Facades\Debugbar::class,
])->toArray()
```

이 과정이 완료되고 homestead.test에 접속해보면 아래와 같이 디버그바가 활성화되어 있는 모습을 볼 수 있다. 만약 디버그바를 비활성화하고 싶다면 .env에서 APP_DEBUG값을 false로 변경하자.

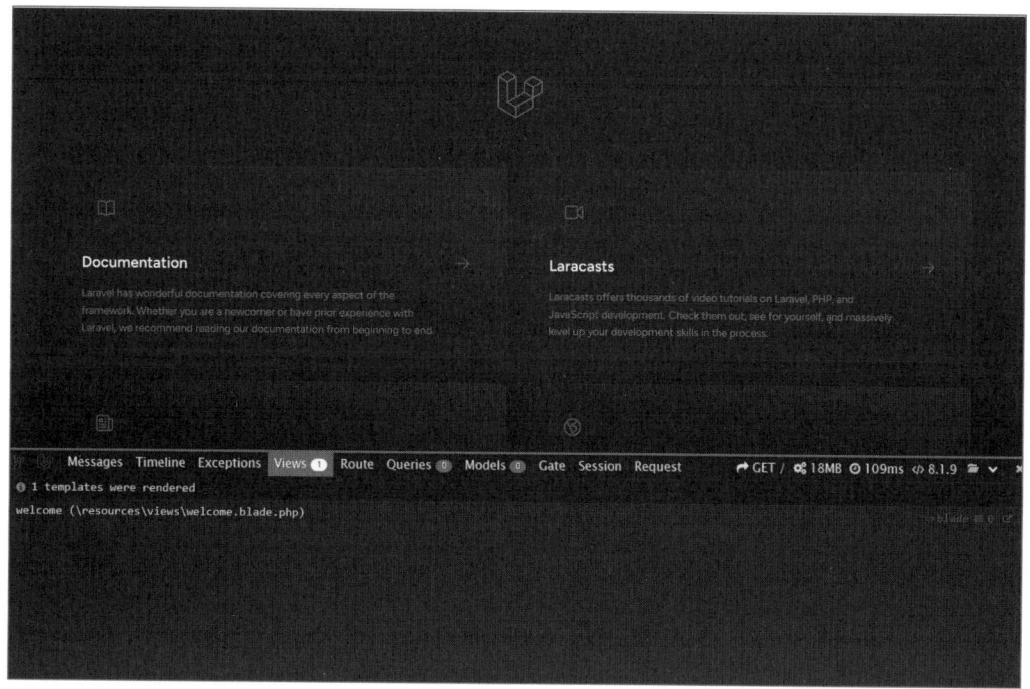

[그림 3-2] 라라벨 디버그바

라라벨 디버그바의 사용법을 더 알고 싶다면 깃허브 레포지토리의 README를 살펴보자. 디버그바에 로그 남기기, debug() 사용하기 등이 설명되어 있다. 다른 라이브러리를 사용할 때에도 사용법이 알고 싶다면 README 또는 별도의 문서에 설명되어 있으므로 이를 참고하는 것은 큰 도움이 된다.

Debugbar::info(), Debugbar::error()와 같이 로그 레벨에 따라 파사드를 호출할 수도 있지만, 가장 많이 사용하게 될 함수는 단순하게 값을 덤프할 수 있는 debug()이다.

```
debug("Something happened!");
```

3.5 라라벨 팅커

라라벨 팅커는 라라벨 프레임워크에 대한 REPL(Read Eval Print Loop)다. 짧은 코드를 테스트하기에 적당하다. PHP 바이너리도 내장 REPL을 가지고 있는데, php -a가 그렇다.

```
$ php -a
Interactive shell

php > error_log("Something happened!");
Something happened!
php >
```

라라벨 전용 REPL 환경인 라라벨 팅커를 사용해보자. php artisan tinker로 사용할 수 있다. 이것은 storage/logs/laravel.log에 간단하게 로그를 남기는 코드다.

```
$ php artisan tinker
Psy Shell v0.11.6 (PHP 8.1.7 — cli) by Justin Hileman
>>> config('logging.default')
=> "stack"

>>> Log::debug("Something happend!")
=> null
```

팅커에 대한 설정 파일도 제공하는데, php artisan vendor:publish를 사용하여 퍼블리싱해 보자. config/tinker.php가 생성된다.

```
$ php artisan vendor:publish --provider="Laravel\Tinker\TinkerServiceProvider"
```

```
return [
    'commands' => [
        // App\Console\Commands\ExampleCommand::class,
    ],
    'alias' => [
        //
```

```
        ],
        'dont_alias' => [
            'App\Nova',
        ],
    ];
```

tinker.commands를 통해 아티즌 콘솔 명령어를 등록할 수도 있으며 tinker.alias로 클래스의 별칭을 지정해줄 수도 있다. 라라벨 팅커에서 use를 사용하지 않고 Log 클래스에 대해 접근하여 바로 사용한 것을 볼 수 있는데, 이는 app.aliases에 별칭이 설정되어 있기 때문이다. 모델에 대해서도 설정이 되어 있어서 엘로퀀트 ORM으로 손쉽게 작업할 수 있다.

3.6 로깅

라라벨에는 간단한 로깅도 존재한다. 어플리케이션을 개발하면서 로그를 남길 일이 있다면 로깅을 사용해보자. 라라벨의 로깅은 PHP 생태계에서 로깅 라이브러리의 대표 격이라고 볼 수 있는 Monolog(https://github.com/Seldaek/monolog)를 기반으로 작성되었다.

3.6.1 채널

라라벨에서는 각 로그를 기록할 수 있는 통로를 채널(Channels)이라고 한다. 로그는 파일, 슬랙, 시스템 로그, stderr 등에 기록할 수 있고, 그에 관련된 설정은 config/logging.php에서 볼 수 있다. 기본적으로 작성된 채널 이외에 사용자 정의 채널을 작성하는 것도 가능하다.

```
use Monolog\Handler\StreamHandler;

return [
```

```php
        'default' => env('LOG_CHANNEL', 'stack'),
        'channels' => [
            'stack' => [
                'driver' => 'stack',
                'channels' => ['single'],
                'ignore_exceptions' => false,
            ],
            'single' => [
                'driver' => 'single',
                'path' => storage_path('logs/laravel.log'),
                'level' => env('LOG_LEVEL', 'debug'),
            ],
            'slack' => [
                'driver' => 'slack',
                'url' => env('LOG_SLACK_WEBHOOK_URL'),
                'username' => 'Laravel Log',
                'emoji' => ':boom:',
                'level' => env('LOG_LEVEL', 'critical'),
            ],
            'stderr' => [
                'driver' => 'monolog',
                'level' => env('LOG_LEVEL', 'debug'),
                'handler' => StreamHandler::class,
                'formatter' => env('LOG_STDERR_FORMATTER'),
                'with' => [
                    'stream' => 'php://stderr',
                ],
            ],
        ],
];
```

채널은 더 있지만 다 나열하지는 않았다. logging.default에 지정된 채널은 로그 작성 시 기본적으로 전달할 채널의 이름이다. stack 채널은 여러 개의 채널에 로그 정보를 같이 보낼 수 있고 logging.channels.stack.channels에 기재된 채널들로 로그를 전송한다. single 채널은 파일을 대상으로 한다. slack 채널은 슬랙으로 보내는 것을 지원하고, stderr 채널은 표준 에러로 스트리밍하고 로그를 전달한다.

driver가 monolog로 작성되어 있는 것은 Monolog에서 제공하는 Handler, Formatter를 사용하여 작성할 수 있음을 보여준다.

3.6.2 로그 레벨

로그는 레벨이 정해져 있다. 예를 들어 stderr 로그는 logging.channels.stderr.level에 정의된 대로 최소 debug 레벨이다. 로그 레벨은 RFC 5424(https://tools.ietf.org/html/rfc5424)에 따라 emergency, alert, critical, error, warning, notice, info, debug로 정의되어 있고, debug가 최소 단계다. 따라서 로그 레벨이 debug로 설정되어 있는 경우 그 이상이 발생한다면 로깅을 처리한다.

반면 slack 채널의 경우 critical로 지정되어 있는데, 이보다 작은 레벨의 로그가 발생하면 로그를 전달하지 않는다. 즉, error, warning, notice, info, debug에 해당하는 레벨은 slack 채널에 전달되지 않는다는 이야기다.

로그를 작성하기 위해서는 Log 파사드를 사용하는 것이 가장 단순한 방법이다. 예를 들어서 현재 로그채널이 errorlog이고 로그 레벨이 critical이라면 Log::debug()를 사용해서는 로그가 기록되지 않는다.

```
$ php artisan tinker
>>> env('LOG_CHANNEL');
=> "errorlog"
>>> env('LOG_LEVEL');
=> "critical"
>>> Log::debug("Something happened!");
=> null
>>> Log::critical("Something happened!");
[2022-01-29 10:00:43] local.CRITICAL: Something happened!

=> null
```

3.6.3 사용자 정의 채널

로그를 쓰면서 직접 채널을 지정하거나 stack을 구성하여 작성하는 일도 가능하다. 기본값으로 지정된 로그채널 이외로 보내고 싶을 때는 Log::channel()을 사용하자. 로그와 관련된 메서드는 두 번째 매개변수를 통해 관련된 정보를 제공하는 것을 허용한다.

```
use Illuminate\Support\Facades\Log;

Log::channel('stderr')->info('Something happened!', [
    'id' => $user->id
]);
```

런타임에 로그채널을 직접 빌드하여 지정하는 것도 가능하다. Log::build()를 사용하여 채널을 빌드하고 Log::stack()에 전달하면 다중 채널에 로그가 기록된다.

```
$channel = Log::build([
    'driver' => 'single',
    'path' => storage_path('logs/custom.log'),
]);

Log::stack(['single', 'stderr', $channel])->info('Something happened!');
```

이제까지 라라벨에서 제공하는 로그의 기본적인 사항은 알아보았다. 만약 Monolog Logger를 사용하여 사용자 정의 채널을 지정하고, Handler를 사용하여 다른 서버로 로그를 전달하거나 브라우저 콘솔에 표현하고 싶다면, 그리고 Formatter를 사용하여 직접 로그의 포맷을 지정하고 싶다면 이 부분은 Monolog와 관련된 부분이므로 Monolog의 공식문서를 읽어볼 필요가 있다. 이 부분은 생략하기로 하고, 자세히 알아보고 싶다면 라라벨의 로깅 공식문서(https://laravel.com/docs/10.x/logging)를 살펴보자.

3.7 예외

라라벨에서 예외를 처리하는 방법을 간략하게 알아보자. 예외와 관련하여 유용하게 사용할 수 있는 함수 abort(), abort_if(), abort_unless()는 라라벨에서 기본적인 HttpException을 던지기 위해 사용되는데, abort()는 바로 예외를 던지고, abort_if()는 조건이 참일 때, abort_unless()는 조건이 거짓일 때 예외를 던진다. 아래의 코드는 500 에러를 던지고 Symfony\Component\HttpKernel\Exception\HttpException을 발생시킨다.

```
abort(500);
```

abort(), abort_if(), abort_unless()에 HTTP Status Code를 넣어주고 호출해주면 HttpException 예외를 던진다. 이러한 예외는 어찌 보면 당연하게도 try ~ catch로 잡아줄 수도 있고, 라라벨에서는 특정 HTTP Status Code에 따라 사용자에게 에러페이지를 보여주는 기능도 제공한다. HttpException을 잡기 위한 try ~ catch를 사용할 수 있다. report()는 라라벨의 예외 핸들러로 예외를 보고하기 위해 사용한다.

```
use Symfony\Component\HttpKernel\Exception\HttpException;

try {
    abort(500);
} catch (HttpException $e) {
    report($e);
}
```

3.7.1 예외 핸들러

라라벨의 예외는 try ~ catch 말고도 App\Exceptions\Handler에서 처리될 수 있다. 물론 두 처리 방식은 다른 것이지만, 예를 들어 어떤 예외가 발생했을 때 외부 서비스로 예외 사실을 알리고 싶다거나, 혹은 예외에 따른 뷰를 렌더링하고 싶을 때는 어떻게 하면 좋을까?

```
namespace App\Exceptions;

use Illuminate\Foundation\Exceptions\Handler as ExceptionHandler;
use Throwable;

class Handler extends ExceptionHandler
{
    protected $levels = [
        //
    ];

    protected $dontReport = [
        //
    ];

    public function register()
    {
        $this->reportable(function (Throwable $e) {
            //
        });
    }
}
```

Handler::register() 메서드에서 Handler::reportable()을 호출하고 있는데, 여기에서 외부 서비스로 발생한 예외에 대해 보고(Report)할 수 있다. 기본적으로 발생하는 예외에 대해서는 라라벨 로그 드라이버의 설정에 따라 로깅되며 타입으로 작성되어 있는 Throwable(https://www.php.net/manual/en/class.throwable.php)은 PHP 내장 인터페이스 중 하나이며, 던져질 수 있는 예외를 의미한다.

PHP classes cannot implement the Throwable interface directly, and must instead extend Exception.

다만, 통상적으로 사용자 정의 예외를 정의할 때는 내장 PHP 클래스인 Exception(https://www.php.net/manual/en/class.exception)을 사용하므로 둘은 구분할 필요가 있다. try ~ catch

를 사용하여 예외를 잡을 때, report()를 쓰면 요청을 계속 진행하면서도 예외를 보고하는 것이 가능하다. report()로 예외가 보고되면 ExceptionHandler::register() 내부에 $this->reportable()를 사용한 예외일 경우에 에러를 보고한다.

또한 예외가 발생하면 라라벨 로거에 의해 로깅이 되지만, Handler::$dontReport에 예외 클래스를 등록하게 되면 로그에 기록하지 않는다. 라라벨 내부에서 편의상 404 등의 일반적인 예외는 로그에 기록되지 않으며, 추가적으로 기록하고 싶지 않은 예외가 있다면 등록하면 된다. 또한 Handler::$levels에서 예외에 따라 로그 레벨을 정할 수도 있다.

```
use App\Exceptions\InvalidOrderException;
use Psr\Log\LogLevel;

protected $levels = [
    InvalidOrderException::class => LogLevel::DEBUG
];

protected $dontReport = [
    InvalidOrderException::class,
];
```

예외가 발생했을 때 블레이드를 렌더링하여 보여주고 싶다면 어떻게 하면 좋을까? Handler::renderable() 메서드를 사용하면 예외 발생 시 뷰를 렌더링할 수 있다. 예를 들어 App\Exceptions\InvalidOrderException이 존재하는 경우, 다음과 같이 정의한다.

```
use App\Exceptions\InvalidOrderException;

public function register()
{
    $this->renderable(function (InvalidOrderException $e, $request) {
        return response()->view('errors.invalid-order', [], 500);
    });
}
```

타입에 사용자 정의 예외를 주더라도 해당 예외가 발생하면 뷰가 렌더링되도록 처리할 수 있다. 내부에는 $exception이라는 변수가 설정되어 접근할 수 있다.

```
<h2>{{ $exception->getMessage() }}</h2>
```

3.7.2 사용자 정의 예외

사용자 정의 예외는 php artisan make:exception으로 생성할 수 있다. InvalidOrderException을 간단하게 만들어보면 다음과 같다.

```
$ php artisan make:exception InvalidOrderException
```

Hanlder::register()에서 사용했던 ExceptionHandler::reportable(), renderable()를 클래스 내부에서 정의할 수 있다. Exception::report(), render()는 다음과 같이 요청 라이프사이클에서 예외가 던져지면, 프레임워크에 의해 자동으로 호출되며 라라벨의 기본 예외 및 렌더링을 사용하고 싶다면 false를 반환하면 된다.

```
throw new \App\Exceptions\InvalidOrderException('Invalid order!');
```

이를테면 라라벨에 내장된 HTTP 예외를 상속하여 확장할 때 기존에 내부적으로 제공되는 렌더링을 사용하려면 rander()에 false를 반환할 수 있고, 특정 조건에만 예외를 보고하고 그밖에는 라라벨 기본 예외로 처리하고 싶다면 report()에 false를 반환하는 것이다.

```
namespace App\Exceptions;

use Exception;

class InvalidOrderException extends Exception
{
```

```
public function report()
{
    if (/** Determine if the exception needs custom reporting */) {

        // ...

        return true;
    }

    return false;
}

public function render(Request $request)
{
    if (/** Determine if the exception needs custom rendering */) {

        return response(/* ... */);
    }

    return false;
}
```

3.7.3 커스텀 HTTP 예외 오류 페이지

기존의 여러 서비스를 사용하면서 리소스를 찾지 못했을 경우 404와 같은 예외에 대해 에러 페이지로 이동하는 것을 경험한 적이 있을 것이다. 예를 들어 존재하지 않는 글에 접근하려고 하는 경우가 있다. 라라벨에는 내부적으로 404와 같은 HTTP 에러에 대처하기 위한 템플릿이 작성되어 있다. 라라벨에 이미 작성되어 있는 에러 페이지를 현재 프로젝트로 퍼블리싱해 보자.

```
$ php artisan vendor:publish --tag=laravel-errors
```

이전에도 했었지만, php artisan vendor:publish를 사용하면 vendor에 있는 리소스를 프로젝트에 퍼블리싱할 수 있다는 사실을 기억하자. 이후 resources/views/errors에 401-503까지 각 Http Status Code에 대한 파일이 생성되어 있음을 볼 수 있고, 그 예 중 하나로 404.blade.php를 보면 아래와 같다.

```
@extends('errors::minimal')

@section('title', __('Not Found'))
@section('code', '404')
@section('message', __('Not Found'))
```

처음 보는 문법이 나왔다. 바로 @extends('errors::minimal')이다. errors/minimal.blade.php를 상속하라는 이야기인데, errors::minimal은 네임스페이스 문법이며 패키지에서 범위를 규정할 때 사용한다. resources/views/errors를 errors 네임스페이스로 규정하여 처리하였다. 이 부분 같은 경우 라라벨 코어 소스를 찾아보면 Illuminate₩Foundation₩Exceptions₩RegisterErrorViewPaths::__invoke() 부분에 아래와 같은 코드가 있다.

```
namespace Illuminate\Foundation\Exceptions;

use Illuminate\Support\Facades\View;

class RegisterErrorViewPaths
{
    public function __invoke()
    {
        View::replaceNamespace('errors', collect(config('view.paths'))-
>map(function ($path) {
            return "{$path}/errors";
        })->push(__DIR__.'/views')->all());
    }
}
```

View::replaceNamespace()를 사용하여 네임스페이스를 지정하고 view.paths에 지정된 경로를 바탕으로 에러 템플릿이 위치한 디렉터리를 errors로 처리한다. views.paths 설정을 살펴 보면 다음과 같은 값을 가진다. resource_path()는 resources 디렉터리의 경로를 반환한다.

```
return [
    'paths' => [
        resource_path('views'),
    ],
];
```

Collection::push(__DIR__.'/views')->all()를 보면, 만일 프로젝트에 errors가 퍼블리싱되어 있지 않더라도 같은 디렉터리에 있는 views 디렉터리를 참고하도록 되어 있는 것을 볼 수 있 다. 따라서 errors::minimal이라고 되어 있는 것은 resources/views/errors/minimal.blade. php가 될 수도 있고, 프로젝트로 퍼블리싱 되어 있지 않다면 vendor/laravel/framework/src/ Illuminate/Foundation/Exceptions/views/minimal.blade.php를 의미한다고 볼 수 있다.

3.8 라라벨 텔레스코프

라라벨 텔레스코프(Laravel Telescope)는 메일, 이벤트와 같은 라라벨 어플리케이션에서 발생 하는 사건들을 기록하는 대시보드다. 텔레스코프에는 프로젝트를 진행해 나가면서 배우게 될 각종 요소들이 어떠한 사건을 일으킬 때마다 기록이 되기 때문에 그 사건이 실제로 발생한 일 인지 알 수 있다. 또한 프로덕트에서 사용하게 될 경우에는 모니터링 역할을 하기도 한다.

3.8.1 설치

라라벨 텔레스코프를 사용하려면 laravel/telescope 패키지를 컴포저를 사용하여 프로젝트에 설치해야 한다.

```
$ composer require laravel/telescope
```

텔레스코프에서 제공하는 설정 및 서비스 프로바이더를 가져오기 위해 php artisan telescope:install을 사용해보자.

```
$ php artisan telescope:install
Publishing Telescope Service Provider...
Publishing Telescope Assets...
Publishing Telescope Configuration...
Telescope scaffolding installed successfully.
```

이 명령어를 실행하면 app.providers에 텔레스코프에 대한 서비스 프로바이더인 Telescope-ServiceProvider가 추가되고, 설정 파일인 config/telescope.php가 생성된다. 또한 public/vendor/telescope에 스타일시트와 자바스크립트 등 프론트엔드를 위한 리소스가 추가된다.

```
return [
    'providers' => [
        App\Providers\TelescopeServiceProvider::class,
    ],
];
```

다음으로 텔레스코프에 사건을 기록하기 위해 데이터베이스에 테이블을 생성해야 하는데, 이 과정을 데이터베이스 테이블 마이그레이션(Migration)이라고 한다. 이는 아직 배우지 않았으므로 일단 따라만 해보자. .env에서 데이터베이스에 대한 환경설정을 먼저 진행해야 한다. 다음과 같이 바꿔보자.

```
DB_CONNECTION=mysql
DB_HOST=127.0.0.1
DB_PORT=3306
DB_DATABASE=homestead
DB_USERNAME=homestead
DB_PASSWORD=secret
```

홈스테드의 데이터베이스 이름과 사용자 이름은 homestead, 비밀번호는 secret이다. 설정을 마쳤다면 이제 홈스테드에 접속해서 마이그레이션을 진행해보자. 마이그레이션을 처음 하는 것이기 때문에 텔레스코프 이외에 프로젝트 생성 시 작성되어 있던 파일까지 같이 생성될 것이다.

```
vagrant@homestead:~/code$ php artisan migrate
2018_08_08_100000_create_telescope_entries_table ... 244ms DONE
```

마이그레이션까지 끝났다면 homestead.test/telescope로 텔레스코프 대시보드에 접근하는 것이 가능하다. 라라벨 텔레스코프에 기록되는 사건(Entry)들은 프로젝트를 진행하면서 배우게 될 것이므로 여기까지만 진행하고 설정과 서비스 프로바이더 부분은 그렇게 중요하지 않으므로 읽지 않아도 상관없지만, 텔레스코프를 조금 더 알고 싶다면 읽어보자.

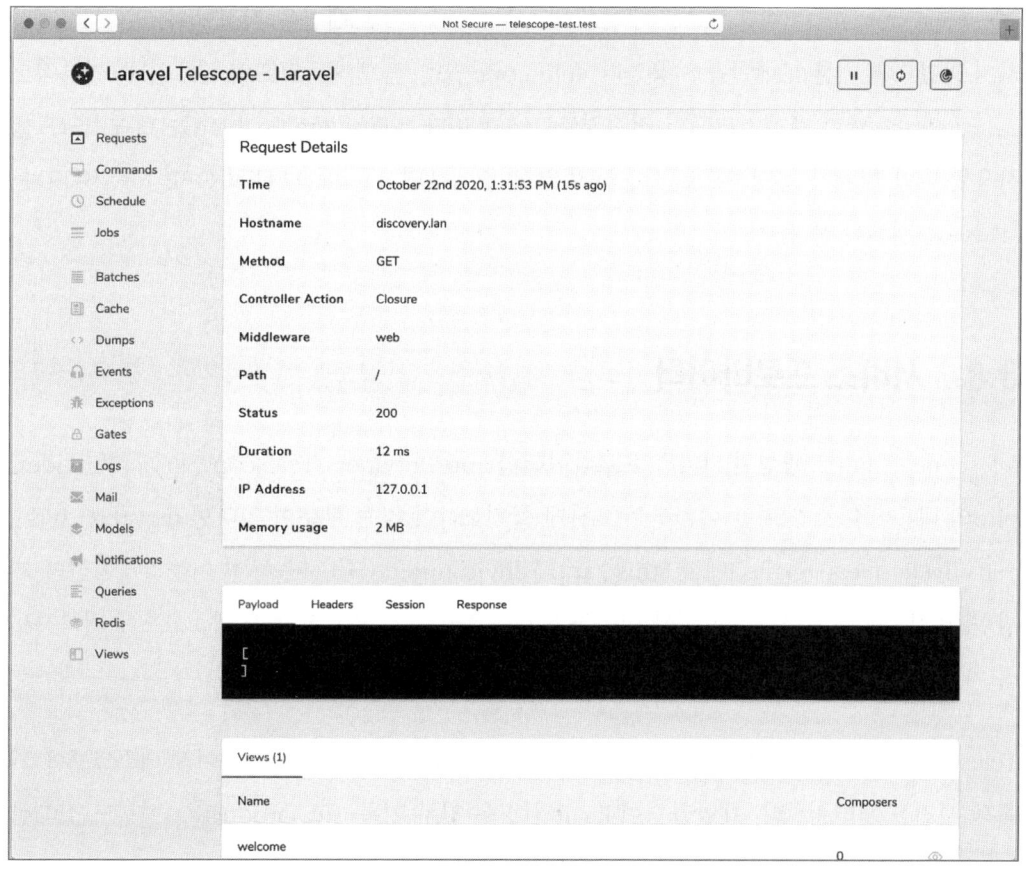

[그림 3-3] 라라벨 텔레스코프

3.8.2 설정

telescope:install로 생성된 config/telescope.php를 살펴보면 좋겠지만, 설정을 건드리지 않고 디폴트 상태로만 사용할 것이기도 할 것이므로 자세한 내용은 생략하자. 다만 telescope.enabled, telescope.path, telescope.domain에 해당하는 설정은 주목해볼 만하다.

```
return [
    'domain' => env('TELESCOPE_DOMAIN', null),
    'path' => env('TELESCOPE_PATH', 'telescope'),
    'enabled' => env('TELESCOPE_ENABLED', true),
];
```

telescope.domain은 텔레스코프 대시보드로 사용할 서브 도메인을 지정할 수 있는데, 지정하지 않았으면 기본 도메인을 사용한다. telescope.path는 텔레스코프의 경로인데, 기본적으로는 /telescope가 텔레스코프의 접속경로로 사용된다. telescope.enabled는 텔레스코프를 사용할지 안 할지를 결정하므로 사용하지 않을 것이라면 .env에 TELESCOPE_ENABLED를 false로 설정해야 한다.

3.8.3 서비스 프로바이더

telescope:install로 생성된 서비스 프로바이더인 app/Providers/TelescopeServiceProvider.php의 내용이 다소 있지만 여기서 주요하게 살펴보아야 하는 부분이 있다면 register(), hideSensitiveRequestDetails()에서 $this->app->environment()를 사용하여 어플리케이션의 개발환경이 local로 지정된 경우에만 별다른 작업을 처리하지 않고 모두 텔레스코프에 기록하도록 처리한다는 것이다. production인 경우에는 추가적인 작업이 요구된다.

TelescopeServiceProvider::register()에서는 Telescope::filter()를 호출하여 텔레스코프에 기록될 사건을 필터링한다. 개발환경이 local인 경우 전부 기록하고, production에서도 실패한 Job, 스케줄링, 쿼리, 보고 가능한 예외 등을 기록한다.

```php
public function register()
{
    // Telescope::night();

    $this->hideSensitiveRequestDetails();

    Telescope::filter(function (IncomingEntry $entry) {
        if ($this->app->environment('local')) {
            return true;
        }

        return $entry->isReportableException() ||
            $entry->isFailedRequest() ||
            $entry->isFailedJob() ||
            $entry->isScheduledTask() ||
            $entry->hasMonitoredTag();
    });
}
```

TelescopeServiceProvider::hideSensitiveRequestDetails()에서는 요청을 처리할 때 개발환경이 local이라면 모든 요청의 파라매터를 표시하고, 그 외에는 CSRF TOKEN에 해당하는 _token과 Ajax와 같은 비동기 요청에서 헤더에 첨부되는 X-XSRF-TOKEN, X-CSRF-TOKEN을 숨긴다.

```php
protected function hideSensitiveRequestDetails()
{
    if ($this->app->environment('local')) {
        return;
    }

    Telescope::hideRequestParameters(['_token']);

    Telescope::hideRequestHeaders([
        'cookie',
```

```
            'x-csrf-token',
            'x-xsrf-token',
        ]);
    }
```

TelescopeServiceProvider::gate()에서는 local이 아닌 production에서 텔레스코프 대시보드에 접근하려 할 때 허용할 이메일 주소를 명시한다. Gate 파사드는 인가(Authorization)와 관련이 있지만, 아직 배우지 않았으므로 적어도 이 메서드가 텔레스코프에 인가되지 않은 사용자의 접근을 막기 위한 것이라고 생각하자.

```
protected function gate()
{
    Gate::define('viewTelescope', function ($user) {
        return in_array($user->email, [
            'taylor@laravel.com'
        ]);
    });
}
```

3.9 테스트

프로젝트를 진행하면서 기본적인 테스트도 같이 진행할 예정이다. 테스트는 기본적으로 함수 및 메서드와 같은 작은 단위를 테스트하는 단위 테스트(Unit Test)와 기능이 올바르게 동작하는지 테스트하는 기능 테스트(Feature Test)가 있다. 테스트는 tests 디렉터리에 있으며 단위 테스트는 Unit, 기능 테스트는 Feature에 있다. 라라벨에서는 기본적으로 단위 테스트보다 기능 테스트가 많으며 단위는 하나의 Endpoint가 되는 경우가 많다. 이를테면 애플리케이션 내부에서 GET /에 던지는 요청을 시뮬레이션하여 해당 기능이 올바르게 동작하는지 보는 것이다.

테스트를 위해 PHPUnit(https://phpunit.de)을 기반으로 테스트 케이스를 작성할 수 있는데 프로젝트 내부에 이미 phpunit.xml이 작성되어 있는 것을 볼 수 있다. PHPUnit을 알면 좋지만, 모르더라도 라라벨에서 이미 테스트 케이스를 래핑해 놓은 상태기 때문에 테스트를 작성하기에 그렇게 어려움은 없다.

phpunit.xml에 작성된 내용은 전혀 건드릴 필요가 없고 그냥 놔두면 된다. APP_MODE가 testing으로 변경되거나 세션, 메일, 캐시와 같은 부분이 전부 메모리 기반으로 변경되는 것으로 실제로 알림이 전송이 되거나 큐에 작업이 할당되는 일을 방지할 수 있다. MAIL_MAILER, QUEUE_CONNECTION과 같은 부분은 지금 이해할 필요가 전혀 없다.

```xml
<?xml version="1.0" encoding="UTF-8"?>
<phpunit xmlns:xsi="http://www.w3.org/2001/XMLSchema-instance"
         xsi:noNamespaceSchemaLocation="./vendor/phpunit/phpunit/phpunit.xsd"
         bootstrap="vendor/autoload.php"
         colors="true"
>
    <testsuites>
        <testsuite name="Unit">
            <directory suffix="Test.php">./tests/Unit</directory>
        </testsuite>
        <testsuite name="Feature">
            <directory suffix="Test.php">./tests/Feature</directory>
        </testsuite>
    </testsuites>
    <coverage processUncoveredFiles="true">
        <include>
            <directory suffix=".php">./app</directory>
        </include>
    </coverage>
    <php>
        <env name="APP_ENV" value="testing"/>
        <env name="BCRYPT_ROUNDS" value="4"/>
        <env name="CACHE_DRIVER" value="array"/>
```

```xml
            <!-- <env name="DB_CONNECTION" value="sqlite"/> -->
            <!-- <env name="DB_DATABASE" value=":memory:"/> -->
            <env name="MAIL_MAILER" value="array"/>
            <env name="QUEUE_CONNECTION" value="sync"/>
            <env name="SESSION_DRIVER" value="array"/>
            <env name="TELESCOPE_ENABLED" value="false"/>
    </php>
</phpunit>
```

기본적으로 작성된 테스트는 Tests\Feature\ExampleTest, Tests\Units\ExampleTest가 있다. Tests\Feature\ExampleTest를 잠깐 살펴보자. $this->get()은 GET /에 요청 보내는 것을 테스트한다. 그에 대한 응답 결과로 200 OK가 나와야 한다고 요구하고 있다. 기능 위주의 테스트를 가장 많이 하게 될 것이며 응답이 뷰인지, 리다이렉트를 하는지, 그리고 인증이 되어 있는지와 같은 부분을 검증하는 것이 가능하다.

```php
namespace Tests\Feature;

use Illuminate\Foundation\Testing\RefreshDatabase;
use Tests\TestCase;

class ExampleTest extends TestCase
{
    public function test_the_application_returns_a_successful_response()
    {
        $response = $this->get('/');

        $response->assertStatus(200);
    }
}
```

테스트는 php artisan test로 실행할 수 있는데, 데이터베이스 등도 테스트 대상이므로 로컬보다는 홈스테드에 접속해서 하는 것이 좋다. php artisan test에는 PHPUnit에서 사용할 수 있는 옵션을 사용할 수도 있으므로 필요하다면 사용해도 된다.

```
vagrant@homestead:~/code$ php artisan test
  PASS  Tests\Unit\ExampleTest
 ✓ that true is true
  PASS  Tests\Feature\ExampleTest
 ✓ the application returns a successful response
```

--parallel을 사용하면 병렬로도 테스트를 실행할 수 있다. 이때 brianium/paratest의 설치가 요구된다.

```
vagrant@homestead:~/code$ php artisan test --parallel
ParaTest v6.9.0 upon PHPUnit 9.6.3

.................  2 / 2 (100%)
```

Tests₩CreatesApplication은 테스트를 위해 어플리케이션을 부팅한다. public/index.php에서 어플리케이션을 부트스트래핑하는 것과 비슷하다고 생각하면 된다. 따라서 이 부분은 건드리지 말고 넘어가자.

```
namespace Tests;

use Illuminate\Contracts\Console\Kernel;

trait CreatesApplication
{
    public function createApplication()
    {
        $app = require __DIR__.'/../bootstrap/app.php';

        $app->make(Kernel::class)->bootstrap();

        return $app;
    }
}
```

Tests\CreatesApplication은 지금부터 생성할 모든 테스트 케이스의 부모 클래스인 Tests\TestCase에서 사용된다. 이곳에 특별히 작성할 코드는 없다.

```php
namespace Tests;

use Illuminate\Foundation\Testing\TestCase as BaseTestCase;

abstract class TestCase extends BaseTestCase
{
    use CreatesApplication;
}
```

3.9.1 커버리지

테스트 커버리지를 리포트하려면 php artisan test --coverage로 해야 사용할 수 있으며 로직이 얼마나 테스트되었는지 측정할 수 있다. 하지만 그전에 Xdebug에 대한 설정이 필요한데, 홈스테드에 접속해서 xon을 사용하면 Xdebug를 가동할 수 있으며 반대로 xoff를 사용하면 끌 수 있다. php --version으로 Xdebug의 가동 여부를 확인할 수 있다.

```
vagrant@homestead:~/code$ xon
vagrant@homestead:~/code$ php --version
PHP 8.2.1 (cli) (built: Jan 13 2023 10:42:44) (NTS)
Copyright (c) The PHP Group
Zend Engine v4.2.1, Copyright (c) Zend Technologies
    with Zend OPcache v8.2.1, Copyright (c), by Zend Technologies
    with Xdebug v3.2.0, Copyright (c) 2002-2022, by Derick Rethans
```

이제 테스트 커버리지 리포트를 포함하는 테스트를 진행해보자. XDEBUG_MODE=coverage라는 설정이 필요하지만, 홈스테드에서 xdebug.ini를 직접 수정하는 방법보다는 인라인으로 명령어 실행 시에만 변경되도록 하자. 코드 커버리지가 100%에 가까울수록 비즈니스 로직이 테스트되어 보다 걱정 없이 어플리케이션이 실행될 수 있게 될 가능성이 높아진다.

```
vagrant@homestead:~/code$ XDEBUG_MODE=coverage php artisan test --coverage
```

3.9.2 artx 별칭 지정하기

이 부분은 해도 되고 안 해도 되지만, 테스트를 진행할 때마다 긴 명령어를 쓰는 일은 다소 번거로우니 artx라는 별칭을 만들어서 테스트의 병렬 실행 및 커버리지 리포트를 할 수 있도록 해보자. 홈스테드에서 ~/.bash_aliases를 편집하여 별칭을 추가하자. 여기에는 Xdebug를 토글할 수 있는 xon/xoff 명령어에 대한 별칭도 작성되어 있다.

```
vagrant@homestead:~/code$ sudo vi ~/.bash_aliases
alias xoff='sudo phpdismod -s cli xdebug'
alias xon='sudo phpenmod -s cli xdebug'
alias artx='XDEBUG_MODE=coverage php artisan test --coverage --parallel'
```

별칭을 작성한 이후에 홈스테드에 다시 접속해보면 이제 artx만 사용해도 긴 명령어 없이 테스트를 실행할 수 있다.

```
vagrant@homestead:~/code$ artx
ParaTest v6.9.0 upon PHPUnit 9.6.3

..................  2 / 2 (100%)
```

3.10 에셋 번들링

에셋 번들링은 자바스크립트와 스타일시트 등 프론트엔드와 관련된 부분이라 지금 당장은 이야기할 필요가 없지만, 브로드캐스트와 같은 일부 기능을 구축하기 위해서는 프론트엔드와 함께 상호작용해야 하고, 관련 자바스크립트 라이브러리를 로드해야 할 필요성이 있기 때문에 이야기해보고자 한다.

라라벨에서 에셋 번들링을 하는 방법은 라라벨 Mix(https://laravel.com/docs/10.x/mix)와 Vite(https://laravel.com/docs/10.x/vite)가 있다. 라라벨 8.x까지는 웹팩(Webpack) 기반의 라라벨 믹스를 사용했지만, 지금은 별도로 분리되었고 라라벨 9.x부터는 Vite(https://github.com/vitejs/vite)라는 새로운 번들러를 디폴트로 채택했으며 그 속도는 웹팩과는 비교도 안 될 정도로 빠름을 자랑하고 있다.

기존의 웹팩이나 Vite와 같은 번들러는 프론트엔드에서 사용하는 각종 리소스들, 이를테면 NPM(Node Package Manager)을 사용해서 설치한 각종 노드 모듈을 포함하거나 또는 .sass, .scss, .less, .stylus 등 컴파일이 필요한 확장 스타일시트, 그밖에 리액트나 뷰와 같은 프론트엔드에서 자주 사용하는 도구들을 사용하기 용이하게 해준다. 이 책에서는 라라벨 8.x까지 사용하던 라라벨 Mix에 대해서는 이야기하지 않으며 라라벨 9.x부터 사용하는 Vite에 대해 논의한다. 따라서 구버전의 라라벨 프로젝트라면 라라벨 Mix 문서를 참고하는 것이 좋다.

다음 단계로 나아가기 전에, node_modules를 설치해야 할 필요가 있다. 프로젝트 생성 과정에서는 기본적으로 자바스크립트 라이브러리가 설치되지 않기 때문에 이 단계에서 npm install을 통해 설치할 필요가 있다.

```
$ npm install
```

3.10.1 vite.config.js

Vite는 번들러(Bundler)이며 리소스 컴파일과 같은 일을 할 수 있다. 라라벨 전용으로 개발된 플러그인인 laravel-vite-plugin(https://github.com/laravel/vite-plugin)을 사용한다. 기본적으로 자바스크립트를 번들링하는데, 번들링에는 코드를 압축하거나 문법 최신화, 또는 다운그레이드하는 일이 포함된다. 포함한 노드 모듈이 있다면 번들링하여 public/build/assets로 옮긴다. vite.mix.js를 살펴보자. 다음과 같은 코드가 있음을 볼 수 있다.

```
import { defineConfig } from 'vite';
import laravel from 'laravel-vite-plugin';
```

```
export default defineConfig({
    plugins: [
        laravel({
            input: ['resources/css/app.css', 'resources/js/app.js'],
            refresh: true,
        }),
    ],
});
```

Vite를 사용하고, 라라벨 플러그인을 적용해 resources/css/app.css, resources/js/app.js를 번들링하라는 의미로 해석할 수 있으며 결과 파일에는 프론트엔드 캐싱을 위한 버저닝(Verioning)까지 포함하여 프로덕트를 위한 별도의 파일로 출력한다.

refresh: true라고 설정이 되어있으면 npm run dev를 사용하여 Vite 개발 서버를 켰을 때 블레이드가 사용된 뷰, 컴포넌트, 라우트에 변경이 발생한 경우 자동으로 브라우저를 새로고침 하도록 처리할 수 있다. 대상 경로는 resources/views/**, app/View/Components/**, 그리고 routes/**이다. 감시 대상 디렉터리를 바꾸고 싶다면 다음과 같이 처리할 수 있다.

```
refresh: ['resources/views/**']
```

내부적으로 사용된 플러그인은 vite-plugin-full-reload(https://github.com/ElMassimo/vite-plugin-full-reload)이므로 관련 옵션도 사용하는 것이 가능하다.

```
refresh: [{
    paths: ['path/to/watch/**'],
    config: { delay: 300 }
}]
```

3.10.2 명령어

에셋 번들링을 실행하기 위해서는 package.json에 정의된 명령어를 이해할 필요가 있다. vite(npm run dev)는 Vite 개발 서버를 켜고, 파일에 변동이 있을 경우에 브라우저를 새로고침 할 수 있다. vite build(npm run build)는 vite.config.js에 나열된 파일을 번들링하여 처리한다. 빌드된 파일은 public/build/assets에 위치한다.

```
{
    "scripts": {
        "dev": "vite",
        "build": "vite build"
    }
}
```

3.10.3 리소스 포함하기

번들링된 파일을 포함하려면 블레이드에 예를 들어 다음과 같이 @vite()를 써서 포함할 수 있다.

```
<!DOCTYPE html>

<html lang="{{ str_replace('_', '-', app()->getLocale()) }}">
    <head>
        @vite(['resources/css/app.css', 'resources/js/app.js'])
    </head>
</html>
```

리소스는 브라우저에 〈script type="module"〉을 사용하여 렌더링된다. 〈script type="module"〉은 기존의 〈script defer 〉를 사용한 것처럼 로드되며 로드되는 동안에도 렌더링을 방해하지 않고 병렬적으로 처리된다. 단, 실행에 있어서는 HTML이 모든 준비를 마치고

나서야 실행되는 특징을 가지고 있으므로 〈head〉에 포함한다고 해서 문제가 생기거나 하지 않는다.

```
<script type="module" src="http://homestead.test/build/assets/app.9353cce9.js"></script>
<script type="module" src="http://homestead.test/build/assets/app.f40b63e3.js"></script>
```

번들링을 처리하고 나면 public/build/mix-manifest.json이라는 파일이 생성되는데, 여기에서 번들링 대상 파일과 결과 파일의 매핑을 확인하는 것이 가능하다. 이는 npm run build를 사용하여 나온 결과다. resources/css/app.css는 assets/app.9353cce9.js에 해당하고 resources/js/app.js는 assets/app.f40b63e3.js에 해당한다.

```
{
  "resources/css/app.css": {
    "file": "assets/app.9353cce9.js",
    "src": "resources/css/app.css",
    "isEntry": true
  },
  "resources/js/app.js": {
    "file": "assets/app.f40b63e3.js",
    "src": "resources/js/app.js",
    "isEntry": true
  }
}
```

CHAPTER 04

인증

4.1 데이터베이스
4.2 뷰
4.3 라우팅 & 컨트롤러
4.4 회원가입
4.5 로그인 & 로그아웃
4.6 소셜 로그인
4.7 비밀번호 재설정
4.8 비밀번호 확인
4.9 마이페이지

시작하면서...

인증 서비스에서는 라라벨에서 제공하는 기능의 가장 기본적인 부분인 데이터베이스와 마이그레이션, 모델, 모델 팩토리와 시딩, 쿼리빌더와 엘로퀀트 ORM, 관계(중간에 짝짓는 게 아니라면 다 쉼표 처리)와 같은 내용들을 간단하게 익히게 되고, 이후 커뮤니티 구현에서는 이들이 제공하는 조금 더 복잡한 기능을 사용하게 될 예정이다. 따라서 인증 서비스에서 배우는 내용은 가장 기본이 되는 부분이므로 반드시 익혀두자.

우리가 만들어볼 인증은 과거로부터 사용하던 아이디와 패스워드를 사용한 수동 인증에서부터 Laravel Socialite를 통해 구글, 페이스북, 깃허브 등의 SNS 서비스의 정보를 사용하여 로그인하는 소셜 로그인까지 구현해본다. 소셜 로그인의 경우 대부분 비슷하기 때문에 깃허브 로그인으로만 구성해볼 예정이다.

4.1 데이터베이스

라라벨에서 제공하는 마이그레이션, 모델, 모델 팩토리, 시딩, 엘로퀀트 ORM 기능을 알아보도록 하자. 워크 플로우에 따라 다르겠지만, 지금은 데이터베이스 테이블을 먼저 구성하고 소스 코드 작성을 시작하고자 한다. DBMS로는 MySQL을 사용한다.

4.1.1 설정

라라벨 프로젝트에서 MySQL 데이터베이스에 연결하는 방법은 간단하다. 먼저 config/database.php 파일을 살펴보자. 이 파일에는 어플리케이션이 기본적으로 연결할 데이터베이스와 포트, 유저 이름 등의 정보가 나열되어 있다. 여기서 MySQL에 대한 것과 기본 연결 설정 등을 살펴보자.

```php
return [
    'default' => env('DB_CONNECTION', 'mysql'),
    'connections' => [
        'mysql' => [
            'driver' => 'mysql',
            'url' => env('DATABASE_URL'),
            'host' => env('DB_HOST', '127.0.0.1'),
            'port' => env('DB_PORT', '3306'),
            'database' => env('DB_DATABASE', 'forge'),
            'username' => env('DB_USERNAME', 'forge'),
            'password' => env('DB_PASSWORD', ''),
            'unix_socket' => env('DB_SOCKET', ''),
            'charset' => 'utf8mb4',
            'collation' => 'utf8mb4_unicode_ci',
            'prefix' => '',
            'prefix_indexes' => true,
            'strict' => true,
            'engine' => null,
            'options' => extension_loaded('pdo_mysql') ? array_filter([
                PDO::MYSQL_ATTR_SSL_CA => env('MYSQL_ATTR_SSL_CA'),
            ]) : [],
        ],
    ],
    'migrations' => 'migrations',
];
```

데이터베이스에 대한 설정은 config/database.php에서 할 수 있고, .env와 연동되는 사항으로는 DB_*이 있다는 점을 알 수 있다. 또한 디폴트 연결 드라이버로 mysql이 설정되어 있다. 따라서 데이터베이스의 기본적인 부분은 직접 설정 파일을 건드리는 것이 아니라 .env에서 DB_*의 값을 바꿔주는 것으로 해결하는 것이 바람직하다.

라라벨 홈스테드에 대한 데이터베이스 설정은 username과 database가 homestead이며 password는 secret이다. 이 부분은 반드시 체크해주자. 라라벨 텔레스코프에서 이미 지정한 바 있다면 그냥 넘어가도 된다.

```
DB_CONNECTION=mysql
DB_HOST=127.0.0.1
DB_PORT=3306
DB_DATABASE=homestead
DB_USERNAME=homestead
DB_PASSWORD=secret
```

환경설정만 바꿔주면 어플리케이션이 부팅되면서 알아서 데이터베이스에 연결해주므로 그 이외에 해주어야 하는 일은 없다. MySQL 데이터베이스를 직접 살펴보고 싶다면 vagrant ssh를 통해 가상머신에 연결하자. 데이터베이스에 대한 작업은 대부분 SSH가 접속된 상태에서 진행되므로 연결을 유지해두자.

```
vagrant@homestead:~$ mysql
```

Homestead.yaml에서 정의한 데이터베이스가 잘 생성되었지 확인해보기 위해 show databases; 쿼리를 입력해보면 homestead 데이터베이스가 있는 것을 볼 수 있다.

```
mysql> show databases;
+--------------------+
| Database           |
+--------------------+
| homestead          |
| information_schema |
| mysql              |
| performance_schema |
| sys                |
+--------------------+
5 rows in set (0.00 sec)
```

4.1.2 마이그레이션

가상머신에서 MySQL 데이터베이스에 연결하여 테이블을 생성할 필요 없이 라라벨에서는 마이그레이션(Migration)이라는 기능을 제공한다. 마이그레이션을 사용하면 SQL을 하드코드하는 대신 PHP 코드로 사용하여 데이터베이스 스키마를 조작할 수 있으며 테이블을 생성하거나 속성을 추가, 삭제하는 등의 작업을 처리할 수 있다.

마이그레이션 파일은 database/migrations에서 확인할 수 있고, 기본적으로 users 테이블의 생성을 포함하는 마이그레이션이 작성되어 있다. create_users_table.php 파일을 보면 Illuminate\Database\Migrations\Migration을 상속하는 익명클래스에서 up(), down()을 가지고 있음을 알 수 있다. 이는 users 테이블을 생성하기 위한 마이그레이션이다.

```php
use Illuminate\Database\Migrations\Migration;
use Illuminate\Database\Schema\Blueprint;
use Illuminate\Support\Facades\Schema;

return new class extends Migration
{
    public function up()
    {
        Schema::create('users', function (Blueprint $table) {
            $table->id();
            $table->string('name');
            $table->string('email')->unique();
            $table->timestamp('email_verified_at')->nullable();
            $table->string('password');
            $table->rememberToken();
            $table->timestamps();
        });
    }

    public function down()
    {
        Schema::dropIfExists('users');
    }
};
```

up()은 데이터베이스에 마이그레이션을 진행할 때 실행되는 메서드다. 일반적으로 작성되는 코드는 테이블을 생성하거나 테이블에 속성을 추가·삭제하는 등의 수정사항이다. 우리가 가장 많이 하게 될 일은 테이블을 생성하는 일이 될 것이다.

down()은 롤백(Rollback)을 위해 동작하는 코드라고 생각하면 이해하기 좋다. 예를 들어 up()에서 테이블을 생성했다면, down()에서는 테이블을 삭제하는 코드를 넣는다. 마이그레이션을 롤백하는 php artisan migrate:rollback과 같은 명령을 사용할 때 호출된다.

라라벨에서는 관례에 따라 테이블의 이름은 단수가 아닌 복수형으로 사용한다. up()에서 Schema::create()를 사용하여 테이블을 생성하는 모습을 볼 수 있고, 콜백함수의 파라매터에 Blueprint가 있는 것을 볼 수 있다. 이를 사용하면 테이블의 속성을 정의하고, 기본키, 외래키와 같은 것들을 설정할 수 있다. down()에서는 dropIfExists()를 통해 주어진 테이블이 존재하는 경우 삭제할 것을 지시하고 있다.

마이그레이션에는 rememberToken(), timestamps()와 같이 라라벨에서 자주 사용되는 별도의 메서드로 정의가 되어있는데, rememberToken()은 varchar(100): remember_token, timestamps()는 timestamp: created_at, updated_at 속성을 의미한다.

이제 남은 일은 가상머신에서 마이그레이션을 처리하는 일이다. php artisan migrate를 실행하자. 마이그레이션을 실행하면 up() 메서드에 정의한대로 동작한다. 마이그레이션 또한 라라벨 텔레스코프에서 진행했다면 이미 users 테이블도 데이터베이스에 생성되어 있을 것이다.

```
vagrant@homestead:~/code$ php artisan migrate
2014_10_12_000000_create_users_table ... 72ms DONE
```

마이그레이션이 끝났다면 MySQL에 접속하여 테이블의 구조를 다시 한번 확인해보자.

```
mysql> explain users;
+------------------+----------------+------+-----+---------+---------------+
| Field            | Type           | Null | Key | Default | Extra         |
+------------------+----------------+------+-----+---------+---------------+
| id               | bigint unsigned| NO   | PRI | NULL    | auto_increment|
```

```
| name              | varchar(255) | NO  |     | NULL |   |
| email             | varchar(255) | NO  | UNI | NULL |   |
| email_verified_at | timestamp    | YES |     | NULL |   |
| password          | varchar(255) | YES |     | NULL |   |
| remember_token    | varchar(100) | YES |     | NULL |   |
| created_at        | timestamp    | YES |     | NULL |   |
| updated_at        | timestamp    | YES |     | NULL |   |
+-------------------+--------------+-----+-----+------+---+
```

마이그레이션을 되돌리고 싶다면 어떻게 해야 할까? 그럴 때는 php artisan migrate:rollback 명령어를 입력해보자. 롤백을 실행하게 되면 down() 메서드에 정의한 대로 실행된다. 만약 php artisan migrate, php artisan migrate:rollback을 같이 처리하고 싶다면 php artisan migrate:refresh를 실행해보자. 마이그레이션과 롤백은 늘 순서가 반대로 진행된다.

```
vagrant@homestead:~/code$ php artisan migrate:refresh
2014_10_12_000000_create_users_table ... 23ms DONE
2014_10_12_000000_create_users_table ... 72ms DONE
```

4.1.3 모델

모델(Model)은 사용자에게 나타내고자 하는 데이터로서, 코드상으로는 하나의 데이터베이스 테이블에 대해 클래스로 매핑한 것을 의미한다. 이 책에서는 타 프레임워크에서 자주 등장하는 용어인 DAO(Data Access Object), DTO(Data Transfer Object)라는 말은 일체 사용하지 않을 것이고 오직 모델이라는 표현만 사용할 것이다.

예를 들어 users 테이블에 대한 모델은 User 클래스로 표현할 수 있고, 하나의 User 인스턴스는 users 테이블에서 하나의 레코드에 대응될 수 있다. 이렇게 얻은 모델은 외래키를 사용하여 다른 테이블의 레코드를 조회하는 등의 일도 할 수 있다. 모델에 존재하는 메서드들을 호출하면 데이터를 추가하고, 삭제, 갱신 등의 작업을 손쉽게 할 수 있게 된다.

User 모델은 아키텍처를 이야기할 때 다루었지만, 다시 한번 살펴보자. User 모델의 경우 Illuminate₩Foundation₩Auth₩User(as Authenticatable)를 상속하고, 이 클래스는 Illumina te₩Database₩Eloquent₩Model을 상속하면서 모델임을 나타내고 있음을 살펴본 적이 있을 것이다.

```
namespace App\Models;

use Illuminate\Contracts\Auth\MustVerifyEmail;
use Illuminate\Database\Eloquent\Factories\HasFactory;
use Illuminate\Foundation\Auth\User as Authenticatable;
use Illuminate\Notifications\Notifiable;
use Laravel\Sanctum\HasApiTokens;

class User extends Authenticatable
{
    use HasApiTokens, HasFactory, Notifiable;

    protected $fillable = [
        'name',
        'email',
        'password',
    ];

    protected $hidden = [
        'password',
        'remember_token',
    ];

    protected $casts = [
        'email_verified_at' => 'datetime',
    ];
}
```

User 모델에 쓰인 프로퍼티를 살펴보면, User::$fillable은 User 모델을 통해 데이터베이스에 레코드를 추가할 때, 명시적으로 추가할 수 있는 필드를 의미한다. User::$hidden은 드러나지 않아야 할 필드를 의미하며 User 모델을 조회할 때 나타나지 않는다. 마지막으로 User::$casts는 특정 칼럼이 Datetime으로 캐스팅되도록 처리한다. 라라벨에서는 날짜에 대한 라이브러리로 카본(https://carbon.nesbot.com)을 사용하는데, $casts에 칼럼을 datetime으로 지정하면 자동으로 카본 인스턴스로 바뀌게 되어 메서드를 사용할 수 있게 된다.

모델은 또한 데이터베이스 테이블의 필드와 매핑된다고도 하였으므로 명시적으로 선언되지는 않았지만 User를 사용하여 $user->name, $user->email과 같이 접근할 수 있게 된다. 이러한 아이디어는 매직 메서드 중 하나인 __get()을 살펴보면 대략적으로 짐작이 가능하다.

4.1.4 모델 팩토리

대부분의 어플리케이션을 제작하려면 먼저 실제 유저 데이터와 비슷한 더미 데이터가 필요하다. 이러한 더미 데이터를 직접 하나씩 입력한다는 것은 상당한 시간 낭비에 속하고 데이터베이스를 초기화할 때마다 다시 데이터를 지정해야 하는 번거로움도 생긴다. 라라벨에서는 모델을 사용해 더미 데이터를 생성하는 모델 팩토리(Model Factory)와 이것으로 생성된 더미 데이터를 데이터베이스에 심는 시딩(Seeding)이라는 기능을 제공한다.

모델 팩토리는 데이터를 생성해주고 시더(Seeders)는 생성된 데이터를 가지고 데이터베이스에 심는다. 모델 팩토리를 사용하면 모델 생성 시 더미 데이터가 채워진 상태로 생성할 수도 있는데, 우리가 실질적으로 작성할 코드는 더미 데이터가 어떻게 채워질지를 정의하는 것이라고 볼 수 있다. 이렇게 정의한 모델 팩토리는 일반적으로 시더에서 호출된다.

모델 팩토리는 database/factories에서, 시더는 database/seeders에서 관리된다. User 모델을 생성하기 위한 모델 팩토리를 살펴보자. 프로젝트 생성 시 미리 작성되어 있으며 Database\Factories\UserFactory이다.

```
namespace Database\Factories;

use Illuminate\Database\Eloquent\Factories\Factory;
```

```
use Illuminate\Support\Str;

class UserFactory extends Factory
{
    public function definition()
    {
        return [
            'name' => fake()->name(),
            'email' => fake()->unique()->safeEmail(),
            'email_verified_at' => now(),
            'password' => '$2y$10$92IXUNpkjO0rOQ5byMi.Ye4oKoEa3Ro9llC/.og/at2.uheWG/igi', // password
            'remember_token' => Str::random(10),
        ];
    }

    public function unverified()
    {
        return $this->state(function (array $attributes) {
            return [
                'email_verified_at' => null,
            ];
        });
    }
}
```

UserFactory::definition()에서 배열을 반환하면서, fake()->name()와 같이 더미 데이터를 넣는 모습이 보이는데, fake()를 사용하게 되면 랜덤으로 email, name, image 등의 더미 데이터를 생성할 수 있다. fake()는 Faker₩Generator의 인스턴스를 반환한다. Faker는 라라벨의 공식 패키지가 아닌 외부의 기능인데, 그저 라라벨에서 사용하고 있는 것뿐이다. faker에서 어떤 메서드를 사용할 수 있는지는 공식문서(https://github.com/FakerPHP/Faker)를 통해 확인할 수 있다. Faker 덕분에 우리는 라라벨에서 더미 데이터를 보다 손쉽게 생성할 수 있게 되었다.

모델 팩토리를 사용하여 더미 모델을 생성하는 일은 간단하다. 그저 User::factory()를 호출하면 된다. User::factory()를 호출하면 UserFactory::definition() 메서드에 정의한 형태에 따라 데이터가 생성된다.

```
$user = \App\Models\User::factory();
```

또 한 가지를 보자면 UserFactory::unverified()라는 메서드가 작성되어 있는 모습을 볼 수 있는데, 모델 팩토리를 사용하여 모델 생성 시 일부 속성의 상태(States)를 변경해줄 수 있다. UserFactory::definition()에서 email_verified_at에 값을 채워 넣을 때 now()를 호출하여 현재 시각에 이메일이 인증된 것으로 간주하는 모습을 볼 수 있지만, UserFactory::unverified()를 사용하면 이메일이 인증되지 않은 유저로도 모델을 생성할 수 있다.

```
$user = \App\Models\User::factory()->unverified();
```

4.1.5 시딩

데이터베이스에 데이터를 심어주는 시더에 대해 알아보자. 유저에 대한 시더 또한 미리 작성되어 있다. 먼저 Database\Seeders\DatabaseSeeder를 살펴보자.

```
namespace Database\Seeders;

use Illuminate\Database\Console\Seeds\WithoutModelEvents;
use Illuminate\Database\Seeder;

class DatabaseSeeder extends Seeder
{
    public function run()
    {
        // \App\Models\User::factory(10)->create();
```

```
        // \App\Models\User::factory()->create([
        //     'name' => 'Test User',
        //     'email' => 'test@example.com',
        // ]);
    }
}
```

DatabaseSeeder::run() 메서드에서 User::factory()를 실행하고 Factory::create()를 체이닝하여 생성하는 모습을 볼 수 있다. 이 코드는 프로젝트 생성 이후 건드리지 않은 코드다. User를 10명 생성하고 그에 이어 users 테이블에 레코드를 추가한다. 생성된 User는 Faker에 의해 랜덤으로 채워진 속성값들이 있을 것이다.

User::factory() 메서드는 어디에서 온 걸까? User 모델을 살펴볼 때 HasFactory 트레이트를 포함한 것을 볼 수 있었을 텐데, User::factory() 메서드는 바로 HasFactory가 가지고 있는 것이다.

DatabaseSeeder::run()은 시딩을 실행하는 순간 호출되는 메서드이며 시딩의 진입점(Entry Point) 역할을 하게 된다. 진입점에 여러 테이블에 대한 시딩 코드를 작성해도 실행에 문제는 없지만 그렇게 바람직한 것은 아니다. 따라서 분리를 해보자. 시더를 만들기 위해서는 php artisan make:seeder 명령어를 쓰자.

```
$ php artisan make:seeder UserSeeder
```

Database₩Seeders₩UserSeeder가 생성되고 UserSeeder::run()에 User를 생성하는 코드를 작성할 수 있다.

```
namespace Database\Seeders;

use App\Models\User;
use Illuminate\Database\Seeder;
```

```
class UserSeeder extends Seeder
{
    public function run()
    {
        User::factory(10)->create();
    }
}
```

생성된 UserSeeder 클래스는 Illuminate₩Database₩Seeder를 상속하고 있으며 UserSeeder::run() 메서드를 가지고 있다. HasFactory::factory()를 사용하여 10명의 User를 생성하고 있음을 볼 수 있다. 여기에서 이메일이 인증되지 않은 User를 생성하고 싶다면 어떻게 해야 할까? 그럴 때는 팩토리 상태 메서드를 체이닝하여 사용할 수 있다. UserFactory::unverified()를 체이닝하여 이메일이 인증되지 않은 1명의 User를 생성한다.

```
User::factory()->unverified()->create();
```

DatabaseSeeder::run() 메서드에서 약간의 로직을 변경해주면 UserSeeder::run() 메서드를 실행할 수 있다. UserSeeder가 실행되도록 바꿔보자. $this->call()을 사용하여 시더를 실행할 수 있다. 다른 메서드도 있긴 하지만, call() 그리고 매개변수와 함께 호출할 수 있는 callWith() 이외에는 잘 쓰지 않는다.

```
class DatabaseSeeder extends Seeder
{
    public function run()
    {
        $this->call(UserSeeder::class);
    }
}
```

시더가 완성되었다면, php artisan db:seed라는 명령어로 시딩할 수 있다. 만약 마이그레이션과 시딩을 같이 하고 싶다면 php artisan migrate --seed라고 옵션을 별도로 주어야 한다. 개인적으로 자주 사용하는 명령어는 마이그레이션을 롤백하고 다시 실행하면서 시딩까지 하는 형태로, php artisan migrate:refresh --seed다.

```
vagrant@homestead:~/code$ php artisan db:seed
Database\Seeders\UserSeeder ... 304ms DONE
```

여기까지 마이그레이션으로 테이블을 생성하고, 모델 팩토리와 시딩을 통해 데이터를 심는 것까지 해보았다. 이 과정은 한 번만 하고 끝나는 것이 아니라 커뮤니티를 만들 때 내용만 약간 다를 뿐 똑같은 과정을 거치게 될 예정이므로 설령 이해하지 못했다고 해도 다음번에 또 나오니까 걱정하지 않아도 된다. 모델 팩토리와 시딩에서 해야 할 내용은 아직 많이 남아있지만 기본은 여기까지다.

4.1.6 쿼리빌더

라라벨에서는 SQL을 하드코드로 작성하지 않고 메서드 체이닝으로 작성할 수 있는 쿼리빌더(Query Builder)를 사용할 수 있다. 쿼리빌더를 사용하지 않는다면, PDO(PHP Data Object), 심지어는 특정 벤더에 종속성이 있는 mysqli와 같은 구닥다리 함수를 사용하고 직접 코드상에 SQL을 작성하여 데이터베이스에 요청을 보내야 한다는 사실을 이미 아키텍처 부분에서 살펴본 적이 있을 것이다. 그에 해당하는 코드를 다시 한번 살펴보자. SELECT * FROM users와 같은 SQL을 로직에 하드코드했음을 볼 수 있다.

```php
$pdo = new PDO(...);

$sth = $pdo->prepare("SELECT * FROM users");

if ($sth->execute()) {
    $users = [];
```

```
    while ($user = $sth->fetchObject()) {
        array_push($users, $user);
    }
}
```

이 코드를 쿼리빌더로 표현하면 단순하지만 똑같은 일을 할 수 있다.

```
use Illuminate\Support\Facades\DB;
use App\Models\User;

$users = DB::table('users')->get();
```

쿼리빌더는 배열을 래핑한 라라벨 컬렉션(Collection)을 반환한다. 컬렉션은 헬퍼함수 중 하나인 collect()를 사용하여 반환되는 컬렉션이기도 한데, 컬렉션을 사용하면 기존의 array_*로 시작하던 내장함수들을 대체하여 each(), map(), reduce()와 같이 함수형 프로그래밍(FP, Functional Programming)에서 자주 사용하던 방식을 사용하여 컬렉션을 처리할 수 있다. 함수형 프로그래밍은 주제를 벗어나므로 생략하겠지만 프로젝트에서는 일부 사용된다. 컬렉션에서 지원하는 함수들은 종류가 정말 많으므로 공식문서(https://laravel.com/docs/10.x/collections) 참고를 권한다.

쿼리빌더 사용법을 간단하게 알아보자. DB::table()을 사용하여 테이블을 지정한 것을 볼 수 있고, 이 이후부터는 메서드 체이닝을 통해 다양한 메서드를 사용할 수 있다. 간단하게 어떤 메서드들이 있는지 살펴보자. 기본적인 SQL이 그렇듯이 조회(Select)와 관련된 내용이 가장 많다. 메서드가 많기 때문에 쿼리빌더에 대한 공식문서(https://laravel.com/docs/10.x/queries)를 살펴보고, 더 알아보고자 한다면 API 문서도 참고하자.

```
use Illuminate\Support\Facades\DB;

DB::table('users')->get();
```

```
DB::table('users')->select('name', 'email as user_email')->get();
DB::table('users')->where('id', '=', 1)->first();
DB::table('users')->orderBy('id', 'desc')->get();
DB::table('users')->find(1); // ID
DB::table('users')->count();
DB::table('users')->where('id', 1)->exists();

// Raw SQL
DB::table('users')->select(DB::raw('count(*) as user_count'))->get();
DB::table('users')->selectRaw('count(*) as user_count')->get();

// Join
DB::table('users')
    ->join('posts', 'users.id', '=', 'posts.user_id')
    ->select('users.name', 'posts.title')
    ->get();

// Sub Query
DB::table('users')->where(function ($query) {
    $query->select('id')
        ->from('posts')
        ->whereColumn('users.id', 'user_id')
        ->limit(1);
}, 3)->get(); // SELECT * FROM `users` WHERE (SELECT `id` FROM `posts` WHERE `users`.`id` = `user_id` LIMIT 1) = 1

// Random
DB::table('users')->inRandomOrder()->get();
```

생성된 쿼리를 살펴보고 싶다면 toSql()를 사용하거나 디버깅을 위해 dd(), dump()를 사용해 볼 수 있다. 이제 생성(Insert), 갱신(Update), 삭제(Delete)에 대해 살펴보자. 메서드 이름을 통해 그 역할을 한 눈에 알아볼 수 있다.

```php
use Illuminate\Support\Facades\DB;

// Create
DB::table('users')->insert([
    'name' => 'Marina Bernier',
    'email' => 'nettie.crona@example.org',
    'password' => '$2y$10$92IXUNpkjO0rOQ5byMi.Ye4oKoEa3Ro9llC/.og/at2.uheWG/igi', // password
]);

// Update
DB::table('users')->where('id', 1)->update([
    'email' => 'melvina92@example.com'
]);

// Delete
DB::table('users')->delete(1);
```

4.1.7 엘로퀀트 ORM

엘로퀀트 ORM에 대해 알아보자. 엘로퀀트는 모델을 통해 사용할 수 있고, 일부 추가된 메서드가 있는 것을 제외하곤 쿼리빌더 또한 가지고 있어서 쿼리빌더도 사용할 수 있다. 엘로퀀트는 Illuminate\Database\Eloquent\Builder를 빌더로 사용하고 컬렉션으로는 쿼리빌더와는 다르게 Illuminate\Database\Eloquent\Collection을 사용한다. 엘로퀀트 ORM이 반환한 컬렉션은 쿼리빌더가 반환하는 Illuminate\Support\Collection을 상속하여 기능을 확장한 컬렉션이다. 따라서 기존의 컬렉션 기능 이외에도 일부 확장 메서드를 사용할 수 있다. 추가적으로 사용할 수 있는 메서드들은 Eloquent ORM - Collections(https://laravel.com/docs/10.x/eloquent-collections)에서 확인할 수 있다. 또한 모델을 통해 조회하므로 엘로퀀트 컬렉션의 각 요소는 모델이다. 엘로퀀트를 사용하여 조회하는 방법을 알아보자. 차이점은 DB::table()을 User 모델로 변경한 것뿐이다.

```php
use App\Models\User;

User::all();
User::select('name', 'email as user_email')->get();
User::where('id', '=', 1)->first();
User::orderBy('id', 'desc')->get();
User::find(1); // ID
User::count();
User::where('id', 1)->exists();

// Raw SQL
User::select(DB::raw('count(*) as user_count'))->get();
User::selectRaw('count(*) as user_count')->get();

// Join
User::join('posts', 'users.id', '=', 'posts.user_id')
    ->select('users.name', 'posts.title')
    ->get();

// Sub Query
User::where(function ($query) {
    $query->select('id')
        ->from('posts')
        ->whereColumn('users.id', 'user_id')
        ->limit(1);
}, 3)->get(); // SELECT * FROM `users` WHERE (SELECT `id` FROM `posts` WHERE `users`.`id` = `user_id` LIMIT 1) = 1

// Random
User::inRandomOrder()->get();
```

조회 이외에 생성, 수정, 삭제하는 방법도 쿼리빌더와 큰 차이는 없지만, $user->save()의 경우에는 생성하거나 수정하는 일을 할 수 있다.

```
// Create
$user = User::create([
    'name' => 'Marina Bernier',
    'email' => 'nettie.crona@example.org',
    'password' => '$2y$10$92IXUNpkjO0rOQ5byMi.Ye4oKoEa3Ro9llC/.og/at2.uheWG/igi', // password
]);

// Update
$user->update([
    'email' => 'hermann.calista@example.com'
]);
// or
$user->email = 'hermann.calista@example.com';
$user->save();

// Delete
$user->delete();
```

만약 새로운 User를 생성(대량 할당-Mass Assignment)할 때, User::create() 부분에서 email_verified_at에 대해 값을 추가하여 할당하려 들면 에러가 발생할 것이다. 그 이유는 email_verified_at가 User::$fillable 프로퍼티에 등록이 되어있지 않기 때문인데, 필드가 등록되어 있지 않으면 Model::create() 메서드로 생성할 수 없다. 따라서 User::create()로 생성할 때 넣은 속성들 이외에 다른 속성을 추가로 넣고 싶다면 필드를 등록해야 한다. 그러나 실제 코드에서는 다른 방법을 쓸 것이므로 지금은 추가할 필요가 없다.

```
class User extends Authenticatable
{
    protected $fillable = [
        'email_verified_at'
    ];
}
```

4.2 뷰

뷰(Views)에 대해 알아보기 전에 welcome.blade.php를 다시 한번 살펴보자. 아직 블레이드 템플릿에 대해 배우지는 않았지만, @if에 쓰여있는 조건에 Route::has('login')라고 되어있는 것을 볼 수 있다. 이 코드는 login이라는 이름을 가진 라우트가 있는지를 물어보는 것이며, Route::has('register')를 조건으로 가지고 있는 @if도 찾아볼 수 있다.

route() 이외에도 url()이 쓰인 것을 볼 수 있는데, rotue()는 라우트의 이름을 받는 반면, url()은 경로를 받는다. 두 함수 모두 도메인의 이름을 포함한 URL 주소를 반환한다. url('/home')은 http://homestead.test/home route('login')로 /login을 반환하게 될 것이다.

```
@if (Route::has('login'))
    <div class="sm:fixed sm:top-0 sm:right-0 p-6 text-right">
        @auth
            <a href="{{ url('/home') }}" class="font-semibold text-gray-600 hover:text-gray-900 dark:text-gray-400 dark:hover:text-white focus:outline focus:outline-2 focus:rounded-sm focus:outline-red-500">Home</a>
        @else
            <a href="{{ route('login') }}" class="font-semibold text-gray-600 hover:text-gray-900 dark:text-gray-400 dark:hover:text-white focus:outline focus:outline-2 focus:rounded-sm focus:outline-red-500">Log in</a>

            @if (Route::has('register'))
                <a href="{{ route('register') }}" class="ml-4 font-semibold text-gray-600 hover:text-gray-900 dark:text-gray-400 dark:hover:text-white focus:outline focus:outline-2 focus:rounded-sm focus:outline-red-500">Register</a>
            @endif
        @endauth
    </div>
@endif
```

블레이드 템플릿 내부에는 마크업뿐만 아니라 블레이드에서만 제공하는 @로 시작하는 @if, @for, @auth 등의 각종 디렉티브(Directive) 및 함수와 메서드를 호출할 수 있으며, 변수를 사용할 수도 있다.

4.2.1 블레이드 템플릿

welcome.blade.php에서 벗어나서 레이아웃과 관련하여 블레이드 템플릿의 기본적인 내용들과 자주 사용되는 디렉티브인 @yield, @section, @show, @parent에 대해 이야기해본다.

@if, @else, @endif 등의 디렉티브는 welcome.blade.php를 살펴보면서 은연중에 사용법이 짐작되었을 것이라 생각된다. 물론 그 외에도 @for, @foreach도 존재하고 있지만, 이러한 디렉티브들도 일반적인 PHP에서의 for, foreach와 사용법은 거의 똑같다.

먼저, 어플리케이션의 레이아웃 역할을 하게 될 views/layouts/app.blade.php 파일을 만들고, 마크업을 작성하자. 블레이드 템플릿은 다른 템플릿들처럼 레이아웃을 별도로 구성하는 것이 가능하고, 그러한 레이아웃을 다른 템플릿이 상속받아서 구성할 수 있다. 이러한 레이아웃을 사용하게 되면 자연스럽게 코드의 중복이 제거됨으로 인해 유지보수하기 좋다.

```
$ mkdir resources/views/layouts
$ touch resources/views/layouts/app.blade.php
```

```
<!DOCTYPE html>

<html lang="{{ str_replace('_', '-', app()->getLocale()) }}">
    <head>
        <meta charset="utf-8">
        <meta name="viewport" content="width=device-width, initial-scale=1">

        <title>라라벨 - @yield('title')</title>
```

```
        @vite(['resources/css/app.css', 'resources/js/app.js'])
    </head>

    <body>
        <main>@yield('content')</main>
    </body>
</html>
```

layouts/app.blade.php를 레이아웃으로 사용한다고 했는데, 그 이야기는 곧 페이지의 레이아웃은 같지만 메인이 되는 내용은 각기 다르게 들어갈 수 있음을 말한다. 자식 템플릿에서 레이아웃을 지정하려면 @extends를 사용하는 것이 가능하다.

```
{{-- *.blade.php --}}
@extends('layouts.app')
```

@yield는 자식에서 섹션을 지정하여 내용을 채워서 넣어주기 위해 사용한다. 페이지마다 다른 내용이 들어올 수 있다. 예를 들어 GET /login에는 로그인 폼이, GET /register에는 회원가입 폼이 들어갈 수 있다. @yield가 레이아웃에서 지정되면 자식에서 @section으로 표현하는 것이 일반적이다. {{-- --}}는 블레이드에서 주석을 의미한다.

```
{{-- resources/views/layouts/app.blade.php --}}
@yield('content')

{{-- resources/views/*.blade.php --}}
@section('content')
    {{-- --}}
@endsection
```

블레이드에서는 일부 단축 디렉티브도 제공하는데, @show가 그러한 역할을 한다. 이 둘은 처음에 배울 때 헷갈린다. 중요한 개념이라고는 볼 수 없지만, 차이점을 이해해두자. @show는 자식에서 @section ~ @endsection으로 지정하지 않고도 렌더링된다.

```
{{-- resources/views/layouts/app.blade.php --}}
@section('content')
    {{-- --}}
@show
```

@show를 사용하면 그 자리에서 즉시 섹션을 생성한다. 이 경우, 섹션을 확장하고 싶다면 어떻게 해야 할까? @section ~ @show는 @yield/@section ~ @endsection과 유사하지만 자식에서 사용할 때 약간의 차이점이 있는데, @parent를 사용하여 부모에 작성된 내용을 이어받을 수 있다는 점이다. 즉, 공통적으로 들어가는 내용은 레이아웃에 놔두고 자식에서 확장한다.

```
{{-- resources/views/*.blade.php --}}
@section('content')
    @parent
@endsection
```

또 한 가지 흥미로운 사실은 @show는 @yield/@endsection의 단축 표현이라는 점이다. 이를테면 자식이 아닌, 레이아웃에 다음과 같이 정의되어 있을 때를 가정해보자. 가장 처음에 @yield를 설명했을 때 이야기한 코드와 비슷해 보이지만 @section ~ @endsection이 작성된 위치가 레이아웃임을 주목하자.

```
{{-- resources/views/layouts/app.blade.php --}}
@section('content')
    {{-- --}}
@endsection

@yield('content')
```

@yield/@endsection을 단축해서 표현한 것이 바로 @show라고 볼 수 있다. 그래서 섹션이 바로 생성된 것이다. 레이아웃에서 @yield로 섹션의 위치를 지정하고, 자식이 아닌 레이아웃에서 @section ~ @endsection으로 섹션을 정의했기 때문에 @show와 같은 효과를 지니는 것

이다. 따라서 자식에서 @parent로 확장하는 것은 @section ~ @show만의 특징이 아니므로 @yield/@section ~ @endsection으로 사용한 표현도 가능하다.

4.2.2 다국어

라라벨에서 제공하는 다국어 기능의 기초를 알아보자. 다국어는 프론트엔드에서 사용자에게 다수의 언어를 제공하기 위한 기능이다. 이를테면 회원가입에서 한국어를 주로 쓰는 사용자에게는 '회원가입'이라고 표기할 수 있지만, 영어권 사용자에게는 'Join us'라고 표현할 수 있다. 라라벨에서는 lang 디렉터리에서 다국어 파일들을 정의할 수 있다. 영어를 위한 언어파일은 lang/en에 미리 작성되어 있다. 라라벨 10.x 부터 프로젝트에 기본적으로 언어파일이 포함되어 있지 않다. 따라서 lang 디렉터리를 찾을 수 없는 경우 php artisan lang:publish 를 사용하여 생성하자.

```
$ php artisan lang:publish
```

config/app.php에는 언어 설정 또한 담겨 있는데, locale에 가보면 디폴트값으로 영어를 위한 en이 설정되어 있다. 이를 한국어를 의미하는 ko로 변경하자. 로케일과 관련된 설정은 app.locale, app.fallback_locale 부분을 보면 된다. 각 기본 로케일과 대체 로케일 설정을 할 수 있다.

```
return [
    'locale' => 'ko',
    'fallback_locale' => 'en'
];
```

한국어를 위한 디렉터리인 lang/ko를 만들고, 인증 메시지를 위한 ko/auth.php를 만들어보자. 또한, 다국어 설정 파일로 JSON 포맷도 지원하므로 가능 여부 정도만 알아 두자. 미리 작성되어 있는 영어를 위한 en/auth.php를 참고했다.

```
$ mkdir lang/ko
```

```
$ touch lang/ko/auth.php
```

```
return [
    'failed'   => '제출된 인증 정보가 레코드와 일치하지 않습니다.',
    'password' => '비밀번호가 잘못되었습니다.',
    'throttle' => '너무 많은 로그인을 시도하였습니다. :seconds 초 후에 다시 시도하십시오.',
];
```

위와 같이 설정한 내용을 이제 블레이드에서 어떻게 사용할 수 있는지 살펴보자. 언어를 불러오기 위해서는 @lang(), __(), trans()를 사용할 수 있다. __()와 trans()는 사실상 같다. __()의 구현에서 trans()를 호출한다.

```
{{-- resources/views/*.blade.php --}}
@lang('auth.failed')

// *.php
__('auth.failed') // trans('auth.failed')
```

매개변수를 넘길 때 표현방식을 보면 설정이나 뷰를 포함할 때처럼 점(.) 표기법을 사용한 것을 볼 수 있다. 언어파일에 배열이 있다면, 배열 접근에 대해서도 점 표기법이 허용된다. 예를 들어 유효성 검사에 대한 언어파일인 en/validation.php에 보면 많은 내용이 있는데, 다음과 같은 표현은 validation.between.array와 같이 접근할 수 있다.

```
'between' => [
    'array' => 'The :attribute must have between :min and :max items.',
    ...
],
```

〈html〉의 lang 속성에 로케일을 설정하는 것이 일반적인데, 직접 설정하기보다는 현재 로케일을 얻어 오는 방식으로 설정하는 것이 좋다. layouts/app.blade.php에서 App::getLocale()을 사용하여 현재 로케일을 얻어올 수 있다. str_replace()를 사용하는 이유는, 예를 들어 미국식 영어라면 en_US로 표현하지만, lang 속성에는 en-US로 표현하기 때문이다. 런타임에서 로케일을 지정하려면 App::setLocale()를 사용할 수도 있다.

```
<html lang="{{ str_replace('_', '-', app()->getLocale()) }}">
```

4.3 라우팅 & 컨트롤러

라우팅(Routing)은 프론트 컨트롤러를 지나 라우터(Router)와 미들웨어(Middleware)를 거쳐 컨트롤러에 도달하도록 만들어준다. 컨트롤러는 어플리케이션의 주요 로직이 담겨있는데, 예를 들어 홈스테드를 설치하고 homestead.test에 접속했을 때 라라벨의 소개 페이지가 나타난 것을 보았을 것이다. 그렇다는 이야기는 GET / 경로에 라우트가 설정되어 있는 것이고, 그에 해당하는 컨트롤러는 welcome.blade.php라는 뷰(View)를 반환하도록 로직이 구성되어 있다고 이해할 수 있다. 즉, 라우팅은 사용자가 입력한 URL과 그에 해당하는 컨트롤러를 매핑하는 일이라고 볼 수 있다. 우리는 이미 welcome.blade.php를 반환하기 위해 routes/web.php에 라우트를 하나 작성한 바 있다.

```
Route::get('/', \App\Http\Controllers\WelcomeController::class);
```

라우팅을 위한 라우트(Routes)들은 routes 디렉터리에 있다. 프로젝트 생성 시 미리 작성되어 있던 파일들을 살펴보면 일반적인 웹 요청을 위한 web.php, 아티즌 콘솔 명령어가 있는 console.php, API 서비스를 제공하기 위한 api.php, 마지막으로 브로드캐스팅 채널과 관련이 되어 있는 channels.php가 있다. 우리가 프로젝트를 진행하면서 가장 많이 라우트를 등록하게 될 파일은 web.php이다.

라우트와 관련된 서비스 프로바이더는 App₩Providers₩RouteServiceProvder이다. Route ServiceProvider::boot()에서 라우트 파일을 지정하면서 라우트 접두어(Prefix), 미들웨어(Mi ddleware) 등이 지정되어 있는 것을 볼 수 있다. 라라벨에서 기본적으로 제공하는 라우트 관련 기능은 이름, 그룹 등이 있는데, 인증 서비스의 라우트를 작성해보면서 알아보도록 하자.

```
namespace App\Providers;

use Illuminate\Foundation\Support\Providers\RouteServiceProvider as ServiceProvider;
use Illuminate\Support\Facades\Route;

class RouteServiceProvider extends ServiceProvider
{
    public function boot()
    {
        $this->routes(function () {
            Route::middleware('api')
                ->prefix('api')
                ->group(base_path('routes/api.php'));

            Route::middleware('web')
                ->group(base_path('routes/web.php'));
        });
    }
}
```

4.3.1 미들웨어

어플리케이션을 만들다 보면 반복해서 해야 하는 작업, 또는 비즈니스 로직에 진입하기 전에 처리해야 할 것들이 존재한다. 예를 들면 유저가 로그인했는지 체크하거나, 세션을 활성화한 다거나 같은 것들 말이다. 이러한 것들을 전부 컨트롤러에서 처리하기에는 중복되는 코드가 너무 많고 보기에도 그다지 좋지 않다. 그렇다고 서비스 프로바이더로 빼기에도 애매하다.

예를 들어 게시글을 작성하는 페이지에서 User가 로그인해야만 로직을 수행하고, 그렇지 않으면 로그인 페이지로 리다이렉트시키고 싶은 경우가 있을 것이다. 이런 조건을 가진 페이지가 여럿인 경우 로그인 체크를 매번 해야 하는데, 미들웨어(Middleware)를 사용하게 되면 간단하게 이런 반복적인 작업을 분리하여 컨트롤러에 요청이 도달하기 전에 처리할 수 있다.

유저의 요청이 컨트롤러로 전달되기 전에, 미들웨어를 먼저 거치게 되며 미들웨어에서 사용자의 로그인 여부를 체크하고 다른 곳으로 리다이렉트하도록 처리할 수 있게 된다. 이렇게 사용자의 로그인 여부를 체크하는 미들웨어는 바로 auth 미들웨어다.

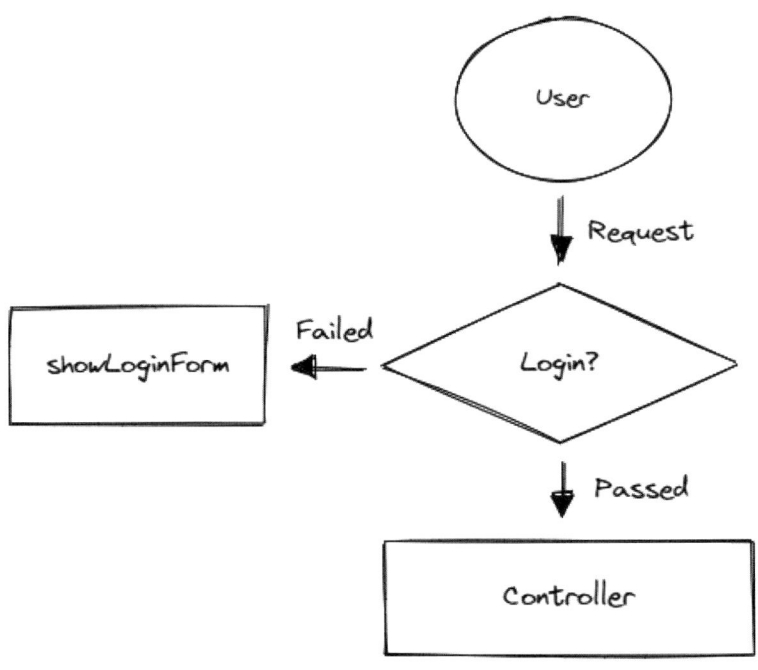

[그림 4-1] 로그인 여부를 체크하는 미들웨어

미들웨어는 app/Http/Middleware 디렉터리에 있으며 어플리케이션에서 사용할 미들웨어들은 App\Http\Kernel에 명시되어 있는데, 미들웨어와 관련된 프로퍼티로는 Kernel::$middleware, Kernel::$middlewareGroups, Kernel::$routeMiddleware가 있다.

```php
namespace App\Http;

use Illuminate\Foundation\Http\Kernel as HttpKernel;

class Kernel extends HttpKernel
{
    protected $middleware = [
        // \App\Http\Middleware\TrustHosts::class,
        \App\Http\Middleware\TrustProxies::class,
        \Illuminate\Http\Middleware\HandleCors::class,
        \App\Http\Middleware\PreventRequestsDuringMaintenance::class,
        \Illuminate\Foundation\Http\Middleware\ValidatePostSize::class,
        \App\Http\Middleware\TrimStrings::class,
        \Illuminate\Foundation\Http\Middleware\ConvertEmptyStringsToNull::class,
    ];

    protected $middlewareGroups = [
        'web' => [
            \App\Http\Middleware\EncryptCookies::class,
            \Illuminate\Cookie\Middleware\AddQueuedCookiesToResponse::class,
            \Illuminate\Session\Middleware\StartSession::class,
            \Illuminate\View\Middleware\ShareErrorsFromSession::class,
            \App\Http\Middleware\VerifyCsrfToken::class,
            \Illuminate\Routing\Middleware\SubstituteBindings::class,
        ],

        'api' => [
            // \Laravel\Sanctum\Http\Middleware\EnsureFrontendRequestsAreStateful::class,
            'throttle:api',
            \Illuminate\Routing\Middleware\SubstituteBindings::class,
        ],
    ];
```

```
    protected $middlewareAliases = [
        'auth' => \App\Http\Middleware\Authenticate::class,
    ];
}
```

Kernel::$middleware에는 전역(Global) 미들웨어가 작성되어 있다. 미들웨어에는 전역 미들웨어와 라우트 미들웨어가 있는데, 전역 미들웨어는 모든 라우트에 적용된다. 여기에는 기본적으로 요청 파라미터에서 빈 문자열을 null로 바꿔준다거나 공백을 없애 준다거나 하는 미들웨어가 적용되어 있다.

Kernel::$middlewareGroups에는 라우트 미들웨어를 묶은 미들웨어 그룹이 작성되어 있다. 기본적으로 web, api 미들웨어 그룹이 정의되어 있고 RouteServiceProvider를 다시 한번 살펴보면, routes/web.php는 web, routes/api.php는 api 미들웨어 그룹의 영향을 받는다는 사실을 알 수 있다.

```
// app/Providers/RouteServicePrvoider.php
$this->routes(function () {
    Route::middleware('api')
        ->prefix('api')
        ->group(base_path('routes/api.php'));

    Route::middleware('web')
        ->group(base_path('routes/web.php'));
});
```

Kernel::$middlewareAliases에는 개별 라우트에 적용할 수 있는 라우트 미들웨어가 나열되어 있다. 여기에 등록된 미들웨어는 auth, guest, can, throttle 등이 있으며 라우트 및 라우트 그룹 정의 시 쓰일 미들웨어이다. 각 미들웨어의 역할은 지금 나열하기보다는 라우트에 미들웨어와 관련된 내용을 추가하면서 알아보자.

가장 많이 쓰게 될 auth, guest 미들웨어에 대해 간략하게 알아보자. guest는 유저가 로그인하지 않은 경우에 컨트롤러로 도달하고, auth는 로그인이 되어 있어야 도달한다. guest는 App\Http\Kernel에서 살펴보면 App\Http\Middleware\RedirectIfAuthenticated에 매핑되어 있는데, 아직 미들웨어 클래스가 어떻게 생겼는지 살펴본 바가 없으니 이미 작성되어 있는 미들웨어 중 하나를 살펴보자.

```php
namespace App\Http\Middleware;

use App\Providers\RouteServiceProvider;
use Closure;
use Illuminate\Http\Request;
use Illuminate\Support\Facades\Auth;

class RedirectIfAuthenticated
{
    public function handle(Request $request, Closure $next, ...$guards)
    {
        $guards = empty($guards) ? [null] : $guards;

        foreach ($guards as $guard) {
            if (Auth::guard($guard)->check()) {
                return redirect(RouteServiceProvider::HOME);
            }
        }

        return $next($request);
    }
}
```

미들웨어는 기본적으로 handle()을 가지고 있고, 파라메터로 요청 객체와, 다음 미들웨어로 넘기기 위한 $next()가 있다. 요청이 들어오면 컨트롤러에 도달하기 전에 미들웨어의 handle() 메서드가 실행된다. 이처럼 기본적인 미들웨어는 다른 클래스를 상속하여 구성하는 클래스가 아닌 독립된 클래스이고, 커널에 등록하여 사용하게 된다.

Auth::guard($guard)->check() 부분이 로그인 여부를 점검하는 곳인데, 로그인이 되었다면 redirect()를 호출하여 다른 곳으로 이동시키고, 도착지는 RouteServiceProvider::$HOME으로 설정되어 있는 것을 볼 수 있다. 이 값은 기본적으로 /home으로 설정되어 있다. 하지만 /home에 대한 라우트를 정의하지 않을 예정이기 때문에 리다이렉트 대상을 GET /으로 바꿔주자. 그리고 RouteServiceProvider::$HOME을 /으로 변경하자.

```
class RouteServiceProvider extends ServiceProvider
{
    public const HOME = '/';
}
```

라라벨 코어에 포함된 미들웨어를 상속하는 미들웨어는 handle() 메서드가 직접 표현되어 있지 않을 수도 있다. auth 미들웨어인 App\Http\Middleware\Authenticate 같은 경우 라라벨 코어에 포함된 미들웨어를 상속하여 handle()은 부모 클래스에 있고, 대신 자식 클래스에는 redirectTo() 메서드가 존재한다. route()에는 라우트의 이름을 넣으면 해당 라우트의 경로를 반환한다. 로그인이 되어 있지 않은 경우에는 login이라는 이름을 가진 라우트로 이동하라는 의미를 지닌다.

```
namespace App\Http\Middleware;

use Illuminate\Auth\Middleware\Authenticate as Middleware;

class Authenticate extends Middleware
{
    protected function redirectTo($request)
    {
        return $request->expectsJson() ? null : route('login');
    }
}
```

또한 미들웨어에는 어플리케이션에 의한 요청이 처리가 되기 전에 실행되는 전(Before) 미들웨어와 이후에 실행되는 후(After) 미들웨어가 있다. $next() 함수를 호출하면서 반환하는 것이 일반적인 전 미들웨어이며 $next()가 반환된 이후에 추가적으로 코드가 진행된다면 후 미들웨어라고 볼 수 있다.

후 미들웨어에는 전 미들웨어에서 시작했거나, 할당했던 자원을 해제(Release)하여 메모리를 풀어주는 처리 등을 할 수 있다. 라라벨에서는 그럴 일이 없긴 하지만, 과거 레거시에서는 mysqli_connect()로 데이터베이스에 커넥션을 연결하고 비즈니스 로직을 실행하고 나서 mysqli_close()를 호출하여 연결을 풀어주어야 했다. 이랬던 작업을 미들웨어에서 전, 후 미들웨어 방식을 함께 사용하면 간단하게 처리할 수 있게 된다.

```php
public function handle($request, Closure $next)
{
    $response = $next($request);

    return $response;
}
```

자주 사용하지는 않는 편이지만, 미들웨어에 대한 몇 가지 기능을 추가로 알아보자. 미들웨어는 보통 순서에 의존하지 않고 독립적으로 동작하도록 만드는 것이 정상인데, 때로는 미들웨어에 우선순위를 지정하고 싶은 경우가 있다. 이럴 때는 Kernel::$middlewarePriority에 미들웨어를 지정해주면 된다.

```php
protected $middlewarePriority = [
    \Illuminate\Session\Middleware\StartSession::class,
    \Illuminate\View\Middleware\ShareErrorsFromSession::class,
    \App\Http\Middleware\Authenticate::class,
    \Illuminate\Session\Middleware\AuthenticateSession::class,
    \Illuminate\Routing\Middleware\SubstituteBindings::class,
    \Illuminate\Auth\Middleware\Authorize::class,
];
```

마지막으로, 미들웨어에 terminate()를 정의하면, 브라우저에 응답이 된 이후에 동작하는 코드를 지정할 수 있다. 응답이 된 내용을 토대로 하는 작업을 수행하는 경우 사용하면 좋을 법한 기능이다. handle()과는 다르게 Illuminate\Http\Response에 해당하는 응답을 매개변수로 받아올 수 있다.

```
namespace App\Http\Middleware;

class TerminableMiddleware
{
    public function terminate($request, $response) {}
}
```

terminate()를 호출하면 서비스 컨테이너를 통해 새로운 미들웨어 인스턴스가 생성되는데, 만약 단일 객체로 동작하게 하고 싶다면 의존성을 등록해줄 필요가 있다. AppServiceProvider에서 Application::singleton()을 사용하면 등록할 수 있다.

```
use App\Http\Middleware\TerminableMiddleware;

class AppServiceProvider extends ServiceProvider
{
    public function register()
    {
        $this->app->singleton(TerminableMiddleware::class);
    }
}
```

4.4 회원가입

이제 드디어 회원가입을 위한 비즈니스 로직을 작성해볼 시간이다. 우리가 지금까지 배운 데이터베이스와 엘로퀀트 ORM, 라우팅과 컨트롤러, 뷰를 사용하고 요청(Request) 객체도 알아보자. 이 과정에서 세션(Session)에 대한 내용이나, 유효성 검사(Validation), 에러를 뷰에 넘기는 방법까지도 알아본다. 회원가입에서는 새로운 유저를 생성하여 데이터베이스에 추가하는 것이 주요 할 일이다.

4.4.1 라우팅 & 컨트롤러

인증 서비스를 작성하기에 앞서, 인증 서비스와 관련된 라우트 자체를 완전히 분리해보자. 모든 기능을 routes/web.php에만 작성하다 보면 라우트 파일이 너무 커지고 지저분해질 수 있다. 따라서 인증에 해당하는 routes/auth.php를 만들자.

```
$ touch routes/auth.php
```

이다음, RouteServicePrvoider::boot()에서 등록해주자. Web 미들웨어 그룹을 사용하고, 라우트 파일은 routes/auth.php로 지정한다. 이제부터 인증과 관련된 라우트는 전부 routes/auth.php에 작성한다.

```
class RouteServiceProvider extends ServiceProvider
{
    public function boot()
    {
        $this->routes(function () {
            Route::middleware('web')
                ->group(base_path('routes/auth.php'));
        });
    }
}
```

먼저 라우트를 작성하기 이전에 회원가입을 위한 컨트롤러를 만들어보자. 인증 서비스를 위한 새로운 컨트롤러를 만들기 위해 php artisan make:controller를 써보자.

```
$ php artisan make:controller Auth\\RegisterController
```

지금 만든 RegisterController는 App₩Http₩Controllers₩Auth₩ RegisterController이며, 이 컨트롤러 클래스에는 회원가입을 위한 메서드가 있어야 한다. 회원가입을 위한 라우트를 정의해보자. 회원가입은 이미 인증된 사용자는 접근할 필요가 없으므로 guest 미들웨어를 지정했다.

```
use Illuminate\Support\Facades\Route;

Route::controller(\App\Http\Controllers\Auth\RegisterController::class)-
>group(function () {
    Route::middleware('guest')->group(function () {
        Route::get('/register', 'showRegistrationForm')
            ->name('register');
        Route::post('/register', 'register');
    });
});
```

라우트를 정의할 때는 Illuminate₩Support₩Facades₩Route를 사용한다. 회원가입을 위해 정의된 라우트는 [GET /register, POST /register]가 있다. 또한 사용자의 요청은 [GET /register, RegisterController::showRegistrationForm()], [POST /register, Register Controller::register()]에 따라 처리된다. 라우트의 이름이 설정된 라우트는 [GET /register, register]이다.

라우트에 이름을 부여하고 싶은 경우에 Route::name() 메서드를 사용하며, Roue::group()을 사용하면 라우트를 그룹으로 묶을 수 있고, Route::controller()를 사용하면 공통된 컨트롤러를 지정할 수 있다.

/register라는 똑같은 경로에 대해 다른 HTTP Method를 사용하여 정의했는데, 이는 각각 회원가입 폼과 회원가입을 의미한다. GET /register에서는 블레이드 템플릿인 뷰를 반환할 것이며, POST /register에서는 GET /register에서 온 요청에 따라 새로운 User를 생성하고 데이터베이스에 새로운 레코드를 생성하게 될 것이다.

라라벨에서는 HTTP Method에 따른 별개의 라우트를 정의할 수 있는데, 기본적으로 GET, POST 이외에도 PUT, PATCH, DELETE에 해당하는 라우트를 정의할 수 있다. REST API를 만들 때와 마찬가지로 일반적인 웹 어플리케이션을 작성할 때에도 HTTP Method의 의미에 맞게 정의하는 것이 좋다. HTTP Method가 어떤 의미를 가질 수 있는지 알아보자.

GET	자원 조회 (SELECT)
POST	새로운 자원 생성 (INSERT)
PUT/PATCH	자원 수정 (UPDATE)
DELETE	자원 삭제 (DELETE)

[표 4-1] HTTP Method

이러한 형태의 라우트 구성은 프로젝트를 진행하는 내내 많이 보게 될 예정이다. 현재 어플리케이션에 있는 라우트 목록을 살펴보고 싶다면 php artisan route:list 명령어를 사용하면 된다.

```
$ php artisan route:list
```

4.4.2 뷰

회원가입을 위한 폼을 만들어보자. 그 전에 RegisterController::showRegistrationForm()에서 auth.register를 반환하도록 설정해보자.

```
class RegisterController extends Controller
{
    public function showRegistrationForm()
    {
        return view('auth.register');
    }
}
```

이제 블레이드 템플릿을 만들어야 하는데, auth 디렉터리를 만들고 register.blade.php를 생성하자.

```
$ mkdir resources/views/auth
$ touch resources/views/auth/register.blade.php
```

먼저 작성해볼 템플릿은 회원가입을 위한 auth/register.blade.php이다. 주목해서 볼 부분은 @extends, @section ~ @endsection 디렉티브이다.

```
@extends('layouts.app')

@section('title', '회원가입')

@section('content')
    <form action="{{ route('register') }}" method="POST">
        @csrf
        <input type="text" name="name" value="{{ old('name') }}">
        <input type="text" name="email" value="{{ old('email') }}">
        <input type="password" name="password">

        <button type="submit">회원가입</button>
    </form>
@endsection
```

코드를 보면, @extends를 사용하여 우리가 생성한 레이아웃인 layouts/app.blade.php를 상속한 것을 볼 수 있다. 그리고 resources/views 디렉터리를 기준으로 점(.) 표기법을 사용하여 템플릿을 지정해줄 수 있다. 이러한 템플릿의 상속기능은 기존의 레거시에서 사용하는 방식인 include, require 언어구조로 마크업을 포함하는 방식보다도 훨씬 나은 방법이다.

@yield, @section의 기본적인 사용법을 여기서 볼 수 있는데, 이전에 살펴본 바에 따라 레이아웃에서 @yield로 지정하면, 자식 템플릿에서 @section ~ @endsection을 사용하여 해당 영역의 내용을 작성한다. 헌데, @yield('title')에 대해서는 @endsection을 사용하지 않은 것을 볼 수 있는데, 내용이 별로 없다면 @seciton의 두 번째 매개변수에 바로 작성해줄 수 있다. 마찬가지로 레이아웃 템플릿에서 @yield의 두 번째 매개변수에 값을 설정해두면 하위 템플릿에서 해당 영역을 정의하지 않았을 때의 값, 즉 디폴트값을 지정할 수 있다.

HTML Form 각 필드의 value 속성에 쓰인 old()는 사용자가 입력한 데이터를 서버로 전송했는데 문제가 생겨 다시 돌아올 때 값을 다시 채워 넣기 위해 사용한다. 또 다른 용도로는 수정 폼에 대해 미리 기본값을 채워 넣을 필요가 있을 경우 사용하기도 한다. 이 부분은 유효성 검사에 대해 이야기할 때 알아보자.

@csrf라는 디렉티브가 쓰인 것도 볼 수 있다. 이는 CSRF(Cross Site Request Forgery) 공격에 방어하기 위한 수단이다. CSRF 토큰에 대한 검증은 web 미들웨어 그룹에 속한 App\Http\Middleware\VerifyCsrfToken에서 처리하게 된다. 특정 주소에 대해 CSRF 검증을 하지 않도록 요청하고 싶다면 $except에 URL을 추가하면 된다. CSRF 검증을 제외하는 경우 중 하나는 외부 서비스에서 우리의 서비스로 웹훅(Webhook)을 보내는 경우다. 웹훅의 경우에는 CSRF 토큰이 기본적으로 포함되어 있지 않을 것이기 때문이다.

```
class VerifyCsrfToken extends Middleware
{
    protected $except = [
        //
    ];
}
```

@csrf를 사용하면 ⟨input type="hidden" name="csrf_token" value="{{ csrf_token() }}"⟩으로 대체되고, csrf_token()은 토큰값을 반환한다. jQuery, axios, fetch 등 프론트엔드에서 AJAX를 통해 요청할 때에는 요청 헤더에 X-CSRF-TOKEN에 토큰을 지정하고 보내면, VerifyCsrfToken 미들웨어가 이 또한 처리한다.

4.4.3 유효성 검사

auth/register.blade.php를 살펴보면, POST /register로 사용자의 이름과 이메일, 그리고 비밀번호를 전송하는 것을 볼 수 있다. 전달한 값을 서버에서 받으려면 어떻게 해야 할까? 레거시 프로젝트를 해 본 적 있다면, $_GET, $_POST, $_REQUEST와 같은 슈퍼 전역변수를 사용하여 폼에서 넘어온 데이터를 받아본 적이 있을 것이다. 하지만 라라벨에서는 그런 로우레벨 전역변수를 비즈니스 로직에서 직접 사용하지 않는다. 대신에 요청(Request)을 래핑(Wrapping)한 Illuminate\Http\Request 타입의 객체를 컨트롤러에서 받을 수 있다. 요청 객체를 사용하면 뷰에서 넘어온 데이터의 유효성을 검사하거나 얻어 올 수 있다.

데이터를 넘겨받은 서버가 공통적으로 해야 할 일이 있다면, 먼저 넘어온 데이터가 유효한 것인지 검증(Validation)하는 일이다. 예를 들어 email 필드에서 이메일에 해당하지 않는 형식이 넘어온다면 뷰에 그 사실을 알려주어야 한다. 이러한 유효성 검사를 만드는 방법은 두 가지가 존재하며 어떻게 사용하는지 간단하게 알아보자.

가장 간단한 방법은 요청 객체에서 유효성 검사기에 해당하는 $request->validate()를 사용하는 것이며, 필드의 이름을 키로 사용하고, 규칙(Roles)을 값으로 표현하되, |(Pipe)를 기준으로 분리하여 나타내는 것이다.

```
use Illuminate\Http\Request;

class RegisterController extends Controller
{
    public function register(Request $request)
    {
        $request->validate([
            'name' => 'required|max:255',
            'email' => 'required|email|unique:users|max:255',
            'password' => 'required|max:255'
        ]);
    }
}
```

name, email, password에 대해 필수적(Required)으로 기입되어야 함을 명시한다. 즉, 값이 null이면 안 된다. 여기서 required의 판단 기준은 무엇일까? 유효성 검사와 직접적인 관련은 없지만 살펴볼 만한 미들웨어로는 여백에 대한 처리를 해주는 App\Http\Middleware\TrimStrings, 빈 값을 null로 바꿔주는 Illuminate\Foundation\Http\Middleware\

ConvertEmptyStringsToNull 미들웨어가 그 역할을 해준다.

email은 올바른 email 형식을 따라야 하고, users 테이블 내에서 유일한 값이어야 함을 이야기하고 있다. 회원가입에서 이메일은 UNIQUE KEY에 해당하기 때문에 중복이 되면 안 되기 때문이다. 이러한 형태로 유효성 검사를 사용하는 것이 가장 단순하면서도 많이 사용되는 방식이다. 검사규칙을 나열할 때는 |가 아닌 배열 표현도 허용하고 있다.

```
$request->validate([
    'name' => ['required', 'max:255'],
    'email' => ['required', 'email', 'unique:users', 'max:255'],
    'password' => ['required', 'max:255']
]);
```

유효성 검사 규칙은 email, required 이외에도 여럿 존재하고 있으며 하나씩 나열하기보다는 공식문서(https://laravel.com/docs/10.x/validation)를 보는 것을 권한다. 가장 많이 사용하는 옵션은 required, max, unique, email 정도가 있으며 nullable을 사용하면 optional한 값을 허용할 수도 있다.

유효성 검사를 만드는 또 다른 방법은 수동으로 유효성 검사기를 생성하는 방법이다. Validator 파사드를 사용하여 만들 수 있다.

```
use Illuminate\Support\Facades\Validator;

$validator = Validator::make($request->all(), [
    'name' => 'required|max:255',
    'email' => 'required|email|unique:users|max:255',
    'password' => 'required|min:8|max:255'
]);

if ($validator->fails()) {
    return back()
```

```
        ->withErrors($validator)
        ->withInput();
}

// Retrieve the validated input...
$validated = $validator->validated();
```

직접 유효성 검사기를 생성하여 사용한 것을 볼 수 있다. $request → all()은 서버에 넘어온 모든 요청 파라매터를 조회한다. 유효성 검사기를 따로 생성하여 얻는 이점은 성공, 실패에 대한 제어를 직접 통제할 수 있다는 부분이다. Validator::make()가 생성하는 것은 Illuminate₩Contracts₩Validation₩Validator이며 유효성 검사기 객체는 fails(), validated(), errors()와 같은 메서드를 가지고 있다.

fails()를 호출하여 실패를 검사하고, 만약 실패했다면 바로 이전 페이지로 이동하라고 하고 있다. back()을 사용하면 바로 이전 페이지로 리다이렉트해 준다. 반환하는 것은 응답 객체 중 하나인 Illuminate₩Http₩RedirectResponse인데, 체이닝되어 있는 withErrors()는 에러 메시지를 보내고, withInput()은 사용자가 이전에 입력한 인풋 필드에 대한 값을 세션(Sessions)으로 가지고 있어서 값을 잃어버리지 않고 사용자가 다시 입력하지 않게 해준다. auth/register.blade.php에서 사용한 old()와 함께 동작한다.

```
<input type="text" name="name" value="{{ old('name') }}">
```

유효성 검사가 실패하게 되면 어떻게 될까? 유효성 검사가 실패했다면, 사용자에게 에러 내용을 명확히 표시해줄 필요가 있다. 기본적으로는 Illuminate₩Validation₩ValidationException 예외를 던진다. 수동으로 유효성 검사기를 사용하여 실패한 경우, withErrors()를 체이닝했는데 Validator를 넘겨준 것을 볼 수 있다. $request → validate()를 사용했더라도 검사가 실패하면 자동으로 이전 페이지로 리다이렉트된다. 블레이드에서 유효성 검사 실패에 대한 에러를 표현할 수 있는데, 바로 $errors 변수를 사용하는 것이다.

```
{{-- resources/views/layouts/app.blade.php--}}
@if ($errors->any())
    @foreach ($errors->all() as $error)
        <ul>
            <li>{{ $error }}</li>
        </ul>
    @endforeach
@endif
```

Illuminate\Support\MessageBag의 객체인 $errors 변수는 다른 곳에서 별도로 넘겨주지 않더라도 템플릿 내부에서 조건 없이 사용할 수 있다. 이 에러 변수는 App\Http\Kernel의 web 미들웨어 그룹에 있는 Illuminate\View\Middleware\ShareErrorsFromSession에 의해서 뷰와 연결된다. 관련 메서드로는 has(), get(), first()가 있다. 여기서 @if, @foreach 디렉티브는 PHP에서 if, foreach와 같은 역할을 한다. 만약 개별적인 에러 메시지를 표시하고 싶다면 @error()를 사용할 수도 있다.

```
@error('email')
    <li>{{ $message }}</li>
@enderror
```

에러 메시지의 경우 기본적으로 영어로 표현되는데, 한글로 표현하고 싶다면 어떻게 해야 할까? Validator::make()를 사용할 때 세 번째 매개변수에 에러 메시지를 커스터마이징하여 설정할 수 있지만, 이 방식을 쓰는 것보다 다국어 설정에 있는 validation.php에서 지정하는 것이 더 깔끔하다. 우리는 추가 매개변수보다는 언어파일을 생성하는 방향으로 바꿔보자. 또한 다국어에서 지원하는 기능 중 하나인 치환자(Replacer) 기능도 알아보자. lang/en/validation.php에 미리 작성되어 있는 작성예시를 참고하여 작성하면 큰 도움이 된다.

```
$ touch lang/ko/validation.php
```

```
return [
    'email' => ':Attribute은(는) 유효한 이메일 주소여야 합니다.',
    'required' => ':Attribute 필드는 필수입니다.',
    'min' => [
        'string' => ':Attribute은(는) 최소한 :min자이어야 합니다.'
    ],
    'unique' => ':Attribute은(는) 이미 사용 중입니다.',

    'attributes' => [
        'email' => '이메일',
        'password' => '비밀번호',
        'name' => '이름'
    ]
];
```

:Attribute라는 코드가 보인다면, 이는 치환자라고 할 수 있다. 즉 상황에 따라 내용이 바뀔 수 있다. 예를 들어 required 조건에 대해 충족되지 않은 필드의 이름이 :Attribute로 대체될 것이다. 그리고 email 필드가 채워지지 않았다면 '이메일은(는) 유효한 이메일 주소여야 합니다.'라는 메시지가 나타나야 한다. 여기서 :Attribute에 'email'이 아닌, '이메일'로 표기되는 것은 validation.attributes에서 각 필드에 따른 명칭을 부여하여 사용자에게 더 친근한 언어로 표현할 수 있도록 정의했기 때문이다.

lang/*/validation.php에서 :Attribute 치환자는 미리 예약이 되어 있다. 이렇게 예약되어 있는 치환자는 :values, :max, :min 등이 존재하는데, 이미 예약된 치환자 이외에도 임의로 치환자를 정해서 사용할 수 있다. 커스텀 치환자를 사용할 때 lang/*/validation.php가 아닌 다른 언어파일에서 사용하는 것이 일반적이다.

유효성 검사의 에러 메시지를 커스텀하는 방법을 살펴봤는데, 프로젝트가 진행될수록 사용하는 유효성 검사 규칙도 늘어날 것이다. 그럴 때마다 하나씩 추가를 해주어야 할까? 특정 언어에 대한 유효성 검사 문구가 전부 적혀 있는, 그런 건 없을까? 있다! 바로 Laravel Lang(https://github.com/Laravel-Lang/lang)을 사용하는 것이다.

Laravel Lang은 라라벨의 공식 패키지는 아니지만, 다양한 언어에 대응하는 메시지가 이미 작성된 언어파일을 복사할 수 있다. 사용법은 아주 간단하다. 간단하게 설치하고 퍼블리싱해 보자. Laravel Lang 자체는 프로덕트에 포함될 요소가 아니므로 --dev를 붙여서 설치한다.

```
$ composer require laravel-lang/publisher laravel-lang/lang --dev
```

```
{
    "require-dev": {
        "laravel-lang/lang": "^11.0",
        "laravel-lang/publisher": "^14.0",
    },
}
```

php artisan publish로 설정 파일을 퍼블리싱할 수 있다. 그러면 config/lang-publisher.php가 생성될 것이다. 설정에서 살펴볼 중요한 내용은 하나도 없으므로 디폴트 상태로 놔둬도 상관없다.

```
$ php artisan vendor:publish --provider="LaravelLang\Publisher\ServiceProvider"
```

한국어에 해당하는 로케일인 ko를 프로젝트에 추가해보자. php artisan lang:add를 사용해서 추가하는 것이 가능하다. 반대로 php artisan lang:rm을 사용하면 로케일을 제거한다.

```
$ php artisan lang:add ko
ko.json ... 2ms DONE
ko/auth.php ... 2ms DONE
ko/pagination.php ... 2ms DONE
ko/passwords.php ... 2ms DONE
ko/validation.php ... 6ms DONE
```

이 작업을 거치면 기존에 작성한 ko/auth.php, ko/validation.php가 재작성되면서, 라라벨에서 제공하는 유효성 검사 규칙에 대한 문구가 전부 추가된다. 마음에 안 들면 변경할 수도 있지만 그대로 놔둘 예정이다.

```
return [
    'accepted'              => ':Attribute을(를) 동의해야 합니다.',
    'accepted_if'           => ':Attribute을(를) :other이(가) :value이면 동의해야 합
니다.',
    'active_url'            => ':Attribute은(는) 유효한 URL이 아닙니다.',
    'after'                 => ':Attribute은(는) :date 이후 날짜여야 합니다.',
    'after_or_equal'        => ':Attribute은(는) :date 이후 날짜이거나 같은 날짜여야 합니
다.',
    'alpha'                 => ':Attribute은(는) 문자만 포함할 수 있습니다.',
    'alpha_dash'            => ':Attribute은(는) 문자, 숫자, 대쉬(-), 밑줄(_)만 포함
할 수 있습니다.',
    'alpha_num'             => ':Attribute은(는) 문자와 숫자만 포함할 수 있습니다.',
    'array'                 => ':Attribute은(는) 배열이어야 합니다.',
    'before'                => ':Attribute은(는) :date 이전 날짜여야 합니다.',
    'before_or_equal'       => ':Attribute은(는) :date 이전 날짜이거나 같은 날짜여야 합니
다.',
    'between'               => [
        'array'   => ':Attribute의 항목 수는 :min에서 :max 개의 항목이 있어야 합니다.',
        'file'    => ':Attribute의 용량은 :min에서 :max 킬로바이트 사이여야 합니다.',
        'numeric' => ':Attribute의 값은 :min에서 :max 사이여야 합니다.',
        'string'  => ':Attribute의 길이는 :min에서 :max 문자 사이여야 합니다.',
    ],
];
```

어지간한 것들은 라라벨에서 제공하는 유효성 검사 규칙에서 해결할 수 있지만, 그렇지 않을 경우에는 사용자 정의 규칙을 작성해야 할 경우도 있다. 이 방식은 예를 들어 비밀번호에 대한 유효성 검사를 만들 때 유용하게 사용될 수도 있다. 비밀번호의 경우 특수문자를 포함하거나, 연속된 숫자는 사용하면 안 된다거나 하는 등의 규칙이 있기 때문이다. 그러나 라라벨에서는 비밀번호 유효성 검사에 대한 별도의 방법도 제공하고 있으므로 예로만 알아두자.

첫 번째 접근은 역시 내장된 유효성 검사 규칙인 regex를 사용하는 것으로, 정규식으로 나타낸다. 아래의 정규식은 비밀번호가 최소 1개의 대소문자, 숫자, 특수문자로 구성되어 있어야 함을 나타낸다.

```
class RegisterController extends Controller
{
    public function register(Request $request)
    {
        $request->validate([
            'password' => 'regex:/^(?=.*[a-z])(?=.*[A-Z])(?=.*\d)(?=.*(_|[^\w])).+$/'
        ]);
    }
}
```

Password 유효성 검사에서 regex을 사용해도 문제가 될 것은 아니지만, 사용자 정의 규칙을 만드는 것을 겸하면서, 분리하여 그대로 사용자 정의 규칙으로 나타내보자. 새로운 규칙을 생성하는 일은 php artisan make:rule로 할 수 있다. App/Rules 디렉터리가 생성될 것이고, Rule을 상속하는 Password 클래스가 생성되어 있을 것이다.

```
$ php artisan make:rule Password
```

```
namespace App\Rules;

use Closure;
use Illuminate\Contracts\Validation\ValidationRule;

class Password implements ValidationRule
{
    public function validate(string $attribute, mixed $value, Closure $fail)
    {
        //
    }
}
```

작성해야 하는 메서드는 validate() 하나뿐이며 파라미터로 검사 대상 속성의 이름과 값, 그리고 실패시 호출하는 클로저를 받는다. 유효성 검사가 실패한 경우 $fail()과 함께 실패 메시지를 던져줄 수 있는데, 이때 일반적인 문자열을 줄 수도 있지만, 다국어 키를 지정하는 것도 가능하며, 이때 $fail()->translate() 처럼 사용할 수 있다.

```php
// app/Rules/Password.php
class Password implements ValidationRule
{
    public function validate(string $attribute, mixed $value, Closure $fail)
    {
        if (! preg_match('/^(?=.*[a-z])(?=.*[A-Z])(?=.*\d)(?=.*(_|[^\w])).+$/', $value)) {
            //$fail('The :attribute must contain at least one lowercase letter, one uppercase letter, one number, and one special character.');
            $fail('validation.regex')->translate();
        }
    }
}

// app/Http/Controllers/RegisterController.php
use App\Rules\Password as PasswordRule;

$request->validate([
    'password' => [new PasswordRule()]
]);
```

라라벨에서는 비밀번호 유효성 검사를 위해 라라벨 코어에 내장된 사용자 규칙 중 하나인 Illuminate\Validation\Rules\Password를 사용할 수도 있다. 간단한 규칙부터 다소 복잡한 규칙도 지정할 수 있다.

```php
use Illuminate\Validation\Rules\Password;

$request->validate([
    'password' => Password::min(8)
```

```
        ->letters() // Require at least one letter...
        ->mixedCase() // Require at least one uppercase and one lowercase
letter...
        ->numbers() // Require at least one number...
        ->symbols() // Require at least one symbol..
]);
```

Password::min(8)은 단순하게 비밀번호가 최소 8자는 되어야 함을 의미하고, 체이닝으로 특수문자, 대소문자, 숫자 등의 규칙을 추가할 수 있다. Password:: uncompromised()를 사용하여 비밀번호가 유출된 적이 있어서 위험한 것인지 점검하는 것도 가능하다. Password를 사용자 정의 규칙처럼 적용할 수 있는 이유는 결국엔 이 또한 Rule이기 때문이다.

```
namespace Illuminate\Validation\Rules;

use Illuminate\Contracts\Validation\DataAwareRule;
use Illuminate\Contracts\Validation\Rule;
use Illuminate\Contracts\Validation\ValidatorAwareRule;

class Password implements Rule, DataAwareRule, ValidatorAwareRule
{
    //
}
```

비밀번호에 대한 규칙을 정의하는 것은 비밀번호를 처리하는(비밀번호 처리와 관련된) 모든 부분에서 사용되기 때문에 비밀번호에 대한 디폴트 규칙을 지정하고 중복을 제거할 필요가 있다. 이와 관련하여 PasswordServiceProvider를 하나 만들자.

```
$ php artisan make:provider PasswordServiceProvider
```

PasswordServiceProvider::boot()의 Password::defaults()에 기본적으로 검사할 비밀번호 규칙을 지정할 수 있다. 환경이 production인 경우에만 전부 검사하고, 그렇지 않다면 최소 글자 수만 충족되도록 검사한다.

```php
use Illuminate\Validation\Rules\Password;
use App\Rules\Password as PasswordRule;

class PasswordServiceProvider extends ServiceProvider
{
    public function boot()
    {
        Password::defaults(function () {
            $rule = Password::min(8);

            return $this->app->isProduction()
                ? $rule->letters()->mixedCase()->numbers()->symbols()->uncompromised()
                // Password::min(8)->rules([new PasswordRule()]);
                : $rule;
        });
    }
}
```

이제 서비스 프로바이더를 등록하자. config/app.php에서 할 수 있다.

```php
'providers' => [
    App\Providers\PasswordServiceProvider::class,
]
```

이후에 다시 RegisterController::register()에서 password 필드에 대한 유효성 검사 규칙을 Password::defaults()로 바꿔주면 끝이다.

```php
use Illuminate\Validation\Rules\Password;

$request->validate([
    'password' => [Password::defaults()]
]);
```

기본값으로 설정한 비밀번호 유효성이 제대로 검사되는지 확인하고 싶다면 .env에서 APP_ENV값을 production으로 바꿔주자.

```
APP_ENV=production
```

4.4.4 해싱

이제 새로운 유저를 생성하는 일이 남았다. 우리는 여기서 auth/register.blade.php에서 보낸 데이터를 얻기 위해 요청 객체를 사용하게 될 것이다. 요청 파라미터를 얻기 위해 자주 사용하게 될 메서드는 input(), only(), file(), header() 정도가 있으며 이 메서드 이외에도 몇 개 더 있긴 하지만, 자주 사용되는 편은 아니다. 또한 요청 객체에서 매직 메서드 __get()을 사용한 동적 접근도 허용한다. 예를 들어 password 값을 얻어 오려면 두 가지 방법이 있다.

```
$password = $request->input('password');
$password = $request->password;
```

User를 생성할 때 한 가지 주의해야 할 점은 비밀번호를 지정할 때는 반드시 단반향 해싱(One-Way Hashing)해 주어야 한다는 점이다. 해싱은 데이터를 특정 길이의 문자열로 만드는 과정이며, 예를 들어 SHA256 해시 함수(Hash Function)는 256bits의 해시(Hash)를 생성한다. 단반향 해싱을 하면 해시에서 평문을 얻어 오는 것이 사실상 불가능하지만 폼에서 넘겨받은 비밀번호를 해싱하여 비교하는 것은 가능하다. 즉, 해싱을 사용하여 데이터가 수정되었는지 확인하거나 입력된 값과 비교하는 것이 가능하다.

```
use App\Models\User;
use Illuminate\Support\Facades\Hash;

class RegisterController extends Controller
{
```

```
public function register(Request $request)
{
    $user = User::create([
        ...$request->validated(),
        'password' => Hash::make($request->password),
    ]);
}
```

라라벨에서 해시를 생성하려면 Hash 파사드를 사용하여 만들 수 있으며, Hash::make()를 사용하여 만들고 Hash::check()로 두 해시가 같은지 비교할 수 있다. 레거시에서는 password_hash(), password_verify()로 처리한 바 있다.

해싱과 관련해서 설정 파일 config/hashing.php를 살펴볼 수 있다. 기본적으로 해싱 알고리즘으로 bcrypt가 사용되지만, 필요에 따라 argon, argon2id로 바꿀 수 있다.

라라벨에서 사용하는 해싱 알고리즘의 경우 공격자가 비밀번호를 유추할 수 없게 하거나 무차별 대입 공격을 실행함에 있어서 비용이 많이 소모되도록 Work Factor를 조절할 수 있다. Work Factor가 높으면 해싱 시간이 오래 걸려서 로그인 시도 시간도 같이 증가하게 되겠지만, 해시의 생성 시간을 희생해서 공격자의 공격을 막을 수 있다면 그만한 가치가 있다.

```
return [
    'driver' => 'bcrypt',
    'bcrypt' => [
        'rounds' => env('BCRYPT_ROUNDS', 10),
    ]
];
```

4.4.5 세션

유저의 정보를 등록한 이후에 바로 로그인해 볼 텐데, 기본적인 로그인은 세션(Sessions)에 유저에 대한 정보가 저장된다. 세션은 기본적으로 web 미들웨어 그룹에 속한 Illuminate₩Session₩Middleware₩StartSession 미들웨어에 의해 시작되지만, 인증이 되면 새로운 인증 세션이 시작된다.

```
class RegisterController extends Controller
{
    public function register(Request $request)
    {
        // auth()->loginUsingId($user->id);
        auth()->login($user);
    }
}
```

auth() 또는 Auth 파사드는 인증을 처리할 때 가장 많이 사용하게 되며 auth()가 반환하는 값은 기본적으로는 Illuminate₩Contracts₩Auth₩StatefulGuard이다. StatefulGuard는 이름 그대로 상태가 있는(Stateful) 데이터를 위해 사용되며 이는 세션과 직접적인 연관을 갖는다. StatefulGuard::login()을 사용하여 유저의 로그인을 손쉽게 처리할 수 있다. 그 외에는 신경 쓸 것이 없다.

세션은 상태를 유지하기 위해 클라이언트의 쿠키(Cookie)와 함께 상호작용하게 되고, 세션과 쿠키는 APP_KEY의 값에 따라 라라벨에 의해 암호화(Encryption)되어 저장된다. 여기에서 암호화 부분은 무시하고 세션의 기본적인 과정을 살펴보면 다음과 같다. 아래와 같은 과정은 라라벨이 아닌 빈 프로젝트에서 PHP 내장함수인 session_start()를 통해 확인해보면 확실하게 알 수 있다. 암호화 과정을 거치지 않기 때문이다.

1. 서버에 의해 세션이 시작되면 세션을 생성하고 세션 ID를 값으로 가지고 있는 쿠키를 설정할 것을 브라우저에 지시한다.

2. 클라이언트의 다음 요청에서 세션 쿠키(Session Cookie)를 서버에 넘기고, 서버에서는 쿠키의 값, 즉 세션의 ID를 통해 파일 또는 데이터베이스 등의 세션 저장소에서 세션을 조회한다.

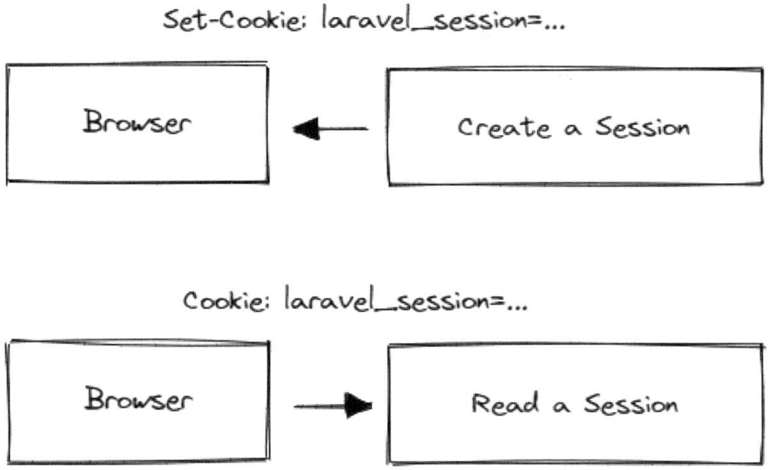

[그림 4-2] 세션

세션이 저장되는 위치는 파일, 데이터베이스 등이 될 수 있는데, 라라벨의 세션 드라이버 기본 값은 파일이며 설정에 따라 세션 정보는 MySQL과 같은 RDBMS, Redis와 같은 NoSQL에 저장할 수 있다. 세션은 config/session.php 파일에서 관련 설정을 살펴볼 수 있는데, 여기서 설정할 수 있는 것들은 대부분 php.ini에서도 설정 가능하다.

```
return [
    'driver' => env('SESSION_DRIVER', 'file'),
    'files' => storage_path('framework/sessions'),
    'connection' => env('SESSION_CONNECTION', null),
    'table' => 'sessions'
];
```

session.driver를 살펴보자. 이 설정에 따라 세션을 파일 또는 데이터베이스에 저장할지 결정한다. 기본적으로는 file 드라이버이고, 저장 위치는 session.files에 나와 있듯이 storage/framework/sessions이다. 만일 데이터베이스인 경우 session.table 값에 따라 sessions 테이블에 저장된다. 세션 저장소를 데이터베이스 또는 redis로 사용하기 위해서는 연결을 지정해 주어야 하며 session.connection에 사용되는 값은 config/database.php에 정의된 드라이버를 사용한다.

세션을 파일에 저장하는 것은 이전에도 많이 해보았을 테니, 데이터베이스에 세션을 저장해보자. 먼저, 세션을 저장하기 위한 마이그레이션인 create_sessions_table을 만들어야 한다. 라라벨에서 이미 마이그레이션 형태를 정해주었기 때문에 php artisan session:table로 sessions 테이블을 위한 마이그레이션을 만들 수 있다.

```
$ php artisan session:table
vagrant@homestead:~/code$ php artisan migrate
2022_08_03_075908_create_sessions_table ... 106ms DONE
```

sessions 테이블의 마이그레이션을 살펴보면 user_id로 users 테이블의 id 칼럼을 외래키로 참조하고, 로그인한 사용자의 ip_address, user_agent, last_activity와 같은 내용을 가지고 있다. payload의 경우 세션에 저장된 값을 의미한다.

```
return new class extends Migration
{
    public function up()
    {
        Schema::create('sessions', function (Blueprint $table) {
            $table->string('id')->primary();
            $table->foreignId('user_id')->nullable()->index();
            $table->string('ip_address', 45)->nullable();
            $table->text('user_agent')->nullable();
            $table->longText('payload');
            $table->integer('last_activity')->index();
        });
    }

    public function down()
    {
        Schema::dropIfExists('sessions');
    }
};
```

데이터베이스 세션을 사용하려면 .env에서 SESSION_DRIVER의 값을 database에, SES-

SION_CONNECTION은 config/database.php에 정의된 드라이버 중 하나인 mysql을 지정해주자.

```
SESSION_DRIVER=database
SESSION_CONNECTION=mysql
```

세션 드라이버가 설정되었다면 세션과 관련된 작업이 발생할 경우 sessions 테이블에 세션이 기록된다. 라라벨에서뿐만 아니라 기본적으로 세션 저장소는 SessionHandlerInterface를 구현하고 있으므로 이에 대한 내용이 궁금하다면 PHP 공식문서(https://www.php.net/manual/en/class.sessionhandlerinterface.php)를 참고할 필요가 있다.

라라벨에서 세션을 전체적으로 어떻게 다룰 수 있는지 이야기해보자. 세션에는 사용자 인증에 대한 세션뿐만 아니라 임시로 유지하게 될 플래시 메시지나 이전에 사용자가 입력한 input값과 같은 것이 들어갈 수 있는데, 만약 값을 세션에 넣어야 할 필요가 있는 경우에 데이터를 추가하고 조회, 삭제, 수정을 할 수 있다. 세션에 접근하기 위해서는 session(), Session 파사드, $request->session()을 사용할 수 있다.

```
// use Illuminate\Support\Facades\Session;

// ,or Session::
// ,or $request->session()->

// Get
$value = session('key');
$value = session()->get('key');
$value = session()->get('key', 'default');
$value = session()->get('key', function () {
    return 'default';
});
// Get all
$data = session()->all();
```

```
// Exists
$exists = session()->has('key'); // value is null -> false
$exists = session()->exists('key');

// Set
session(['key' => 'value']);
session()->put('key', 'value');
// Push into array
session()->push('user.teams', 'developers');

// Remove
session()->forget('key');
// Get, then remove
$value = session()->pull('key');
// Remove all
session()->flush();

// Set flash message
session()->flash('key', 'value');
// Reflash
session()->reflash();

// Regenerate ID
session()->regenerate();
// Regenerate ID and Remove all
session()->invalidate();
// Regenerate CSRF Token
session()->regenerateToken();
```

플래시 메시지(Flash Message)는 다음 요청까지만 값이 유지되고 소멸해버리는 단기 메시지다. 예를 들어서 로그인에서 아이디나 비밀번호가 틀려서 다시 되돌아간 경우 "아이디나 비밀번호가 틀렸습니다"라는 문구를 사용자에게 보여줄 때 유용하게 사용한다. 플래시 메시지를 지정할 때 session()-)flash()를 사용했지만, 응답하면서도 플래시 메시지를 지정해줄 수 있다. 그 방법은 비밀번호 재설정에서 알아보자.

4.4.6 이메일 인증

이제, 그다음 단계로 이메일 인증(Email Verification)이 있다. 최근에는 OAuth2를 사용한 SNS 계정을 연동하여 회원가입 및 로그인하는 경우가 많아져서 이메일 인증을 사용하는 빈도는 줄어들긴 했지만, 여전히 수많은 서비스에서는 이메일 인증을 사용하고 있다. 이메일 인증을 사용하는 이유 중 하나는, 악의적인 사용자가 존재하지 않는 이메일로 무차별적으로 계정을 생성하고 활동하는 것을 방지하기 위함이다.

이메일 인증 로직을 알아보기 전에, 먼저 테스트 환경부터 살펴보자. 이메일 전송/인증을 테스트하려면 어떻게 해야 할까? 일반적으로 서비스에서 메일을 보내려면 메일 서버가 필요하다. 이러한 메일 서버를 구축하는 것은 상당히 번거롭다. 이럴 때를 위해 홈스테드에는 테스트를 위한 메일 서버인 mailhog를 사용할 수 있도록 준비되어 있다. 기본적으로 메일에 대한 설정은 config/mail.php에 있지만, 현재로서는 건들지 않아도 된다. 지금은 .env에서 설정을 아래와 같이 바꿔보자.

```
MAIL_MAILER=smtp
MAIL_HOST=localhost
MAIL_PORT=1025
MAIL_FROM_ADDRESS="hello@example.com"
MAIL_FROM_NAME="${APP_NAME}"
```

홈스테드에는 이미 mailhog 서비스가 작동 중이며, mailhog를 입력하면 동작 중인 포트를 확인할 수 있다.

```
vagrant@homestead:~$ mailhog
2021/11/03 06:02:32 Using in-memory storage
2021/11/03 06:02:32 [SMTP] Binding to address: 0.0.0.0:1025
[HTTP] Binding to address: 0.0.0.0:8025
2021/11/03 06:02:32 Serving under http://0.0.0.0:8025/
```

mailhog 서버는 localhost:1025에서 동작 중이고, .env에서 설정한 MAIL_HOST와 MAIL_

PORT에 입력한 내용과 동일하다. 그 외에 8025 포트에도 바인딩이 된 것을 볼 수 있는데, 이는 어드민 페이지이며 여기에서 테스트용으로 보낸 메일들을 볼 수 있다. 주소에 homestead.test:8025를 입력해 접속해보면 아래와 같은 화면이 나타난다.

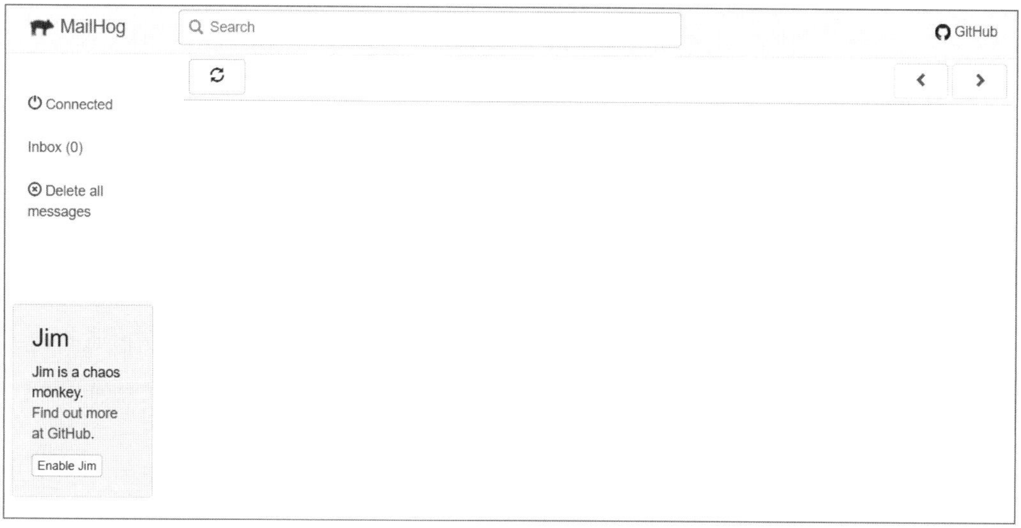

[그림 4-3] mailhog 어드민 페이지

테스트를 위한 mailhog 설정이 완료되었다면 이제 코드를 작성할 준비가 끝났다. 이메일 인증 기능을 구현하기 전에 한 가지 준비해야 할 사항이 있다면 User 모델에 MustVerifyEmail 인터페이스를 구현하도록 명시하는 것이다. 만약 User 모델에 MustVerifyEmail이 구현되도록 설정되어 있지 않다면, 설정해보자.

```
use Illuminate\Contracts\Auth\MustVerifyEmail;

class User extends Authenticatable implements MustVerifyEmail {}
```

RegisterController::register()에서 이메일 인증을 위한 전송 코드는 단 한 줄밖에 없다. 이메일 전송이 끝나면 to_route()를 사용하여 verification.notice 라우트로 리다이렉트하도록 지시한다.

```
use Illuminate\Auth\Events\Registered;

class RegisterController extends Controller
{
    public function register(Request $request)
    {
        event(new Registered($user));

        return to_route('verification.notice');
    }
}
```

아직 배우지 않은 이벤트(Event)라는 기능을 사용했다. 이벤트는 간단하게 이야기하자면 어플리케이션에 무슨 일이 일어났음을 나타내는 신호다. 이벤트는 이후에 알아보도록 하겠다.

먼저, 이메일 인증 서비스는 라라벨의 내부 기능으로서 구성하기 쉽도록 어느 정도 미리 구현되어 있다. users 테이블의 email_verified_at이 이메일 인증 여부를 판단하는 근거가 되고, NULL로 채워져 있다면 인증이 되어 있지 않은 것이다. 기본적으로 유저를 생성하게 되면 NULL로 되어 있다.

이메일이 인증되지 않은 유저는 서비스의 사용에 제약이 있는 경우가 많으며 이를 위해 인증된(Verified) 유저에 한해서만 접근을 허용하는 verified 미들웨어 또한 존재한다. Registered 이벤트는 그저 이메일 인증을 위한 이메일 전송만을 할 뿐 실제 인증은 다른 라우트에서 해야 한다. 다만 이메일 인증을 위한 준비는 이미 프로젝트 생성 시점에서 어느 정도 갖춰져 있기 때문에 메일 전송, 인증 처리와 같은 부분을 신경 쓸 필요는 없다.

이메일 인증을 위한 라우트를 정의해보자. 이메일 인증 서비스를 위한 세 개의 라우트를 만들어줄 필요가 있다. 이메일 인증 서비스에 대한 비즈니스 로직이 있는 컨트롤러의 이름은 EmailVerificationController라고 하자.

```
$ php artisan make:controller Auth\\EmailVerificationController
```

이메일 인증을 위한 라우트를 등록해보자. 각 이메일 인증과 관련된 라우트의 이름은 verification.으로 시작하고 경로는 /email로 시작한다. 또한 auth 미들웨어가 적용되었기 때문에 로그인이 안 된 상태에서는 접근할 수 없다.

```
Route::controller(\App\Http\Controllers\Auth\EmailVerificationController::class)->group(function () {
    Route::name('verification.')->prefix('/email')->group(function () {
        Route::middleware('auth')->group(function () {
            Route::get('/verify', 'notice')
                ->name('notice');
            Route::get('/verify/{id}/{hash}', 'verify')
                ->middleware('signed')
                ->name('verify');
            Route::post('/verification-notification', 'send')
                ->name('send');
        });
    });
});
```

이메일 인증을 위해 정의한 verification.notice, verification.verify, verification.send가 이메일 인증에 있어서 어떤 역할을 수행하는지 이메일 인증 과정을 통해 간단하게 알아보자.

1. POST /register에서 Registered 이벤트를 발생시킨다.

2. 새로 생성한 User의 이메일에 verification.verify로 이동할 수 있는 버튼이 포함된 페이지를 구성하고 이메일을 전송한다.

3. 유저가 이메일에서 verification.verify로 진입하면 현재 유저의 email_verified_at에 현재 시각을 기록하여 이메일 인증 완료로 처리한다.

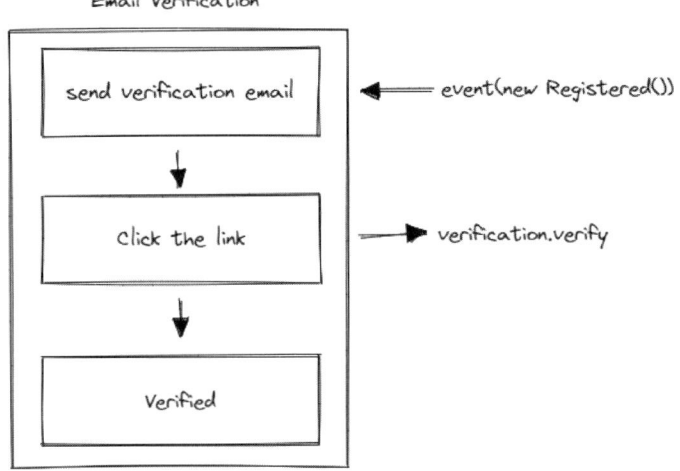

[그림 4-4] 이메일 인증

verification.notice, verification.send 라우트는 유저가 이메일을 인증하지 않고 서비스에 접속하려 하거나, 인증 이메일을 분실하여 다시 메일을 보내 달라고 요청할 때를 대비해서 필요하다. 아직 이메일 인증이 되지 않은 유저가 verified 미들웨어가 설정된 라우트에 진입하는 경우, verification.notice로 자동으로 리다이렉트되고, 유저가 이메일 인증 이메일을 삭제하는 등 인증 주소를 분실한 경우 verification.send로 요청을 보내 인증 메일을 다시 받을 수 있도록 할 수 있다.

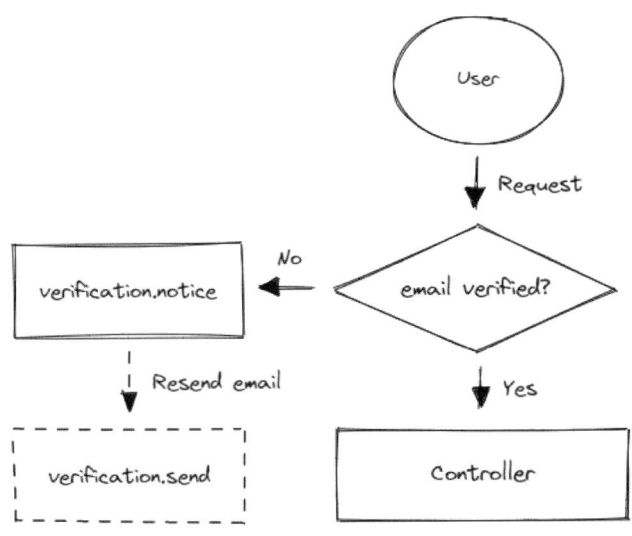

[그림 4-5] 이메일 인증 검증

verification.verify처럼 라우트를 설정할 때 라우트 파라미터를 라우트 경로에 추가할 수 있는데, {id}, {hash}와 같이 쓰인 위치에는 상황에 따라 각기 다른 값이 들어올 수 있다. 예를 들어 게시판에서 글을 보여주기 위한 라우트로 GET /posts/{id}가 지정되었을 때 사용자는 posts/1, posts/2 …처럼 접근할 수 있다. 라우트 파라미터는 컨트롤러에서 변수로 직접 바인딩되는데, verification.verify의 컨트롤러인 EmailVerificationController::verify()에서 id, hash를 요청 객체 다음으로 명시하여 받아올 수도 있다.

```
class EmailVerificationController extends Controller
{
    public function verify(Request $request, int $id, string $hash) {}
}
```

verification.notice는 이메일이 인증되지 않은 유저가 verified 미들웨어가 설정된 라우트에 접근할 때 리다이렉트되는 라우트다. 여기서 할 일은 유저에게 인증이 되지 않았다는 화면을 보여주기만 하면 되므로 뷰를 반환하는 것으로 끝낼 수 있다. 이에 해당하는 템플릿은 auth/verify-email.blade.php라고 해보자.

```
$ touch resources/views/auth/verify-email.blade.php
```

```
// app/Http/Controllers/Auth/EmailVerificationController.php
class EmailVerificationController extends Controller
{
    public function notice()
    {
        return view('auth.verify-email');
    }
}

// resources/views/auth/verify-email.blade.php
@extends('layouts.app')

@section('title', '이메일 인증')
```

```blade
@section('content')
    <strong>이메일 인증이 필요합니다.</strong>

    <form method="POST" action="{{ route('verification.send') }}">
        @csrf
        <button type="submit">이메일 재전송</button>
    </form>
@endsection
```

auth/verify-email.blade.php에서 verification.send에 요청을 보내고 있는 것을 알 수 있다. 사용자의 이메일이 아직 인증되지 않아서 verification.notice로 리다이렉트되었을 때, 인증 메일을 잃어버려서 다시 받고 싶다면 verification.send로 다시 요청하여 메일을 받는다.

이제 어플리케이션 인증을 위한 verification.verify 라우트에 대해 알아보자. 라우트 경로는 이야기한 대로 GET /email/verify/{id}/{hash}에 해당하고 라우트 파라미터 id, hash가 요구된다.

```php
use Illuminate\Foundation\Auth\EmailVerificationRequest;

class EmailVerificationController extends Controller
{
    public function verify(EmailVerificationRequest $request)
    {
        $request->fulfill();

        return redirect()->to(RouteServiceProvider::HOME);
    }
}
```

조금 전에 라우트 파라미터에 대해 이야기했던 것과는 달리 일반적으로 컨트롤러에서 사용하는 Illuminate\Http\Request가 아닌, Illuminate\Foundation\Auth\EmailVerificationRequest를 사용하고 있음을 찾을 수 있다. 라라벨에서는 요청(Request)을 확장하여 사용자 정의 요청(Form Requests)을 만들 수 있다. 사용자 정의 요청 객체에는 인가(Authorization)와 유효성 검사(Validation)를 하나의 클래스에 묶고 정의할 수 있다. 사용자 정의 요청을 사용하는 방법은 조금 이후에 알아보자. 지금은 그저 EmailVerificationRequest에서 id, hash 파라매터를 처리할 수 있으며, EmailVerificationRequest::fulfill() 메서드에서 이메일을 인증해준다는 것만 이해하면 된다.

```
namespace Illuminate\Foundation\Auth;

use Illuminate\Auth\Events\Verified;
use Illuminate\Foundation\Http\FormRequest;

class EmailVerificationRequest extends FormRequest
{
    public function fulfill()
    {
        if (! $this->user()->hasVerifiedEmail()) {
            $this->user()->markEmailAsVerified();

            event(new Verified($this->user()));
        }
    }
}
```

EmailVerificationRequest는 Illuminate\Foundation\Http\FormRequest를 상속받아 만들어진 확장 요청 클래스이며, EmailVerificationRequest::fulfill()에서 User::markEmailAsVerified()를 사용하여 인증하고 있는 것을 알 수 있다. 이 메서드는 어디에서 나온 것일까? 그건 바로 우리가 이메일 인증을 설정할 때 User 모델에서 구현하도록 정의된 Illuminate\Contracts\Auth\MustVerifyEmail 인터페이스에서 가지고 있는 것이다.

```
namespace Illuminate\Contracts\Auth;

interface MustVerifyEmail
{
```

```
    public function hasVerifiedEmail();
    public function markEmailAsVerified();
    public function sendEmailVerificationNotification();
    public function getEmailForVerification();
}
```

MustVerifyEmail::hasVerifiedEmail()은 사용자의 이메일이 검증되었는지를, MustVerifyEmail::markEmailAsVerified()는 유저의 이메일을 인증하는 메서드다. 그 이후 Illuminate\Auth\Events\Verified 이벤트를 발생시키지만, 이 부분은 이벤트라는 점 이외에는 신경 쓰지 않아도 된다.

마지막으로 인증 메일을 다시 보내기 위한 EmailVerificationController::send()를 살펴보자. MustVerifyEmail::sendEmailVerificationNotification()을 사용하여 이메일을 다시 보내고, 바로 이전 페이지로 돌아간다. 그밖에도 현재 인증된 User를 얻기 위해서 $request->user()를 사용했음에 주목하자.

```
class EmailVerificationController extends Controller
{
    public function send(Request $request)
    {
        $user = $request->user();

        $user->sendEmailVerificationNotification();

        return back();
    }
}
```

여기까지 작성했다면, 이메일 인증을 위한 컨트롤러 작성이 모두 끝났다. 회원가입을 거쳐 homestead.test:8025에서 이메일이 온 것을 확인하고 인증 버튼을 눌러 verification.verify로 도달한 이후 해당 유저의 email_verified_at이 변경되었는지 실험해보자.

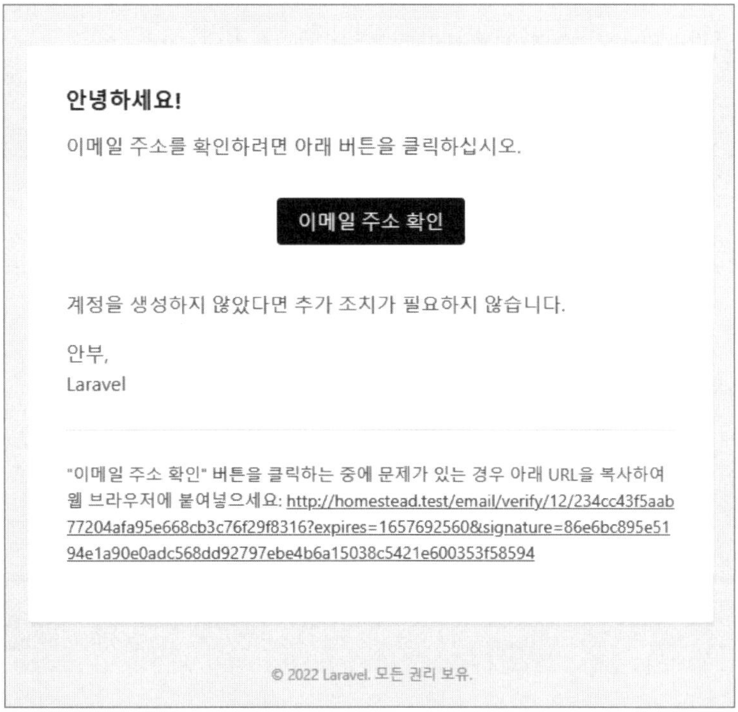

[그림 4-6] 이메일 인증

signed, verified 미들웨어를 알아보자. signed, verified 미들웨어는 둘 다 라우트 미들웨어다. 먼저, signed 미들웨어의 경우 verification.verify에 사용되었는데, 이는 전자서명(Signature)이 담긴 라우트를 검증하기 위해 사용된다. 이는 흔히 이메일 구독 취소(Unsubscribe)를 위해 사용되기도 한다. URL::signedRoute()를 사용하면, 전자서명이 포함된 주소가 생성되는데, 현재 이메일 인증을 위한 주소를 보면 쿼리 파라매터로 signature를 가지고 있는 것을 볼 수 있다.

http://homestead.test/email/verify/12/234cc43f5aab77204afa95e668cb-3c76f29f8316?expires=1657692560&**signature=86e6bc895e5194e1a90e0adc568dd92797e-be4b6a15038c5421e600353f58594**

signed 미들웨어는 그저 Request::hasValidSignature()를 사용하여 서명을 검증하는 일밖에 하지 않는다.

```
namespace Illuminate\Routing\Middleware;

use Closure;
use Illuminate\Routing\Exceptions\InvalidSignatureException;

class ValidateSignature
{
    public function handle($request, Closure $next, $relative = null)
    {
        if ($request->hasValidSignature($relative !== 'relative')) {
            return $next($request);
        }

        throw new InvalidSignatureException;
    }
}
```

verified 미들웨어에 대해 알아보자. 간단히 말하자면 verified 미들웨어가 적용된 라우트에는 이메일이 인증된 유저만 접근할 수 있다. 만약, 이메일이 인증되지 않은 유저가 접근하려 한다면 verification.notice로 리다이렉트된다.

verified가 설정된 라우트에 접근하기 위해서는 이메일이 반드시 인증되어야 하고, 이메일이 인증되지 않은 경우에는 verification.notice 라우트로 강제로 리다이렉트될 것이다. verified 미들웨어는 Illuminate\Auth\Middleware\EnsureEmailIsVerified이며, 해당 미들웨어가 하는 일은 MustVerifyEmail::hasVerifiedEmail()을 사용하여 이메일 인증이 되지 않았을 경우에 verification.notice 또는 지정된 라우트로 리다이렉트하거나 거부 응답을 보내는 것이다.

```
namespace Illuminate\Auth\Middleware;

use Closure;
use Illuminate\Contracts\Auth\MustVerifyEmail;
use Illuminate\Support\Facades\Redirect;
```

```
use Illuminate\Support\Facades\URL;

class EnsureEmailIsVerified
{
    public function handle($request, Closure $next, $redirectToRoute = null)
    {
        if (! $request->user() ||
            ($request->user() instanceof MustVerifyEmail &&
            ! $request->user()->hasVerifiedEmail())) {
            return $request->expectsJson()
                    ? abort(403, 'Your email address is not verified.')
                    : Redirect::guest(URL::route($redirectToRoute ?: 'verification.notice'));
        }

        return $next($request);
    }
}
```

abort()에서 응답하는 에러를 보면 Your email address is not verified라고 되어 있는 것을 볼 수 있다. 이 문구를 한국어로 바꾸려면 어떻게 하면 좋을까? 이럴 때는 문자열을 키로 사용하여 언어파일을 정의하는 방법이 있다. 어플리케이션에 이미 기본으로 정의된 문자열이 있다면, 문자열 자체를 키로 하여 언어파일에 정의하는 것이 가능하다. 문자열을 키로 사용한 언어 파일은 JSON으로 표현한다. 이전에 Laravel Lang을 설정했다면 이미 lang/ko.json이 있다. 여기에 다음과 같이 추가하면 한국어로 설정하는 것이 가능하다.

```
{
    "Your email address is not verified.": "이메일이 인증되지 않았습니다."
}
```

4.4.7 이벤트

이메일 인증을 위해 사용한 이벤트를 간단하게 살펴보자. 이메일 인증을 위해 RegisterController::register()에서 Registered 이벤트를 발생시키고, 인증이 완료된 직후에는 EmailVerificationController::verify()에서 호출한 EmailVerificationRequest::fulfill()에서 Verified 이벤트가 발생되었음을 이미 우리는 살펴본 바 있다.

이벤트는 간단히 말해 라라벨에서 사용할 수 있는 옵저버(Observer) 구현이다. 한 개의 이벤트에 대해 여러 이벤트 리스너(Event Listener)가 이벤트를 구독(Subscribe)할 수 있다. 이 말이 무슨 이야기냐면, 우리가 어떤 블로거를 구독했다고 가정했을 때, 해당 블로거가 글을 쓰면(Publish) 구독자들은 구독 알림(Notification)을 받을 수 있다는 것이다. 이벤트도 마찬가지로 이벤트 리스너가 어떤 이벤트를 구독한 뒤, 사건이 발생하게 되면 구독자에 해당하는 이벤트 리스너에게 알림이 간다.

이벤트는 기본적으로 서비스 프로바이더 중 하나인 EventServiceProvider에 등록한다. Registered 이벤트가 $listen에 명시적으로 등록되어 있는 것을 볼 수 있다.

```
namespace App\Providers;

use Illuminate\Auth\Events\Registered;
use Illuminate\Auth\Listeners\SendEmailVerificationNotification;
use Illuminate\Foundation\Support\Providers\EventServiceProvider as ServiceProvider;
use Illuminate\Support\Facades\Event;

class EventServiceProvider extends ServiceProvider
{
    protected $listen = [
        Registered::class => [
            SendEmailVerificationNotification::class,
        ],
    ];
}
```

Registered 이벤트가 발생했다는 것은 SendEmailVerificationNotification이라는 이벤트 리스너가 이를 처리할 수 있다는 뜻이며 해석하자면 유저가 등록되었다는 이벤트가 발생하였을 시, 인증 메일을 보내라는 뜻으로 이해할 수 있다. 이벤트는 event()를 통해 발동시킬 수 있었다. Registered 이벤트 클래스를 살펴보자.

```
namespace Illuminate\Auth\Events;

use Illuminate\Queue\SerializesModels;

class Registered
{
    use SerializesModels;

    public $user;

    public function __construct($user)
    {
        $this->user = $user;
    }
}
```

이벤트 클래스는 다른 클래스를 상속받아 만드는 것은 아니고, 일반적인 클래스랑 큰 차이를 보이지 않는다. 이번에는 이벤트 리스너이자 Registered 이벤트를 구독 중인 SendEmailVerificationNotification를 살펴보자.

```
namespace Illuminate\Auth\Listeners;

use Illuminate\Auth\Events\Registered;
use Illuminate\Contracts\Auth\MustVerifyEmail;

class SendEmailVerificationNotification
{
    public function handle(Registered $event)
```

```
    {
        if ($event->user instanceof MustVerifyEmail && ! $event->user-
    >hasVerifiedEmail()) {
            $event->user->sendEmailVerificationNotification();
        }
    }
}
```

이벤트 리스너는 handle()을 가지고 있고, 이벤트 객체를 주입 받을 수 있다. 여기에서 발생한 이벤트에 대한 로직을 처리할 수 있다. 만약 handle()의 코드가 익숙하다면, verification.send 라우트에서 MustVerifyEmail::sendEmailVerificationNotification()을 사용하여 인증 메일을 다시 보낼 때 사용했었다는 것이 어렴풋이 기억이 났기 때문일 것이다.

4.4.8 Form Requests

EmailVerificationController::verify()에서 Request가 아닌 EmailVerificationRequest를 받았던 것이 기억나는가? 이번에 알아볼 내용은 사용자 정의 폼 요청(Form Requests)이다. Form Requests를 사용하면 유효성 검사 및 아직 배우지 않은 권한을 비롯한, 속성(Attributes) 이름 변경, 사용자 정의 에러 메시지를 하나의 클래스에서 정의할 수 있다. EmailVerificationRequest의 코드를 살펴보자.

```
namespace Illuminate\Foundation\Auth;

use Illuminate\Auth\Events\Verified;
use Illuminate\Foundation\Http\FormRequest;

class EmailVerificationRequest extends FormRequest
{
    public function authorize()
    {
        if (! hash_equals((string) $this->route('id'),
```

```
                            (string) $this->user()->getKey())) {
            return false;
        }

        if (! hash_equals((string) $this->route('hash'),
                      sha1($this->user()->getEmailForVerification()))) {
            return false;
        }

        return true;
    }

    public function rules()
    {
        return [
            //
        ];
    }

    public function withValidator($validator)
    {
        return $validator;
    }
}
```

authorize()에서는 권한을 점검할 수 있다. 예를 들어 특정 사용자가 게시글을 삭제, 수정할 권한이 있는지를 미리 검증하여 권한이 없는 경우 거절할 수 있다. 여기에서 권한 점검을 하지 않고 앞으로 커뮤니티 서비스에서 배우게 될 정책(Policy)에서도 할 수 있는데, 권한 점검을 다른 부분에서 처리할 거면 true를 리턴하면 된다. 다만 EmailVerificationRequest에서는 라우트 파라매터로 넘어온 id, hash를 받아서 hash_equals()로 검증하는 과정을 거치는 것이므로 사용자가 이메일을 인증할 권한이 있음을 검증했다.

rules()는 필요한 경우 유효성 검사를 했던 검사 규칙을 넣어주면 된다. 그러나 이메일에서는 딱히 검사해야 할 규칙이 없으므로 비어있다.

withValidator()는 유효성 검사기가 실제로 유효성 검사를 하기 전에 호출되며 이미 검사할 준비를 마친 유효성 검사기가 주입된다. after 후킹을 지정하기에 적절하며, $validator->after()에 지정한 콜백은 유효성 검사가 호출된 이후에 호출된다. FormRequest는 아니지만 Password::passes()에서 사용했다. 살펴보면, 유효성 검사기 자체에서만 처리되는 것은 string, min뿐이지만, after 후킹에서 정규식을 통해 비밀번호 형식을 검사하여 에러 메시지를 추가하는 모습이다.

```php
class Password implements Rule, DataAwareRule, ValidatorAwareRule
{
    public function passes($attribute, $value)
    {
        $this->messages = [];

        $validator = Validator::make(
            $this->data,
            [$attribute => array_merge(['string', 'min:'.$this->min], $this->customRules)],
            $this->validator->customMessages,
            $this->validator->customAttributes
        )->after(function ($validator) use ($attribute, $value) {
            if (! is_string($value)) {
                return;
            }

            if ($this->mixedCase && ! preg_match('/(\p{Ll}+.*\p{Lu})|(\p{Lu}+.*\p{Ll})/u', $value)) {
                $validator->errors()->add(
                    $attribute,
                    $this->getErrorMessage('validation.password.mixed')
                );
            }
        });
    }
}
```

그밖에 FormRequest에서 정의할 수 있는 메서드로는 속성의 이름을 정할 수 있는 attributes(), 에러 메시지를 사용자 정의하는 messages(), 유효성 검사를 실행하기 전 데이터를 추가하는 등 준비 과정을 거칠 수 있는 prepareForValidation()이 있는데, 많이 쓰이는 것은 아니므로 일부 생략했다. FormRequests의 내용을 담고 있는 공식문서(https://laravel.com/docs/10.x/validation#form-request-validation)를 살펴보면 이야기하지 않은 메서드나 프로퍼티를 살펴볼 수 있다.

마치기 전에 마지막으로 RegisterController::register()를 위한 FormRequests를 하나 만들어보자. php artisan make:request로 요청을 생성할 수 있다.

```
$ php artisan make:request RegisterUserRequest
```

FormRequest::authorize()에서는 인증이나 권한과 같은 부분을 점검해주면 되는데, 딱히 필요는 없으므로 true로 처리하자. 이후에 생성하게 될 FormRequests에서도 별도로 언급하지 않는다면 true로 처리해주면 된다. 그리고 FormRequest::rules()에서 회원가입할 때 필요한 유효성 검사를 처리해주자.

```php
namespace App\Http\Requests;

use Illuminate\Foundation\Http\FormRequest;
use Illuminate\Validation\Rules\Password;

class RegisterUserRequest extends FormRequest
{
    public function authorize()
    {
        return true;
    }

    public function rules()
    {
        return [
```

```
            'name' => 'required|max:255',
            'email' => 'required|email|unique:users|max:255',
            'password' => ['required', 'max:255', Password::defaults()]
        ];
    }
}
```

이제 RegisterController::register()에 가서 RegisterUserReuqest로 변경해줄 필요가 있다. 유효성 검사는 FormRequests에서 대신하므로 필요하지 않다.

```
class RegisterController extends Controller
{
    public function register(RegisterUserRequest $request) {}
}
```

4.4.9 테스트

회원가입에 대한 테스트를 진행해보자. 내용은 다소 있었지만 테스트를 진행하는 일은 그렇게 어렵지 않게 할 수 있다. 다만 테스트를 처음 작성하는 것이므로 몇 가지 살펴보고 가야 할 부분이 있다. 기능 테스트를 작성할 것인데 테스트 대상 도메인은 homestead.test, 대상 라우트는 GET /register, POST /register이다. php artisan make:test를 사용하면 테스트 케이스를 생성할 수 있다. RegisterControllerTest를 만들어보자.

```
$ php artisan make:test Http\\Controllers\\Auth\\RegisterControllerTest
```

테스트 케이스를 작성하기 전에 사용할 수 있는 일부 트레이트를 살펴보자. RefreshDatabase는 테스트 케이스가 한 번 실행되면 데이터베이스를 초기화하라는 뜻이다. 그러면 마이그레이션이 다시 진행되고 데이터가 비어있는 상태가 된다. 스키마가 최신 상태라면 마이그레이션을 다시 하지 않는다. 각 테스트 케이스에서 데이터베이스를 유지하고 다음 테스트 케이스에서 사용하는 경우에는 RefreshDatabase를 사용하지 않아도 된다. WithFaker는 모델 팩토리에서

fake()처럼 Faker를 사용할 수 있도록 해준다. $this->faker로 접근할 수 있다.

인증 서비스에서 만든 기능에 대한 테스트 케이스에 아래의 표현은 거의 고정으로 사용된다. 단지 RefreshDabase는 상황에 따라 제외하기도 하므로 그럴 때는 표기한다.

```php
namespace Tests\Feature\Http\Controllers\Auth;

use Illuminate\Foundation\Testing\RefreshDatabase;
use Illuminate\Foundation\Testing\WithFaker;
use Tests\TestCase;

class RegisterControllerTest extends TestCase
{
    use RefreshDatabase, WithFaker;
}
```

회원가입 폼에 해당하는 GET /register를 테스트해 보자. 단순하게 뷰를 반환하므로 이에 대한 검증만 해주면 된다. $this->get()을 사용하여 GET /register에 GET 요청을 시뮬레이션 한다. 이후 $response->assertViewIs()를 사용하면 뷰를 반환하는지 검증할 수 있다. 단순하게 뷰가 반환되는지 검증하는 것은 최소한의 검증만을 한 것이다. 뷰에 데이터를 넘겼을 때, $view->assertSeeText()와 같은 메서드를 사용하여 어떤 응답 텍스트가 포함되어 있는지와 같이 뷰 자체를 테스트하는 것도 라라벨에서 지원한다. 하지만 뷰 자체를 테스트하는 것은 내용이 너무 길어지기도 해서 이 책에서는 하지 않았다. 테스트를 엄격하게 한다면 뷰 테스트도 하는 것이 바람직할 것이다. 이 책에서 뷰까지 테스트했다면 테스트 케이스의 양은 꽤나 많아졌을 것이다. 이러한 응답에 대한 테스트 메서드는 정말 많으므로 목록을 보고 싶다면 공식문서(https://laravel.com/docs/10.x/http-tests#response-assertions)를 참고하자.

```php
public function testReturnsRegisterView()
{
    $this->get(route('register'))
        ->assertOk()
```

```
        ->assertViewIs('auth.register');
}
```

이제 회원가입을 테스트해보자. 회원가입에서는 User를 생성하는 것 이외에도 이메일을 보내기도 하는 등 여러 가지 상황이 발생하는데, 특히 Registered 이벤트가 발생하면 이메일을 전송하는 알림이 실행되기 때문에 이벤트가 발동되더라도 이벤트 리스너가 이를 처리하지 않도록 할 필요가 있다. 그럴 때는 Event::fake()를 사용할 수 있다.

```
use Illuminate\Support\Facades\Event;

public function testUserRegistration()
{
    Event::fake();
}
```

바로 다음으로 사용자를 생성하고 데이터베이스에 추가되었는지 검증할 필요가 있다. $this->post()를 사용하여 POST /register에 요청을 보내 사용자를 생성하고 $response->assertRedirect()를 통해 verification.notice 라우트로 리다이렉트 응답을 보내는지 검증한다. 그리고 $this->assertDatabaseHas()로 데이터베이스를 검증한다. 그 밖의 데이터베이스에 대한 검증 메서드는 마찬가지로 공식문서(https://laravel.com/docs/10.x/database-testing#available-assertions)에서 확인하자.

```
$email = $this->faker->safeEmail;

$this->post(route('register'), [
    'name' => $this->faker->name,
    'email' => $email,
    'password' => 'password',
])
->assertRedirect(
    route('verification.notice')
```

```
);

$this->assertDatabaseHas('users', [
    'email' => $email,
]);
```

User를 생성한 이후에는 바로 로그인이 되는데, 응답에서 인증 여부를 체크할 수도 있다. 이때 $this->assertAuthenticated()를 사용한다.

```
$this->assertAuthenticated();
```

회원가입이 완료되면 Registered 이벤트를 발생시켜 이메일 인증 이메일을 보내는 것으로 처리되어 있는데, 다른 일은 하지 말고 오직 이벤트가 디스패치되었는지 검증만 하면 된다. Event 파사드의 Event::assertDispatched()를 사용한다. 문제가 발생하면 맨 위에 Event::fake()를 사용했는지 다시 한번 체크하자.

```
Event::assertDispatched(Registered::class);
```

이제 이전에 XDEBUG_MODE=coverage php artisan test --coverage --parallel에 대한 별칭인 artx를 사용하여 테스트에 오류는 없는지, 커버리지는 얼마나 되는지 체크하자. 만약 100%가 안 된다면 테스트되지 않은 로직이 존재한다고 볼 수 있다. 꼭 100%를 채우려는 강박을 가질 필요는 없지만, 다른 것은 몰라도 기능 테스트만큼은 오류 가능성을 최대로 줄이기 위해 커버리지는 높게 유지할 것을 권장한다. 테스트를 어디까지 작성해야 하는지는 개발자의 몫이다.

```
$ vagrant@homestead:~/code$ artx
Http/Controllers/Auth/RegisterController ... 100.0 %
```

4.4.10 이메일 인증 테스트

기본적인 회원가입 이외에도 이메일 인증 테스트도 해주어야 할 필요가 있다. 그저 회원가입을 할 때 이메일 인증 요청을 보냈을 뿐이지 실제로 이는 별개의 기능이기 때문에 따로 테스트 해야 한다. 이메일 인증을 테스트하려면 이메일 인증이 어떤 방식으로 돌아가는지를 반드시 이해하고 있어야 한다. 따라서 테스트를 작성하기 전에 이메일 인증에 대한 원리를 아직 파악하지 못했다면 그 부분이 선행되어야 한다.

```
$ php artisan make:test Http\\Controllers\\Auth\\EmailVerificationControllerTest
```

가장 먼저 테스트할 부분은 verification.verify이다. 회원가입 이후 User가 이메일 인증을 위한 메일을 받아서 링크를 누를 때 진입하게 될 라우트다. 여기서 {id}는 User의 기본 키에 해당하는 id, hash는 이메일 주소를 sha1()으로 해싱한 것이다. 이는 EmailVerificationRequest에서 알 수 있다.

먼저 모델 팩토리를 사용하여 이메일이 인증되지 않은 User를 생성하고, $this->actingAs()로 테스트 시 로그인이 된 것으로 간주한다. 그 이후 signed 미들웨어가 전자서명을 검증하는데, 이는 테스트에서 방해가 될 뿐이기 때문에 $this->withoutMiddleware()를 사용하여 제외했다. 이후 사용자의 이메일이 검증되었는지 보면 된다.

```
use App\Http\Middleware\ValidateSignature;

class EmailVerificationControllerTest extends TestCase
{
    public function testVerifyEmail()
    {
        $user = User::factory()->unverified()->create();

        $this->actingAs($user)
            ->withoutMiddleware(ValidateSignature::class)
            ->get(route('verification.verify', [
```

```
                'id' => $user->getKey(),
                'hash' => sha1($user->getEmailForVerification()),
            ]))
            ->assertRedirect(RouteServiceProvider::HOME);

        $this->assertTrue($user->hasVerifiedEmail());
    }
}
```

verification.notice에서는 User의 이메일이 인증되지 않았을 경우에 진입하게 되는데, 단순하게 auth.verify-email을 반환한다. 테스트에서 사용자의 인증 여부는 그렇게 중요하지 않으므로 auth 미들웨어는 제외한다.

```
use App\Http\Middleware\Authenticate;

class EmailVerificationControllerTest extends TestCase
{
    public function testReturnsVerifyEmailViewForUnverifiedUser()
    {
        $this->withoutMiddleware(Authenticate::class)
            ->get(route('verification.notice'))
            ->assertOk()
            ->assertViewIs('auth.verify-email');
    }
}
```

verification.send에서는 이메일을 재전송하는데, 라우트의 경로에도 들어있듯이 알림(Notification)을 보낸다. 알림은 아직 배우지 않았지만 유저에게 이메일, SNS와 같은 채널을 통해 메시지를 보낼 수 있다고 생각하면 된다. 그러나 테스트 시에는 실제로 알림이 가면 안 되고 이를 페이크해야 할 필요가 있다. 이를 위해서는 Notification::fake()를 사용한다.

```
use Illuminate\Support\Facades\Notification;

class EmailVerificationControllerTest extends TestCase
{
    public function testSendEmailForEmailVerification()
    {
        Notification::fake();
    }
}
```

이후에 User를 인증하고, Notification::assertSentTo()를 사용하여 알림이 전송되었는지 검증하면 된다. 내부적으로 Illuminate\Auth\Notifications\VerifyEmail 알림이 전송된다.

```
use Illuminate\Auth\Notifications\VerifyEmail;

$user = User::factory()->unverified()->create();

$this->actingAs($user)
    ->post(route('verification.send'))
    ->assertRedirect();

Notification::assertSentTo(
    $user, VerifyEmail::class);
```

```
vagrant@homestead:~/code$ artx
Http/Controllers/Auth/EmailVerificationController ... 100 %
```

4.4.11 사용자 정의 규칙 테스트

비밀번호 유효성 검사를 할 때 잠깐 만들었던 Password Rule을 테스트해보자. 사용자 정의 규칙을 테스트하는 일은 간단하다. 그저 유효성 검사기를 수동으로 생성한 다음, 특정 데이터를 대상으로 통과 여부를 검사하면 끝이다.

```
$ php artisan make:test Rules\\PasswordTest
```

Validator::make() 를 사용하여 유효성 검사기를 만들고 성공 테스트와 실패 테스트를 각각 작성해주면 끝이다.

```
use App\Rules\Password;
use Illuminate\Support\Facades\Validator;

class PasswordTest extends TestCase
{
    public function testAcceptsValidPasswords(): void
    {
        $validator = Validator::make(['password' => 'p@ssW0rd'], [
            'password' => new Password(),
        ]);

        $this->assertTrue(
            $validator->passes()
        );
    }

    public function testRejectsInvalidPasswords(): void
    {
        $validator = Validator::make(['password' => 'password'], [
            'password' => new Password(),
        ]);

        $this->assertFalse(
            $validator->passes()
        );
    }
}
```

4.4.12 비밀번호 규칙 테스트

비밀번호 규칙을 테스트해보자. 비밀번호 규칙을 테스트하는 것은 크게 어렵지 않다. 사용자 정의 규칙을 테스트했던 것과 유사하게 작성하면 된다. 유효성 검사기에 값을 설정하고 이를 검증하는 것이다. 주목해야 하는 것은 비밀번호 규칙 테스트에서는 개발, 프로덕션 모드에 따라 규칙을 다르게 적용했다는 점을 생각해볼 필요가 있다. 따라서 이 두 케이스를 분리해서 처리해야 한다.

프로덕션 모드에서는 대소문자, 숫자, 특수문자를 포함해야만 통과한다. 또한 Password::uncompromised()의 경우 비밀번호의 취약성을 검증하는데, 테스트에서는 걸리적거리는 요소일 뿐이라 이를 목킹해주자. 프레임워크 내부에서 UncompromisedVerifier::verify()가 이를 담당한다.

```
$ php artisan make:test Providers\\PasswordServiceProviderTest
```

```php
use Illuminate\Contracts\Validation\UncompromisedVerifier;
use Illuminate\Support\Facades\Validator;
use Illuminate\Validation\Rules\Password;
use Tests\TestCase;

class PasswordServiceProviderTest extends TestCase
{
    public function testPasswordRule(): void
    {
        $validator = Validator::make(['password' => 'password'], [
            'password' => Password::default(),
        ]);

        $this->assertTrue(
            $validator->passes()
        );
    }

    public function testPasswordRuleInProduction(): void
```

```php
    {
        $this->app->bind('env', function () {
            return 'production';
        });

        $this->mock(UncompromisedVerifier::class, function ($mock) {
            $mock->shouldReceive('verify')
                ->once()
                ->andReturn(true);
        });

        $validator = Validator::make(['password' => 'password'], [
            'password' => Password::default(),
        ]);

        $this->assertFalse(
            $validator->passes()
        );

        $validator->setData(['password' => 'p@ssW0rd']);

        $this->assertTrue(
            $validator->passes()
        );
    }
}
```

4.5 로그인 & 로그아웃

인증 서비스에서 남아 있는 또 한 가지 과제는 로그인이다. 로그인에서는 아이디와 비밀번호 인증, 그리고 구글, 페이스북과 같은 SNS 계정도 사용할 수 있는 소셜 로그인도 구성해 볼 예정이다. 네이버나 카카오와 같은 국내 서비스도 가능하다. 소셜 로그인을 제공하는 것은 라라벨에서 아주 쉬운 일이며, Laravel Socialite라는 공식 패키지로 제공된다.

4.5.1 라우팅과 컨트롤러

로그인과 로그아웃에 대한 라우트와 컨트롤러, LoginController를 만들고. LoginController::showLoginForm(), login(), logout() 메서드를 만들자.

```
$ php artisan make:controller Auth\\LoginController
```

```
Route::controller(\App\Http\Controllers\Auth\LoginController::class)-
>group(function () {
    Route::middleware('guest')->group(function () {
        Route::get('/login', 'showLoginForm')
            ->name('login');
        Route::post('/login', 'login');
    });
    Route::post('/logout', 'logout')
        ->name('logout')
        ->middleware('auth');
});
```

로그인과 로그아웃에 대한 컨트롤러와 라우트 설정이다. 여기서 한 가지 생각해보자. POST는 자원을 생성할 때 쓴다고 했는데, 어째서 자원 생성과는 관련이 없는 로그인과 로그아웃을 POST /login, POST /logout으로 정의했을까?

로그인과 로그아웃은 HTTP Method의 의미에 따른 인터페이스 설계를 적극적으로 하는 스타일인 REST API가 등장하기 전부터 있었다. 기본적으로 GET은 사용자가 아무런 조건 없이 대부분 바로 접근 가능하고, 웹을 돌아다니는 봇 또한 접근이 가능하여 검색엔진에 노출될 수 있는 반면, POST의 경우 HTTP Message에서 Body를 통한 데이터 전달, URL로 파라매터를 전달하는 GET보다 보안이 뛰어나고 검색엔진에는 노출되지 않는다는 이유에서 로그아웃에 대해서 POST를 사용하는 것이 일반적인 설계 방식이 되었다.

로그인과 로그아웃은 HTTP Method의 의미와는 다르게 그저 GET, POST의 기술적 차이를 이용한 설계라고 볼 수 있다. 다른 관점에서 보았을 때 로그아웃은 세션을 삭제하기 때문에 DELETE를 사용하는 것이 어떻겠냐는 의견도 존재하는데, 이에 대해서는 세션은 그저 임시로 존재하는 자원일 뿐이므로 DELETE를 사용하는 것은 적절하지 않다는 반론도 존재한다. 라라벨에서는 로그아웃에 대해 POST를 사용하고 있다.

4.5.2 로그인

로그인을 위한 뷰를 작성하기 이전에 LoginController::showLoginForm()에 로그인 폼에 해당하는 auth.login을 반환할 수 있도록 처리하자.

```php
class LoginController extends Controller
{
    public function showLoginForm()
    {
        return view('auth.login');
    }
}
```

이제 로그인을 위한 auth/login.blade.php를 작성해보자. 이전과 다른 것은 로그인 유지를 위한 remember 필드의 추가와 action 속성의 값밖에 없다. auth/register.blade.php와 모양이 거의 똑같다는 사실을 알 수 있다. 이는 우리가 로그인 폼에서 추가적인 정보를 요구하지 않았기 때문이다.

```
$ touch resources/views/auth/login.blade.php
```

```blade
@extends('layouts.app')
```

```
@section('title', '로그인')

@section('content')
    <form action="{{ route('login') }}" method="POST">
        @csrf
        <input type="text" name="email" value="{{ old('email') }}">
        <input type="password" name="password">
        <input type="checkbox" name="remember">

        <button type="submit">로그인</button>
    </form>
@endsection
```

라라벨에서 아이디와 비밀번호를 통한 로그인은 코드 한두 줄이면 끝날 정도로 간단하게 할 수 있다. 이미 우리는 많은 내용을 회원가입을 진행하면서 알아보았기 때문에 그렇게 많은 내용이 요구되지 않는다. 가장 먼저 해야 할 일은 유효성 검사다. LoginRequest를 생성하고 email, password에 대한 규칙을 추가하자. exists:users는 입력된 email이 users 테이블에 존재해야 한다는 규칙이다.

```
$ php artisan make:request LoginRequest
```

```php
use Illuminate\Validation\Rules\Password;

class LoginRequest extends FormRequest
{
    public function rules()
    {
        return [
            'email' => 'required|email|exists:users|max:255',
            'password' => ['required', 'max:255', Password::defaults()]
        ];
    }
}
```

auth()->attempt()를 사용하면 로그인을 시도할 수 있는데, 이메일과 비밀번호가 요구된다. 회원가입을 진행할 때 비밀번호는 해싱을 했었지만, 내부적으로 해시 체크까지 해주기 때문에 우리가 건드릴 필요는 없다. 또한 두 번째 매개변수로 들어가는 것은 로그인 유지를 할 것인가에 대한 내용이다. users 테이블의 remember_token과 연관이 있다.

로그인에 실패할 경우에는 이전으로 리다이렉트하면서 에러와 함께 던져주자. withErrors()를 사용하면 유효성 검사에 실패했을 때처럼 뷰에서 $errors를 사용하여 접근할 수 있기 때문에 유효성 검사에서 $errors를 사용하여 레이아웃에 에러를 표현했었다면, 별도로 작성할 코드는 없다.

```php
use App\Http\Requests\LoginRequest;

class LoginController extends Controller
{
    public function login(LoginRequest $request)
    {
        if (! auth()->attempt($request->validated(), $request->boolean('remember'))) {
            return back()->withErrors([
                'failed' => __('auth.failed'),
            ]);
        }

        return redirect()->intended();
    }
}
```

마지막으로는 로그인을 성공했을 경우에 어떤 일을 할 것인가가 남았는데, 예를 들어 사용자가 auth 미들웨어가 적용된 라우트에 접근하려 들면 자동으로 로그인 페이지로 리다이렉트되고, 사용자는 로그인을 시도할 것이다. 이때 사용자는 로그인이 끝나면 다시 접속하려던 페이지로 돌아갈 것을 기대하는데, 이럴 때 사용할 수 있는 것이 redirect()->intended()라고 볼 수 있다. 즉, 사용자가 접근하려고 시도했던 페이지로 로그인 과정이 끝나면 다시 되돌아가게 처리해주는 것이다.

4.5.3 로그아웃

로그인한 사용자에 대해 로그아웃을 처리하는 것은 auth()->logout()을 사용하여 단 한 줄이면 끝낼 수 있지만, 보안을 위해 session()->invalidate()를 통해 세션 ID를 재생성하고, 모든 값을 지움과 동시에 session()->regenerateToken() 으로 CSRF TOKEN도 갱신해주자.

```
class LoginController extends Controller
{
    public function logout()
    {
        auth()->logout();

        session()->invalidate();
        session()->regenerateToken();

        return redirect()->to(RouteServiceProvider::HOME);
    }
}
```

로그아웃 버튼을 뷰에 표현하려면 다음과 같이 할 수 있다. ⟨form⟩을 사용해서 POST 요청을 보내 처리했는데, 마음에 들지 않는다면 AJAX를 사용하는 방법도 있다.

```
<form action="{{ route('logout') }}" method="POST">
    @csrf

    <button type="submit">로그아웃</button>
</form>
```

4.5.4 테스트

로그인에서 진행해야 할 테스트는 로그인 폼과 로그인, 로그아웃에 해당하는 GET /login,

POST /login, POST /logout이다. 로그인의 경우에는 로그인이 실패하는 경우와 성공하는 경우 둘 다 테스트해야 할 필요가 있다.

```
$ php artisan make:test Http\\Controllers\\Auth\\LoginControllerTest
```

로그인 폼에 해당하는 GET /login을 테스트해 보자. 회원가입 폼과 마찬가지로 단순하게 auth.login 뷰를 반환하는지 검증만 하면 된다.

```
class LoginControllerTest extends TestCase
{
    use RefreshDatabase, WithFaker;

    public function testReturnsLoginView()
    {
        $this->get(route('login'))
            ->assertOk()
            ->assertViewIs('auth.login');
    }
}
```

로그인에 성공했을 때를 테스트해보자. 비밀번호에 password를 전달하고 인증 여부를 체크한 뒤, 리다이렉트 여부를 검증한다. 모델 팩토리로 생성되는 User의 비밀번호는 UserFactory에서 참고할 필요가 있다.

```
class LoginControllerTest extends TestCase
{
    public function testLoginForValidCredentials()
    {
        $user = User::factory()->create();

        $this->post(route('login'), [
            'email' => $user->email,
            'password' => 'password',
```

```
            ])
            ->assertRedirect();

        $this->assertAuthenticated();
    }
}
```

로그인을 테스트하려면 로그인에 실패했을 때와 성공했을 때 모두 검증해야 한다. 실패한 경우도 검증해보자. POST /login에 요청을 보낼 때 일부러 다른 비밀번호를 보내 실패를 유도한 뒤, $this->assertGuest()로 로그인이 되지 않았음을 검증하고, 이후 응답이 리다이렉트를 포함하는지, failed를 세션 에러로 가지고 있는지 검증한다.

```
class LoginControllerTest extends TestCase
{
    public function testFailToLoginForInvalidCredentials()
    {
        $user = User::factory()->create();

        $this->post(route('login'), [
            'email' => $user->email,
            'password' => $this->faker->password(8),
        ])
            ->assertRedirect()
            ->assertSessionHasErrors('failed');

        $this->assertGuest();
    }
}
```

마지막으로 로그아웃을 테스트해보자. 로그아웃은 이미 로그인이 된 상태에서 진행해야 하는 테스트다. $this->actingAs()로 User를 인증 상태로 만들어버릴 수 있다. 로그아웃 이후 다시 게스트 사용자인지 검증한다.

```
class LoginControllerTest extends TestCase
{
    public function testLogout()
    {
        $user = User::factory()->create();

        $this->actingAs($user)
            ->post(route('logout'))
            ->assertRedirect(RouteServiceProvider::HOME);

        $this->assertGuest();
    }
}
```

```
vagrant@homestead:~/code$ artx
Http/Controllers/Auth/LoginController ... 100 %
```

4.6 소셜 로그인

이제 다른 웹서비스에서 흔히 볼 수 있는 소셜 로그인을 만들어보자. 소셜 로그인은 OAuth2를 통해 사용자의 아이디와 패스워드를 우리가 만든 어플리케이션에 직접 제공하지 않더라도 서비스 제공자에서 제공하는 정보에 접근하거나 작업을 처리할 수 있도록 하는 방법을 제공한다. 우리의 어플리케이션은 단순히 클라이언트로서 다른 서비스로부터 정보를 제공을 받는 입장이 된다.

소셜 로그인은 깃허브로 로그인하기를 구현할 예정이다. 하지만 네이버, 카카오 등의 국내 서비스에 대한 소셜 로그인을 구현하고 싶다면 이에 대응하는 별도의 서비스 프로바이더가 필요한데, Socialite Providers(https://socialiteproviders.com)에서 찾을 수 있다.

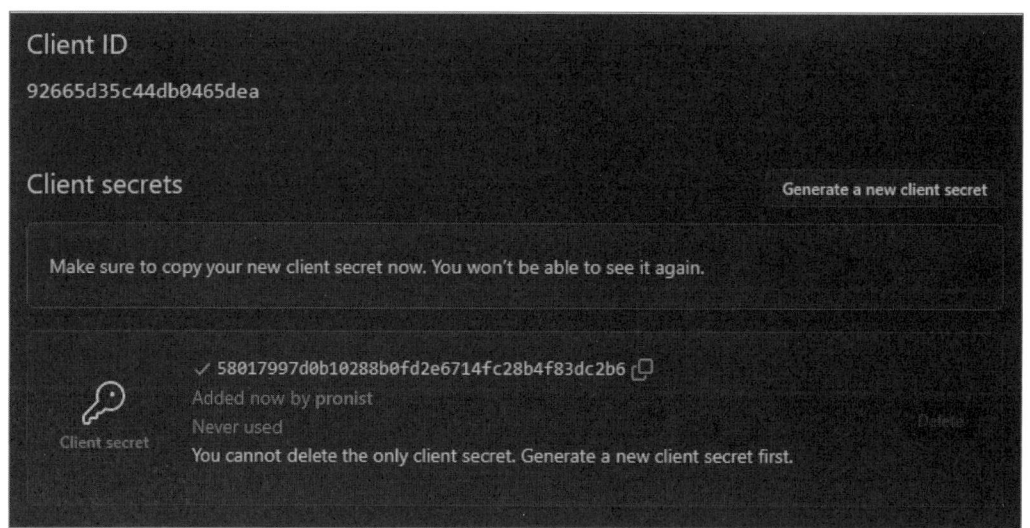

[그림 4-7] 비밀키 생성하기

4.6.1 OAuth2

소셜 로그인을 알아보기 전에 OAuth2에 대해 간단하게 이해해보자. OAuth2는 JWT(JSON Web Token)처럼 토큰을 기반으로 움직이지만, 둘은 상당히 다르다. JWT는 토큰에 자체적으로 정보를 가지고 있는(Self-Contained) 반면, OAuth2 토큰은 그 자체로는 아무런 정보도 가지고 있지 않다. OAuth2 인증을 간단히 살펴보자. 아래는 사용자의 입장에서 인증을 하는 과정이다.

1. 로그인 페이지에서 깃허브로 로그인하기 누르기.

2. 깃허브에 이미 로그인이 되어 있는 경우, 깃허브에서 인증 버튼 누르기, 로그인이 안 되어 있는 경우에는 로그인 먼저 진행.

3. 인증이 완료되고 나면 다시 어플리케이션으로 돌아온 뒤 로그인 완료.

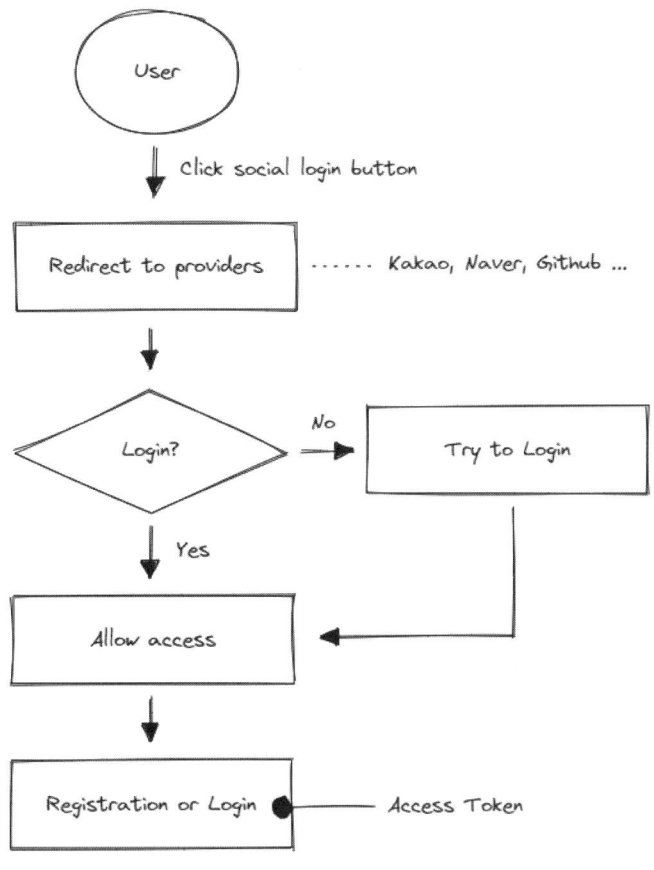

[그림 4-8] 소셜 로그인

소셜 로그인을 구현하기 전에 OAuth2의 구성 요소를 간단하게 알아보면, Client, Resource Owner, Resource Server, Authorization Server가 있다.

Client	서비스 제공자에게 서비스를 제공받은 서버 또는 서비스
Resource Owner	서비스 제공자의 서비스(Github, Facebook, Google 등)에 가입된 개인정보를 소유 중인 사용자
Resource Server	Resource Owner의 정보를 가지고 있는 서비스 제공자의 서버
Authorization Server	OAuth2 토큰을 발급받기 위한 서비스 제공자의 인증 서버

[표 4-2] Oauth2 인증 서비스의 구성요소

[표 4-2]를 참고하여 살펴보면 우리의 어플리케이션은 Client에 해당하며 사용자는 Resource Owner, 사용자의 정보를 제공하는 깃허브의 경우 Resource Server, Access Token을 발급해주는 것은 Authorization Server에 해당한다고 볼 수 있다.

OAuth2의 인증 방식으로는 Code Grant, Password Credentials, Client Credentials, Implicit이 있지만, 많이 사용되는 방식인 Code Grant 방식으로 처리해볼 예정이다. Code Grant 방식에서는 Code, Access Token, Refresh Token, Expires라는 용어가 등장하니 차근차근 알아보자. 또한 인증(Authentication), 인가(Authorization)의 간단한 차이에 대해서도 이야기해본다. 인증과 인가는 커뮤니티 서비스를 만들 때도 나올 내용이다.

깃허브 로그인을 구성할 것인데, 간단하게 튜토리얼을 참고하고 싶다면 Authorizing OAuth Apps(https://docs.github.com/en/developers/apps/building-oauth-apps/authorizing-oauth-apps)을 보면 된다. 물론, 라라벨 소셜라이트를 사용하면 이 내용을 알지 않더라도 구현할 수는 있지만, 알아둔다면 도움이 된다. 튜토리얼을 참고하여 이제 사용자의 관점이 아닌 개발자의 관점에서 다시 한번 인증 순서를 정리해보자.

1. 사용자가 깃허브 로그인하기 버튼을 누른다.

2. 사용자의 정보에 접근하기 위한 Access Token을 얻어 오려면 먼저 Code를 알아야 하는데, 이를 위해 client_id, redirect_uri 등의 파라매터를 포함하여 https://github.com/login/oauth/authorize로 요청을 보낸다.

3. 응답으로 온 Code값을 파라매터를 포함하여 https://github.com/login/oauth/access_token로 요청을 보내 Access Token을 얻는다.

4. 인증된 사용자로부터 추가적인 정보를 요구하거나 행동을 하기 위해 다음 요청 때 Authorization 헤더에 Access Token값을 첨부하여 보낸다.

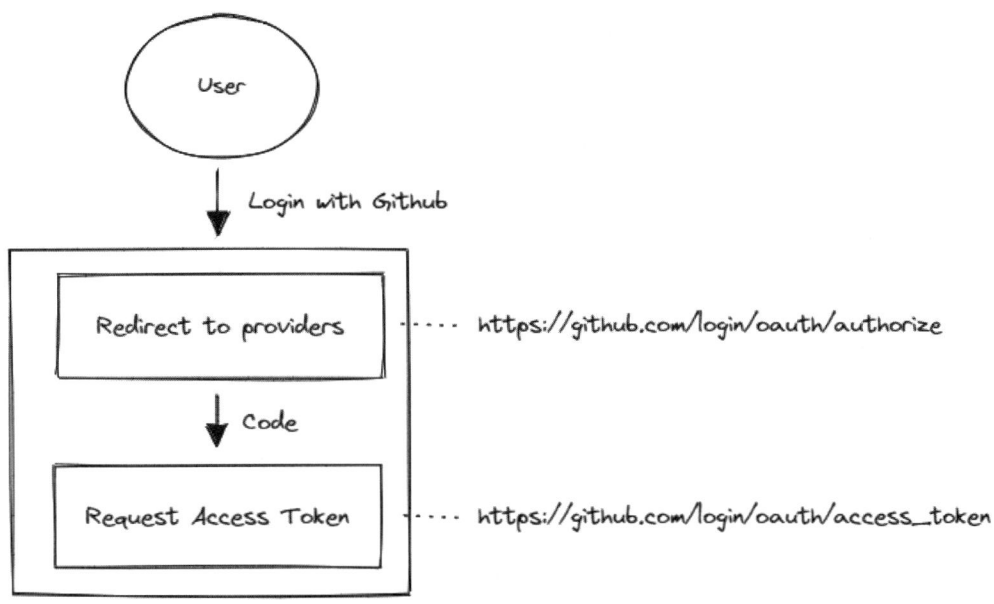

[그림 4-9] 깃허브 로그인

이 과정에서는 인증과 인가가 발생하는데, 이를테면 데이터베이스에 username, password를 사용하여 로그인하는 것은 인증이며, 그 이후 DBA로부터 SELECT, INSERT 등의 SQL을 특정 데이터베이스 또는 테이블을 대상으로 처리할 수 있도록 권한을 받는 것을 인가라고 한다. 즉, 깃허브로 로그인한 유저의 이메일은 조회할 수 있어도 권한의 정도에 따라 레포지토리에 접근하는 등의 다른 행동은 제한될 수 있다.

4.6.2 Github OAuth Apps

대략적인 순서가 파악되었으니 이제 구현해보자. 코드를 작성하기 전에 깃허브에 OAuth Application을 먼저 만들어야만 한다. 깃허브 아이디가 있다면 https://github.com/settings/developers로 진입하여, OAuth Apps -> Register a new application으로 새로운 앱을 등록할 수 있다.

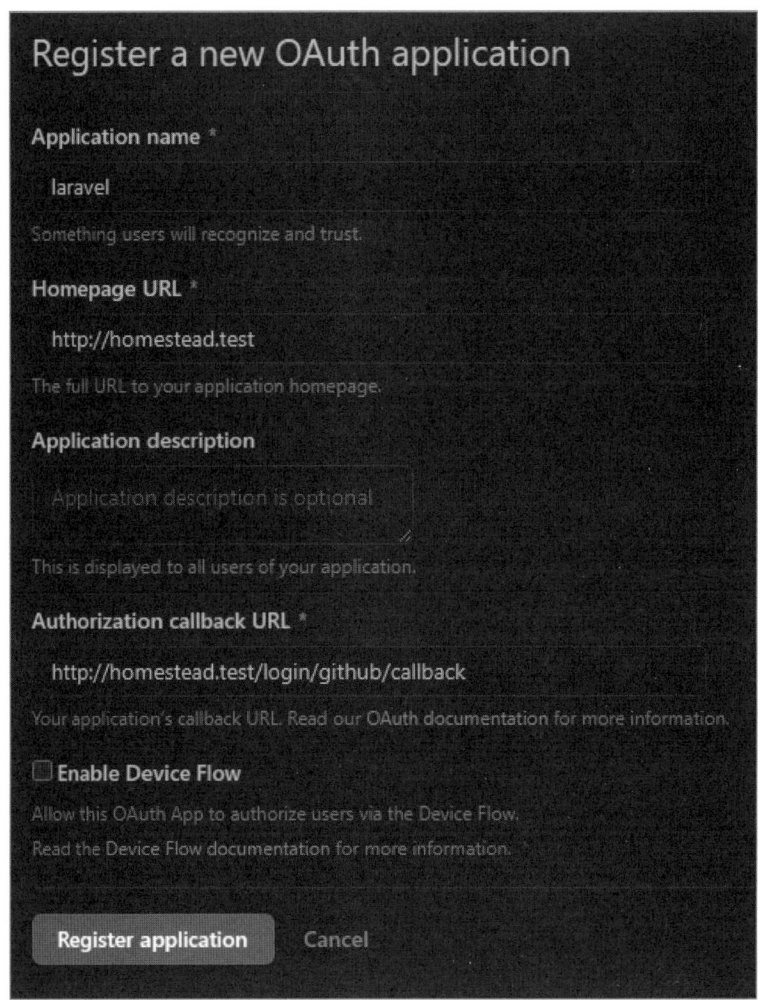

[그림 4-10] 깃허브 OAuth 앱 등록하기

laravel을 생성했다면 Client ID, Client secrets이 있는 것을 볼 수 있다. 아직 Client secrets을 생성하지 않았다면, Generate a new client secret으로 생성하자. 키는 생성하고 난 이후에는 다시 볼 수 없다고 나와 있으므로 키를 복사해두자.

여기까지 설정했다면 Client ID, Client secrests를 .env에 설정하면 되는데, 그 전에 app/services.php를 살펴보자. 이 설정에서는 외부 서비스에 대한 토큰과 같은 것들을 설정할 수 있다. 깃허브에 대한 것은 설정되어 있지 않으므로 우리가 별도로 만들어줄 필요가 있다.

```
return [
    'github' => [
        'client_id' => env('GITHUB_CLIENT_ID'),
        'client_secret' => env('GITHUB_CLIENT_SECRET'),
        'redirect' => env('GITHUB_CALLBACK'),
    ],
];
```

.env에 GITHUB_CLIENT_ID, GITHUB_CLIENT_SECRET, GITHUB_CALLBACK 값을 지정해주자. ${APP_URL}이라고 되어있는 것은 이미 정의되어 있는 APP_URL 값을 참조하는데, ${}는 다른 환경설정 변수의 값을 참조하기 위해 사용한다.

```
GITHUB_CLIENT_ID=92665d35c44db0465dea
GITHUB_CLIENT_SECRET=58017997d0b10288b0fd2e6714fc28b4f83dc2b6
GITHUB_CALLBACK="${APP_URL}/login/github/callback"
```

4.6.3 마이그레이션

소셜 로그인 서비스 제공자를 제공하기 위한 users 테이블의 password 칼럼을 수정할 필요가 있다. 가장 먼저 password 칼럼을 nullable로 지정하기 위한 마이그레이션을 만들어보자. 소셜 로그인은 사용자의 비밀번호가 요구되지 않기 때문에 null이 가능하도록 할 필요가 있다.

```
$ php artisan make:migration update_password_to_users_table
```

마이그레이션에서 칼럼을 추가하는 일은 그렇게 어렵지 않지만, 칼럼을 수정하려면 doctrine/dbal라는 패키지를 설치할 필요가 있다.

```
$ composer require doctrine/dbal
```

칼럼을 수정하기 위해서는 change()를 체이닝해야 한다. change()를 사용하기 위해서 doctrine/dbal를 설치한 것이다. 칼럼 수정자는 nullable() 뿐만 아니라 기본값을 지정하기 위한 default() 등 다양하게 있으므로 공식문서(https://laravel.com/docs/10.x/migrations#column-modifiers)를 참고하자.

```php
return new class extends Migration
{
    public function up()
    {
        Schema::table('users', function (Blueprint $table) {
            $table->string('password')->nullable()->change();
        });
    }

    public function down()
    {
        Schema::table('users', function (Blueprint $table) {
            $table->string('password')->change();
        });
    }
};
```

4.6.4 서비스 제공자

어떤 소셜 로그인 서비스를 어플리케이션에서 제공할 것인지 정의할 필요성이 있다. 서비스 제공자 목록을 위한 Enum을 하나 만들어보자.

```
$ mkdir app/Enums
$ touch app/Enums/Provider.php
```

어플리케이션에서 제공할 서비스 제공자는 깃허브 단 하나뿐이다. 추가적으로 제공하려면 그저 상숫값을 추가로 선언하면 된다.

```
namespace App\Enums;

enum Provider: string
{
    case Github = 'github';
    //case Facebook = 'facebook';
}
```

4.6.5 라우팅 & 컨트롤러

특별한 경우가 아닌 일반적인 상황에서의 소셜 로그인의 특징은 서비스 제공자가 다르다고 하더라도 해당 서비스 제공자가 제공하는 특별한 정보를 이용하지 않는다는 점이다. 깃허브, 페이스북, 구글, 애플, 그 어떤 서비스 제공자를 사용하더라도 소셜 로그인에서 요구되는 정보가 똑같은 경우가 대부분이다. 요구되는 정보는 대체로 이메일, 이름, 프로필 사진에서 그친다. 그래서 서비스 제공자가 다르더라도 똑같은 로직으로 처리되도록 구성하고자 한다.

```
$ php artisan make:controller Auth\\SocialLoginController
```

라라벨의 라우팅의 또 한 가지 흥미로운 기능 중 하나는 라우트 파라미터를 열거형(Enum)의 범위로 제한하는 것이 가능하다는 점이다. 그래서 서비스 제공자를 위한 별도의 모델이나 마이그레이션을 만들지 않아도 상관없으며, 아래 정의된 라우트의 주소를 해석해보자면, 현재 Provider Enum에는 github만 처리하도록 되어있다. 이 경우 /login/github라는 라우트는 정상 동작하지만, /login/facebook은 404 로 처리된다.

```
Route::controller(\App\Http\Controllers\Auth\SocialLoginController::class)-
>group(function () {
    Route::middleware('guest')->name('login.')->group(function () {
        Route::get('/login/{provider}', 'redirect')
            ->name('social');
        Route::get('/login/{provider}/callback', 'callback')
```

```
            ->name('social.callback');
    });
});
```

사용자가 로그인이나 회원가입 페이지에서 '깃허브로 로그인하기' 버튼을 눌러서 GET /login/github와 같이 접근하게 된다면 권한 부여를 위한 페이지로 넘어가거나, 로그인이 되어 있지 않을 경우 깃허브 로그인을 먼저 요구하는 페이지로 넘어간다. GET /login/github/callback에서는 내부적으로 쿼리 파라메터로 넘어온 Code를 처리하여 Access Token을 발급받고 깃허브 사용자의 정보를 얻을 수 있도록 한다.

4.6.6 구현

소셜 로그인을 구현하기 위해서 서비스마다 다른 복잡한 과정을 거칠 필요는 없다. 라라벨 패키지 중에는 손쉽게 소셜 로그인을 구현할 수 있는 라라벨 소셜라이트(Laravel Socialite)라는 인증 패키지가 있다. 카카오, 네이버와 같은 국내의 서비스도 라라벨 소셜라이트를 사용할 수 있다. 다양한 소셜 라이트 프로바이더가 있는 https://socialiteproviders.com를 참고하자.

```
$ composer require laravel/socialite
```

```
"require": {
    "laravel/socialite": "^5.5",
},
```

SocialLoginController::redirect() 먼저 살펴보자. 단순하게 서비스 제공자의 권한 승인 페이지로 리다이렉트하기 위한 라우트이다. Socialite 파사드를 사용하여 서비스 제공자를 지정하고 redirect()만 사용해주면 그만이다. 한 가지 살펴볼 점은 GET /login/github로 접근했을 때 github라는 값을 가진 Provider가 컨트롤러에 주입되었다는 점이다. 이때 Provider는 Enum이라는 점을 잊지 말자. 또한 컨트롤러에서 사용된 변수명인 $provider와 라우트 파라메터로 주어진 파라메터 이름이 provider로 같다는 점을 주목할 필요가 있다. 이러한 조건이 충족된 경우, 묵시적 바인딩(Implicit Binding)이라는 기능이 동작한다.

```
use App\Enums\Provider;
use Laravel\Socialite\Facades\Socialite;

class SocialLoginController extends Controller
{
    public function redirect(Provider $provider)
    {
        return Socialite::driver($provider->value)->redirect();
    }
}
```

SocialLoginController::callback()에서는 깃허브 로그인을 처리한다고 가정했을 때 https://github.com/login/oauth/access_token에 요청을 보내 Access Token을 얻어 올 수 있다. 이 과정은 내부에서 진행되므로 그저 Socialite::driver()->user()로 사용자 정보를 얻어 온다. 이후 내부적으로 분리한 SocialLoginController::register()를 호출하여 사용자를 등록하고, 로그인 이후 리다이렉트로 마무리 짓는다. 별도의 세션을 지정한 이유는 비밀번호 확인에서 알아보기로 하자.

```
use App\Enums\Provider;
use Laravel\Socialite\Facades\Socialite;

class SocialLoginController extends Controller
{
    public function callback(Provider $provider)
    {
        $socialUser = Socialite::driver($provider->value)->user();
        $user = $this->register($socialUser);

        auth()->login($user);

        session()->socialite($provider, $socialUser->getEmail());
```

```
        return redirect()->intended();
    }
}
```

session()->socialite()는 도대체 무엇인가? 세션은 매크로(Macro)라는 기능도 제공한다. 매크로는 반복적으로 사용되는 기능을 함수로 만든 것이라고 볼 수 있다. 이러한 매크로는 세션뿐만 아니라 컬렉션이나 HTTP 클라이언트에서도 만들 수 있으므로 또 만나게 될 것이다. 매크로를 정의할 때는 서비스 프로바이더에 정의해야 한다. 따라서 SessionServiceProvider를 만들어보자. 매크로를 정의할 때는 Sesison::macro()를 사용하고, 내부에서 사용한 $this는 프록시 처리되어 세션 매니저(Session Manager)를 의미할 것이다. Session::socialite()는 소셜 로그인 사용자로 세션을 지정하기 위해, 그리고 Session::socialiteMissingAll()은 이후 소셜라이트로 로그인한 사용자와 아닌 사용자를 분리하기 위해 정의했다.

```
$ php artisan make:provider SessionServiceProvider
```

```php
// app/Providers/SesisonServiceProvider.php
namespace App\Providers;

use App\Enums\Provider;
use Illuminate\Support\Facades\Session;
use Illuminate\Support\ServiceProvider;

class SessionServiceProvider extends ServiceProvider
{
    public function boot()
    {
        Session::macro('socialite', function (Provider $provider, string $email = null) {
            if (is_null($email)) {
                return $this->get('socialite.'.$provider->value);
            }
```

```
            $this->put('socialite.'.$provider->value, $email);
        });

        Session::macro('socialiteMissingAll', function () {
            return $this->missing('socialite');
        });
    }
}
// config/app.php
'providers' => [
    App\Providers\SessionServiceProvider::class,
],
```

SocialLoginController::register()에서는 기존의 사용자가 있다면 업데이트하거나 생성하면 되는데, 그럴 때는 Model::updateOrCreate()를 사용할 수 있다. 데이터베이스에 동일한 이메일이 이미 존재한다면 업데이트하고 그렇지 않으면 생성한다. 아이디와 비밀번호를 사용하여 가입하여 아직 이메일이 인증되지 않은 유저라도, SNS를 통해 다시 인증한다면 MustVerifyEmail::markEmailAsVerified()를 사용하여 이메일이 인증된 것으로 간주하도록 하였다.

```
use App\Models\User;
use Illuminate\Contracts\Auth\MustVerifyEmail;
use Laravel\Socialite\Contracts\User as SocialiteUser;

class SocialLoginController extends Controller
{
    private function register(SocialiteUser $socialUser)
    {
        $user = User::updateOrCreate([
            'email' => $socialUser->getEmail(),
        ], [
            'name' => $socialUser->getName(),
```

```
            ]);

            if ($user instanceof MustVerifyEmail && ! $user->hasVerifiedEmail()) {
                $user->markEmailAsVerified();
            }

            return $user;
    }
}
```

소셜 로그인의 마지막으로 auth/social.blade.php를 만들고 로그인 및 회원가입 뷰에 소셜 로그인을 위한 버튼을 추가하자. LoginController::showLoginForm(), RegisterController::showRegistrationForm()에서 서비스 제공자 목록을 뷰에 넘긴 다음, auth.social에서 나타내자.

```
$ touch resources/views/auth/social.blade.php
```

```
use App\Enums\Provider;

// app/Http/Controllers/Auth/LoginController.php
class LoginController extends Controller
{
    public function showLoginForm()
    {
        return view('auth.login', [
            'providers' => Provider::cases(),
        ]);
    }
}

// app/Http/Controllers/Auth/RegisterController.php
class RegisterController extends Controller
{
```

```
    public function showRegistrationForm()
    {
        return view('auth.register', [
            'providers' => Provider::cases(),
        ]);
    }
}

{{-- resources/views/auth/social.blade.php --}}
<a href="{{ route('login.social', $provider) }}">{{ $provider->name }}</a>

{{-- resources/views/auth/login.blade.php, resources/views/ auth/register.
blade.php --}}
@each('auth.social', $providers, 'provider')
```

@each()는 @foreach()를 사용하여 마크업을 표현해야 할 때, @foreach() 대신에 사용할 수 있는 단축 디렉티브이다. @each('auth.social', $providers, 'provider')라는 표현은 auth.social 뷰에 $providers를 루프 대상 컬렉션으로 지정하고 provider를 변수의 이름으로 하여 auth.social에서 사용하라는 의미라고 볼 수 있다. 그래서 auth.social에서 $provider 변수를 사용한 것을 볼 수 있다. @each()의 네 번째 파라매터에 뷰의 이름을 줄 수 있는데, 주어진 컬렉션이 비어있을 경우에 대비하여 렌더링할 뷰를 지정해줄 수 있다. @each()를 @foreach()로 표현해보자면 다음과 같다.

```
@foreach ($providers as $provider)
    <a href="{{ route('login.social', $provider) }}">{{ $provider->name }}</a>
@endforeach
```

'Github'를 누르면 https://github.com/login/oauth/authorize로 리다이렉트되면서 다음과 같은 화면이 나타난다. Authorize를 누르면, 인증이 완료되고 한 번 인증이 완료되면 이 화면을 다시 볼 필요는 없다.

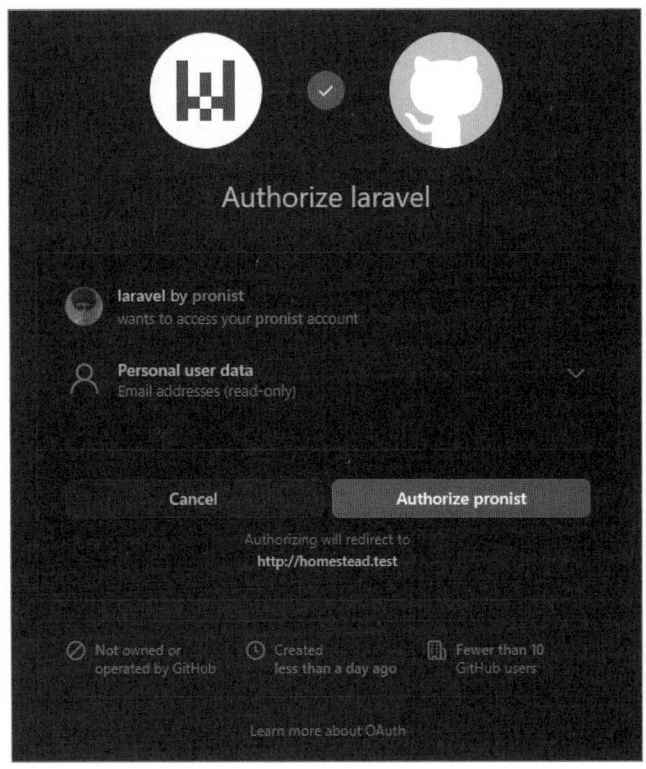

[그림 4-11] 깃허브 로그인 권한 허용하기

4.6.7 테스트

소셜 로그인은 테스트하기 다소 까다로운 부분이 있는데, 여기서는 목킹(Mocking)을 사용해야 한다. 목킹은 비지니스 로직 내부에서 호출되는 메서드나 파사드를 실제로 호출하지 않고, 대신에 응답을 명세할 수 있으며 행위기반 테스트에 사용된다. 목(Mock)은 메서드 등의 행위를 시뮬레이션하기 위한 테스트 방식 중 하나이며 라라벨에서는 서비스 컨테이너를 통해서 주입되는 인스턴스뿐만 아니라 파사드도 대상으로 하는 것이 가능하다. 깃허브 로그인 테스트에서는 실제 사용자의 깃허브 정보가 필요하지 않기 때문에 가짜 정보를 반환하는 것으로 대신한다.

```
$ php artisan make:test
Http\\Controllers\\Auth\\SocialLoginControllerTest
```

우선 가장 먼저 인증 페이지로 리다이렉트하기 위한 login.social을 테스트해보자. 단순하게 리다이렉트 여부만 검증하면 끝이다. 깃허브에 대한 서비스 제공자를 사용했기 때문에 소셜라이트의 소스 코드를 참고하여 리다이렉트 주소를 알 수 있다.

```
use App\Enums\Provider;

class SocialLoginControllerTest extends TestCase
{
    public function testRedirectToProvider()
    {
        $provider = Provider::Github;

        /** @see \Laravel\Socialite\Two\GithubProvider::getAuthUrl() */
        $this->get(route('login.social', $provider))
            ->assertRedirectContains('https://github.com/login/oauth/authorize');
    }
}
```

소셜 로그인을 테스트하려면 사용자의 목을 준비하고 Socialite::driver()->user()를 목해야 한다. 그 이유는 login.social.callback으로 리다이렉트하면 내부에서 code 쿼리 파라미터를 요구하는데, 이를 임의로 페이크하면 인증처리가 되지 않기 때문이다. 따라서 Socialite 파사드의 호출 자체를 페이크하는 방식을 취한다. Socialite::driver()->user()가 실제로 호출되는 것을 대신하여 미리 준비해둔 목을 사용한다. 또한 추가적으로 SocialLoginController::register()에서 사용했던 User::getEmail(), getName()를 목해야만 한다. 이 또한 실제 깃허브 사용자의 정보가 아니라 가짜 정보로 사용할 것이기 때문에 그렇다.

라라벨에서 목을 하려면 TestCase::instance() 또는 TestCase::mock()을 사용할 수 있는데, mock()은 instance()의 축약형이므로 mock()을 사용해본다. mock()에서는 MockInterface::shouldReceive()와 같은 메서드를 사용하기 위해 Mockery(http://docs.mockery.io)라는 라이브러리를 사용하여 목하게 된다. 따라서 라라벨의 코어 기능이 아니므로 Mockery의 공식문서를 참고해야 할 필요가 있는 것이다.

```php
use App\Enums\Provider;
use Laravel\Socialite\Contracts\User as SocialiteUser;
use Laravel\Socialite\Facades\Socialite;
use Mockery\MockInterface;

class SocialLoginControllerTest extends TestCase
{
    use RefreshDatabase, WithFaker;

    public function testSocialLoginAndUpdateOrCreateUser()
    {
        $provider = Provider::Github;

        $data = [
            'email' => $this->faker->safeEmail,
            'name' => $this->faker->name,
        ];

        $socialUser = $this->mock(SocialiteUser::class, function (MockInterface $mock) use ($data) {
            $mock->shouldReceive('getEmail')
                ->andReturn($data['email']);
            $mock->shouldReceive('getName')
                ->andReturn($data['name']);
        });
    }
}
```

이제 Socialite::driver()->user()를 목해야 한다. 라라벨은 파사드를 목하는 방법이 아주 쉽다. shouldReceive()를 사용하여 driver->user를 목하고 미리 준비해둔 가짜 사용자를 반환하는 것으로 처리하자.

```
use Laravel\Socialite\Facades\Socialite;

Socialite::shouldReceive('driver->user')
    ->once()
    ->andReturn($socialUser);
```

이후 login.social.callback으로 요청을 보내고 인증 및 데이터베이스, 리다이렉트를 검증해주면 된다. 소셜 로그인을 위한 세션이 설정되었는지도 파악해 줄 필요가 있다.

```
$this->get(route('login.social.callback', $provider))
    ->assertRedirect();

$this->assertEquals(session()->socialite($provider), $socialUser-
>getEmail());

$this->assertAuthenticated();

$this->assertDatabaseHas('users', $data);
```

```
vagrant@homestead:~/code$ artx
Http/Controllers/Auth/SocialLoginController ... 100 %
```

4.6.8 세션 매크로 테스트

세션 매크로 Session::socialite(), Session:socialiteMissingAll()을 테스트해보자. Session::socialite()는 세션에 로그인된 소셜 서비스 제공자와 함께 이메일을 저장했고, Session::socialiteMissingAll()에서는 사용자가 소셜 로그인으로 로그인하지 않았는지 그 여부를 반환한다.

```
$ php artisan make:test Providers\\SessionServiceProviderTest
```

```php
use App\Enums\Provider;
use Illuminate\Foundation\Testing\RefreshDatabase;
use Illuminate\Foundation\Testing\WithFaker;
use Illuminate\Support\Facades\Session;
use Tests\TestCase;

class SessionServiceProviderTest extends TestCase
{
    use RefreshDatabase, WithFaker;

    public function testSocialiteMacro(): void
    {
        $this->assertTrue(
            Session::hasMacro('socialite')
        );

        Session::socialite(Provider::Github, $this->faker->safeEmail());

        $this->assertTrue(
            Session::has('socialite.github')
        );
    }

    public function testSocialiteMissingAllMacro(): void
    {
        $this->assertTrue(
            Session::hasMacro('socialiteMissingAll')
        );

        $this->assertTrue(
            Session::socialiteMissingAll()
        );

        Session::put('socialite.github', $this->faker->safeEmail());

        $this->assertFalse(
```

```
            Session::socialiteMissingAll()
        );
    }
}
```

4.7 비밀번호 재설정

라라벨에서는 사용자가 비밀번호를 잃어버렸을 때를 대비해 비밀번호를 재설정할 수 있는 기능을 제공한다. 공식문서(https://laravel.com/docs/10.x/passwords)를 참고하여 비밀번호 재설정을 구현해보자.

4.7.1 모델

비밀번호 재설정을 위해서는 User 모델에서 준비해야 할 사항이 있는데, CanResetPassword 인터페이스와 트레이트를 포함시켜야 한다는 점이다. 해당 인터페이스와 트레이트는 CanResetPassword::getEmailForPasswordReset(), sendPasswordResetNotification()을 가지고 있다. getEmailForPasswordReset()은 내부적으로 유저의 이메일을 얻어 오기 위해, sendPasswordResetNotification()은 비밀번호 재설정을 위한 이메일 전송을 위해 사용된다.

```
// app/Models/User.php
namespace App\Models;

use Illuminate\Contracts\Auth\CanResetPassword;
use Illuminate\Notifications\Notifiable;
use Illuminate\Auth\Passwords\CanResetPassword as ResettablePassword;

class User extends Authenticatable implements CanResetPassword
```

```php
{
    use Notifiable, ResettablePassword;
}

// Illuminate/Contracts/Auth/CanResetPassword.php
namespace Illuminate\Contracts\Auth;

interface CanResetPassword
{
    public function getEmailForPasswordReset();
    public function sendPasswordResetNotification($token);
}
```

Notifiable 트레이트가 필요한 이유는 비밀번호 재전송을 위해 이메일 알림을 사용할 것이기 때문에 그렇다. 라라벨의 Notification 기능을 사용하면 이메일, 슬랙 등으로 알림을 보낼 수 있는데, 이 기능은 커뮤니티 서비스를 구성할 때 알아보자.

4.7.2 마이그레이션

비밀번호 재설정을 위한 테이블로 password_resets이 사용되는데, 이미 프로젝트 생성 시점부터 작성되어 있음을 database/migrations/password_resets_table.php에서 확인하자. 아직 마이그레이션되어 있지 않다면 해두자. 비밀번호를 초기화하기 위한 User의 이메일과 요청을 구분하기 위한 토큰이 저장된다.

```php
return new class extends Migration
{
    public function up()
    {
        Schema::create('password_resets', function (Blueprint $table) {
            $table->string('email')->index();
            $table->string('token');
```

```
            $table->timestamp('created_at')->nullable();
        });
    }

    public function down()
    {
        Schema::dropIfExists('password_resets');
    }
};
```

4.7.3 라우팅 & 컨트롤러

이제 라우트와 컨트롤러를 생성해두자. 비밀번호 재설정을 위한 컨트롤러는 PasswordResetController이다.

```
$ php artisan make:controller Auth\\PasswordResetController
```

```
Route::controller(\App\Http\Controllers\Auth\
PasswordResetController::class)->group(function () {
    Route::middleware('guest')->name('password.')->group(function () {
        Route::get('/forgot-password', 'request')
            ->name('request');
        Route::post('/forgot-password', 'email')
            ->name('email');
        Route::get('/reset-password/{token}', 'reset')
            ->name('reset');
        Route::post('/reset-password', 'update')
            ->name('update');
    });
});
```

password.request, password.email, password.reset, password.update에 해당하는 라우트

가 작성되었으며 이제 이들이 하는 역할에 대해서 알아보자. 비즈니스 로직을 작성하기 전에 라라벨에서 비밀번호를 재설정하는 과정을 반드시 숙지해둘 필요가 있다.

1. login에서 사용자가 password.request로 연결되는 '비밀번호 재설정' 버튼을 누른다.

2. password.request에서 비밀번호를 재설정하고자 하는 이메일을 입력하고 password.email로 요청하면, 비밀번호를 재설정할 수 있는 password.reset으로 연결된 링크가 포함된 이메일을 보낸다. 해당 링크에는 token도 같이 설정된다.

3. 사용자는 이메일에서 링크를 통해 password.reset으로 진입하여 폼에 비밀번호를 재설정할 이메일과 비밀번호를 작성하고 password.update로 요청하면 비밀번호가 재설정된다.

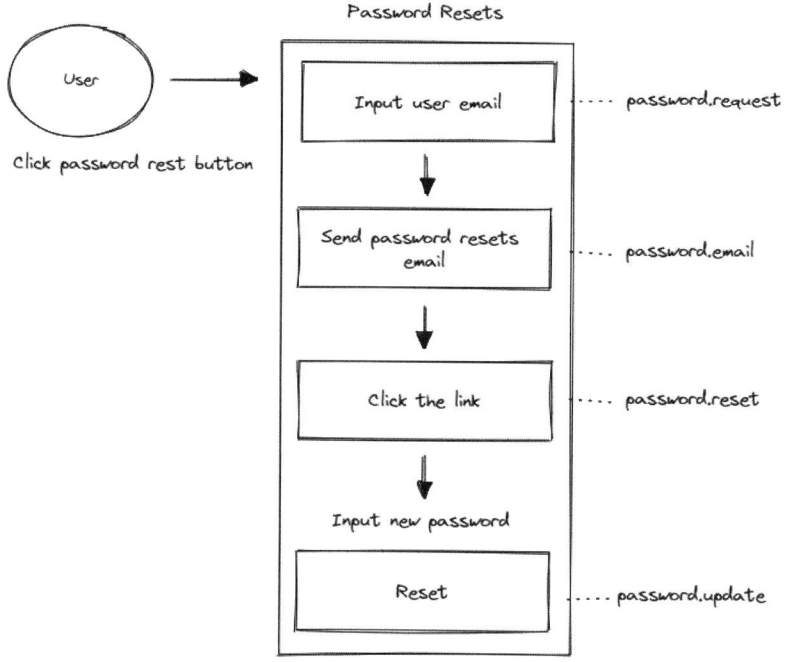

[그림 4-12] 비밀번호 재설정

4.7.4 구현

비밀번호를 재설정하는 과정에서는 이메일 인증처럼 이메일에서 링크를 제공함으로써 정말로 사용자가 비밀번호 재설정을 요청했는지 판단하게 된다. password.request의 코드를 살펴보면 auth/forgot-password.blade.php를 반환하는데, 여기에는 비밀번호 재설정을 위한 메일을 보내는 버튼이 포함된다.

```
class PasswordResetController extends Controller
{
    public function request()
    {
        return view('auth.forgot-password');
    }
}
```

$ touch resources/views/auth/forgot-password.blade.php

auth/forgot-password.blade.php에는 email 필드를 포함한 폼이 하나 있어야 하며 이메일 전송을 위해 password.email로 요청을 보낼 수 있어야 한다.

```
@extends('layouts.app')

@section('title', '비밀번호 재설정')

@section('content')
    <form method="POST" action="{{ route('password.email') }}">
        @csrf
        <input type="email" name="email">

        <button type="submit">비밀번호 재설정 이메일 보내기</button>
    </form>
@endsection
```

password.email에서 입력받은 이메일로 비밀번호 재설정을 위한 password.reset으로 통하는 링크를 제공할 수 있다. PasswordResetController::email()를 살펴보자. 이메일을 보내기 위해 Password 파사드를 사용할 수 있는데, 이는 PasswordBroker를 의미한다. PasswordBroker::sendResetLink()를 사용하면 비밀번호 초기화를 위한 이메일을 보낼 수 있다. 내부적으로 CanResetPassword::sendPasswordResetNotification()이 사용된다. 반환값으로 이메일이 전송됐는지, 전송 중인지에 대한 상태가 반환되며 이에 따라 응답을 처리할 수 있다.

```
$ php artisan make:request SendResetLinkRequest
```

```php
// app/Http/Requests/SendResetLinkRequest.php
class SendResetLinkRequest extends FormRequest
{
    public function rules()
    {
        return [
            'email' => 'required|email|exists:users|max:255'
        ];
    }
}

// app/Controller/Auth/PasswordResetController.php
use App\Http\Requests\SendResetLinkRequest;
use Illuminate\Support\Facades\Password;

class PasswordResetController extends Controller
{
    public function email(SendResetLinkRequest $request)
    {
        $status = Password::sendResetLink($request->validated());

        return $status === Password::RESET_LINK_SENT
            ? back()->with(['status' => __($status)])
            : back()->withErrors(['email' => __($status)]);
```

```
    }
}
```

back()->withErrors()는 뷰에서 $errors로 처리했었지만, back()->with()는 처음 볼 것이다. 이는 응답하면서 세션에 플래시 메시지를 생성하는 방법이며 뷰에서 다음과 같이 처리하는 것이 가능하다. 그리고 session()을 사용하여 플래시 메시지를 간단하게 조회할 수 있다.

```
@if (session()->has('status'))
    <div>{{ session()->get('status') }}</div>
@endif
```

비밀번호 재설정에서도 다국어가 사용되며 이를 살펴볼 필요가 있다. 상태에 대한 키는 라라벨에서 이미 정해져 있기 때문에 언어파일을 살펴보아야 한다. 한국어 패스워드 재설정에 대한 언어파일은 lang/ko/passwords.php에서 처리된다. Laravel Lang을 설정했다면 이미 생성되어 있다.

```
return [
    'reset'     => '비밀번호가 변경되었습니다!',
    'sent'      => '비밀번호 재설정 링크를 이메일로 전송했습니다!',
    'throttled' => '잠시 후 다시 시도해주세요.',
    'token'     => '해당 비밀번호 재설정 토큰이 유효하지 않습니다.',
    'user'      => '해당 이메일을 사용하는 사용자를 찾을 수 없습니다.',
];
```

password.request에서 password.reset으로 진입하기 위한 이메일은 아래와 같은 모습이며, '비밀번호 재설정'을 누르면 비밀번호를 재설정할 수 있게 된다.

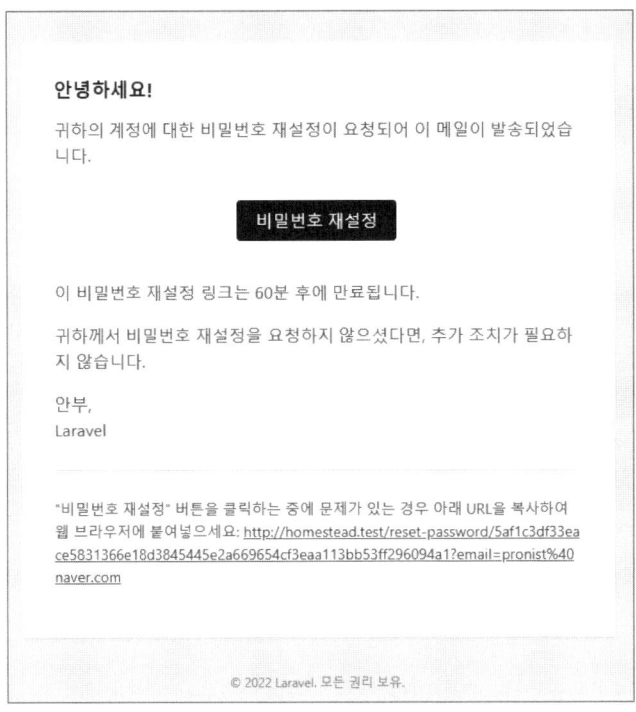

[그림 4-13] 비밀번호 재설정 이메일

이메일을 통해 사용자가 password.reset에 진입하면, 새로운 비밀번호를 입력하여 재설정할 수 있어야 한다. 이를 위한 뷰를 만들어보자. 토큰은 요청을 구분하기 위해 사용되며 이미 만료된 토큰을 가지고 요청한다면 비밀번호 재설정을 처리할 수 없다.

```
class PasswordResetController extends Controller
{
    public function reset(string $token)
    {
        return view('auth.reset-password', [
            'token' => $token
        ]);
    }
}
```

```
$ touch resources/views/auth/reset-password.blade.php
```

사용자가 이메일을 통해 password.reset에 들어올 때는 URL에 비밀번호 재설정을 위한 token이 포함되기 때문에 우리가 별도로 해줄 일은 없다. password.update로 비밀번호 재설정 요청을 보내기 위한 auth/reset-password.blade.php에는 email, password, password_confirmation, token 필드가 필요하다.

```
@extends('layouts.app')

@section('title', '새로운 비밀번호 설정')

@section('content')
    <form action="{{ route('password.update') }}" method="POST">
        @csrf
        <input type="email" name="email">
        <input type="password" name="password">
        <input type="password" name="password_confirmation">
        <input type="hidden" name="token" value="{{ $token }}">

        <button type="submit">비밀번호 재설정하기</button>
    </form>
@endsection
```

마지막으로 password.update를 알아보자. 이메일과 새로 지정할 비밀번호를 받았다면 비밀번호를 강제로 다시 설정하는 것이다. 이 또한 Password 파사드에서 제공하며 PasswordBroker::reset()을 사용할 수 있다. token에 대한 검증도 같이 한다. 유효성 검사에서 password에 대해 confirmed가 사용된 것을 볼 수 있는데, 이를 사용하면 반드시 {field}_confirmation이 포함되어야 한다. 따라서 password_confirmation이 폼에 포함된 것이며, 이는 사용자가 입력한 비밀번호를 다시 한번 확인하는 필드다.

Password::reset()에서 비밀번호를 재설정할 때 Model::forceFill()을 사용하여 비밀번호를 강제로 재설정해주었고, 그에 따라 RememberToken도 새로 초기화해주었다. 이후 PasswordReset 이벤트를 발동하는 것으로 비밀번호가 리셋되었음을 어플리케이션에 알려주었다.

비밀번호 재설정이 완료되면 Password::sendResetLink()처럼 상태를 반환하게 되는데, 성공하게 되면 login 라우트로 이동하고, 그렇지 않으면 에러를 반환하도록 처리되었다.

```
$ php artisan make:request ResetPasswordRequest
```

```php
// app/Http/Requests/ResetPasswordRequest.php
class ResetPasswordRequest extends FormRequest
{
    public function rules()
    {
        return [
            'email' => 'required|email|exists:users|max:255',
            'password' => ['required', 'confirmed', 'max:255', Password::defaults()],
            'token' => 'required'
        ];
    }
}

// app/Http/Controllers/Auth/PasswordResetController.php
use App\Http\Requests\ResetPasswordRequest;
use Illuminate\Auth\Events\PasswordReset;
use App\Http\Requests\SendResetLinkRequest;
use Illuminate\Support\Facades\Hash;
use Illuminate\Support\Facades\Password;
use Illuminate\Support\Str;

class PasswordResetController extends Controller
{
    public function update(ResetPasswordRequest $request)
    {
        $status = Password::reset($request->validated(), function ($user, $password) {
            $user->forceFill([
                'password' => Hash::make($password),
```

```
            ])->setRememberToken(Str::random(60));

            $user->save();

            event(new PasswordReset($user));
        });

        return $status === Password::PASSWORD_RESET
            ? to_route('login')->with('status', __($status))
            : back()->withErrors(['email' => [__($status)]]);
    }
}
```

마지막으로 auth/login.blade.php에 비밀번호 재설정을 위한 버튼을 하나만 추가해주면 끝이다.

```
{{-- resources/views/auth/login.blade.php --}}
<a href="{{ route('password.request') }}">비밀번호 재설정</a>
```

4.7.5 설정

PasswordBroker::reset()에서 사용자를 파라매터로 받은 것을 볼 수 있는데, 로그인도 되어있지 않은 상태에서 사용자는 어디에서 얻어 오는 걸까? 이는 config/auth.php에 설정된 user providers로부터 얻어 오는 것이며 비밀번호 재설정을 위한 유저는 auth.passwords 설정에 따라 User 모델에 연결된 테이블에서 가져온다. 그밖에도 auth.passwords.users에서 사용할 데이터베이스 테이블이나 토큰의 만료 시간을 정할 수 있다.

```
return [
    'providers' => [
        'users' => [
```

```
                'driver' => 'eloquent',
                'model' => App\Models\User::class,
            ],
        ],
        'passwords' => [
            'users' => [
                'provider' => 'users',
                'table' => 'password_resets',
                'expire' => 60,
                'throttle' => 60,
            ],
        ],
    ];
```

4.7.6 Password 파사드

Password 파사드는 사실 Illuminate₩Auth₩Passwords₩PasswordBroker가 아닌 Illuminate₩Auth₩Passwords₩PasswordBrokerManager를 의미한다. 파사드 클래스 매핑 테이블을 살펴보면 아래와 같다.

Facade	Class	Service Container Binding
Password	Illuminate₩Auth₩Passwords₩PasswordBrokerManager	auth.password
Password (Instance)	Illuminate₩Auth₩Passwords₩PasswordBroker	auth.password.broker

[표 4-3] Password 파사드

Password는 컨테이너에 auth.password로 바인딩되어 있는데, 실제로 이를 얻어 오면 그 타입은 PasswordBrokerManager이다.

```
$ php artisan tinker
>>> app('auth.password')
=> Illuminate\Auth\Passwords\PasswordBrokerManager {#4580}
```

그러나 PasswordBrokerManager의 API 문서를 살펴보면 그 어디에도 sendResetLink()와 같은 메서드는 존재하지 않는데, PaswordBrokerManager::__call()에서 그 해답을 찾을 수 있다.

```
class PasswordBrokerManager implements FactoryContract
{
    public function __call($method, $parameters)
    {
        return $this->broker()->{$method}(...$parameters);
    }
}
```

비밀번호 재설정을 위한 이메일을 전송할 때 Password::sendResetLink()로 사용한 것은 사실 PasswordBrokerManager::broker()에서 PasswordBroker를 사용한 것이라는 점을 분명하게 알 수 있다. PasswordBrokerManager::broker()는 이름에 따라 PasswordBroker를 얻어 올 수도 있는데, 그 이름이라는 것은 auth.passwords에 설정된 키를 의미하고, 만약 생략하는 경우 auth.defaults.passwords에 설정된 값을 얻어 온다.

```
'defaults' => [
    'passwords' => 'users',
]
```

PasswordBrokerManager::broker()를 사용하면 PasswordBroker 인스턴스를 반환하고, 그것을 통해 PasswordBrokder에 있는 메서드를 사용했다는 것을 토대로 파사드의 클래스 매핑 테이블이 왜 저렇게 작성되었는지도 이해하고 넘어갈 필요가 있다. 그 외에도 인증과 관련된 Auth 파사드는 Illuminate\Auth\AuthManager, Illuminate\Contracts\Auth\Guard로 분리되어 있는데, *Manager라고 이름이 붙은 클래스는 config 디렉터리 아래에 있는 설정 파일들과 관련이 깊다고 생각하면 된다.

4.7.7 테스트

비밀번호 재설정은 password_resets 테이블과 내부적으로 생성되는 토큰을 사용하는 등 다소 복잡한데, 테스트가 불가능한 것은 아니다. 테스트 대상 라우트는 GET /forgot-password, POST /forgot-password, GET /reset-password/{token}, POST /reset-password이다.

```
$ php artisan make:test Http\\Controllers\\Auth\\PasswordResetControllerTest
```

먼저 비밀번호를 찾을 이메일을 입력하는 폼인 password.request를 테스트해보자. 단순하게 auth.forgot-password 뷰를 반환하는 것을 검증한다.

```
class PasswordResetControllerTest extends TestCase
{
    use RefreshDatabase, WithFaker;

    public function testReturnsForgotPasswordView()
    {
        $this->get(route('password.request'))
            ->assertOk()
            ->assertViewIs('auth.forgot-password');
    }
}
```

password.email에서는 password.request에서 입력한 이메일로 비밀번호 재설정 이메일을 보내는 역할을 했었다. 이메일 전송이 성공했는가, 실패했는가에 따라 메시지를 분리하여 사용자에게 표시했는데, 이 또한 모두 테스트해야 한다. 다만, 이메일의 경우에는 실제로 이메일이 보내지는 것을 방지해야 하고, 알림 또한 보내져서는 안 되기 때문에 페이크하자.

이제 이메일 보내기에 성공한 경우를 살펴보자. 먼저 존재하는 User를 대상으로 보내야 하고, 내부적으로 Illuminate\Auth\Notifications\ResetPassword 알림을 보내기 때문에 제대로 Notification::assertSentTo()를 사용하여 알림이 전송되었는지 검증할 필요가 있다.

```php
use App\Models\User;
use Illuminate\Auth\Notifications\ResetPassword;
use Illuminate\Support\Facades\Notification;

class PasswordResetControllerTest extends TestCase
{
    public function testSendEmailForPasswordResets()
    {
        Notification::fake();

        $user = User::factory()->create();

        $this->post(route('password.email'), [
            'email' => $user->email,
        ])
        ->assertRedirect()
        ->assertSessionHas('status');

        Notification::assertSentTo(
            $user, ResetPassword::class
        );
    }
}
```

이메일 보내기에 실패했을 경우를 테스트해보자. Mail::assertNothingSent()를 사용하여 이메일이 보내지지 않았는지 검증할 수 있다. 또한 이메일 전송에 실패한 경우 email 에러를 뱉는 것도 처리한 바 있다.

```php
use Illuminate\Support\Facades\Mail;

class PasswordResetControllerTest extends TestCase
{
    public function testFailToSendEmailForPasswordResets()
```

```
{
    Mail::fake();

    $this->post(route('password.email'), [
        'email' => $this->faker->safeEmail,
    ])
    ->assertRedirect()
    ->assertSessionHasErrors('email');

    Mail::assertNothingSent();
    }
}
```

password.email로 전송된 이메일을 통해 password.reset로 진입하게 되며 이 또한 단순하게 이메일을 입력하는 폼으로 auth.reset-password에 대한 검증만 하면 된다. 토큰은 임의로 만들자.

```
use Illuminate\Support\Str;

class PasswordResetControllerTest extends TestCase
{
    public function testReturnsResetPasswordView()
    {
        $token = Str::random(32);

        $this->get(route('password.reset', [
            'token' => $token,
        ]))
        ->assertOk()
        ->assertViewIs('auth.reset-password');
    }
}
```

마지막으로 비밀번호 재설정을 위한 password.update에 대한 테스트를 해보자. 비밀번호 재설정을 실패하는 경우와 성공하는 경우를 나눠서 해야 할 필요가 있고, 성공하는 경우에는 Illuminate\Auth\Events\PasswordReset 이벤트를 발생하도록 했으므로 이 또한 검증해야 한다.

비밀번호 재설정이 성공하려면 유효한 이메일과 토큰을 넣어야 한다. 따라서 이 경우 해야 할 일이 있는데, 바로 유효한 토큰을 생성하는 일이다. 비밀번호 재설정에서 내부적으로 사용되는 토큰을 갱신해야 한다. 비밀번호 재설정 같은 경우에는 Password::sendResetLink()를 사용하면 password_resets 테이블에 토큰이 생성되고 할당되는데, 이 토큰이 일치하지 않으면 실패하는 현상이 발생한다.

토큰은 내부적으로 해싱되어서 처리되므로 DB에서 조회한다고 한들 평문값은 알 수 없다. 따라서 토큰값을 갱신해야 하는데, 이를 위해 password_resets를 직접 갱신할 수도 있지만, 조금 더 간단한 방법으로 Password::createToken()을 사용하면 User의 비밀번호 재설정 토큰을 재할당할 수 있다.

```php
use Illuminate\Auth\Events\PasswordReset;
use Illuminate\Support\Facades\Event;
use Illuminate\Support\Facades\Password;

class PasswordResetControllerTest extends TestCase
{
    public function testPasswordResetsForValidToken()
    {
        Event::fake();

        $user = User::factory()->create();

        $token = Password::createToken($user);

        $this->post(route('password.update'), [
            'email' => $user->email,
            'password' => 'password',
```

```
            'password_confirmation' => 'password',
            'token' => $token,
        ])
        ->assertRedirect()
        ->assertSessionHas('status');

        Event::assertDispatched(PasswordReset::class);
    }
}
```

비밀번호 재설정이 실패하는 경우는 그저 다른 토큰을 넣어서 테스트해 보면 된다. 임의로 생성한 토큰을 설정해서 요청하면 비밀번호 재설정이 실패한다.

```
use Illuminate\Support\Str;

class PasswordResetControllerTest extends TestCase
{
    public function testFailToPasswordResetsForInvalidToken()
    {
        Event::fake();

        $this->post(route('password.update'), [
            'email' => $this->faker->safeEmail,
            'password' => 'password',
            'password_confirmation' => 'password',
            'token' => Str::random(),
        ])
        ->assertRedirect()
        ->assertSessionHasErrors('email');

        Event::assertNotDispatched(PasswordReset::class);
    }
}
```

```
vagrant@homestead:~/code$
Http/Controllers/Auth/PasswordResetController ... 100 %
```

4.8 비밀번호 확인

비밀번호 확인은 토큰을 관리하거나 마이페이지와 같은 정보를 변경할 수 있는 민감한 페이지에 접근할 때 비밀번호를 한 번 더 확인하는 기능을 제공하기 위한 장치다. 예를 들어서 사용자는 개인정보를 변경하려고 시도하기 전에 비밀번호를 확인하는 과정을 거쳐야만 페이지에 접근할 수 있게 된다. 이미 한 번 확인을 거친 상태라면 일정 시간이 지날 때까지는 다시 확인하지 않는다.

4.8.1 라우팅 & 컨트롤러

비밀번호 확인을 위한 컨트롤러는 PasswordConfirmController이고, 비밀번호 확인을 위한 폼인 GET /confirm-password, 비밀번호를 확인하는 POST /confirm-password가 있다.

```
$ php artisan make:controller Auth\\PasswordConfirmController
```

```
Route::controller(\App\Http\Controllers\Auth\
PasswordConfirmController::class)->group(function () {
    Route::middleware('auth')->group(function () {
        Route::get('/confirm-password', 'showPasswordConfirmationForm')
            ->name('password.confirm');
        Route::post('/confirm-password', 'confirm');
    });
});
```

4.8.2 구현

비밀번호 확인 폼인 PasswordConfirmController::showPasswordConfirmationForm의 구현을 보면 다음과 같다. 그저 auth-confirm-password를 반환한다.

```
class PasswordConfirmController extends Controller
{
    public function showPasswordConfirmationForm()
    {
        return view('auth.confirm-password');
    }
}
```

```
$ touch resources/views/auth/confirm-password.blade.php
```

```
@extends('layouts.app')

@section('title', '비밀번호 확인')

@section('content')
    <form action="{{ route('password.confirm') }}" method="POST">
        @csrf
        <input type="password" name="password">

        <button type="submit">비밀번호 확인하기</button>
    </form>
@endsection
```

비밀번호를 확인하고 리다이렉트하는 PasswordConfirmController::confirm()에서는 Hash::check()로 비밀번호가 같음을 검증하고 아닐 경우 에러 메시지를, 그 반대라면 $request->session()->passwordConfirmed()로 비밀번호가 검증되었음을 세션에 알린다.

```
$ php artisan make:request PasswordConfirmRequest
```

```php
// app/Http/Requests/PasswordConfirmRequest.php
use Illuminate\Validation\Rules\Password;

class PasswordConfirmRequest extends FormRequest
{
    public function rules()
    {
        return [
            'password' => ['required', 'max:255', Password::defaults()],
        ];
    }
}

// app/Http/Controllers/Auth/PasswordConfirmController.php
use Illuminate\Support\Facades\Hash;

class PasswordConfirmController extends Controller
{
    public function confirm(PasswordConfirmRequest $request)
    {
        $user = $request->user();

        if (! Hash::check($request->password, $user->password)) {
            return back()->withErrors([
                'password' => __('auth.password'),
            ]);
        }

        $request->session()->passwordConfirmed();

        return redirect()->intended();
    }
}
```

4.8.3 설정

비밀번호의 검증을 이미 마쳤음에도 다시 한번 비밀번호를 요구하게 되면 사용자에게 불편함을 초래할 수 있기 때문에 일정 시간만큼은 비밀번호를 다시 검증할 필요가 없도록 할 수도 있다. 그 시간에 대한 설정은 auth.password_timeout에서 지정한다. 단위는 초 단위다.

```
return [
    'password_timeout' => 10800,
];
```

4.8.4 미들웨어

password.confirm 미들웨어를 사용하면 사용자가 요청하기 전에 비밀번호 확인을 요구하게 된다. 그러나 한 가지 문제점이 있다면 소셜 로그인을 한 사용자인 경우에도 비밀번호 확인을 요구한다는 점이다. 애초에 password.confirm은 로그인 같은 것은 고려하지 않고 설계되었다. 그래서 게스트 사용자여도 순수하게 비밀번호를 요구한다. 굳이 인증된 사용자의 비밀번호를 요구하는 것은 우리의 구현 명세에 있을 뿐이지 미들웨어하곤 아무런 관계도 없기 때문이다.

이를 보완하기 위해서는 미들웨어를 확장할 필요가 있는데, App\Http\Kernel::$routeMiddleware에서 찾아보면 password.confirm이 App\Http\Middleware\RequirePassword 이라는 것을 알 수 있다. 우리는 이 미들웨어를 확장해서 소셜 로그인이 된 경우라면 비밀번호를 요구하지 않고 넘어가도록 처리하고자 한다. 새로운 미들웨어를 하나 만들어보자.

```
$ php artisan make:middleware RequirePassword
```

기존의 미들웨어인 Illuminate\Auth\Middleware\RequirePassword를 상속받아 새로운 미들웨어를 만들었다. 내부적으로 RequirePassword::shouldConfirmPassword()로 비밀번호를 점검해야 할지 체크하는데, 기존의 구현에 더해서 현재 로그인된 사용자가 소셜 로그인으로 로그인했는지 판단하고, 만약 그렇다면 비밀번호 확인 과정을 생략한다. 소셜 로그인 구현에서 세션을 지정한 이유는 바로 여기서 사용하기 위함이었다.

```
namespace App\Http\Middleware;

use App\Enums\SocialiteProvider;
use Illuminate\Auth\Middleware\RequirePassword as Middleware;

class RequirePassword extends Middleware
{
    protected function shouldConfirmPassword($request, $passwordTimeoutSeconds = null)
    {
        return session()->socialiteMissingAll() && parent::shouldConfirmPassword($request, $passwordTimeoutSeconds);
    }
}
```

미들웨어를 작성한 이후에는 App\Http\Kernel::$routeMiddleware에서 기존에 작성된 password.confirm을 주석 처리하고 새로 등록하자.

```
class Kernel extends HttpKernel
{
    protected $middlewareAliases = [
        //'password.confirm' => \Illuminate\Auth\Middleware\RequirePassword::class,
        'password.confirm' => \App\Http\Middleware\RequirePassword::class,
    ];
}
```

4.8.5 테스트

비밀번호 확인에서 테스트해야 하는 것은 사용자의 비밀번호가 통과되었는지 검증하는 일이다. 제대로 통과되지 않았으면 password 에러를 뱉도록 했을 것인데, 이것을 검증하면 된다. 가장 먼저 GET /confirm-password를 테스트해 보자.

```
$ php artisan make:test Http\\Controllers\\Auth\\PasswordConfirmControllerTest
```

GET /confirm-password는 단순하게 뷰를 반환한다.

```
use App\Http\Middleware\Authenticate;

class PasswordConfirmControllerTest extends TestCase
{
    use RefreshDatabase, WithFaker;

    public function testReturnsPasswordConfirmView()
    {
        $user = User::factory()->create();

        $this->actingAs($user)
            ->get(route('password.confirm'))
            ->assertOk()
            ->assertViewIs('auth.confirm-password');
    }
}
```

POST /confirm-password에서는 비밀번호 확인이 성공했는지 실패했는지 테스트해야 한다. $this->actingsAs()를 이용해 테스트 동안에 인증 상태로 만들고 비밀번호가 올바르게 입력되었는지 검증하자.

```
use App\Models\User;

class PasswordConfirmControllerTest extends TestCase
{
    public function testConfirmsPasswordForCorrectPassword()
```

```
{
    $user = User::factory()->create();

    $this->actingAs($user)
        ->post(route('password.confirm'), [
            'password' => 'password',
        ])
    ->assertRedirect();
}
public function testFailToConfirmPasswordForIncorrectPassword()
{
    $user = User::factory()->create();

    $this->actingAs($user)
        ->post(route('password.confirm'), [
            'password' => $this->faker->password(8),
        ])
        ->assertRedirect()
        ->assertSessionHasErrors('password');
    }
}
```

```
vagrant@homestead:~/code$ artx
Http/Controllers/Auth/PasswordConfirmController ... 100 %
```

4.8.6 미들웨어 테스트

RequirePassword 미들웨어를 테스트해보자. 미들웨어를 테스트하는 일은 컨트롤러 테스트처럼 HTTP 요청을 보낼 필요는 없으며 직접 미들웨어 인스턴스를 생성해서 handle() 을 호출하여 처리한다. 반환값으로는 Response 가 반환되므로 이와 관련된 메서드를 사용할 수도 있다. 요청 시 Request 를 요구하기 때문에 이 또한 직접 만들어주자.

```
$ php artisan make:test Http\\Middleware\\RequirePasswordTest
```

RequirePasswordTest::testRequirePassword()에서는 소셜 로그인이 아닐 때 실제로 리다이렉트 응답을 반환하는지 테스트해야 할 필요가 있다. RequirePassword::handle()을 직접 호출하고 요청 객체를 직접 생성하는데, 기본적으로 세션이 적용되어 있지 않으므로 $request->setLaravelSession()을 사용한다. 매개변수로 Illuminate₩Contracts₩Session₩Session이 요구된다.

```
use App\Http\Middleware\RequirePassword;
use Illuminate\Contracts\Session\Session;
use Illuminate\Http\Request;
use Tests\TestCase;

class RequirePasswordTest extends TestCase
{
    use RefreshDatabase, WithFaker;

    public function testRequirePasswordRedirect()
    {
        $requirePasswordMiddleware = app(RequirePassword::class);

        $request = app(Request::class);
        $request->setLaravelSession(app(Session::class));

        $response = $requirePasswordMiddleware->handle($request, function () {});

        $this->assertEquals($response->getStatusCode(), 302);
    }
}
```

RequirePassword::handle()은 응답을 반환하기 때문에 리다이렉트에 해당하는 302를 반환한다면 비밀번호 확인을 위해 리다이렉트되었음을 알 수 있는 것이다. 내부적으로 Require-

Password::shouldConfirmPassword()가 true를 반환하면 handle()은 302를 응답하는데, 소셜로그인 세션이 설정되지 않았으므로 session()->passwordConfirmed()가 호출되지 않는 한 shouldConfirmPassword()가 테스트에서 false 로 응답하는 일은 없다.

RequirePasswordTest::testRequirePasswordDoesNotRedirect()에서는 소셜 로그인이 된 상태이며 이 경우 리다이렉트하지 않는지만 파악해주면 된다. 응답으로 null이 반환될 것이다. 그 이유는 handle()에서 호출하는 $next($request)에 해당하는 콜백에 비어 있는 클로저를 넣었기 때문이다.

```php
use App\Enums\SocialiteProvider;

class RequirePasswordTest extends TestCase
{
    public function testRequirePasswordDoesNotRedirect()
    {
        $requirePasswordMiddleware = app(RequirePassword::Class);

        $request = app(Request::class);
        $request->setLaravelSession(app(Session::class));
        $request->session()->socialite(Provider::Github, $this->faker->safeEmail);

        $response = $requirePasswordMiddleware->handle($request, function () {});

        $this->assertEquals($response, null);
    }
}
```

```
vagrant@homestead:~/code$ artx
Http/Middleware/RequirePassword ... 100.0 %
```

4.9 마이페이지

마이페이지는 개인정보를 관리할 수 있는 공간이다. 사용자는 한 개의 마이페이지를 가질 수 있고, 마이페이지에서 자신의 정보를 확인하고 정보를 변경하는 일을 할 수 있다. 또한 라라벨 9.42 버전에서 이러한 일을 하기 위한 적합한 라우팅인 Route::singleton()이 추가되었으므로 마이페이지에 대한 예제는 해당 라우트를 사용하기 적절하다고 볼 수 있다.

4.9.1 라우팅 & 컨트롤러

싱글톤(Singleton) 라우트는 디자인 패턴의 싱글톤 패턴(Singleton Pattern)과 착각하면 안 된다. 싱글톤 라우트는 싱글 리소스(Single Resource)를 위해 사용한다. 싱글 리소스란, 특정 리소스가 어떤 요소를 하나만 가지는 경우를 말한다. 이를테면 사용자는 마이페이지를 하나씩 가지고 있으며 기본적으로 여러 개를 편집하는 것은 지원하지 않는데, 이를 위해 사용한다. 마이페이지를 위한 싱글톤 라우트는 다음과 같이 정의할 수 있으며, 컨트롤러를 만들 때 --singleton 을 사용하여 싱글톤 라우트를 위한 컨트롤러를 만들 수 있다. 개인정보 변경 페이지는 중요하기 때문에 비밀번호를 한 번 더 확인하도록 처리하는 것도 잊지 말자.

```
$ php artisan make:controller Auth\\ProfileController --singleton
```

```
Route::singleton('profile', \App\Http\Controllers\Auth\
ProfileController::class)
    ->middleware('password.confirm');
```

Route::singleton() 을 사용해서 정의한 라우트는 다음과 같이 정의된다.

Verb	URI	Action	Route Name
GET	/profile	show	profile.show
GET	/profile/edit	edit	profile.edit
PUT/PATCH	/profile	update	profile.update

[표 4-4] 싱글톤 라우트

생성된 싱글톤 리소스 컨트롤러는 다음과 같다. ProfileController::create(), store(), destroy()는 지원하지 않기 때문에 about(404)로 처리된 모습이지만, 사실 싱글톤 컨트롤러를 만들 때 --creatable을 사용하면 사용하도록 만들 수도 있다. 즉, 전혀 지원을 안 하는 것이 아니라 컨트롤러를 만들 때 옵션에 따라 지원 여부를 결정할 수 있으며 싱글톤 라우트를 정의할 때도 Route::singleton()->creatable()로 지원하도록 만들 수 있다.

```
class ProfileController extends Controller
{
    public function create()
    {
        abort(404);
    }

    public function store(Request $request)
    {
        abort(404);
    }

    public function show() {}
    public function edit() {}
    public function update(Request $request) {}

    public function destroy()
    {
        about(404);
    }
}
```

4.9.2 구현

ProfileController::show() 는 현재 사용자의 정보를 보여주면 끝이다.

```
class ProfileController extends Controller
{

    public function show(Request $request)
    {
        $user = $request->user();

        return view('auth.profile.show', [
            'user' => $user
        ]);
    }
}
```

```
$ mkdir resources/views/auth/profile
$ touch resources/views/auth/profile/show.blade.php
```

현재 사용자에게 보여줄 내용은 딱히 없기 때문에 간단하게 이메일과 이름만 보여주자.

```
@extends('layouts.app')

@section('title', '마이페이지')

@section('content')
    <form action="{{ route('profile.edit') }}" method="GET">
        <input type="text" name="name" value="{{ old('name', $user->name) }}" readonly disabled>
        <input type="email" name="email" value="{{ $user->email }}" readonly disabled>

        <button type="submit">개인정보 변경하기</button>
    </form>
@endsection
```

개인정보를 수정하기 위한 profile.edit는 다음과 같다. 마찬가지로 뷰를 반환하면 끝이다.

```php
class ProfileController extends Controller
{
    public function edit(Request $request)
    {
        $user = $request->user();

        return view('auth.profile.edit', [
            'user' => $user
        ]);
    }
}
```

```
$ touch resources/views/auth/profile/edit.blade.php
```

profile.edit 에서는 사용자의 정보를 표시해주면 되고, 개인정보를 수정 요청할 수 있도록 할 것이다. 이메일의 경우에는 변경을 허용하지 않는 것이 일반적이므로 비활성화하자. 마지막으로 비밀번호를 한 번 더 확인하기 위해 password_confirmation을 추가했다. confirmed 유효성 검사 규칙과 관련이 있는 필드이다. 소셜 로그인 사용자의 경우에는 비밀번호 변경 필드를 나타낼 필요가 전혀 없다.

한 가지 주목해서 보아야 하는 것은 @method이다. @method는 메서드 스푸핑(Method Spoofing)을 위해 사용된다. 기본적으로 HTML 폼에서는 GET/POST 메서드만 지원하는데, 어플리케이션에서 다른 메서드로 간주할 수 있도록 처리하는 것이다. 또한 비밀번호 변경을 지원하는 것은 소셜 로그인으로 로그인한 경우에는 불필요하기 때문에 표시하지 않아도 된다. 세션에 socialite 키가 없다면 소셜 로그인 사용자가 아닌 것이다.

```
@extends('layouts.app')

@section('title', '마이페이지 - 개인정보수정')

@section('content')
    <form action="{{ route('profile.update') }}" method="POST">
```

```
        @method('PUT')
        @csrf
        <input type="text" name="name" value="{{ old('name', $user->name)
}}">
        <input type="email" name="email" value="{{ $user->email }}"
readonly disabled>

        @if(session()->socialiteMissingAll())
            <input type="password" name="password">
            <input type="password" name="password_confirmation">
        @endif

        <button type="submit">개인정보 변경하기</button>
    </form>
@endsection
```

사용자의 개인정보 수정을 구현하기 전에 사용자 요청을 위한 FormRequests인 UpdateProfileRequest를 하나 생성해보자.

```
$ php artisan make:request UpdateProfileRequest
```

FormRequests에서 가장 많이 작성하게 될 메서드는 FormRequest::rules()이다. 여기에는 유효성 검사 규칙을 나열한다. FormRequest::authorize()에서는 요청을 위한 인증 여부를 담당하는데, 로그인만 되어 있다면 상관없기 때문에 true로 처리한다.

```
use Illuminate\Validation\Rules\Password;

class UpdateProfileRequest extends FormRequest
{
    public function rules()
    {
        return [
            'name' => 'required|max:255',
```

```
            'password' => ['nullable', 'confirmed', 'max:255',
Password::defaults()],
        ];
    }
}
```

이제 ProfileController::update()에서 개인정보를 변경하면 된다. 단, 비밀번호의 경우 사용자가 변경을 원하지 않을 수도 있으므로 null을 허용하도록 하자. 사용자가 비밀번호를 변경하고자 한다면 요청에서 이를 확인해야 하는데, 간단하게 $request->filled()로 필드가 채워져 있는지 체크할 수 있다.

```
class ProfileController extends Controller
{
    public function update(UpdateProfileRequest $request)
    {
        $user = $request->user();

        $data = $request->validated();

        if ($request->filled('password')) {
            $data = [
                ...$data,
                'password' => Hash::make($request->password),
            ];
        }

        $user->update($data);

        return to_route('profile.show');
    }
}
```

4.9.3 테스트

계정에 대한 테스트에서는 사용자가 비밀번호 변경을 시도할 경우 비밀번호가 변경되었는지에 대한 검증이 필요하다. 필수적이지는 않지만 비밀번호 변경을 요구하지 않을 경우에는 그대로인지도 테스트해보자.

```
$ php artisan make:test Http\\Controllers\\Auth\\ProfileControllerTest
```

마이페이지와 마이페이지 - 개인정보 수정에 해당하는 profile.show, profile.edit는 단순하게 auth.profile.show, auth.profile.edit를 반환한다. 하지만 password.confirm 미들웨어가 중간에서 방해하기 때문에 이를 비활성화해 버리자. 미들웨어를 비활성화할 때는 $this>withoutMiddleware()에 미들웨어를 명시하면 된다.

```
use App\Http\Middleware\RequirePassword;

class ProfileControllerTest extends TestCase
{
    use RefreshDatabase, WithFaker;

    public function testReturnsShowView()
    {
        $user = User::factory()->create();

        $this->actingAs($user)
            ->withoutMiddleware(RequirePassword::class)
            ->get(route('profile.show'))
            ->assertOk()
            ->assertViewIs('auth.profile.show');
    }

    public function testReturnsEditView()
    {
        $user = User::factory()->create();
```

```
        $this->actingAs($user)
            ->withoutMiddleware(RequirePassword::class)
            ->get(route('profile.edit'))
            ->assertOk()
            ->assertViewIs('auth.profile.edit');
    }
}
```

profile.update에서는 비밀번호를 변경하거나 이름을 바꿀 수 있다. 비밀번호 변경을 요구하지 않는 경우에는 변경되어서는 안 되고, 그 반대라면 바꿔야 한다. Hash::check()로 비밀번호가 변경되었거나 그대로인지 검증한다. 코드가 길지만, 아래에 사용된 테스트 메서드는 이미 다 살펴본 바 있어 어렵지 않을 것이다.

```
class ProfileControllerTest extends TestCase
{
    use RefreshDatabase, WithFaker;

    public function testUpdate()
    {
        $user = User::factory()->create();

        $data = [
            'name' => $this->faker->name(),
        ];

        $this->actingAs($user)
            ->withoutMiddleware(RequirePassword::class)
            ->put(route('profile.update'), $data)
            ->assertRedirect(route('profile.show'));

        $this->assertTrue(
            Hash::check('password', $user->getAuthPassword())
```

```
        );

        $this->assertDatabaseHas('users', [
            'name' => $data['name'],
        ]);
    }

    public function
    testUpdateContainsPassword(): void
    {
        $user = User::factory()->create();
        $password = $this->faker->password(8);

        $data = [
            'name' => $this->faker->name(),
            'password' => $password,
            'password_confirmation' => $password,
        ];

        $this->actingAs($user)
            ->withoutMiddleware(RequirePassword::class)
            ->put(route('profile.update'), $data)
            ->assertRedirect(route('profile.show'));

        $this->assertTrue(
            Hash::check($password, $user->getAuthPassword())
        );

        $this->assertDatabaseHas('users', [
            'name' => $data['name'],
        ]);
    }
}
```

```
vagrant@homestead:~/code$ artx
Http/Controllers/Auth/ProfileController ... 100 %
```

CHAPTER 05

커뮤니티

5.1 블로그
5.2 구독
5.3 글
5.4 댓글
5.5 파일
5.6 피드

시작하면서...

이제 인증을 마무리 지었으니 커뮤니티를 만들어야 할 차례다. 이름은 커뮤니티 서비스라고 지었지만 블로그 플랫폼에 가깝다. 이번에 배우게 될 주요 내용은 다음과 같다. 내용이 많아 보이지만 차근차근 알아보자.

- 리소스를 위한 컨트롤러인 리소스 컨트롤러(Resource Controller)
- 사용자 정의 속성 접근자(Accessor)/변이자(Mutator)
- 속성 캐스팅(Casting)
- 파일을 핸들링하기 위한 Storage, File 파사드 및 헬퍼함수
- 게시판 페이징을 위한 페이지네이션(Pagination)
- 권한과 관련된 정책(Policy)과 인가(Authorization)

커뮤니티에서 만들어 볼 기능은 블로그, 구독, 글, 댓글, 파일, 피드다. 기능을 만들기 전에 가장 먼저 해야 할 일은 마이그레이션을 만들고 모델을 생성하는 일이다. 이 과정은 라라벨로 어플리케이션을 만든다면 대부분 먼저 하게 되는 과정이다. 마이그레이션을 만들기 위해서는 먼저 데이터베이스를 설계할 필요가 있는데, 우리가 만들어 볼 게시판이 어떤 기능이 있는지 전체적인 이해와 명세에 대한 정의가 선행되어야 한다.

1. 사용자는 다수의 블로그를 가질 수 있다. (1:N)
2. 사용자는 다수의 블로그를 구독할 수 있다. (M:N)
3. 사용자는 다수의 댓글을 쓸 수 있다. (1:N)
4. 하나의 블로그는 다수의 글을 가질 수 있다. (1:N)
5. 하나의 글은 다수의 댓글을 가질 수 있다. (1:N)
6. 하나의 댓글은 다수의 대댓글을 가질 수 있다. (1:N)
7. 하나의 글은 다수의 첨부된 파일을 가질 수 있다. (1:N)

위와 같은 내용을 참고하여 커뮤니티를 진행할 예정이다. 블로그, 구독, 글, 댓글, 파일 순으로 진행이 될 것이다. ERD(Entity Relationship Diagram)의 경우 지금 알아보기보다는 해당 내용이 진행될 때 알아보자.

5.1 블로그

가장 처음으로 만들 기능은 블로그다. 사용자는 다수의 블로그를 소유할 수 있다고 했으니 1:N 관계를 가지게 된다. 이 부분은 마이그레이션상에서도 그대로 나타난다. 물론 모델에도 당연히 관계를 표현하게 된다. 먼저, 블로그와 관련된 기능을 만들기 위해 마이그레이션과 모델을 만들어보자.

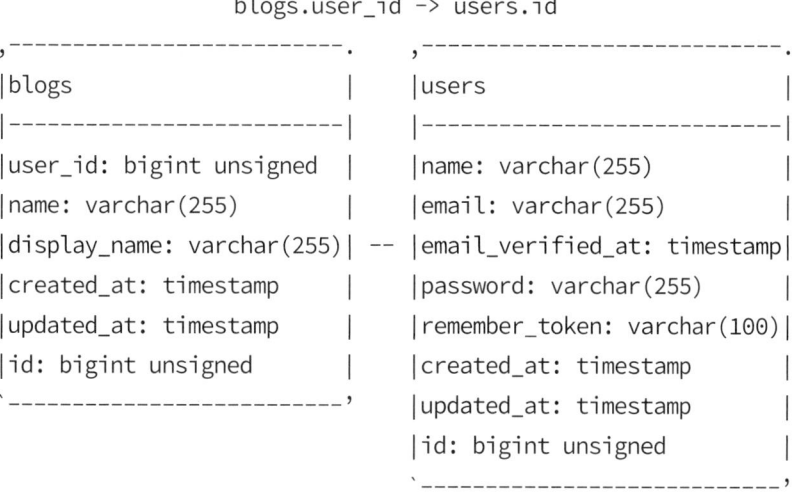

우리는 지금까지 마이그레이션, 모델, 모델 팩토리와 같은 것들을 필요할 때마다 명령어를 사용하여 하나씩 만들었는데, 이제 더는 그러지 않아도 된다. php artisan make:model을 하면서 마이그레이션, 모델, 모델 팩토리, 시더, 정책, 리소스 컨트롤러를 한 번에 만들 수 있다. 정책과 리소스 컨트롤러는 아직 배우지 않았지만, 사용할 예정이다. 모델을 생성할 때 단지, --all을 추가하면 된다. 설명에는 안 나와 있지만 FormRequests까지 생성된다. 덤으로 사용해볼까?

```
$ php artisan make:model Blog --all
Model created successfully.
Factory created successfully.
Created Migration: 2022_07_16_090616_create_blogs_table
Seeder created successfully.
Request created successfully.
```

```
Request created successfully.
Controller created successfully.
Policy created successfully.
```

5.1.1 모델

블로그를 위한 모델은 Blog 모델이다. 이에 관하여 살펴볼 내용은 User 모델과의 관계를 정의한 Blog::user()뿐이다. 이는 블로그를 소유한 사용자를 나타낸다. HasRelationships::belongsTo()를 사용하여 User의 소속이라는 것을 나타낸다. 모델에서는 관계(Relationship)를 설정하는 일이 중요하다. 관계는 데이터베이스 스키마 설계와 연관이 깊다. Blog가 User에 소속한다는 것은 1:N 관계가 될 수 있음을 의미하는데, 관계는 1:N 이외에도 1:1, M:N, 재귀 관계 등 다양하게 있다.

모델에는 관계를 위한 관계 메서드를 정의할 수 있고, $this->hasOne(), $this->hasMany()와 같이 포함(Has)관계를 나타내거나 $this->belongsTo(), $this->belongsToMany()와 같이 소속(BelongsTo)관계를 나타내는 것이 가능하다. 이 경우에는 소속관계에 있는 테이블에 외래키로 포함관계에 있는 기본키가 포함되어야 하며, 다시 이야기하자면 소속관계인 blogs 테이블에는 포함관계이자 사용자를 나타내게 될 users 테이블의 기본키를 참조하는 외래키인 user_id가 필요하다는 뜻이다.

```php
class Blog extends Model
{
    use HasFactory;

    protected $fillable = [
        'name',
        'display_name'
    ];
    public function user()
    {
        return $this->belongsTo(User::class);
```

```
        }
}
```

User 모델에서는 User가 다수의 블로그를 소유하고 있다는 것에 대한 표현이 필요한데, 그 부분이 바로 User::blogs()이다. HasRelationships::hasMany()를 사용하여 포함 관계를 나타낼 수 있다.

```
class User extends Authenticatable
{
    public function blogs()
    {
        return $this->hasMany(Blog::class);
    }
}
```

5.1.2 마이그레이션

이름과 관련하여 name, display_name으로 두 개의 칼럼이 정의된 것을 볼 수 있는데, 기존의 블로그 플랫폼 서비스들을 살펴보면 예를 들어 눈에 보이는 블로그의 이름이 Hello, world인 경우, 접근할 때 blogs/1보다는 blogs/hello-world 또는 blogs/helloworld와 같이 문자열을 라우트 키(Route Key)로 사용하여 접근하는 것을 볼 수 있을 것이다. 이런 점을 구현하기 위해 두 칼럼이 추가적으로 선언되었다.

Blog가 User에 소속됨을 나타내는 외래키가 지정된 것을 볼 수 있다. 외래키를 지정하는 방법에는 foreignIdFor(), foreign(), foreignId()가 있는데, 약간의 사용법 차이만 있을 뿐 외래키를 지정한다는 점에서는 차이가 없다. foreignId()의 경우 sessions 테이블의 마이그레이션에서도 사용된 바 있다. foreignIdFor()는 외래키를 지정할 때 모델을 사용하여 지정해줄 수 있으며, 연이어 constrained()를 체이닝하는데, 필요하다면 참조할 테이블과 칼럼을 수동으로 지정해줄 수도 있다.

```
Schema::create('blogs', function (Blueprint $table) {
    $table->id();
    $table->foreignIdFor(\App\Models\User::class)
        ->constrained()
        ->cascadeOnDelete();
    $table->string('name')->unique();
    $table->string('display_name');
    $table->timestamps();
});
```

5.1.3 모델 팩토리

블로그의 name, display_name을 지정하는 것이 기존에 작성했던 모델 팩토리와 차이를 보이는데, 값을 지정할 때 클로저를 지정해주면 평가 시점을 늦추는 것으로 이미 값이 지정된 속성에 접근할 수 있다. 클로저 내부에서 $attributes로 접근한다. 이를테면 display_name이 Hello World라면 name의 값을 hello-world로 지정한다. 모델 팩토리에 포함관계를 지정할 수도 있는데, 블로그를 생성할 때 소유자까지 함께 생성하려면 user_id에 User::factory()를 지정할 수 있다.

```
use Illuminate\Support\Str;

public function definition()
{
    return [
        'user_id' => User::factory(),
        'name' => function (array $attributes) {
            return Str::slug($attributes['display_name']);
        },
        'display_name' => fake()->unique()->words(3, true),
    ];
}
```

5.1.4 시딩

시딩에서는 우리가 모델에 지정한 관계를 사용하게 될 것이다. 관계를 사용하여 새로운 레코드를 만드는 일은 어려운 일이 전혀 아니다. 또한 인증 서비스에서는 이야기하지 않았던 팩토리에서 지원하는 기능들도 알아보자.

Blog를 시딩하는 코드를 작성하는 방법은 총 세 가지가 있다. 가장 먼저 User::blogs()로 만들어준 관계를 통해 saveMany()를 호출하여 Blog를 1개 지정해주고 있는 것을 알 수 있다. save()를 사용하면 단일 모델을 지정해줄 수도 있다. 이렇게 관계를 통해 모델을 생성하면 user_id로 지정해준 외래키 또한 자동으로 입력되기 때문에 외래키에 대한 고민은 할 필요 없다.

```
$user->blogs()->saveMany(Blog::factory()->make());
```

또 한 가지는 팩토리에서 제공하는 방법으로 외래키 관계를 가진 모델을 지정해줄 수도 있다. 바로 Factory::for()를 사용하는 것이다. Factory::for()를 사용하여 주입 받은 User를 소유자로 지정한다.

```
Blog::factory()->for($user)->create();
```

팩토리가 제공하는 또 한 가지 방법은 동적 메서드를 사용하는 것이다. 이때 매직 메서드 __call()을 이용한다. 그러나 이 방법을 사용하면 User가 모델 팩토리를 통해 새로 생성된다. 즉, UserFactory를 사용하여 User를 생성하려고 시도한다는 이야기다. 그러나 이미 인증 서비스의 UserSeeder에서 사용자를 생성하고 있기 때문에 해당 방법은 현재 적절하지 않다. 하지만 적어도 테스트에서만큼은 적극적으로 사용 가능하다.

```
Blog::factory()->forUser()->create();
```

최종적으로 BlogSeeder에 작성하게 될 코드는 아래와 같이 User::all()->each()를 사용하여 모든 유저를 대상으로 블로그를 한 개씩 소유하도록 하는 것이다. User::all()은 컬렉션을 반환하며 이전에 한 번 소개한 바 있듯이 each, reduce와 같은 함수형 프로그래밍에서 자주 사용되는 메서드가 담겨있으므로 이에 대한 지식이 있다면 유용하게 사용할 수 있다. 그리고 자바스크립트로 로대시와 같은 함수형 라이브러리를 사용해본 경험이 있다면 더욱 적극적으로 사용할 수 있다.

이후에는 DatabaseSeeder::run()에 BlogSeeder를 호출하도록 해주자.

```php
// database/seeders/BlogSeeder.php
public function run()
{
    User::all()->each(function (User $user) {
        Blog::factory()->for($user)->create();
    });
}

// database/seeders/DatabaseSeeder.php
$this->call([
    BlogSeeder::class,
]);
```

5.1.5 라우팅 & 컨트롤러

블로그를 위한 컨트롤러는 일반적인 컨트롤러가 아닌 리소스 컨트롤러(Resource Controller)다. 리소스 컨트롤러는 리소스의 CURD(Create, Update, Read, Delete)를 위한 맞춤 컨트롤러다. RESTful API처럼 HTTP Method를 적극 활용하는 스타일을 채용하여 라우트가 구성된다. 여기서 리소스(Resources)라 함은 블로그, 글, 댓글, 사용자와 같이 어플리케이션 내부에서 사용되는 개념들을 지칭한다고 볼 수 있다. 따라서 리소스에 대한 작업이 필요한 경우 리소스 컨트롤러를 사용하여 일관성 있게 처리할 수 있다. 메서드 및 라우트의 이름 또한 알기 쉬운 이름으로 구성된다.

```
class BlogController extends Controller
{
    public function index() {}
    public function create() {}
    public function store(StoreBlogRequest $request) {}
    public function show(Blog $blog) {}
    public function edit(Blog $blog) {}
    public function update(UpdateBlogRequest $request, Blog $blog) {}
    public function destroy(Blog $blog) {}
}
```

각 컨트롤러 메서드가 가지는 의미는 [표 5-1]과 같다. 앞으로도 리소스 컨트롤러는 계속 만들고 사용하게 될 예정이니 여기에서 반드시 이해하고 넘어갈 필요가 있다.

Verb	Action	Route Name	Description
GET	index	*.index	목록
GET	create	*.create	생성 (View)
POST	store	*.store	생성
GET	show	*.show	읽기
GET	edit	*.edit	수정 (View)
PUT/FETCH	update	*.update	수정
DELETE	destroy	*.destroy	삭제

[표 5-1] 리소스 컨트롤러

공통적으로 읽기 관련 기능은 GET, 쓰기는 POST, 수정은 PUT/FETCH, 삭제는 DELETE 메서드를 사용하고 있음을 알 수 있다. 이 스타일은 RESTful API의 디자인 스타일과 일치하며 라라벨은 이에 따라 리소스 컨트롤러가 구성된다는 사실을 알 수 있다. 이제 생성한 리소스 컨트롤러를 라우트에 등록해보자.

그 전에, 먼저 커뮤니티 서비스에서 만들 기능은 전부 로그인이 되어있어야 함은 물론 이메일이 인증되어 있어야 사용 가능하기 때문에 auth, verified 미들웨어가 사용되는 것이 기본 명세라고 가정하자. 따라서 RouteServiceProvider에서 routes/web.php에 대한 라우트 명세를 약간 바꿔주자.

```
// app/Providers/RouteServiceProvider.php
class RouteServiceProvider extends ServiceProvider
{
    public function boot()
    {
        $this->routes(function () {
            Route::middleware(['web', 'auth', 'verified'])
                ->group(base_path('routes/web.php'));
        });
    }
}

// routes/web.php
Route::resource('blogs', \App\Http\Controllers\BlogController::class);
```

리소스 컨트롤러에 등록한 이후에는 php artisan route:list를 사용해서 blogs로 시작하는 라우트를 확인하자. Route::resource()를 사용하면 리소스 컨트롤러를 등록할 수 있는데, Route::resources()를 사용하면 다수의 리소스 컨트롤러를 등록할 수도 있다.

기본적으로 리소스 컨트롤러의 라우트 키(Route Key)는 테이블의 기본 키(Primary Key)인 id다. 즉, id가 1인 블로그에 접근하기 위해서는 blogs/1로 접근해야 한다. 라우트 원형은 blogs/{blog}이다. 라우트 키를 id가 아닌 다른 것으로 바꿀 수도 있는데, 만약 라우트 원형이 blogs/{blog:name}과 같은 형태라면, 라우트 키를 id가 아니라 name으로 바꾸라는 이야기로 해석한다. 즉, id가 1인 블로그의 name의 값이 helloworld이면 blogs/helloworld로 접근할 수 있게 해준다. 키는 유니크해야 하므로 블로그의 키값 또한 유일무이하게 설정했기 때문이다.

이 동작을 라우트가 아닌 모델에서 하는 것도 가능하다. 바로 Model::getRouteKeyName()을 재정의하는 것이다. 라우트 키라고 하는 것은 추후 배울 묵시적 바인딩(Implicit Binding)이라고 하는 기능과도 관련이 있기도 하므로 Model::getRouteKeyName()이 하는 역할에 대해서는 기억해둘 필요가 있다. 이번에는 라우터가 아닌 모델에서 키를 지정하는 방식으로 사용한다.

```
class Blog extends Model
{
    public function getRouteKeyName()
    {
        return 'name';
    }
}
```

5.1.6 구현

이제 구현해보자. 가장 먼저 구현해볼 것은 새로운 블로그를 만드는 것이다. 구현 순서는 CRUD(Create, Read, Update, Delete)에 따른다. 따라서 가장 먼저 구현할 기능은 생성이다. BlogController::create()에서는 단순하게 블로그 생성 폼이 위치한 blogs.create를 반환하면 된다. 접근 주소는 GET /blogs/create에 해당한다.

```
class BlogController extends Controller
{
    public function create()
    {
        return view('blogs.create');
    }
}
```

이제 블로그 생성 요청을 보내기 위한 blogs.show를 만들어보자. 블로그의 이름과 화면상에 드러날 이름을 받아서 처리할 수 있다.

```
$ mkdir resources/views/blogs
$ touch resources/views/blogs/create.blade.php
```

```
@extends('layouts.app')

@section('title', '새로운 블로그 만들기')

@section('content')
    <form action="{{ route('blogs.store') }}" method="POST">
        @csrf

        <input type="text" id="name" name="name" value="{{ old('name') }}">
        <input type="text" id="display_name" name="display_name" value="{{ old('display_name') }}">

        <button type="submit">블로그 만들기</button>
    </form>
@endsection
```

BlogController::store()에서 해줄 일은 블로그를 생성하는 일이다. 유효성 검사에서는 이름의 중복을 체크해주면 되고, 규칙은 StoreBlogRequest에 작성하자.

```
class StoreBlogRequest extends FormRequest
{
    public function rules()
    {
        return [
            'name' => 'required|unique:blogs,name|max:255|min:4',
            'display_name' => 'required|max:255'
        ];
    }
}
```

블로그를 생성할 때 $user->blogs()->create()로 이어주면 관계에 의해 user_id는 자동으로 입력되고 블로그가 생성된다. 이후에는 블로그 대시보드인 dashboard.blogs로 이동한다.

```
class BlogController extends Controller
{
    public function store(StoreBlogRequest $request)
    {
        $user = $request->user();

        $user->blogs()->create($request->validated());

        return to_route('dashboard.blogs');
    }
}
```

GET /blogs에 해당하는 BlogController::index()에서는 목록을 표시하기 위한 코드를 작성해 보자. 먼저 Blog::all()을 사용하여 모든 블로그를 얻어 온다. 이 형태는 가장 단순하지만 모든 데이터를 조회하므로 데이터가 많아질수록 시간적 비용이 많이 든다. 데이터가 쌓이면 쌓일수록 페이지 로드 속도가 아주 느려질 것이다.

```
use App\Models\Blog;

class BlogController extends Controller
{
    public function index()
    {
        return view('blogs.index', [
            'blogs' => Blog::all()
        ]);
    }
}
```

이제 블로그 목록을 표시하기 위해 일단 뷰를 만들어보자. resources/views/blogs 아래에 index.blade.php를 생성하자.

```
$ touch resources/views/blogs/index.blade.php
```

blogs/index.blade.php에서는 단순하게 블로그 목록을 표시하는 역할만 하게 된다. 여기서 주목해서 보아야 할 부분은 블로그의 소유자를 나타내기 위해 $blog-〉user-〉name과 같은 표현을 사용했다는 점이다. 다른 모델과 관계가 형성된 모델이라면 마치 미리 존재하는 프로퍼티인 것처럼 접근할 수 있다.

```
@extends('layouts.app')

@section('title', '블로그목록')

@section('content')
    <ul>
        @foreach ($blogs as $blog)
            <li>
                <h3><a href="{{ route('blogs.show', $blog) }}">{{ $blog->display_name }}</a></h3>
                <div>{{ $blog->user->name }}</div>
            </li>
        @endforeach
    </ul>
@endsection
```

이 코드는 개선해야 할 부분이 있는데, blogs/index.blade.php 코드를 보면 블로그 소유자의 이름을 얻기 위해 $blog-〉user-〉name처럼 썼다. 이를 @foreach()로 반복하고 있으므로 그에 관련된 SQL이 여러 번 실행되는 현상이 발생한다. 모든 블로그의 소유자의 이름을 얻기 위해 WHERE이 한 번씩 전부 실행되어 사용자 11명에 대한 SQL이 12(N+1)번 실행된다.

```
select * from blogs;

select * from users where users.id = 10
select * from users where users.id = 11
select * from users where users.id = 12
```

데이터가 누적될수록 관계로 인한 참조로 생성되는 SQL이 늘어나고 이에 따라 어플리케이션 퍼포먼스는 급격하게 나빠지게 되는데, 이럴 때 필요한 것이 바로 즉시 로딩(Eager Loading)이다. 즉시 로딩을 사용하면 실행되는 쿼리의 수가 획기적으로 감소하기 때문에 퍼포먼스를 고려했을 때 필히 사용되는 기능 중 하나다. 이 문제는 흔히 N+1 쿼리의 문제를 해결하기 위해 사용된다. 즉시 로딩을 사용하려면 Model::with()를 사용할 수 있으며 뷰에서 사용할 관계를 미리 명시할 수 있다.

```
'blogs' => Blog::with('user')->get()
```

이제 쿼리의 수는 줄어들었고, 아래의 쿼리가 실행된다. 이러한 형태로 어플리케이션의 퍼포먼스를 향상시킬 수 있는 방법이 바로 즉시 로딩이며, 때에 따라 여러 관계를 로드하거나 중첩된 관계를 로드해야 하는 경우도 있는데, 그러한 상황들은 어플리케이션을 작성하면서 자연스럽게 알아가게 될 내용이니 즉시 로딩의 기초만 이해하고 넘어가자.

이러한 즉시로딩을 사용해야 하는 시점을 알려주는 유용한 도구로 Laravel Query Detector(https://github.com/beyondcode/laravel-query-detector)가 있다. 별다른 설정 없이 설치하기만 해도 N+1 문제 발생을 브라우저에서 알려준다. Laravel Debugbar가 설치되어 있다면, 오류를 N+1 Queries 탭에 출력하도록 할 수도 있다.

```
select * from blogs;

select * from `users` where `users`.`id` in (1, 2, 3, 4, 5, 6, 7, 8, 9, 10, 11)
```

목록에 표시할 내용이 많을 때 게시판이나 블로그에서 가장 많이 볼 수 있는 방식이 바로 페이지네이션이다. 프론트엔드에서 자주 사용하는 방식 중 하나인 무한 스크롤링을 위한 데이터도 던져주는 것이 가능하다. 라라벨의 페이지네이션을 사용하면 SQL의 limit과 offset을 내부에서 값을 처리하기 때문에 사용자 입장에서는 크게 신경 쓸 것이 없다. 페이지네이션을 위한 쿼리 파라매터로는 page라는 키를 사용하며, page=1은 첫 번째 페이지를 의미한다.

가장 간단한 형태의 페이지네이션은 다음과 같다. Builder::paginate()를 사용하거나 Builder::simplePaginate()를 사용하여 나타낼 수 있다. Builder::paginate()은 일반적으로 가장 많이 볼 수 있는 숫자 형태의 링크가 표시된 페이지네이션이며 Builder::simplePaginate()는 이전/다음 링크만 있는 형태로 구성된다.

```
'blogs' => Blog::with('user')->paginate(5)
```

이렇게 페이지네이션을 처리한 경우에 뷰에는 어떻게 보여줄 수 있을까? 아주 간단하게 $blogs->links()와 같이 사용하면 표시할 수 있다.

```
{{ $blogs->links() }}
```

그렇다면 여기서 한가지 드는 의문, 뷰에서 저렇게 단순하게 표현했다면 커스텀은 도대체 어디서 한단 말인가? 라라벨은 프론트엔드 단에서는 Tailwind CSS를 주로 사용하여 표현하곤 하는데, 페이지네이션도 마찬가지로 사용되었다. 페이지네이션 뷰 파일을 커스텀하려면 php artisan vendor:publish를 써보자.

```
$ php artisan vendor:publish --tag=laravel-pagination
```

페이지네이션을 위한 템플릿들이 resources/views/vendor/pagination에 생성되었을 것이고, 파일이 언뜻 보기에는 많아 보이지만 CSS 프레임워크에 따라 나뉘었을 뿐인 파일들이 보인 것이다.

- bootstrap-4.blade.php (Bootstrap)
- bootstrap-5.blade.php (Bootstrap)
- simple-bootstrap-4.blade.php (Bootstrap)
- simple-bootstrap-5.blade.php (Bootstrap)
- semantic-ui.blade.php (Semantic UI)
- tailwind.blade.php (Tailwind CSS)

- simple-tailwind.blade.php (Tailwind CSS)
- default.blade.php
- simple-default.blade.php

Builder::paginate()로 사용했을 때 tailwind.blade.php로 지정되고, Builder::simplePaginate()에서는 simple-tailwind.blade.php가 기본적인 뷰로 지정된다. 기본적으로 지정되는 뷰 파일을 바꾸고 싶다면 ServiceProvider에서 할 수 있는데, 새로운 서비스 프로바이더를 만들어보자. config/app.php에서 PaginateSerivceProvider를 등록하자.

```
$ php artisan make:provider PaginateServiceProvider
```

```
'providers' => [
    App\Providers\PaginateServiceProvider::class
]
```

이제 PaginateServiceProvider::boot()에서 Paginator::defaultView() 또는 Paginator::defaultSimpleView()를 사용하여 기본 뷰를 바꿀 수 있다.

```
use Illuminate\Pagination\Paginator;

class PaginateServiceProvider extends ServiceProvider
{
    public function boot()
    {
        Paginator::defaultView('vendor/pagination/default');
        Paginator::defaultSimpleView('vendor/pagination/simple-default');
    }
}
```

GET /blogs/{blog}에 해당하는 BlogController::show()는 블로그의 상세페이지를 의미한다. 먼저 blogs/show.blade.php를 만들어보자. BlogController::show()에서 blogs.show에 Blog를 반환하기만 하면 된다.

```php
class BlogController extends Controller
{
    public function show(Blog $blog)
    {
        return view('blogs.show', [
            'blog' => $blog
        ]);
    }
}
```

일반적으로 블로그의 상세페이지에는 표기되어야 할 내용이 많은데, 지금 할 수 있는 것은 제목을 표시하시는 것뿐이다. 따라서 글을 나타내는 일은 이후에 추가적으로 해보도록 하자. 여기서 @auth에 관리자 메뉴를 표시해준 것을 볼 수 있는데, 현시점에서 한 가지 큰 문제가 있다면 해당 블로그의 소유자뿐만 아니라 그저 인증된 사용자라면 구분 없이 해당 버튼을 표시한다는 점이다. 이는 큰 문제가 있는 부분인데, 다음에 배울 정책과 인가에서 이를 해결해보기로 하자.

```
$ touch resources/views/blogs/show.blade.php
```

```blade
@extends('layouts.app')

@section('title', $blog->display_name)

@section('content')
    <h3>{{ $blog->display_name }}</h3>
    @auth
    <ul>
        <li><a href="{{ route('blogs.edit', $blog) }}">블로그 관리</a></li>
    </ul>
    @endauth
@endsection
```

여기서 우리가 더 알아보아야 할 사항은 'BlogController::show()에 파라매터로 Blog가 어떻게 넘어오게 될까?'에 대한 이야기다. blogs.show의 라우트 형태는 blogs/{blog:name}인데, string 타입이 아닌 Blog가 바로 넘어올 수 있는 이유는 무엇일까?

BlogController::show()에서 주목해야 하는 것은 라우트의 URL 파라매터로 지정된 이름인 blog와 변수의 이름 $blog가 서로 같은 이름을 지닌다는 것이다. 라우트와 컨트롤러에서 이러한 관계가 형성되었을 때, 묵시적 바인딩(Implicit Binding)이라는 기능이 동작한다. 묵시적 바인딩이 동작하면, 지정된 라우트 키가 들어왔을 때 타입힌트를 통해 모델로 바꿔버릴 수 있다.

이것이 동작하는 방식을 이해하기 위해서는 Model::resolveRouteBinding()을 살펴볼 필요가 있다. 이 메서드에서 묵시적 바인딩에 대한 처리를 하기 때문이다. 내부에서 추가적으로 호출되는 Model::resolveRouteBindingQuery()와 Model::getRouteKeyName()도 같이 보자.

```
abstract class Model
{
    public function getRouteKeyName()
    {
        return $this->getKeyName();
    }

    public function resolveRouteBindingQuery($query, $value, $field = null)
    {
        return $query->where($field ?? $this->getRouteKeyName(), $value);
    }

    public function resolveRouteBinding($value, $field = null)
    {
        return $this->resolveRouteBindingQuery($this, $value, $field)->first();
    }
}
```

바인딩을 위해 의존성을 해결할 때 Model::resolveRouteBinding()이 호출되는데, 내부적으로 호출되는 Model::resolveRouteBindingQuery()를 보면 쿼리빌더를 통해 Builder::where()를 체이닝하여 범위를 지정하는 것을 볼 수 있다. 기본적으로 Model::getRouteKeyName()에서 Model::getKeyName()은 Model::$primaryKey로 지정된 것을 반환하므로 id가 지정될 테지만, 우리는 라우트 키를 명시적으로 지정했으므로 name으로 변경된다. $value에는 URL 파라미터로 넘어온 값, 그러니까 name의 값이 넘어올 것이니 blogs/hello-world이라고 접근하면 다음과 같이 쿼리빌더가 작성된다.

```
$query->where('name', 'hello-world')->first()
```

따라서 라우트에서 URL 파라미터를 통해 바인딩하는 방식을 바꾸고 싶다면 Model::resolveRouteBinding()을 재정의해서 처리하면 된다는 이야기로 해석할 수 있다. Model::resolveRouteBinding()을 재정의하는 방법 이외에 의존성 해결 방법을 명시하는 또 한 가지 방법은 RouteServiceProvider::boot()에서 Route::bind()에 클로저를 등록하는 것이다.

```
class RouteServiceProvider extends ServiceProvider
{
    public function boot()
    {
        Route::bind('blog', function ($value) {
            return Blog::where('name', $value)->firstOrFail();
        });
    }
}
```

많이 쓰인다고는 할 수 없지만, 명시적으로 바인딩하는 방법도 존재한다. RouteServiceProvider::boot()에서 처리할 수 있다. Route::model()을 사용하여 모델 클래스를 직접 명시한다. user는 라우트 키의 이름이며 GET /blogs/{blog}와 같이 접근할 때 사용할 수 있다.

```
class RouteServiceProvider extends ServiceProvider
{
```

```
    public function boot()
    {
        Route::model('blog', Blog::class);
    }
}
```

GET /blogs/{blog}/edit에 해당하는 BlogController::edit()는 단순하게 블로그를 수정하기 위한 폼을 출력하는 뷰를 반환할 수 있다. blogs.edit 뷰를 반환해주자. 블로그의 이름을 수정하거나 또는 삭제하기도 할 것이므로 묵시적 바인딩을 통해 넘겨받은 Blog를 넘겨주자.

```
class BlogController extends Controller
{
    public function edit(Blog $blog)
    {
        return view('blogs.edit', [
            'blog' => $blog
        ]);
    }
}
```

blogs.edit에서는 블로그를 수정하기 위해 blogs.update로 요청을 보낸다. 수정 요청은 @method()를 사용하여 PUT으로 처리한다는 것을 잊어서는 안 된다.

```
$ touch resources/views/blogs/edit.blade.php
```

```
@extends('layouts.app')

@section('title', '블로그관리')

@section('content')
    <form action="{{ route('blogs.update', $blog) }}" method="POST">
        @method('PUT')
```

```
        @csrf

        <input type="text" name="name" value="{{ $blog->name }}">
        <input type="text" name="display_name" value="{{ $blog->display_name }}">

        <button type="submit">이름 바꾸기</button>
    </form>
@endsection
```

PUT/PATCH /blogs/{blog}에 해당하는 BlogController::update()에서는 blogs.edit으로부터 온 name, display_name으로 값을 갱신한다. 유효성 검사는 BlogController::store()에서 했던 것 그대로 해주고, $blog->update()를 사용해서 값을 갱신할 수 있다.

```
// app/Http/Requests/UpdateBlogRequest.php
class UpdateBlogRequest extends FormRequest
{
    public function rules()
    {
        return [
            'name' => 'required|unique:blogs,name|max:255|min:4',
            'display_name' => 'required|max:255'
        ];
    }
}

// app/Http/Controllers/BlogController.php
class BlogController extends Controller
{
    public function update(StoreBlogRequest $request, Blog $blog)
    {
        $blog->update($request->validated());

        return to_route('dashboard.blogs');
```

```
        }
    }
```

마지막으로 삭제만 남았다. DELETE /blogs/{blog}에 해당하는 BlogController::destroy()에서 단순하게 블로그를 삭제하면 된다. 별도의 뷰는 없으며 보통 대시보드 또는 관리 페이지에서 해줄 수 있다. $blog->delete()를 사용하면 간단하게 블로그를 삭제할 수 있다.

```
class BlogController extends Controller
{
    public function destroy(Blog $blog)
    {
        $blog->delete();

        return to_route('dashboard.blogs');
    }
}
```

삭제 버튼은 blogs.edit에 추가해보자. 수정 폼 바로 아래에 다음과 같이 삭제 버튼을 추가해보자. 이때 @method를 사용하여 DELETE를 지정해주는 것을 잊지 말자.

```
<form action="{{ route('blogs.destroy', $blog) }}" method="POST">
    @method('DELETE')
    @csrf

    <button type="submit">삭제</button>
</form>
```

5.1.7 정책과 인가

블로그를 구현할 때 잠깐 언급했듯이 인증된 사용자라고 할지라도 소유하지 않은 블로그를 관리하거나 또는 다른 사람이 가지고 있는 블로그를 수정, 삭제할 수 있어서는 안 된다. 소유한 블로그에만 조작을 가할 수 있어야 하는데, 이러한 일을 가능하도록 해주는 기능이 정책(Policy)과 인가(Authorization) 기능이다. 정책과 인가는 게이트(Gate)와 정책(Policy)이라는 두 가지 기능으로 이원화되어 있는데, 게이트는 가장 기본적인 권한 검사이고 정책은 특정한 모델이나 리소스에 특화된 권한을 검사할 때 사용할 수 있는 기능이다. 두 가지 기능을 알아보자.

게이트를 사용하면 가장 기본적인 권한 검사 로직을 작성할 수 있다. 게이트는 일반적으로 App₩Providers₩AuthServiceProvider::boot()에 작성한다. 예를 들어 블로그를 수정하고 싶은데 수정할 수 있는 권한이 있는지 검사하려면 다음과 같이 작성할 수 있다. 다만, 게이트의 경우에는 모델이나 리소스와는 관련이 그다지 없는, 이를테면 운영자만 접속할 수 있는 대시보드에 대한 진입 권한 검사와 같은 곳에 사용할 때가 많다. TelescopeServiceProvider 에서 게이트를 사용하여 권한을 검사한 바 있다.

```php
use App\Models\User;
use App\Models\Blog;
use Illuminate\Support\Facades\Gate;

class AuthServiceProvider extends ServiceProvider
{
    public function boot()
    {
        Gate::define('update-blog', function (User $user, Blog $blog) {
            return $user->id === $blog->user_id;
        });
    }
}
```

update-blog 게이트는 인증된 User의 id와 넘어온 Blog의 user_id를 비교하여 블로그의 소유자가 사용자와 동일한지 검사한다. 이렇게 작성된 게이트를 사용하기 위해 BlogController::update()에서 작성해보자면 다음과 같이 사용할 수 있다.

```
use Illuminate\Support\Facades\Gate;

class BlogController extends Controller
{
    public function edit(Blog $blog)
    {
        if (! Gate::allows('update-blog', $blog)) {
            abort(403);
        }
    }
}
```

Gate::allows() 또는 Gate::denies()를 사용하면 권한을 점검할 수 있으며 그 외에 Gate::any(), Gate::none()을 사용하면 다수의 권한을 받아서 처리하는 것도 가능하다. Gate::authorize()를 사용하면 조건문을 사용하지 않고도 권한이 없을 때 403을 던질 수 있다.

```
Gate::authorize('update-blog', $blog);
```

여기서 또 한 가지, 만일 슈퍼 유저가 있다고 가정했을 때는 어떻게 해야 할까? 슈퍼 유저가 있다면 권한과 관련 없이 모든 블로그에 대해 권한을 가지고 있어서 조작할 수 있다. 이를 위해 AppServiceProvider::boot()에서 Gate::before()를 사용할 수 있고, 권한 체크 이후에 뭔가를 해야 한다면 Gate::after()를 사용해볼 수도 있다. Gate::before(), Gate::after()가 반환하는 값이 null이 아니라면 권한 검사의 최종 반환값이 될 것이다.

```
Gate::before(function ($user, $ability) {
    if ($user->isAdministrator()) {
        return true;
    }
});
```

권한 검사의 중심에 모델이나 리소스가 있을 경우에는 게이트보다는 정책을 사용하는 것이 좋다. 정책은 특히 리소스 컨트롤러와 함께 사용할 때 유용한데 특정 리소스의 CURD에 대한 권한 검사 로직을 하나의 클래스에 모아 놓은 것이라고 볼 수 있다. 클래스 네이밍 접미사로 Policy가 붙고, app/Policies에 생성된다. 정책 클래스는 viewAny(), view(), create(), update()와 같은 정책 메서드를 가지고 있으며 다음과 같은 생김새를 가지고 있다.

```
namespace App\Policies;

use App\Models\Blog;
use App\Models\User;
use Illuminate\Auth\Access\HandlesAuthorization;

class BlogPolicy
{
    use HandlesAuthorization;

    public function viewAny(User $user) {}
    public function view(User $user, Blog $blog) {}
    public function create(User $user) {}
    public function update(User $user, Blog $blog) {}
    public function delete(User $user, Blog $blog) {}
    public function restore(User $user, Blog $blog) {}
    public function forceDelete(User $user, Blog $blog) {}
}
```

정책 클래스의 각 메서드가 가지는 의미는 리소스 컨트롤러의 메서드와는 매칭될 수 있는데, 각 의미는 다음과 같다.

Policy method	Resource controller method
viewAny	index
view	show
create	create, store
update	edit, update
delete	destroy

[표 5-2] 정책 클래스 메서드

restore(), forceDelete()는 아직 배우지 않은 소프트 삭제(Soft Deletes)에 대한 내용이다. 소프트 삭제는 모델을 완전히 제거하는 것이 아니라 삭제가 된 것처럼 취급만 한다. 우리가 흔히 Windows에서 파일 삭제를 누르면 휴지통으로 가고 파일 자체는 삭제되지 않는 것과 비슷하다. 휴지통에서 파일을 다시 복구할 때 restore(), 파일을 완전히 제거할 때 forceDelete()로 권한을 검사한다고 생각하면 좋다.

정책은 기본적으로는 등록하지 않아도 동작한다. 정책이 app/Policies에 있고 {Model}Policy라는 이름을 따르기만 하면 자동으로 검색하기 때문이다. AuthServiceController::boot()에 보면 $this-> registerPolicies()라는 메서드로 정책을 등록하고 있음을 볼 수 있다. 이 메서드 자체에 대해서는 건드릴 필요는 없고, AuthServiceController::$policies에 등록할 수 있다. 그러나 기본적으로는 등록을 하지 않아도 동작한다.

```
use App\Models\Blog;
use App\Policies\BlogPolicy;
use Illuminate\Foundation\Support\Providers\AuthServiceProvider as ServiceProvider;

class AuthServiceProvider extends ServiceProvider
{
    protected $policies = [
        Blog::class => BlogPolicy::class
    ];

    public function boot()
    {
        $this->registerPolicies();

        //
    }
}
```

정책으로 권한을 검사할 수 있는 방법으로는 여러 가지가 있는데, 사용자 객체를 통해서 하는 방법과 블레이드 템플릿에서 하는 방법, 미들웨어를 통해서 하는 방법까지 3가지 정도 있다. 살펴보자면 다음과 같다.

```
// Controller Method
$request->user()->can('update', $blog); // or, cannot
$request->user()->can('create', \App\Models\Blog::class);
$this->authoirze('update', $blog);
$this->authoirze('create', \App\Models\Blog::class);

// Controller Constructor
$this->authorizeResource(Blog::class, 'blog');

// Blade
@can('update', $blog) // or, @cannot

// Middleware
Route::put('/blogs/{blog}', function (Blog $blog) {})->middleware('can:update,blog');
Route::put('/blogs/{blog}', function (Blog $blog) {})->can('update', 'blog');
Route::post('/blogs', function () {}) ->middleware('can:create,App\Models\Blog');
Route::post('/blogs', function () {})->can('create', \App\Models\Blog::class);
```

대체로 정책 메서드 중 update(), delete()처럼 대상 리소스 모델이 주입되는 경우에는 그에 해당하는 모델 인스턴스를 넣으면 되지만, create()와 같이 주입되지 않는 경우에는 대상 모델 클래스의 이름을 넣는다. 또한 middleware('can:update,blog'), ->can('update', 'blog')과 같이 모델 인스턴스도 아니고, 모델 클래스의 이름도 아닌 그저 문자열 형태로 사용된 것은 정책 메서드에 전달하고자 하는 라우트 파라매터의 이름이다. 정책 메서드 내부에서는 묵시적 바인딩이 사용되기 때문이다.

정책으로 권한을 확인하는 여러 가지 방법 중에서, 리소스 컨트롤러에 가장 적용하기 쉬우면서 간단한 방법인 $this->authorizeResource()를 사용해보자. BlogController::__construct()에서 사용한다.

```
class BlogController extends Controller
{
    public function __construct()
    {
        $this->authorizeResource(Blog::class, 'blog');
    }
}
```

이 한 줄의 코드만 호출하면 BlogPolicy::viewAny(), BlogPolicy::view()와 같은 정책 클래스의 메서드가 리소스 컨트롤러의 메서드와 매칭되어 사용자가 해당 액션을 처리하려고 하면 호출될 것이다.

viewAny(), view()는 리소스 컨트롤러의 index(), show()와 매칭된다. 우리는 블로그에 대한 컨텐츠에 접근하기 위해서는 인증은 필요로 하지만, 읽기에 대해서 별도의 권한을 필요로 하지는 않는다. 따라서 그저 true를 반환해주면 된다.

```
class BlogPolicy
{
    public function viewAny(User $user)
    {
        return true;
    }

    public function view(User $user, Blog $blog)
    {
        return true;
    }
}
```

create()는 리소스 컨트롤러의 create(), store()에 매칭된다. 블로그의 생성은 인증된 사용자라면 누구나 할 수 있다. 따라서 true를 반환해주면 된다.

```
class BlogPolicy
{
    public function create(User $user)
    {
        return true;
    }
}
```

update()는 리소스 컨트롤러에서 edit(), update()를 의미한다. 블로그를 소유한 사용자만이 수정할 수 있어야 하는데, 이전에 update-blog 게이트에서 작성했던 것처럼 그저 ID를 비교해 주기만 하면 된다.

```
class BlogPolicy
{
    public function update(User $user, Blog $blog)
    {
        return $user->id === $blog->user_id;
    }
}
```

delete()는 리소스 컨트롤러의 destroy()와 일치하며 리소스를 삭제하려고 시도할 때 호출된다. 리소스의 삭제 권한은 리소스의 소유자에게만 있으므로 수정 권한과 다르지 않고 똑같이 주면 된다.

```
class BlogPolicy
{
    public function delete(User $user, Blog $blog)
    {
        return $user->id === $blog->user_id;
    }
}
```

이렇게 작성한 정책을 뷰에 표현하는 것도 중요하다. 권한이 없으면 처음부터 보여주지 않아야 사용자가 실수로 누를 일이 없기 때문이다. 블로그를 소유하지 않은 사용자가 블로그 관리 버튼을 누를 수 없도록 blogs.show에 다음과 같이 처리해보자. @can()을 사용하여 권한의 이름을 명시하여 처리했다. blogs.edit에서는 update, delete에 대한 처리를 할 수 있으므로 권한을 두 개 검증했다. 이제 인증된 사용자라고 할지라도 소유하지 않은 블로그를 관리하는 버튼은 나타나지 않을 것이다.

```
@auth
    <ul>
        @can(['update', 'delete'], $blog)
            <li><a href="{{ route('blogs.edit', $blog) }}">블로그관리</a></li>
        @endcan
    </ul>
@endauth
```

StoreBlogRequest, UpdateBlogRequest와 같은 Form Requests에서도 정책과 인가를, 정확히는 요청을 허용할 것인지에 대한 승인 여부를 결정할 수 있다. 기본값은 false로 되어 있을 테지만, 정책과 인가에 대한 처리는 $this->authorizeResource()에서 했기 때문에 추가적으로 해줄 일이 없어 true로 설정했다. 만약 이메일 인증처럼 별도의 처리 과정이 필요할 때는 해당 메서드에 승인 로직을 적어주면 된다.

```
class StoreBlogRequest extends FormRequest
{
    public function authorize()
    {
        return true;
    }
}
```

5.1.8 대시보드

대시보드에서는 기본적으로 내 블로그, 댓글, 구독자 등을 관리할 수 있도록 처리한다. 대시보드를 위한 라우트 파일을 따로 생성할 것이다. 인증을 위한 라우트 파일을 별도로 만들었던 것처럼 대시보드도 따로 만들어보자. routes/dashboard.php가 될 것이고 이에 따라 RouteServiceProvider에도 지정해야 한다. 미들웨어는 auth, password.confirm이 필수적으로 요구된다.

```
$ touch routes/dashboard.php
```

```php
class RouteServiceProvider extends ServiceProvider
{
    public function boot()
    {
        $this->routes(function () {
            Route::middleware(['web', 'auth', 'password.confirm'])
                ->prefix('/dashboard')
                ->group(base_path('routes/dashboard.php'));
        });
    }
}
```

블로그 대시보드에서 할 일은 새로운 블로그를 생성하고 이름을 바꾸거나 삭제하는 등 블로그를 관리하는 것이다. 내용은 크게 없고, 그저 새로운 블로그를 생성하는 blogs.create와 개별 블로그를 관리할 수 있는 blogs.edit로 이동할 수 있는 버튼만 추가하면 된다.

```
$ php artisan make:controller Dashboard\\BlogController --invokable
```

```php
// routes/dashboard.php
Route::get('/blogs', \App\Http\Controllers\Dashboard\BlogController::class)->name('dashboard.blogs');

// app/Http/Controllers/Dashboard/BlogController.php
```

```
class BlogController extends Controller
{
    public function __invoke(Request $request)
    {
        $user = $request->user();

        return view('dashboard.blogs', [
            'blogs' => $user->blogs,
        ]);
    }
}
```

블로그 관리에 대한 대시보드 뷰인 dashboard/blogs.blade.php를 만들어보자. 여기에는 그저 블로그를 생성하기 위한 blogs.create로 이동하는 링크 및 개별 블로그를 관리하기 위한 blogs.edit의 링크를 포함하고 있을 뿐이다.

```
$ mkdir resources/views/dashboard
$ touch resources/views/dashboard/blogs.blade.php
$ touch resources/views/dashboard/menu.blade.php
```

```
@extends('layouts.app')

@section('title', '블로그 관리')

@section('content')
    @include('dashboard.menu')

    <a href="{{ route('blogs.create') }}">새로운 블로그 만들기</a>

    <ul>
        @foreach($blogs as $blog)
            <li>
                <a href="{{ route('blogs.show', $blog) }}">{{ $blog->display_name }}</a>
```

```
            <a href="{{ route('blogs.edit', $blog) }}">블로그 관리</a>
        </li>
    @endforeach
    </ul>
@endsection
```

dashboard.menu는 대시보드 내부의 메뉴를 의미한다. 지금은 계정 설정밖에 없지만 나중에 메뉴가 더욱 추가될 예정이며 대시보드와 관련된 기능이 추가될 때마다 항목을 추가하면 된다.

```
{{-- resources/views/dashboard/menu.blade.php --}}
<ul>
    <li><a href="{{ route('dashboard.blogs') }}">블로그</a></li>
    {{-- --}}
</ul>
```

5.1.9 테스트

리소스 컨트롤러에는 테스트해야 할 메서드가 많다. 리소스 컨트롤러를 테스트하는 일은 다소 귀찮은 일이지만 어플리케이션의 견고함을 위해서는 할 필요가 있다. 그러나 비슷한 모양을 가지는 코드가 많기 때문에 크게 걱정하지 않아도 된다. BlogController를 테스트하기 위해 BlogControllerTest를 만들어보자.

```
$ php artisan make:test BlogControllerTest
```

BlogController는 리소스 컨트롤러이며 내부에서 사용한 모든 라우트에 대해 auth, verified 미들웨어가 적용되어 이메일이 인증된 사용자여야만 사용 가능하도록 하는 것을 기본 전제로 하고 있다. 테스트에서 두 미들웨어를 제외하도록 하는 것도 방법이지만, 그러지 말고 각 테스트 케이스마다 사용자를 인증된 상태로 하는 것을 기본 전제로 하자. 또한 정책과 인가에 따라 인증해야 할 사용자가 다르므로 이점도 유의하자.

먼저 blogs.index를 테스트하기 위한 BlogControllerTest::testIndex()를 작성해보자. 단순하게 뷰를 반환하므로 blogs.index인지만 검증하자. 아래의 형태는 인증하는 사용자와 주소, 뷰의 이름만 바뀔 뿐 실질적으로 BlogController::create(), BlogController::edit() 같이 단순하게 뷰를 반환하는 컨트롤러들의 테스트와 다를 것이 없다.

```php
class BlogControllerTest extends TestCase
{
    use RefreshDatabase, WithFaker;

    public function testReturnsIndexViewForListOfBlog()
    {
        $user = User::factory()->create();

        $this->actingAs($user)
            ->get(route('blogs.index'))
            ->assertViewIs('blogs.index');
    }
}
```

blogs.create의 테스트 또한 단순하게 blogs.create를 반환해주면 된다.

```php
class BlogControllerTest extends TestCase
{
    public function testReturnsCreateViewForBlog()
    {
        $user = User::factory()->create();

        $this->actingAs($user)
            ->get(route('blogs.create'))
            ->assertViewIs('blogs.create');
    }
}
```

블로그를 생성하는 blogs.store의 경우 요청 이후에 제대로 생성되었는지 $this->assertDatabaseHas()로 검증하는 과정이 필요하다.

```php
class BlogControllerTest extends TestCase
{
    public function testCreateBlog()
    {
        $user = User::factory()->create();

        $data = [
            'name' => $this->faker->userName,
            'display_name' => $this->faker->unique()->words(3, true)
        ];

        $this->actingAs($user)
            ->post(route('blogs.store'), $data)
            ->assertRedirect();

        $this->assertDatabaseHas('blogs', $data);
    }
}
```

blogs.show는 개별 블로그의 상세페이지를 반환한다.

```php
class BlogTest extends TestCase
{
    public function testReturnsShowViewForBlog()
    {
        $user = User::factory()->create();
        $blog = Blog::factory()->create();

        $this->actingAs($user)
            ->get(route('blogs.show', $blog))
            ->assertOk()
```

```
            ->assertViewIs('blogs.show');
    }
}
```

blogs.edit는 인가된 사용자만 접근 가능하다. 블로그의 정보를 수정하려면 블로그에 대한 수정 권한이 있어야 한다. 그 권한은 소유자만 가질 수 있는데, 여기서의 $blog->user로의 인증은 유의미하다. 만약 소유자가 아닌 다른 사람이 접근하면 실패한다. 물론 권한에 대한 내용까지 테스트할 수도 있지만, 그건 말 그대로 권한에 대한 테스트일 뿐 실질적인 컨트롤러의 로직과는 관련이 없는 부분이므로 안 해도 된다. 권한도 테스트하고 싶다면 블로그의 소유자가 아닌 다른 유저로 인증하고 요청해 보는 것으로 실험할 수도 있다. 또는 정책만 별도로 분리하여 BlogPolicyTest 처럼 정책을 위한 테스트를 만들 수도 있을 것이다. 테스트는 하다보면 한도 끝도 없다. 그래서 테스트의 범위는 어디까지나 개발자의 몫이다.

테스트 되지 않은 예외적인 상황은 반드시 존재한다. 그래서 버그는 늘 발생할 가능성이 있는 것이다. 이 책에서는 단순하게 커버리지만 100%로 채우는 것을 목표로 하여 최소한의 부분만을 테스트하고 있다. 특히나 처음 서비스 오픈 단계에서는 테스트를 너무 많이 하면 생산성이 오히려 떨어지게 될 수도 있다. 어디까지 테스트를 할 지 적당한 선을 정하자.

```
class BlogControllerTest extends TestCase
{
    public function testReturnsEditViewForBlog()
    {
        $blog = Blog::factory()->create();

        $this->actingAs($blog->user)
            ->get(route('blogs.edit', $blog))
            ->assertOk()
            ->assertViewIs('blogs.edit');
    }
}
```

마찬가지로 blogs.update 또한 블로그의 소유자만 접근할 수 있어야 하므로 $blog->user로 인증해야만 효과가 발휘된다. 수정이 된 이후에는 내용이 데이터베이스에 제대로 반영되었는지 검증해야 한다.

```php
class BlogControllerTest extends TestCase
{
    public function testUpdateBlog()
    {
        $blog = Blog::factory()->create();

        $data = [
            'name' => $this->faker->userName,
            'display_name' => $this->faker->words(3, true)
        ];

        $this->actingAs($blog->user)
            ->put(route('blogs.update', $blog), $data)
            ->assertRedirect();

        $this->assertDatabaseHas('blogs', $data);
    }
}
```

blogs.destroy에 해당하는 삭제에서도 권한을 요구하므로 $blog->user로 인증하고, 이후에는 데이터베이스에 데이터가 존재하지 않는지에 대한 검증이 필요한데, 이는 $this->assertDatabaseMissing()으로 처리할 수 있다.

```php
class BlogControllerTest extends TestCase
{
    public function testDeleteBlog()
    {
        $blog = Blog::factory()->create();
```

```
            $this->actingAs($blog->user)
                ->delete(route('blogs.destroy', $blog))
                ->assertRedirect();

            $this->assertDatabaseMissing('blogs', [
                'name' => $blog->name
            ]);
        }
    }
```

```
vagrant@homestead:~/code$ artx
Http/Controllers/BlogController ... 100 %
```

5.1.10 대시보드 테스트

마지막으로 Dashboard₩BlogController를 테스트해 보자. 테스트해야 할 메서드는 GET /dashboard/blogs 한 개뿐이다.

```
$ php artisan make:test Http\\Controllers\\Dashboard\\BlogControllerTest
```

BlogController::__invoke()는 단순하게 dashboard.blogs를 반환하고 있음을 검증하면 된다.

```
class BlogControllerTest extends TestCase
{
    use RefreshDatabase;

    public function testReturnsBlogsDashboardViewForListOfBlog()
    {
        $user = User::factory()->create();

        $this->actingAs($user)
            ->withoutMiddleware(RequirePassword::class)
```

```
                ->get(route('dashboard.blogs'))
                ->assertOk()
                ->assertViewIs('dashboard.blogs');
        }
}
```

```
vagrant@homestead:~/code$ artx
Http/Controllers/Dashboard/BlogController ... 100 %
```

5.2 구독

사용자-블로그 간의 구독 시스템을 구현해보기로 하자. 구독에서 만들어 볼 것은 다른 사람의 블로그를 구독하거나 구독 취소하고, 나를 구독하고 있는 구독자 및 내가 구독한 블로그 목록을 표시하는 일이다. 구독은 M:N 관계로 한 명의 사용자는 다수의 블로그를 구독할 수 있으며 한 개의 블로그는 여러 사용자에게 구독될 수 있다. 우리는 이런 경우 일반적으로 중간 테이블이라는 것을 둬서 처리하게 된다. 따라서 이에 맞춰 모델에 관계를 정의하고 마이그레이션을 만들어보는 연습해 보자.

```
                    blog_user.user_id -> users.id
                    blog_user.blog_id -> blogs.id
               ,------------------------.
               |blog_user               |
               |------------------------|
               |user_id: bigint unsigned|
               |blog_id: bigint unsigned|
               `------------------------'
                        |            |
  ,----------------------------.  ,----------------------------.
  |blogs                       |  |users                       |
  |----------------------------|  |----------------------------|
```

```
|user_id: bigint unsigned  |    |name: varchar(255)           |
|name: varchar(255)        |    |email: varchar(255)          |
|display_name: varchar(255)|    |email_verified_at: timestamp |
|created_at: timestamp     |    |password: varchar(255)       |
|updated_at: timestamp     |    |remember_token: varchar(100) |
|id: bigint unsigned       |    |created_at: timestamp        |
`--------------------------'    |updated_at: timestamp        |
                                |id: bigint unsigned          |
                                `-----------------------------'
```

5.2.1 모델

User, Blog 모델에 각각 관계를 정의해보자. M:N 관계에서는 HasRelationships::belongsToMany()를 사용하여 정의한다. BelongsToMany()->as()로 사용했는데, 만약에 모델에서 중간 테이블에 접근하고자 할 때 그 이름을 정의할 수 있다. Blog에서 중간 테이블에 접근하기 위해 $blog->subscription처럼 할 수 있다. 이름이 정의되어 있지 않다면 $blog->pivot으로 접근한다. Blog의 관점에서 User는 내 구독자(Subscriber)라고 지칭할 수 있다.

```
class Blog extends Model
{
    public function subscribers()
    {
        return $this->belongsToMany(User::class)
            ->as('subscription');
    }
}
```

User의 관점에서 Blog는 구독(Subscription)이라고 표현해보자. 내가 구독한 블로그라고 표현할 수 있다. 마찬가지로 $user->subscription처럼 사용하여 중간 테이블에 접근할 수 있다.

```
class User extends Authenticatable implements MustVerifyEmail,
CanResetPassword
{
    public function subscriptions()
    {
        return $this->belongsToMany(Blog::class)
            ->as('subscription');
    }
}
```

5.2.2 마이그레이션

구독을 처리할 테이블은 blog_user 테이블이다. 이러한 테이블은 일반적으로 별도의 모델은 두지 않고, M:N 관계를 처리하기 위한 중간 테이블로 사용된다. 중간 테이블을 위한 모델을 만들 수도 있는데, 자주 사용되는 편은 아니다. 테이블의 이름에 잠깐 주목하자. 라라벨에서는 두 테이블의 중간 테이블에 대해 사전상 먼저 오는 단어가 앞에 오고 _로 이은 뒤, 그다음 단어가 온다. 다시 이야기해보자면 users와 blogs 사이에 중간 테이블을 라라벨에서 유추할 때 사전상 먼저 오는 blog, 그리고 뒤 이어서 user가 오므로 blog_user가 된다는 것이다.

```
$ php artisan make:migration create_blog_user_table
```

blog_user 테이블의 마이그레이션을 살펴보면, 단순하게 두 테이블의 키를 외래키로 포함하고 있음을 알 수 있다. 필요에 따라 중간 테이블에 추가적인 속성을 정의하는 것도 당연히 가능하다. 지금은 그다지 필요하지 않기 때문에 필수적으로 요구되는 users, blogs의 두 기본키만 포함하였다.

```
Schema::create('blog_user', function (Blueprint $table) {
    $table->foreignIdFor(\App\Models\User::class)
        ->constrained()
        ->cascadeOnDelete();
```

```
    $table->foreignIdFor(\App\Models\Blog::class)
        ->constrained()
        ->cascadeOnDelete();
});
```

5.2.3 시딩

구독 관계를 시딩해보자. M:N 관계를 시딩할 때도 팩토리에서 다양한 메서드를 제공하지만, 관계를 사용한 가장 기본적인 방법으로 시딩해보자. 늘 해왔던 대로 BlogUserSeeder를 생성할까? 그렇게 할 필요는 없다. 생성하여 별도로 빼더라도 큰 문제는 없지만, BlogSeeder에서 처리해보자.

```
class BlogSeeder extends Seeder
{
    public function run()
    {
        User::all()->each(function (User $user) {
            $subscribers = User::whereNot('id', $user->id)->get()->random(3);

            Blog::factory()->for($user)->hasAttached(
                factory: $subscribers,
                relationship: 'subscribers'
            )->create();
        });
    }
}
```

생성된 Blog에 접근해서 블로그 소유자를 제외한 3명의 랜덤 사용자를 얻어 와 구독자로 설정한다. Factory::hasAttached()를 사용하면 M:N으로 처리되는 관계에 대해 시딩을 처리할 수 있다. 현재 Blog는 User에 대한 두 가지의 관계가 있는데, 하나는 블로그 소유와 또 하나는 구독이다. Factory::hasAttached()에 User 모델을 지정해주고 있기 때문에 관계의 이름을 지정해주지 않으면 암묵적으로 Blog::users()를 찾는다. 그러나 그런 메서드는 존재하지 않으므로 Blog::subscribers()를 지정해주어야 의도대로 동작하게 된다.

M:N 관계에서 Factory::hasAttached()를 사용하는 방법 이외에도 데이터를 생성하는 방법이 한 가지 더 존재하는데 바로 InteractsWithPivotTable::sync()를 사용하는 것이다. 이는 Blog를 생성한 이후 관계를 이용하는 생성 방법 중 하나이다.

```
Blog::factory()->for($user)->create()
    ->subscribers()
    ->sync($subscribers);
```

InteractsWithPivotTable::sync()는 피봇 테이블에 데이터를 서로 동기화(Synchronization)하기 위해 사용된다. 여기서 동기화는 서로 다른 두 개체가 서로 데이터를 동일하게 맞추는 것을 의미한다. 예를 들어 클라우드 스토리지를 사용하면서 로컬호스트에 저장된 파일과 클라우드 서버에 저장된 파일이 네트워크의 장애와 같은 문제로 내용이 서로 다르다면 이는 동기화가 실패한 것이라고 표현한다.

이처럼 여기서 동기화는 데이터를 맞추는 것을 말하는데, 이를테면 첫 번째 블로그에 1, 2, 3에 해당하는 구독자가 있다고 가정해보자. 그런데 구독자를 3, 4에 해당하는 두 사용자만 있는 상태로 바꾸려고 하면, 1, 2는 삭제, 3은 유지, 4는 추가되어야 한다. 이러한 작업을 단 한 번에 처리할 수 있도록 해주는 것이 바로 동기화, InteractsWithPivotTable:sync()다.

5.2.4 라우팅 & 컨트롤러

구독을 구현하기 위한 컨트롤러를 만들어보고 라우팅을 등록해보자.

```
$ php artisan make:controller SubscribeController
```

각 컨트롤러 메서드는 SubscribeController::subscribe(), unsubscribe()다. 구독과 구독 취소를 의미하고 내가 구독한 블로그와 내 구독자는 대시보드에 나타낼 예정이다.

```
Route::controller(\App\Http\Controllers\SubscribeController::class)-
>group(function () {
    Route::post('subscribe', 'subscribe')
        ->name('subscribe');
    Route::post('unsubscribe', 'unsubscribe')
        ->name('unsubscribe');
});
```

5.2.5 구현

구독을 구현해보자. 구독이 사용자와 블로그 간의 M:N 관계라는 것을 이해하고 있다면 구현에 그렇게 어려움은 없다. 다른 것보다도 M:N 관계에서 사용할 수 있는 메서드인 InteractsWithPivotTable::attach(), detach()를 주목해서 보자.

구독은 SubscribeController::subscribe()에서 진행한다. 여기에서 InteractsWithPivotTable::attach()를 사용하여 블로그의 구독자로 지정하고 있음을 보자. $request->user()를 사용하여 현재 로그인한 사용자를 얻어 온 뒤, 그대로 구독자로 지정한다. 사용자의 id를 값으로 넣어주자. 이제 blog_user에는 현재 user_id에는 현재 인증된 유저의 id, blog_id에는 구독 대상 블로그의 id가 기록된다.

```
$ php artisan make:request SubscribeRequest
```

```
// app/Http/Requests/SubscribeRequest.php
class SubscribeRequest extends FormRequest
{
    public function rules()
    {
        return [
            'blog_id' => 'required|exists:blogs,id'
        ];
    }
```

```php
}

// app/Http/Controllers/SubscribeController.php
use App\Http\Requests\SubscribeRequest;

class SubscribeController extends Controller
{
    public function subscribe(SubscribeRequest $request)
    {
        $user = $request->user();
        $blog = Blog::find($request->blog_id);

        $user->subscriptions()->attach($blog->id);

        event(new Subscribed($user, $blog));

        return back();
    }
}
```

구독 취소는 SubscribeController::unsubscribe()에서 진행하고, 구독과는 반대로 InteractsWithPivotTable::detach()가 사용된다. 마찬가지로 사용자의 id를 넣어주자.

```
$ php artisan make:request UnsubscribeRequest
```

```php
// app/Http/Requests/UnsubscribeRequest.php
class UnsubscribeRequest extends FormRequest
{
    public function rules()
    {
        return [
            'blog_id' => 'required|exists:blogs,id'
        ];
    }
}
```

```
}

// app/Http/Controllers/SubscribeController.php
use App\Http\Requests\UnsubscribeRequest;

class SubscribeController extends Controller
{
    public function unsubscribe(UnsubscribeRequest $request)
    {
        $user = $request->user();
        $blog = Blog::find($request->blog_id);

        $user->subscriptions()->detach($blog->id);

        return back();
    }
}
```

사용자가 블로그 상세페이지에서 구독/구독 취소를 할 수 있도록 해보자. 먼저 BlogController::show()를 수정해보자. 구독 버튼은 자신이 소유한 블로그에는 나타나서는 안 되고, 또한 이미 구독한 블로그의 경우에는 구독 취소 버튼이 나타나야 한다. 이를 위해 소유 여부와 구독 여부를 얻어 오자. 이 경우 단순하게 Model::find()를 사용하여 해결할 수 있다. 찾지 못한 경우 null이 반환되므로 false로 평가된다.

```
public function show(Request $request, Blog $blog)
{
    $user = $request->user();

    return view('blogs.show', [
        'blog' => $blog,
        'owned' => $user->blogs()->find($blog->id),
        'subscribed' => $blog->subscribers()->find($user->id)
    ]);
}
```

blogs/show.blade.php에 구독, 구독 취소 버튼을 추가해보자. 자신의 블로그에는 구독 버튼이 나타나면 안 된다. 따라서 현재 블로그가 자신이 소유한 블로그인지 판단해야 하고, 그다음으로는 해당 블로그를 현재 구독 중인지 알아내야 한다. 아직 구독 중이 아니라면 구독하기를, 구독 중이라면 구독 취소 버튼을 나타낸다.

```
@unless ($owned)
    @unless ($subscribed)
        <form action="{{ route('subscribe') }}" method="POST">
            @csrf
            <input type="hidden" name="blog_id" value="{{ $blog->id }}">

            <button type="submit">구독</button>
        </form>
    @else
        <form action="{{ route('unsubscribe') }}" method="POST">
            @csrf
            <input type="hidden" name="blog_id" value="{{ $blog->id }}">

            <button type="submit">구독취소</button>
        </form>
    @endunless
@endunless
```

5.2.6 대시보드

대시보드에서는 내가 구독한 블로그와 내 블로그를 구독한 사용자를 나열할 수 있어야 하는데, 컨트롤러를 내 구독자/내가 구독한 블로그로 둘로 나눠보고자 한다. 내가 구독한 블로그를 표현해보자.

```
$ php artisan make:controller Dashboard\\SubscriberController --invokable
```

SubscribeController::subscribers()를 살펴보자. 뷰에서 $blog->subscribers로 구독자 목

록을 얻어 오고 $user->name으로 접근할 수 있다는 것으로 생각해볼 때 즉시 로딩(Eager Loading)이 필요하다는 사실을 짐작해볼 수 있다.

```php
// routes/dashboard.php
Route::get('/subscribers', \App\Http\Controllers\Dashboard\
SubscriberController::class)->name('dashboard.subscribers');

// app/Http/Controllers/Dashboard/SubscriberController.php
class SubscriberController extends Controller
{
    public function __invoke(Request $request)
    {
        $user = $request->user();

        return view('dashboard.subscribers', [
            'blogs' => $user->blogs()->with('subscribers')->get(),
        ]);
    }
}
```

dashboard.subscribers에서는 받아온 블로그 목록을 표시하고, 각 블로그로부터 구독자를 얻어 와 사용자의 이름을 표시하자.

```
$ touch resources/views/dashboard/subscribers.blade.php
```

```php
@extends('layouts.app')

@section('title', '내 구독자')

@section('content')
    @include('dashboard.menu')

    @foreach ($blogs as $blog)
```

```
        <h4>{{ $blog->name }}</h4>

        <ul>
            @foreach ($blog->subscribers as $user)
                <li>{{ $user->name }}</li>
            @endforeach
        </ul>
    @endforeach
@endsection
```

마지막으로 내가 구독한 블로그 목록을 표시해보자. SubscriptionController::__invoke()에서 구독자 목록을 넘겨주자. dashboard.subscriptions 에서는 단순하게 블로그의 이름만 표시하면 된다.

```
$ php artisan make:controller Dashboard\\SubscriptionController --invokable
$ touch resources/views/dashboard/subscriptions.blade.php
```

```
// routes/dashboard.php
Route::get('/subscriptions', \App\Http\Controllers\Dashboard\SubscriptionController::class)->name('dashboard.subscriptions');

// app/Http/Controllers/Dashboard/SubscriptionController.php
class SubscriptionController extends Controller
{
    public function __invoke(Request $request)
    {
        $user = $request->user();

        return view('dashboard.subscriptions', [
            'blogs' => $user->subscriptions
        ]);
    }
}
```

```
// resources/views/dashboard/subscriptions.blade.php
@extends('layouts.app')

@section('title', '내가 구독한 블로그')

@section('content')
    @include('dashboard.menu')

    <ul>
        @foreach ($blogs as $blog)
            <li><a href="{{ route('blogs.show', $blog) }}">{{ $blog->name }}</a></li>
        @endforeach
    </ul>
@endsection
```

5.2.7 테스트

먼저 subscribe를 테스트해보자. 구독은 User, Blog라는 두 개체 사이에서 발생하는 일종의 이벤트라고 볼 수 있다. 그래서 나중에는 Subscribed 이벤트도 만들어보기도 할 것이다. 테스트를 할 때에도 두 리소스를 모두 생성할 필요가 있고, 인증된 사용자가 어떤 블로그에 구독을 요청하면 blog_user에 데이터가 추가되어있는 것을 검증하면 된다.

```
class SubscribeControllerTest extends TestCase
{
    public function testUserSubscribeBlog()
    {
        $user = User::factory()->create();
        $blog = Blog::factory()->create();

        $this->actingAs($user)
```

```
            ->post(route('subscribe'), [
                'blog_id' => $blog->id,
            ])
            ->assertRedirect();

        $this->assertDatabaseHas('blog_user', [
            'user_id' => $user->id,
            'blog_id' => $blog->id
        ]);
    }
}
```

unsubscribe를 테스트하려면 먼저 User가 Blog를 구독한 상태여야만 하는데, 이는 블로그를 생성할 때 Factory::hasAttached()를 사용하여 시더에서도 처리한 바 있다. 이를 그대로 해서 구독자가 있는 블로그를 생성하고, 사용자가 구독 취소 요청을 하면 이후에 데이터베이스 정보를 찾을 수 없는지 검증하면 된다.

```
class SubscribeControllerTest extends TestCase
{
    public function testUserUnsubscribeBlog()
    {
        $user = User::factory()->create();

        $blog = Blog::factory()->hasAttached(
            factory: $user,
            relationship: 'subscribers'
        )->create();

        $this->actingAs($user)
            ->post(route('unsubscribe'), [
                'blog_id' => $blog->id,
            ])
            ->assertRedirect();
```

```
        $this->assertDatabaseMissing('blog_user', [
            'user_id' => $user->id,
            'blog_id' => $blog->id
        ]);
    }
}
```

```
vagrant@homestead:~/code$ artx
Http/Controllers/SubscribeController ... 100 %
```

5.2.8 대시보드 테스트

대시보드 테스트는 내 구독자와 내가 구독한 블로그를 보여주는 것이었다. 결론적으로는 뷰를 반환하는 단순한 일이기 때문에 두 코드의 내용이 주소와 뷰의 이름만 다를 뿐 사실상 똑같은 유형이다.

```
$ php artisan make:test Http\\Controllers\\Dashboard\\SubscriberControllerTest
```

```
use App\Http\Middleware\RequirePassword;

class SubscriberControllerTest extends TestCase
{
    use RefreshDatabase;

    public function testReturnsSubscribersDashboardViewForListOfSubscriber()
    {
        $user = User::factory()->create();

        $this->actingAs($user)
            ->withoutMiddleware(RequirePassword::class)
```

```
            ->get(route('dashboard.subscribers'))
            ->assertOk()
            ->assertViewIs('dashboard.subscribers');
    }
}
```

```
$ php artisan make:test Http\\Controllers\\Dashboard\\SubscriptionControllerTest
```

```
use App\Http\Middleware\RequirePassword;

class SubscriptionControllerTest extends TestCase
{
    use RefreshDatabase;

    public function testReturnsSubscriptionsDashboardViewForListOfSubscription()
    {
        $user = User::factory()->create();

        $this->actingAs($user)
            ->withoutMiddleware(RequirePassword::class)
            ->get(route('dashboard.subscriptions'))
            ->assertOk()
            ->assertViewIs('dashboard.subscriptions');
    }
}
```

```
vagrant@homestead:~/code$ artx
Http/Controllers/Dashboard/SubscriberController ... 100 %
Http/Controllers/Dashboard/SubscriptionController ... 100 %
```

5.3 글

글은 커뮤니티 서비스의 핵심적인 기능이다. 블로그는 다수의 글을 소유할 수 있어서 1:N 관계를 가지게 되며 다른 기능들보다 리소스 컨트롤러를 이해하는 데 부족함이 없다. 리소스 컨트롤러는 이미 한 번 소개했고, 추가적으로 이야기할 내용도 크게 없지만, 리소스 컨트롤러의 기능을 명확하게 이해하고 사용할 수 있는 것이 바로 글이다.

```
$ php artisan make:model Post --all
```

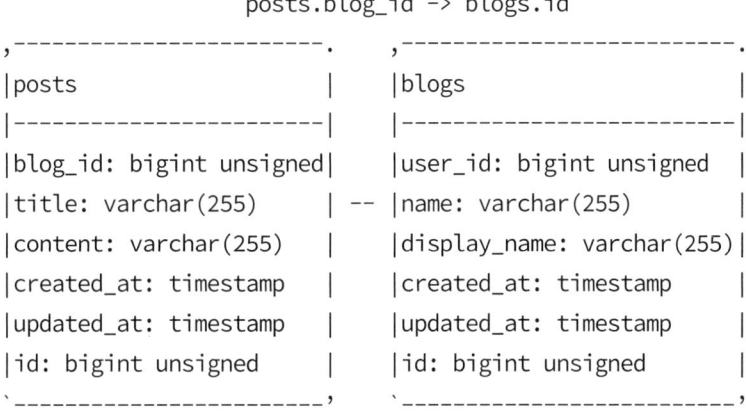

5.3.1 모델

글과 관련된 모델은 Post, Blog가 있으며 소속과 포함 관계(1:N)을 가진다. 글을 위한 모델은 Post이며 Blog와 소속 관계를 가진다. 반대로 Blog는 다수의 Post를 포함한다.

```
// app/Models/Post.php
class Post extends Model
{
    use HasFactory;
```

```php
    protected $fillable = [
        'title',
        'content',
    ];

    public function blog()
    {
        return $this->belongsTo(Blog::class);
    }
}

// app/Models/Blog.php
class Blog extends Model
{
    public function posts()
    {
        return $this->hasMany(Post::class);
    }
}
```

5.3.2 마이그레이션

글에는 첨부파일이나 댓글과 같은 부가적인 기능이 들어갈 수 있지만, 그에 대한 내용은 별도로 분리가 되어있기 때문에 여기에서는 글을 위한 마이그레이션을 작성해보자. 하나의 글은 한 개의 블로그에 소속된다. 따라서 Blog에 대한 외래키인 blog_id를 생성해줄 필요가 있으며 그 외에 제목과 본문에 해당하는 title, content 속성을 정의해주자.

```php
Schema::create('posts', function (Blueprint $table) {
    $table->id();
    $table->foreignIdFor(\App\Models\Blog::class)
        ->constrained()
        ->cascadeOnDelete();
    $table->string('title');
```

```
    $table->text('content');
    $table->timestamps();
});
```

5.3.3 모델 팩토리

글을 위한 모델 팩토리인 PostFactory에서는 특별하게 해줄 것은 없고 블로그 및 글의 제목과 본문만 지정해주면 된다..

```
public function definition()
{
    return [
        'blog_id' => Blog::factory(),
        'title' => fake()->text(50),
        'content' => fake()->text,
    ];
}
```

5.3.4 시딩

글을 위한 시더는 별도로 만들었다. 물론 BlogSeeder에서도 처리할 수 있는 방법은 있지만 글에는 댓글, 첨부파일 등 연결된 관계가 제법 많기 때문에 따로 만드는 것이 좋다. 모든 카테고리에 글을 3개씩 만들어주자. 지금은 코드가 단순하지만 댓글, 첨부파일 기능을 만들어가면서 코드가 더 길어질 것이다.

```
// database/seeders/PostSeeder.php
public function run()
{
    Blog::all()->each(function (Blog $blog) {
        Post::factory(3)->for($blog)->create();
```

```
    });
}

// database/seeders/DatabaseSeeder.php
class DatabaseSeeder extends Seeder
{
    public function run()
    {
        $this->call([
            PostSeeder::class,
        ]);
    }
}
```

5.3.5 라우팅 & 컨트롤러

글은 CURD에 해당하는 모든 기능을 다 가지고 있을 것이므로 단순한 리소스 컨트롤러로 처리될 수 있기 때문에 별다른 처리를 하지 않아도 된다. 하지만 한 가지 주의사항이 있다면 글은 블로그에 속해 있는 것으로서 계층을 표현할 수도 있다는 것이다. 예를 들어 hello-world 블로그에 속한 글은 blogs/hello-world/posts/1과 같이 나타낼 수도 있다. 하지만 글은 어플리케이션을 통틀어서 이미 고유의 id를 가지고 있어서 posts/1로도 충분할 수 있다. 따라서 이는 설계에 따라 나뉘는데, 라우팅에서는 둘 다 할 수 있다.

글은 블로그에 소속되어 있으므로 URL에도 소속 관계를 표기할 것이라면, 글 목록을 표기하기 위해 blogs/{blog}/posts와 같이 표현하는 걸 생각해볼 수 있다. 이럴 때 사용할 수 있는 것이 바로 중첩 리소스 컨트롤러(Nested Resource Controller)다.

```
Route::resource('blogs.posts', \App\Http\Controllers\
PostController::class);
```

점 표기법을 사용하여 중첩 리소스 라우트를 정의할 수 있으며 blogs/{blog}/posts, blogs/

{blog}/posts/{post}와 같은 경로가 생성된다.

Verb	URI	Route Name
GET	/blogs/{blog}/posts	blogs.posts.index
GET	/blogs/{blog}/posts/create	blogs.posts.create
POST	/blogs/{blog}/posts	blogs.posts.store
GET	/blogs/{blog}/posts/{post}	blogs.posts.show
GET	/blogs/{blog}/posts/{post}/edit	blogs.posts.edit
PUT/FETCH	/blogs/{blog}/posts/{post}	blogs.posts.update
DELETE	/blogs/{blog}/posts/{post}	blogs.posts.destroy

[표 5-3] 중첩 리소스 라우트

중첩 리소스 컨트롤러는 부모-자식 관계를 나타내기에 적합한 방법인데, 여기서 한 가지 고민해 보면 Post의 경우 개별적으로 이미 고유한 id를 가지기 때문에 일부 라우트의 경우 부모의 고윳값, 이 경우에는 Blog의 id를 포함할 필요가 없어진다. 이를테면 blogs.posts.show에 해당하는 글 읽기의 경우 /blogs/{blog}/posts/{post}가 아닌 posts/{post}만으로만 처리될 수 있는 것이다. 하지만 글쓰기의 경우에는 어느 블로그에 쓸 것인지에 대한 것을 명시할 필요가 있으므로 그대로 사용된다. 이럴 때 사용될 수 있는 것이 얕은 중첩(Shallow Nesting) 리소스 라우트다.

```
Route::resource('blogs.posts', \App\Http\Controllers\
PostController::class)->shallow();
```

Verb	URI	Route Name
GET	/blogs/{blog}/posts	blogs.posts.index
GET	/blogs/{blog}/posts/create	blogs.posts.create
POST	/blogs/{blog}/posts	blogs.posts.store
GET	/posts/{post}	posts.show
GET	/posts/{post}/edit	posts.edit
PUT/FETCH	/posts/{post}	posts.update
DELETE	/posts/{post}	posts.destroy

[표 5-4] 얕은 중첩 리소스 라우트

만약, 중첩 리소스 컨트롤러를 사용할 때 고유의 스코프(Scope)를 가지게 하고 싶다면 어떻게 해야 할까? 이를테면 foo, bar라는 블로그가 있고, 각 블로그는 hello-world 라는 슬러그(Slug)를 가진 포스트가 있을 때 각각에 대해 /blogs/foo/posts/hello-world, /blogs/bar/posts/hello-world 와 같이 표현하고 싶다면 어떻게 해야 하는가? 이럴 때는 스코핑 리소스 라우트(Scoping Resource Routes)라는 기능을 써야 하는데, 라우트를 정의할 때 scoped()를 사용하는 것이 가능하다.

```
Route::resource('blogs.posts', \App\Http\Controllers\PostController::class)->scoped([
    'post' => 'slug',
]);
```

이러한 일에 대해 내부적으로 스코프 처리를 알아서 해주고, 묵시적 바인딩도 처리된다. 묵시적 바인딩을 할 때, 부모를 스코프로 하여 검색한다. 이는 다음과 같은 라우트의 형태로 정의된다.

```
/blogs/{blog}/posts/{post:slug}
```

5.3.6 구현

글 구현에서는 단순한 CRUD 작업을 하게 되겠지만, 커뮤니티 서비스의 가장 핵심적인 부분이기 때문에 반드시 이해하고 넘어갈 수 있도록 하자. 가장 먼저 글을 쓰는 작업부터 처리해보자. PostController::create()에서 blogs.posts.create를 반환하자. 중첩 리소스 컨트롤러이기 때문에 접근 경로가 /blogs/{blog}/posts/create여서 Blog를 받을 수 있다는 점에 주목하자. 글쓰기는 마이그레이션에서 명시한 대로 title, content가 필요하다.

```php
use App\Models\Blog;

class PostController extends Controller
{
    public function create(Blog $blog)
    {
        return view('blogs.posts.create', [
            'blog' => $blog
        ]);
    }
}
```

```
$ mkdir resources/views/blogs/posts
$ touch resources/views/blogs/posts/create.blade.php
```

```blade
@extends('layouts.app')

@section('title', '글쓰기')

@section('content')
    <form action="{{ route('blogs.posts.store', $blog) }}" method="POST">
        @csrf

        <input type="text" name="title" value="{{ old('title') }}" required autofocus>
        <textarea name="content" required>{{ old('content') }}</textarea>

        <button type="submit">글쓰기</button>
    </form>
@endsection
```

PostController::store()에서는 $blog->posts()->create()를 사용하여 그저 글을 생성하는 일을 한다.

```php
// app/Http/Requests/StorePostRequest.php
class StorePostRequest extends FormRequest
{
    public function rules()
    {
        return [
            'title' => 'required|string|max:255',
            'content' => 'required|string'
        ];
    }
}

// app/Http/Controllers/PostController.php
class PostController extends Controller
{
    public function store(StorePostRequest $request, Blog $blog)
    {
        $post = $blog->posts()->create(
            $request->only(['title', 'content'])
        );

        return to_route('posts.show', $post);
    }
}
```

글 읽기에서는 먼저 하나의 블로그에 속한 글에 대해 표시를 하고, 개별 글을 읽는 것도 추가해보자. PostController:index(), PostController::show()에서 처리되고, blogs/posts/index.blade.php, blogs/posts/show.blade.php가 필요하다. PostController::index()에서는 blogs.posts.index와 글 목록을 반환해주자. 글의 경우에는 최신 글을 가장 먼저 표시하는 것이 일반적이기 때문에 posts()->latest()로 이어주고, 페이지네이션을 위해 paginate()를 사용하자. latest()는 orderByDesc('created_at')를 대신할 수 있다. 따라서 생성일 기준으로 가장 최근의 글을 조회한다.

```php
class PostController extends Controller
{
    public function index(Blog $blog)
    {
        return view('blogs.posts.index', [
            'posts' => $blog->posts()->latest()->paginate()
        ]);
    }
}
```

```
$ touch resources/views/blogs/posts/index.blade.php
```

각 블로그에 해당하는 글 목록에는 새로운 글을 쓰기 위한 링크와 개별 글로 연결되는 링크를 추가해주자. 단, 글쓰기의 경우에는 해당 블로그에 대한 쓰기 권한이 있어야 함을 반드시 명시하자.

```blade
@extends('layouts.app')

@section('title', "글목록")

@section('content')
    <ul>
        @foreach ($posts as $post)
            <li>
                <a href="{{ route('posts.show', $post) }}">{{ $post->title }}</a>
            </li>
        @endforeach
    </ul>

    {{ $posts->links() }}
@endsection
```

개별 글 읽기에 대한 뷰는 blogs/posts/show.blade.php다. PostController::show()에서는

그저 blogs.posts.show를 반환하고 Post를 넘겨주면 된다.

```
class PostController extends Controller
{
    public function show(Post $post)
    {
        return view('blogs.posts.show', [
            'post' => $post
        ]);
    }
}
```

```
$ touch resources/views/blogs/posts/show.blade.php
```

```
@extends('layouts.app')

@section('title', $post->title)

@section('content')
    <header>
        <h1>{{ $post->title }}</h1>

        @can(['update', 'delete'], $post)
            {{-- --}}
        @endcan
    </header>

    <article>{{ $post->content }}</article>
@endsection
```

관리자 메뉴에서는 글을 수정하거나 삭제할 수 있다. 따라서 이에 대한 권한이 당연히 요구되는데, 부모 템플릿에서 @can을 사용하여 수정 및 삭제에 대한 권한을 점검하고 있다.

```
<ul>
    <li>
        <a href="{{ route('posts.edit', $post) }}">수정</a>
    </li>
    <li>
        <form action="{{ route('posts.destroy', $post) }}" method="POST">
            @csrf
            @method('DELETE')

            <button type="submit">삭제</button>
        </form>
    </li>
</ul>
```

글을 수정하는 일 또한 간단하다. 제목과 본문을 입력받고 전달하면 끝이다. PostController::edit()에서도 단순하게 post를 넘겨받는다. 글 수정 폼은 지금은 특별히 눈여겨 볼만한 내용은 없다.

```
class PostController extends Controller
{
    public function edit(Post $post)
    {
        return view('blogs.posts.edit', [
            'post' => $post
        ]);
    }
}
```

```
$ touch resources/views/blogs/posts/edit.blade.php
```

```
@extends('layouts.app')

@section('title', '글수정')
```

```
@section('content')
    <form action="{{ route('posts.update', $post) }}" method="POST">
        @csrf
        @method('PUT')

        <input type="text" name="title" value="{{ old('title', $post->title) }}" required autofocus>
        <textarea name="text" required>{{ old('content', $post->content) }}</textarea>

        <button type="submit">글수정</button>
    </form>
@endsection
```

PostController::update()를 살펴보자. 단순하게 글을 수정하는 일 이외에는 하지 않는다.

```
// app/Http/Requests/UpdatePostRequest.php
class UpdatePostRequest extends FormRequest
{
    public function rules()
    {
        return [
            'title' => 'required|string|max:255',
            'content' => 'required|string'
        ];
    }
}

// app/Http/Controllers/PostController.php
class PostController extends Controller
{
    public function update(UpdatePostRequest $request, Post $post)
    {
        $post->update(
```

```
            $request->only(['title', 'content'])
        );

        return to_route('posts.show', $post);
    }
}
```

PostController::destroy()에서는 글을 삭제하면 된다. 단순하게 $post->delete()만 호출해주면 끝이다. 삭제한 이후에는 해당 글이 없기 때문에 블로그로 이동해주자.

```
class PostController extends Controller
{
    public function destroy(Post $post)
    {
        $post->delete();

        return to_route('blogs.posts.index', $post->blog);
    }
}
```

이제 글을 구현했으니 블로그와 관련된 뷰에서도 몇 가지 수정해보자. blogs/show.blade.php에서 글쓰기 버튼과 글 목록을 추가해보자. 블로그의 대문에는 글 목록을 표현하는 것이 일반적이다. 글을 쓰려면 글쓰기 권한이 필요하므로 검증하자.

```
@auth
    <ul>
        @can('create', [\App\Models\Post::class, $blog])
            <li><a href="{{ route('blogs.posts.create', $blog) }}">글쓰기</a></li>
        @endcan
    </ul>
@endauth
```

마찬가지로 글 목록도 추가해주자. PostController::index()에 했던 것과 똑같이 작성해주면 된다.

```php
// app/Http/Controllers/BlogController.php
class BlogController extends Controller
{
    public function show(Request $request, Blog $blog)
    {
        $user = $request->user();

        return view('blogs.show', [
            'posts' => $blog->posts()->latest()->paginate(5)
        ]);
    }
}
```

```
<ul>
    @foreach ($posts as $post)
        <li>
            <a href="{{ route('posts.show', $post) }}">{{ $post->title }}</a>
        </li>
    @endforeach
</ul>

{{ $posts->links() }}
```

글을 관리하는 일은 대시보드에서 할 수도 있지만, 개별 블로그 관리에서 처리하는 것이 더 사용자 경험은 나을 수도 있다. 여기에서 해야 하는 일은 글을 관리하는, 즉 글쓰기 및 읽기를 제외한 수정과 삭제를 할 수 있도록 유도하는 것이다. 대시보드에서 크게 할 일은 없으며 글을 나열하고 표기하면 된다. 대시보드에서 각 블로그의 글을 전부 나열하는 것도 방법이지만, 사용자 경험이 그렇게 좋은 것은 아니기 때문에 블로그 관리에서 글을 표시하는 것도 좋다. 따라서 별도로 대시보드를 만들기보다는 블로그 관리에 추가해보자.

```
<h3>글</h3>

<ul>
    @foreach($blog->posts as $post)
        <li>
            <a href="{{ route('posts.show', $post) }}">{{ $post->title }}</a>
            <a href="{{ route('posts.edit', $post) }}">수정</a>
            <form action="{{ route('posts.destroy', $post) }}" method="POST">
                @csrf
                @method('DELETE')

                <button type="submit">삭제</button>
            </form>
        </li>
    @endforeach
</ul>
```

5.3.7 정책과 인가

권한에서 한 가지 주의해서 보아야 할 점이 있다면, 글쓰기 권한인 PostPolicy::create()이다. 글쓰기 권한을 확인하려면 현재 진입한 블로그를 알아 와야 하는데, 정작 받아오는 것은 User밖에 없기 때문이다. 글쓰기는 진입한 블로그의 소유자에게만 허용해야 하므로 블로그 소유자와 현재 인증된 사용자를 비교할 필요가 있다. 따라서 이럴 때는 정책 클래스가 아니라 리소스 컨트롤러에서 미들웨어를 따로 호출해서 권한을 검사하는 것이 좋다. PostController 의 생성자를 보면, 리소스 권한 검사에서는 생성 권한을 제외하고 검사하고, 대신에 can 미들웨어를 별도로 호출하는데, 여기서 blog를 추가 파라미터로 받기 위해 Post 모델 다음으로 blog를 나타냈음을 볼 수 있다. PostPolicy::create()에 $blog를 추가로 사용하는 것이 가능하다.

```php
// app/Policies/PostPolicy.php
use Illuminate\Http\Request;

class PostPolicy
{
    use HandlesAuthorization;

    public function viewAny(User $user)
    {
        return true;
    }

    public function view(User $user, Post $post)
    {
        return true;
    }

    public function create(User $user, Blog $blog)
    {
        return $user->id === $blog->user_id;
    }

    public function update(User $user, Post $post)
    {
        return $user->id === $post->blog->user_id;
    }

    public function delete(User $user, Post $post)
    {
        return $user->id === $post->blog->user_id;
    }
}

// app/Http/Controllers/PostController.php
class PostController extends Controller
{
    public function __construct()
```

```
    {
        $this->authorizeResource(Post::class, 'post', [
            'except' => ['create', 'store']
        ]);

        $this->middleware('can:create,App\Models\Post,blog')
            ->only(['create', 'store']);
    }
```

5.3.8 테스트

글을 위한 PostController 테스트를 진행해보자. 기본 뼈대는 리소스 컨트롤러를 따르고 있고 내용도 하는 일도 리소스가 Blog에서 Post로 바뀐 것 뿐이며 BlogController와 본질적으로 다를 것은 없기 때문에 BlogControllerTest의 코드를 일단 가져와서 수정하는 정도로 처리하는 것이 가능하다. 코드는 길지만 테스트 코드를 지금까지 많이 작성해왔다면 충분히 이해 가능한 코드이다.

```
$ php artisan make:test Http\\Controllers\\PostControllerTest
```

```
class PostControllerTest extends TestCase
{
    use RefreshDatabase, WithFaker;

    public function testReturnsIndexViewForListOfPost()
    {
        $blog = Blog::factory()->create();

        $this->actingAs($blog->user)
            ->get(route('blogs.posts.index', $blog))
            ->assertOk()
            ->assertViewIs('blogs.posts.index');
    }
```

```php
public function testReturnsCreateViewForPost()
{
    $blog = Blog::factory()->create();

    $this->actingAs($blog->user)
        ->get(route('blogs.posts.create', $blog))
        ->assertOk()
        ->assertViewIs('blogs.posts.create');
}

public function testCreatePostForBlog()
{
    $blog = Blog::factory()->hasSubscribers()->create();

    $data = [
        'title' => $this->faker->text(50),
        'content' => $this->faker->text,
    ];
    $this->actingAs($blog->user)
        ->post(route('blogs.posts.store', $blog), $data)
        ->assertRedirect();

    $this->assertCount(1, $blog->posts);
    $this->assertDatabaseHas('posts', $data);
}

public function testReturnsShowViewForPost()
{
    $post = Post::factory()->create();

    $this->actingAs($post->blog->user)
        ->get(route('posts.show', $post))
        ->assertOk()
        ->assertViewIs('blogs.posts.show');
}
```

```php
public function testReturnsEditViewForPost()
{
    $post = Post::factory()->create();

    $this->actingAs($post->blog->user)
        ->get(route('posts.edit', $post))
        ->assertViewIs('blogs.posts.edit');
}

public function testUpdatePost()
{
    $post = Post::factory()->create();

    $data = [
        'title' => $this->faker->text(50),
        'content' => $this->faker->text,
    ];

    $this->actingAs($post->blog->user)
        ->put(route('posts.update', $post), $data)
        ->assertRedirect();

    $this->assertDatabaseHas('posts', $data);
}

public function testDeletePost()
{
    $post = Post::factory()->create();

    $this->actingAs($post->blog->user)
        ->delete(route('posts.destroy', $post))
        ->assertRedirect();

    $this->assertDatabaseMissing('posts', [
        'id' => $post->id,
```

```
        ]);
    }
}
```

```
vagrant@homestead:~/code$ artx
Http/Controllers/PostController ... 100 %
```

5.4 댓글

댓글 기능을 구현해보자. 댓글은 글에 다수가 포함될 수 있고(1:N), 한 명의 사용자가 다수의 댓글을 작성할 수 있고(1:N), 한 개의 댓글이 다수의 자식 댓글을 가질 수 있는(1:N) 형태로 구현해 볼 것이다. 또한 새롭게 배우는 라라벨의 기능으로는 소프트 삭제(Soft Deletes)가 있다. 그리고 댓글을 나타내는 과정에서 이전에 배운 즉시 로딩(Eager Loading)을 조금 더 깊이 알아본다. 그에 더해 다형성 관계(Polymorphic Relations)를 설정해보자.

```
$ php artisan make:model Comment --all
```

```
                  comments.commentable_id -> posts.id
                    comments.user_id -> users.id
           ,------------------------------.
           |comments                      |
           |------------------------------|
           |user_id: bigint unsigned      |
           |parent_id: bigint unsigned    |
           |commentable_type: varchar(255)|
           |commentable_id: bigint unsigned|
           |content: text                 |
           |created_at: timestamp         |
           |updated_at: timestamp         |
```

```
                    |deleted_at: timestamp        |
                    |id: bigint unsigned          |
                    `-----------------------------'
                         |                          |
    ,-----------------------.    ,-----------------------------.
    |posts                  |    |users                        |
    |-----------------------|    |-----------------------------|
    |blog_id: bigint unsigned|   |name: varchar(255)           |
    |title: varchar(255)    |    |email: varchar(255)          |
    |content: varchar(255)  |    |email_verified_at: timestamp |
    |created_at: timestamp  |    |password: varchar(255)       |
    |updated_at: timestamp  |    |remember_token: varchar(100) |
    |id: bigint unsigned    |    |created_at: timestamp        |
    `-----------------------'    |updated_at: timestamp        |
                                 |id: bigint unsigned          |
                                 `-----------------------------'
```

5.4.1 모델

댓글을 위한 모델은 Comment 하나뿐이지만 만들어야 할 관계 메서드는 제법 많은 편이다. 가장 먼저 소프트 삭제를 위한 Illuminate₩Database₩Eloquent₩SoftDeletes 트레이트를 포함해야 한다. SoftDeletes 트레이트를 포함하면 해당 모델과 연결된 테이블에는 deleted_at이 있는 것으로 여겨지고 삭제를 시도해도 deleted_at에 삭제된 시각만 기록될 뿐 실제로 데이터베이스에서 레코드가 삭제되지는 않는다.

블로그나 동영상 플랫폼, 기사의 댓글을 살펴보면 댓글을 삭제했음에도 댓글 자체는 삭제되지 않고 '삭제된 댓글입니다'라는 문구가 나오는 것을 볼 수 있는데, 이는 실제로 댓글을 삭제 처리는 하지 않고, 그저 삭제가 된 것으로 취급만 한 것이다. 소프트 삭제를 사용하면 $comment->delete()를 해도 레코드가 실제로 지워지는 것이 아니라 deleted_at에 삭제한 시각만 기록된다. 또한 댓글은 자식을 가질 수 있으므로 Comment::$fillable에 명시된 parent_id는 부모 댓글을, content는 댓글 본문을 의미한다.

```php
use Illuminate\Database\Eloquent\SoftDeletes;

class Comment extends Model
{
    use HasFactory, SoftDeletes;

    protected $fillable = [
        'parent_id',
        'content'
    ];
}
```

데이터베이스에 레코드는 남아있지만 Comment::all()과 같이 모델을 조회할 경우에 소프트 삭제된 레코드는 삭제가 된 것으로 간주하기 때문에 실제로 엘로퀀트에서 조회하지 않는다. 소프트 삭제된 모델을 같이 조회하려면 Comment::withTrashed()와 같이 사용해야 한다. 댓글의 경우에는 소프트 삭제된 모델까지 같이 조회해야 하기 때문에 사용되는 것이다. 이제 Comment에 정의된 관계 메서드를 살펴보자. 먼저 한 개의 댓글은 한 명의 사용자에게 소속된다.

```php
public function user()
{
    return $this->belongsTo(User::class);
}
```

$this->morphTo()는 다형성 관계(Polymorphic Relations)를 위해 표현되며 commentable_id, commentable_type과 연관이 있다. 다형성 관계는 엔티티가 여러 엔티티 중 한 곳에 소속될 가능성이 있을 때 사용된다. 예를 들어 하나의 이미지가 있을 때, 이 이미지가 유저의 프로필이면서 제품을 소개할 때도 사용될 가능성이 있다면 이미지는 둘 중 하나에 포함될 테니 이는 다형성 관계로 나타낼 수 있다.

Comment 자체가 소속될 수 있는 곳이 많아 다형성 관계로써 지정하게 되었다. 우리가 만들 커뮤니티에는 단 한 곳의 Post에 댓글을 쓰는 것을 가정하지만, 조금 더 넓게 보자면 방명록, 리뷰 등에도 쓰일 여지가 있기 때문에 다형성 관계로 처리했다. post_id가 될 예정이던 외래키는 commentable_id가 대신할 예정이고, commentable_type에는 네임스페이스를 포함한 클래스의 경로가 저장된다. 이를테면 댓글이 1번 글에 소속되어 있다면 commentable_type에는 App\Models\Post가? commentable_id에는 1이 지정된다.

```
public function commentable()
{
    return $this->morphTo();
}
```

Comment의 경우 재귀적 관계를 가질 수 있어서 어떨 때는 부모 댓글이 되고 어떨 때는 자식 댓글이 될 수도 있는 만큼 두 관계를 모두 정의할 필요가 있다. Comment::parent()는 자식 댓글에서 부모 댓글을 찾고, Comment::replies()는 부모 댓글에서 자식 댓글들을 찾는다. Comment는 소프트 삭제가 가능한 대상이고, 댓글을 조회할 때는 소프트 삭제된 모델도 포함할 것이므로 SoftDeletes::withTrashed()를 사용하여 소프트 삭제된 모델을 디폴트로 포함하자. 외래키로 parent_id를 사용할 것을 명시하지 않으면 comment_id를 찾기 때문에 명시할 필요가 있다.

```
public function parent()
{
    return $this->belongsTo(Comment::class, 'parent_id')
        ->withTrashed();
}

public function replies()
{
    return $this->hasMany(Comment::class, 'parent_id')
        ->withTrashed();
}
```

글은 다수의 댓글을 가질 수 있지만 다형성 관계이기 때문에 $this->hasMany()가 아니라 $this->morphMany()를 사용하고, 다형성 관계를 위한 이름인 commentable을 명시한다. 또한 댓글에 대한 관계이므로 또다시 SoftDeletes::withTrashed()를 사용한다.

```
class Post extends Model
{
    public function comments()
    {
        return $this->morphMany(Comment::class, 'commentable')
            ->withTrashed();
    }
}
```

마지막으로 사용자는 다수의 댓글을 가질 수 있으므로 $this->hasMany()를 사용하자. 사용자와 댓글은 다형성 관계가 아닌 포함관계로 사용할 것이기 때문에 $this->morphMany()가 아닌 $this->hasMany()를 사용했다.

```
class User extends Authenticatable
{
    public function comments()
    {
        return $this->hasMany(Comment::class);
    }
}
```

5.4.2 마이그레이션

댓글은 comments 테이블에 기록될 것이고, 여기서 살펴보아야 할 부분은 대댓글을 구현하기 위한 칼럼인 parent_id, 다형성 관계를 위한 $this->morphs(), 마지막으로 소프트 삭제를 위한 $this->softDeletes()이다.

```
Schema::create('comments', function (Blueprint $table) {
    $table->id();
    $table->foreignIdFor(\App\Models\User::class)
        ->constrained()
```

```
            ->cascadeOnDelete();
    $table->foreignIdFor(\App\Models\Comment::class, 'parent_id')
        ->nullable()
        ->constrained('comments')
        ->cascadeOnDelete();
    $table->morphs('commentable');
    $table->text('content');
    $table->timestamps();
    $table->softDeletes();
});
```

parent_id는 자식 댓글을 위한 칼럼이며 재귀적으로 관계를 형성한다. 댓글은 부모 댓글이 될 수도 있고, 자식 댓글이 될 수도 있어서 부모 댓글이라면 최상위 댓글이므로 해당 칼럼의 값은 NULL이 될 것이고, 자식 댓글이라면 부모 댓글의 id를 가지게 될 것이다. $this->morphs()는 다형성 관계를 위한 commentable_type, commentable_id를 만든다. commentable_type에는 클래스의 경로가, commentable_id에는 고유 ID가 지정될 것이다. 마지막으로 $table->softDeletes()는 소프트 삭제 기능을 제공하기 위한 칼럼인 deleted_at을 만든다.

5.4.3 모델 팩토리

댓글 팩토리에서는 댓글 작성자와 해당 댓글이 포함된 글까지 표현해주자. 부모댓글의 경우 옵션이므로 지정하지 않아도된다.

```
public function definition()
{
    return [
        'user_id' => User::factory(),
        'commentable_type' => Post::class,
        'commentable_id' => Post::factory(),
        'content' => fake()->text,
    ];
}
```

5.4.4 시딩

CommentSeeder에서는 factory()->state()와 같이 처음 보는 형태의 코드가 쓰인 것을 볼 수 있을 것이다. 세부적으로 알아보기 전에, 아래의 코드가 하는 일이 어떤 것인지 살펴보자면, 각 글마다 4개의 댓글을 만드는데, 한 개는 자식이 없는 댓글, 또 다른 한 개는 자식이 두 개 있는 댓글을 만드는 것이다.

```php
// database/seeders/CommentSeeder.php
use App\Models\Comment;
use App\Models\Post;
use App\Models\User;

public function run()
{
    Post::all()->each(function (Post $post) {
        $factory = Comment::factory()
            ->for($post, 'commentable')
            ->state(function (array $attributes) {
                return [
                    'user_id' => User::pluck('id')->random()
                ];
            });

        $factory->has($factory->count(2), 'replies')->create();
        $factory->create();
    });
}

// database/seeders/DatabaseSeeder.php
class DatabaseSeeder extends Seeder
{
    public function run()
    {
        $this->call([
            CommentSeeder::class,
```

```
        ]);
    }
}
```

다형성 관계에 있어서도 Factory::for()를 사용하여 소속 관계를 만들어줄 수 있다. 다만 다형성 관계이기 때문에 관계 이름인 commentable을 명시할 필요가 있으며 만약 그렇지 않으면 Comment::post()를 찾으려고 시도할 것이다.

Factory::state()는 모델 팩토리가 호출될 때마다 지정될 상태를 지정한다. 이것은 클로저가 지정되었으므로 평가 시점을 뒤로 늦출 수 있기에 가능한 일이다. 이 경우 댓글을 작성하는 사용자를 랜덤으로 지정하도록 되어있는데, 우리의 의도대로라면 생성하는 댓글마다 각기 다른 사용자가 댓글을 작성하는 것으로 되어야 한다. 문제는 코드를 약간만 바꾸면 다른 의미가 되어버릴 수도 있기 때문에 헷갈릴 수 있으므로 이 경우에 대해 알아본다.

첫 번째로 생각해볼 수 있는 것은 Factory::for()다. 댓글을 두 개 생성한다고 가정해보자. comments 테이블에 user_id가 있고, 사용자도 랜덤으로 지정했으니 해도 될 것 같다는 생각이 들 수도 있겠지만, 이 경우 댓글 두 개는 모두 같은 사용자가 작성한 것으로 간주된다. 즉, 이미 팩토리가 생성된 시점에서 사용자가 정해졌기 때문에 모델 팩토리가 몇 번이 호출되든지와 관계없이 동일한 사용자를 가지는 것이다.

```
$user = User::all()->random();

Comment::factory()->count(2)->for($user);
```

두 번째는 인라인으로 속성을 지정해보는 것이다. 비슷하지만 다르다. 클로저가 아니라 배열을 지정하면 표현을 즉시 평가를 하기 때문에 사용자가 고정된다. 따라서 마찬가지로 같은 사용자가 댓글을 작성한 것으로 취급한다.

```
Comment::factory()->count(2)->state([
    'user_id' => User::pluck('id')->random()
]);
```

세 번째는 모델 팩토리에서 값을 지정하는 것이다. 이 경우에는 모델 팩토리가 호출될 때마다 사용자가 랜덤으로 지정되므로 의도대로 동작한다. 하지만 개인적으로 모델 팩토리에 외래키 칼럼에 값을 지정하는 일은 선호하지 않으며 대신 비즈니스 로직에서 관계 메서드를 호출하는 것을 더 좋아한다. 코드의 의도가 잘 드러나고, 가독성이 더 뛰어나기 때문이다.

```php
public function definition()
{
    return [
        'user_id' => User::pluck('id')->random()
    ];
}
```

시더를 작성하면서 팩토리를 사용하여 코드를 작성할 때에는 비슷하지만 다르게 동작하는 경우가 많기 때문에 의도에 맞게 작성하기 위해서는 반드시 이러한 차이점을 이해해둘 필요가 있다.

```php
$factory->has($factory->count(2), 'replies')->create()
```

이 표현은 댓글을 하나 생성하되, 자식 댓글도 추가적으로 두 개 생성하라는 의미가 된다. 이미 선언해둔 팩토리와 똑같은 조건이 사용되도록 하고, 자식 댓글에 대한 관계를 replies로 정의했기 때문에 그 이름을 명시해주었다. 따라서 이 코드로 생성되는 댓글은 부모 댓글 한 개와 자식 댓글 두 개로 총 세 개이다.

5.4.5 라우팅 & 컨트롤러

CommentController는 리소스 컨트롤러이고, 사용할 메서드는 store(), update(), destroy()밖에 없다. 댓글의 경우 생성, 수정에 대한 뷰는 전부 글 읽기인 blogs/posts/show.blade.php에 작성되기 때문에 필요하지 않다. 댓글은 글과 다형성 관계를 가지지만, 글에 속한 것으로 여길 것이므로 중첩 리소스 컨트롤러로 취급하자. 또한 댓글은 고유한 키를 가지고 있으므로 얕은 중첩 리소스 컨트롤러로 취급해도 된다.

```
Route::resource('posts.comments', \App\Http\Controllers\
CommentController::class)
    ->shallow()
    ->only(['store', 'update', 'destroy']);
```

5.4.6 구현

댓글에는 댓글 쓰기 폼과 댓글 목록이라는 두 가지의 큰 틀이 있고, 그 댓글 목록에는 부모 댓글과 자식 댓글이라는 요소로 나누어질 수 있다. 댓글에 대한 뷰는 blogs/posts/show.blade.php에 댓글 쓰기 폼과 댓글 목록이 추가될 것이다. 댓글 쓰기 폼은 다음과 같다.

```
<form action="{{ route('posts.comments.store', $post) }}" method="POST">
    @csrf

    <textarea name="content">{{ old('content') }}</textarea>

    <button type="submit">댓글쓰기</button>
</form>
```

CommentController::store()에서 댓글 쓰기를 진행하면 되는데, 대댓글을 작성할 때도 똑같은 로직을 사용하게 될 것이다. parent_id는 대댓글 작성 시 입력되는데, 부모 댓글 작성 시에는 요구되지 않기 때문에 nullable로 처리할 수 있다. 댓글의 경우에는 User와 Post에 대한 관계가 모두 요구되기 때문에 User::comments()로 먼저 작성자에 대한 정보를 이어주고, 그다음 Post::comments()로 소속된 글을 지정해주었다. 즉, 사용자가 글에 댓글을 쓴다는 자연스러운 형태로 코드가 진행된 것이다.

```php
// app/Http/Requests/StoreCommentRequest.php
class StoreCommentRequest extends FormRequest
{
    public function rules()
    {
        return [
            'parent_id' => 'nullable|numeric|exists:comments,id',
            'content' => 'required|string'
        ];
    }
}

// app/Http/Controllers/CommentController.php
use App\Models\Post;

class CommentController extends Controller
{
    public function store(StoreCommentRequest $request, Post $post)
    {
        $user = $request->user();

        $comment = $user->comments()->make($request->validated());

        $post->comments()->save($comment);

        return back();
    }
}
```

목록에는 댓글 및 대댓글에 대한 읽기, 수정, 삭제가 포함되고 대댓글의 쓰기 폼이 위치한다. 댓글과 대댓글의 마크업은 기본적으로는 똑같고, 댓글의 경우만 답글 폼이 별도로 있을 뿐이다. blogs/posts/show/comments/item.blade.php는 각 댓글에 해당하는 공통된 마크업이 들어간다.

댓글과 대댓글의 개수를 나타낼 때, $post->comments_count와 같이 동적 프로퍼티가 사용된 것을 볼 수 있는데, 이는 엘로퀀트에서 리소스의 개수까지 얻어 오는 방법을 제공하고 있기 때문에 가능한 일이다. $comment->trashed()를 사용하여 소프트 삭제되었는지 검사하여 답글을 달 수 없도록 처리한다.

```
<h3>{{ $post->comments_count . "개의 댓글이 있습니다." }}</h3>

<ul>
    @foreach($comments as $comment)
        <li>
            <ul>
                @include('blogs.posts.show.comments.item')

                <li>
                    @unless($comment->trashed())
                        <form action="{{ route('posts.comments.store', $comment->commentable) }}" method="POST">
                            @csrf

                            <input type="hidden" name="parent_id" value="{{ $comment->id }}">

                            <textarea name="content">{{ old('content') }}</textarea>

                            <button type="submit">답글</button>
                        </form>
                    @endunless
                </li>

                <li>
                    <ul>
                        @each('blogs.posts.show.comments.item', $comment->replies, 'comment')
                    </ul>
                </li>
```

```
        </ul>
    </li>
@endforeach
</ul>
```

여기서 blogs/posts/show/comments/item.blade.php에 가면 댓글에 대한 수정, 삭제를 할 수 있는 것을 볼 수 있고, 댓글을 작성한 사람만이 수정과 삭제를 할 권한이 있으므로 @can을 사용하여 권한을 검사하는 것을 잊어서는 안 된다. $comment->trashed()를 사용하여 소프트 삭제된 댓글인 경우를 판단하고, '삭제된 댓글입니다.'를 출력한다.

```
$ mkdir resources/views/blogs/show
$ mkdir resources/views/blogs/show/comments
$ touch resources/views/blogs/show/comments/item.blade.php
```

```
<li>
    <div>{{ $comment->user->name }}</div>
    <div>{{ $comment->created_at->diffForHumans(now()) }}</div>

    <p>{{ $comment->trashed() ? '삭제된 댓글입니다.' : $comment->content }}</p>

    @unless ($comment->trashed())
        @can(['update', 'delete'], $comment)
            <form action="{{ route('comments.destroy', $comment) }}" method="POST">
                @csrf
                @method('DELETE')

                <button type="submit">삭제</button>
            </form>

            <form action="{{ route('comments.update', $comment) }}" method="POST">
                @csrf
                @method('PUT')
```

```
                <textarea name="content">{{ $comment->content }}</textarea>

                <button type="submit">수정</button>
            </form>
        @endcan
    @endunless
</li>
```

한 가지 더 주목할 만한 부분은 $comment->created_at->diffForHumans(now())이라는 표현이다. 이는 현재로부터 시간이 얼마나 지났는지를 표기한다. 예를 들면 '1분 전', '1시간 전'과 같이 나타낼 수 있다. 다만 이를 가능케 하는 메서드는 라라벨의 자체적인 기능이라기보다 외부 라이브러리를 베이스로 쓰는 기능인데, 그 라이브러리란 PHP에서 날짜와 시간 관련으로 손쉽게 사용할 수 있는 Carbon(https://github.com/briannesbitt/carbon)이라는 녀석이다. 따라서 카본의 공식문서에 가면 관련 메서드들을 살펴볼 수 있다.

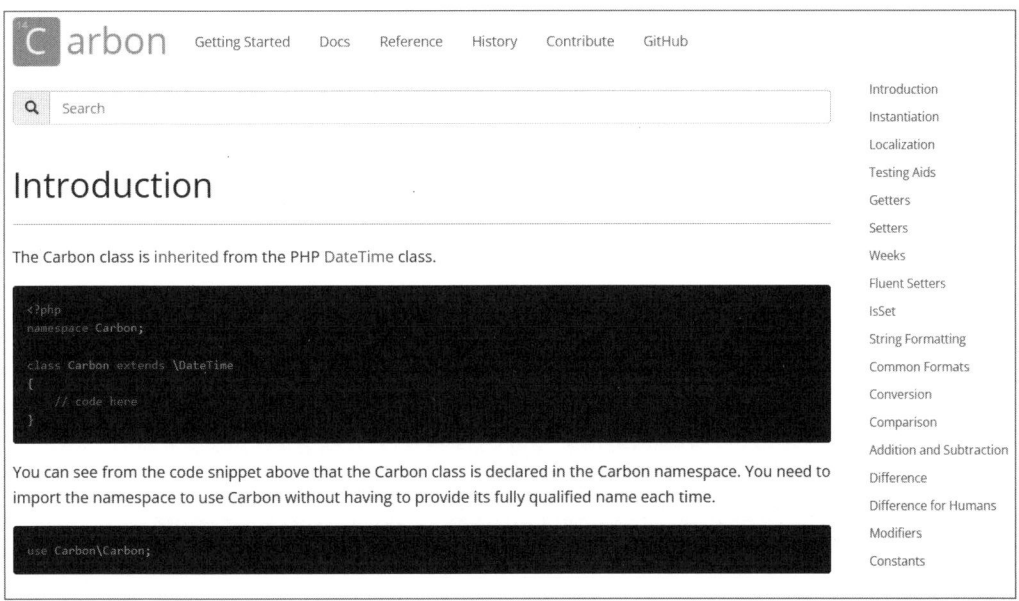

[그림 5-1] 카본 공식문서(https://carbon.nesbot.com)

$comment->created_at이 Carbon을 사용할 수 있다는 것은 속성에 접근할 때 Carbon으로 반환된다는 것인데 이는 어떻게 하는 걸까? 이는 사실 캐스팅(Casting) 기능을 사용한 것이라 볼 수 있다. 라라벨의 모델에서는 특정 프로퍼티에 접근할 때 특정 데이터 타입 또는 포맷으로 캐스팅하는 기능을 제공한다.

우리가 사용자 이메일 인증을 할 때 인증 시각을 기록했던 users 테이블의 email_verified_at 또한 Carbon으로 되는데, 이는 라라벨의 기본 동작이 아니라 모델에 캐스팅을 명시해서 그런 것이다. 그런 반면 created_at, updated_at, 그리고 소프트 삭제에서의 deleted_at은 내부적으로 Carbon으로 캐스팅이 되어 동작한다. User::$casts를 살펴보면 email_verfieid_at에 대해 datetime 캐스팅을 명시하고 있음을 볼 수 있다. datetime으로 캐스팅하면 내부적으로 Carbon을 반환한다.

```
class User
{
    protected $casts = [
        'email_verified_at' => 'datetime'
    ];
}
```

라라벨에서 제공하는 기본 캐스팅 타입들은 datetime, boolean, string, timestamp 등이 있는데 이름을 나열해보자면 다음과 같다.

- array
- AsStringable::class
- boolean
- collection
- date
- datetime
- immutable_date
- immutable_datetime

- decimal:⟨digits⟩
- double
- encrypted
- encrypted:array
- encrypted:collection
- encrypted:object
- float
- integer
- object
- real
- string
- timestamp

AsStringable는 Str::of()를 사용한 것처럼 라라벨의 헬퍼에 접근할 수 있도록 해주는데, 그밖에도 PHP 내장 클래스인 ArrayObject와 라라벨 컬렉션으로 변환해주는 AsCollection이 있다.

```
use Illuminate\Database\Eloquent\Casts\AsArrayObject;

protected $casts = [
    'options' => AsArrayObject::class,
];
```

캐스팅에서 encrypted라 명시된 것은 데이터베이스에 입력될 때 암호화를 적용하여 처리하라는 이야기다. 라라벨의 암호화(Encryption) 기능은 Crypt::encryptString(), Cyprt::decryptString()에 의해 암호화되고 복호화되며 환경설정의 APP_KEY를 보안키로 사용한다는 점을 참고하자. 복호화에 실패하면 Illuminate\Contracts\Encryption\DecryptException 예외를 던진다.

암호화의 사용처는 대표적으로 세션 쿠키(Session Cookie)인데, 세션 쿠키는 암호화하지 않고 사용하면 세션 아이디를 날 것 그대로 가지고 있게 되는 보안상의 문제가 발생한다. 그래서 라라벨에서는 APP_KEY를 사용하여 세션 쿠키를 암호화하는 과정을 거친다.

```
use Illuminate\Contracts\Encryption\DecryptException;
use Illuminate\Support\Facades\Crypt;

$encryptedValue = Crypt::encryptString($request->token);

try {
    $decrypted = Crypt::decryptString($encryptedValue);
} catch (DecryptException $e) {
    //
}
```

이제 최종적으로 PostController::show()에서 댓글을 표현하기 위해 데이터를 어떤 형태로 넘겨주는지 살펴보면, 가장 먼저 볼 것은 $post->loadCount()다. 댓글의 개수를 출력하기 위해 $post->comments_count를 사용했는데, 그것이 가능하게 해주는 것이 Model::loadCount()다. 쿼리 빌더에서는 QueriesRelationships::withCount()로도 처리할 수 있으며 연관관계를 카운팅할 수 있다.

집계는 카운팅뿐만 아니라 withMin(), withMax(), withAvg(), withSum(), withExists()와 같이 합계와 평균을 계산하는 메서드도 지원하기 때문에 간단한 집계를 하기 위해서 Builder::selectRaw()와 같은 접근을 할 필요는 없다.

```
class PostController extends Controller
{
    public function show(Post $post)
    {
        return view('blogs.posts.show', [
            'post' => $post->loadCount('comments'),
            'comments' => $post->comments()
                ->doesntHave('parent')
                ->with(['user', 'replies.user'])
```

```
            ->get()
        ]);
    }
}
```

comments를 보면 QueriesRelationships::doesntHave()라는 처음 보는 메서드를 사용한 것을 볼 수 있는데, 이는 관계를 제한해서 로드하는 방식이다. 메서드의 이름에서 짐작해보자면 관계를 가지고 있지 않은, 즉, 부모가 설정되지 않은 최상위 댓글만을 가져오기 위한 것이다. 내부적으로 Comment::parent()가 사용된다. 자식 댓글은 어차피 $comment->replies처럼 관계로 가져오니까 큰 문제는 없다. 그와 반대로 부모를 가진 댓글만 조회하려면 has()를 사용할 수 있다. 그밖에 추가적인 제약을 걸고 싶다면 whereDoesntHave(), whereHas()를 사용할 수 있는데, 클로저를 넘겨 추가적인 제약을 걸어주면 된다.

마지막으로 댓글 수정과 삭제에 대한 CommentController::update(), delete() 메서드를 살펴보자. 코드가 단순하고 이미 앞서 배운 내용들이므로 이야기할 것은 거의 없다.

```
// app/Http/Requests/UpdateCommentRequest.php
class UpdateCommentRequest extends FormRequest
{
    public function rules()
    {
        return [
            'content' => 'required|string'
        ];
    }
}

// app/Http/Controllers/CommentController.php
class CommentController extends Controller
{
    public function update(UpdateCommentRequest $request, Comment $comment)
    {
```

```
            $comment->update($request->validated());

            return back();
        }

        public function destroy(Comment $comment)
        {
            $comment->delete();

            return back();
        }
    }
```

블로그에서 댓글을 관리해보자. 댓글을 관리하는 방법은 블로그 관리에서 하는 방법과 대시보드에서 처리하는 방법이 있는데, 블로그 관리에서 댓글을 처리하는 것은 내 블로그에 작성된 댓글을 관리하는 것이고, 대시보드에서 관리하는 것은 내가 작성한 댓글을 관리하는 것이다. 둘은 다르기 때문에 분명하게 구분할 필요가 있으며 블로그 관리, 대시보드 둘 다 모두 댓글을 삭제하는 일만 할 것이다.

블로그 관리에서 댓글을 처리해보자. 뷰를 작성하기 전에 BlogController::edit()에서 N+1 문제를 해결하기 위한 즉시 로딩을 별도로 처리해줄 필요가 있다. $comment->user->name과 같이 댓글의 작성자를 표시하기 위한 comments.user, $comment->commentable->title과 같이 댓글이 작성된 글을 표시하기 위한 comments.commentable에 대한 즉시 로딩이 필요하다. commentable은 여기서 Post를 반환한다. 인스턴스에서 즉시 로딩을 하려면 Blog::with()가 아니라 $blog->load()를 사용해야 한다.

```
    class BlogController extends Controller
    {
        public function edit(Blog $blog)
        {
            return view('blogs.edit', [
```

```
            'blog' => $blog->load([
                'comments.user',
                'comments.commentable'
            ])
        ]);
    }
}
```

```
<h3>댓글</h3>

<ul>
    @foreach ($blog->comments as $comment)
        <li>
            <a href="{{ route('posts.show', $comment->commentable) }}">{{ $comment->commentable->title }}</a>
            <h4>{{ $comment->user->name }}</h4>
            <p>{{ $comment->content }}</p>
            <form action="{{ route('comments.destroy', $comment) }}" method="POST">
                @csrf
                @method('DELETE')

                <button type="submit">삭제</button>
            </form>
        </li>
    @endforeach
</ul>
```

$blog->comments를 사용한 것을 볼 수 있는데, 관계 메서드를 사용하면 댓글의 상위모델인 Post를 거치지 않고도 블로그에 소속된 모든 댓글을 얻어 올 수 있는 방법이 있다. 바로 $this->hasManyThrough()를 사용하는 것이다. 다만, 댓글의 경우는 조금 더 특별한데, 그 이유는 다형성 관계를 사용하기 때문이다. 만약 다형성 관계가 아니라면 secondKey와 where()는 사용하지 않아도 된다.

아래의 표현은 Post를 통해서 Comment를 찾으라는 의미다. 키는 firstKey, secondKey를 지정해줄 수 있는데, firstKey는 Post와 Blog의 관계를 연결해주는 외래키, 즉 blog_id를 의미하고, secondKey는 Comment와 Post를 연결해주는 키인 commentable_id를 의미한다. 지정해주지 않으면 comments에서 post_id를 찾는다.

```php
class Blog extends Model
{
    public function comments()
    {
        return $this->hasManyThrough(Comment::class, Post::class, secondKey: 'commentable_id')
            ->where('commentable_type', Post::class);
    }
}
```

5.4.7 대시보드

대시보드에서는 내가 쓴 댓글을 관리해보자. 코드는 블로그 관리에서 사용한 것과 별반 다르지 않지만, 대신 사용자의 댓글을 얻기 위해 $user->comments를 사용했음을 주목할 필요가 있다. 다른 대시보드와 마찬가지로 처리하되 내부에서 댓글이 작성된 글의 제목을 얻기 위해 $comment->commentable->title을 사용하므로 즉시 로딩을 처리해주자.

```
$ php artisan make:controller Dashboard\\CommentController --invokable
```

```php
// app/Http/Controllers/Dashboard/CommentController.php
class CommentController extends Controller
{
    public function __invoke(Request $request)
    {
        $user = $request->user();
```

```
        return view('dashboard.comments', [
            'comments' => $user->comments()->with('commentable')->get()
        ]);
    }
}

// routes/dashboard.php
Route::get('/comments', \App\Http\Controllers\Dashboard\
CommentController::class)->name('dashboard.comments');
```

```
$ touch resources/views/dashboard/comments.blade.php
```

```
@extends('layouts.app')

@section('title', '댓글 관리')

@section('content')
    @include('dashboard.menu')

    <ul>
        @foreach($comments as $comment)
            <li>
                <a href="{{ route('posts.show', $comment->commentable) }}">{{ $comment->commentable->title }}</a>
                <p>{{ $comment->content }}</p>
                <form action="{{ route('comments.destroy', $comment) }}" method="POST">
                    @csrf
                    @method('DELETE')

                    <button type="submit">삭제</button>
                </form>
            </li>
        @endforeach
    </ul>
@endsection
```

5.4.8 정책과 인가

댓글에 사용될 정책 메서드는 CommentPolicy::create(), update(), delete()만 있으면 되므로, 나머지는 지워버리자. 댓글 쓰기는 인증만 되어 있다면 누구나 쓸 수 있기 때문에 true로 두고, 수정과 삭제는 댓글 작성자에게만 허용하므로 현재 인증된 사용자와 댓글 작성자를 비교해주자. 삭제에 있어서 단 한 가지 예외가 있다면, 블로그의 소유자에게도 댓글 삭제를 허용한다는 점이다. 이는 마찬가지로 명세에 따라 다를 수 있다. 따라서 댓글의 소유자 또는 블로그 소유자가 삭제할 수 있도록 부여하자.

```php
// app/Policies/CommentPolicy.php
class CommentPolicy
{
    public function create(User $user)
    {
        return true;
    }

    public function update(User $user, Comment $comment)
    {
        return $user->id === $comment->user_id;
    }

    public function delete(User $user, Comment $comment)
    {
        return ($user->id === $comment->user_id)
            || ($user->id === $comment->commentable->blog->user_id);
    }
}

// app/Http/Controllers/CommentController.php
class CommentController extends Controller
{
    public function __construct()
    {
```

```
        $this->authorizeResource(Comment::class, 'comment');
    }
}
```

여담으로 댓글은 소프트 삭제가 적용되어 있어서 restore(), forceDelete()와도 연관이 있는데, 지금은 댓글을 다시 복구하거나 강제로 레코드를 제거할 일은 없기 때문에 제외하였다. 그러나 복구하거나 완전한 삭제가 필요한 경우라면 해당하는 두 메서드에도 정책을 작성해주자.

5.4.9 엘로퀀트 이벤트

엘로퀀트 이벤트를 알아보기 전에 한 가지 생각해보자. 사용자를 삭제할 경우 블로그도 함께 삭제될까? 정답은 'yes' 다. 그 이유는 create_blogs_table 마이그레이션에서 $table->foreignIdFor()->constrained()->cascadeOnDelete()로 연결했기 때문이다.

```
$table->foreignIdFor(\App\Models\User::class)
    ->constrained()
    ->cascadeOnDelete();
```

그런데, 이와 똑같이 글을 삭제한 경우 댓글도 완전히 지워질까? 정답은 'no' 다. 그 이유는 create_comments_table에 $table->morphs()로만 등록이 되어있기 때문이다. 이 경우에는 casecadeOnDelete()로 연결할 수 없다.

```
$table->morphs('commentable');
```

이 경우 글을 삭제할 때 댓글도 강제 삭제(forceDelete)하고 싶다면 어떻게 해야 할까? 이럴 때 사용할 수 있는 기능이 엘로퀀트 이벤트다. 이는 엘로퀀트 모델의 라이프 사이클을 이벤트로 받아들일 수 있는 기능이다. 이러한 이벤트는 모델의 라이프 사이클에 따라 retrieved, creating, created, updating, updated, saving, saved, deleting, deleted, restoring, restored, replicating가 있으며, -ing인 것은 Before를, -ed인 것은 After를 의미한다. 즉, deleting은 삭제 이전에, deleted는 삭제 이후에 리스닝된다.

글을 삭제할 때 댓글이 삭제되게 하기 위해 Post::booted()에 엘로퀀트 이벤트를 리스닝해보자. 가장 기본적인 방법으로 HasEvents::deleted()에 클로저를 지정하여 글이 삭제될 때 댓글도 강제로 삭제되도록 지정하였다. 댓글은 소프트 삭제를 하기 때문에 $comment->delete()로 처리하면 레코드는 삭제되지 않으므로 $comment->forceDelete()로 해야 한다.

관계를 통해 삭제할 때 해당 관계에 속한 요소를 필터링하지 않고 전부 삭제하려면 루프로 처리할 필요없이 바로 삭제해주면 된다. $post->comments->each()가 아니라 $post->comments()->forceDelete()로 가능하다.

```
class Post extends Model
{
    protected static function booted()
    {
        self::deleted(function (Post $post) {
            $post->comments()->forceDelete();
        });
    }
}
```

Model:: $dispatchesEvents에 이벤트 클래스를 매핑하여 리스닝할 수도 있다. 이벤트를 만들고 PostDeleted 이벤트를 구독하는 리스너 클래스를 사용하여 처리할 수 있다.

```
class Post extends Model
{
    protected $dispatchesEvents = [
        'deleted' => PostDeleted::class
    ];
}
```

옵저버는 모델에서 발생하는 이벤트를 하나의 클래스에 모아 놓은 형태로, php artisan make:observer로 만들 수도 있다. 옵저버를 만들어보는 방향으로 진행해보자.

$ php artisan make:observer PostObserver --model=Post

기본적으로 생성된 옵저버 클래스는 아래와 같으며 메서드의 이름이 이벤트의 이름과 같다고 보면 된다. 기본적으로 생성된 옵저버에는 deleting()과 같은 -ing 메서드가 안 보이지만, 정의 하면 의도대로 동작하기 때문에 걱정하지 않아도 된다.

```
namespace App\Observers;

class PostObserver
{
    public function created(Post $post) {}
    public function updated(Post $post) {}
    public function deleted(Post $post) {}
    public function restored(Post $post) {}
    public function forceDeleted(Post $post) {}
}
```

글 삭제 시 댓글까지 같이 삭제하기 위해 PostObserver::deleted()을 정의하자. 이전에 Post::booted()에서 작성했던 코드를 그대로 옮겨오면 된다. 이렇게 작성된 옵저버는 EventServiceProvider::boot()에서 Model::observe()로 정의할 수 있다. 또는 EventServiceProvider::$observers에 나열해도 된다.

```
// app/Observers/PostObserver.php
class PostObserver
{
    public function deleted(Post $post)
    {
        $post->comments()->forceDelete();
    }
}
```

```
}

// app/Providers/EventServiceProvider.php
class EventServiceProvider extends ServiceProvider
{
    protected $observers = [
        Post::class => PostObserver::class,
    ];

    public function boot()
    {
        // Post::observe(PostObserver::class);
    }
}
```

5.4.10 테스트

댓글에서 테스트할 것은 GET /posts/{post}/comments, PUT /comments/{comment}, DELETE /comments/{comment} 정도밖에 없으며 코드 또한 PostControllerTest 와 유사하다. 다만 살펴보아야 할 점은 모델 팩토리를 사용하여 Comment를 만들 때 댓글의 경우에는 꽤나 얽힌 관계가 복잡한 편이기 때문에 Factory::for()를 적극적으로 활용해야 한다는 점이다. 이는 꽤 복잡한데, 댓글은 한 명의 사용자가 있고, 글에 작성되어야 하는데 그 글은 블로그에 소속되어야 하며 그 블로그는 또 다른 사용자에게 소속되어야 한다.

```
$ php artisan make:test Http\Controllers\CommentControllerTest
```

댓글 하나를 생성하기 위해서는 댓글이 포함된 글이 필요하고, 글은 블로그가, 블로그는 소유자가 필요하다. 그 이외에는 이 시점에 살펴볼 만한 점은 딱히 없지만, 자식 댓글을 생성하는 테스트에 대해서는 주의를 기울여서 살펴볼 것을 권한다. 부모 댓글을 쓰는 것과 자식 댓글을 쓰는 코드의 차이를 들여다보는 것이 좋다. 부모 댓글을 쓸 때는 '글' 에 '댓글' 을 쓰지만 자식 댓글은 '댓글'에 또 다른 '댓글'을 쓰는 것이므로 그 주체가 다르다.

```php
class CommentControllerTest extends TestCase
{
    use RefreshDatabase, WithFaker;

    public function testCreateCommentForPost()
    {
        $user = User::factory()->create();
        $post = Post::factory()->create();

        $data = [
            'content' => $this->faker->text,
        ];

        $this->actingAs($user)
            ->post(route('posts.comments.store', $post), $data)
            ->assertRedirect();

        $this->assertCount(1, $post->comments);
        $this->assertCount(1, $user->comments);

        $this->assertDatabaseHas('comments', [
            ...$data,
            'commentable_type' => Post::class,
            'commentable_id' => $post->id,
        ]);
    }

    public function function testCreateChildCommentForComment()
    {
        $user = User::factory()->create();
        $comment = Comment::factory()->create();
```

```php
        $data = [
            'content' => $this->faker->text,
        ];

        $this->actingAs($user)
            ->post(route('posts.comments.store', $comment->commentable), [
                ...$data,
                'parent_id' => $comment->id,
            ])
            ->assertRedirect();

        $this->assertCount(1, $comment->replies);

        $this->assertDatabaseHas('comments', [
            ...$data,
            'parent_id' => $comment->id,
            'commentable_type' => Post::class,
            'commentable_id' => $comment->commentable->id,
        ]);
    }

    public function testUpdateComment()
    {
        $comment = Comment::factory()->create();

        $data = [
            'content' => $this->faker->text,
        ];

        $this->actingAs($comment->user)
            ->put(route('comments.update', $comment), $data)
            ->assertRedirect()
```

```php
        $this->assertDatabaseHas('comments', [
            ...$data,
            'id' => $comment->id,
            'commentable_type' => Post::class,
            'commentable_id' => $comment->commentable->id,
        ]);
    }

    public function testDeleteComment()
    {
        $comment = Comment::factory()->create();

        $this->actingAs($comment->user)
            ->delete(route('comments.destroy', $comment))
            ->assertRedirect();

        $this->assertSoftDeleted('comments', [
            'id' => $comment->id,
            'commentable_type' => Post::class,
            'commentable_id' => $comment->commentable->id,
        ]);
    }
}
```

```
vagrant@homestead:~/code$ artx
Http/Controllers/CommentController ... 100 %
```

5.4.11 대시보드 테스트

대시보드 테스트에서는 여느 때와 다름없이 뷰를 반환하는 것을 검증해주면 된다.

```
$ php artisan make:test Http\\Controllers\\Dashboard\\CommentControllerTest
```

```php
use App\Http\Middleware\RequirePassword;
use App\Models\User;

class CommentControllerTest extends TestCase
{
    use RefreshDatabase;

    public function testReturnsCommentsDashboardViewForListOfComment()
    {
        $user = User::factory()->create();

        $this->actingAs($user)
            ->withoutMiddleware(RequirePassword::class)
            ->get(route('dashboard.comments'))
            ->assertOk()
            ->assertViewIs('dashboard.comments');
    }
}
```

```
vagrant@homestead:~/code$ artx
Http/Controllers/Dashboard/CommentController ... 100 %
```

5.4.12 Observer 테스트

PostObserver 를 테스트해보자. 옵저버를 테스트하는 일은 이벤트와 관련된 메서드가 많지 않다면 테스트를 작성하는 것이 그렇게 오래걸리지 않는다. 옵저버를 테스트하는 방법은 옵저버와 연결된 모델에 이벤트가 발생하는 작업을 할 수도 있고, 옵저버 인스턴스를 생성해서 메서드를 수동으로 호출하는 방법도 있는데, 후자의 방법으로 해보고자 한다. 전자로 하는 경우 프레임워크에 의한 암묵적인 동작이기 때문에 기능 테스트에 더 가까우므로 둘 중에 아무거나 해도 된다.

```
$ php artisan make:test Observers\\PostObserverTest
```

테스트 해야 할 것은 PostObserver::deleted() 하나뿐이다. 포스트가 삭제될 때 댓글도 같이 삭제하는 일을 했었으니 TestCase::assertCount(), assertDatabaseCount()로 댓글이 삭제되었는지 검증하자. 옵저버에 엘로퀀트 이벤트가 많이 정의되었다면 전부 테스트해야 할 필요가 있다.

```php
use App\Models\Blog;
use App\Models\Comment;
use App\Models\Post;
use App\Observers\PostObserver;

class PostObserverTest extends TestCase
{
    use RefreshDatabase;

    public function testDeletingAssociatedCommentsOnPostDeletion()
    {
        $post = Post::factory()->hasComments()->create();

        $observer = new PostObserver();

        $observer->deleted($post);

        $this->assertCount(0, $post->comments);
    }
}
```

```
vagrant@homestead:~/code$ artx
Observers/PostObserver ... 100.0 %
```

5.5 파일

파일 업로드와 다운로드는 게시판에서 제공하는 대표적인 기능 중 하나다. 글쓰기에서 파일 업로드 요청을 처리하고 Storage 파사드를 사용하여 저장소에 접근하는 방법 등을 알아보자. 필요한 것은 모델을 비롯한 마이그레이션(-m), 모델 팩토리(-f), 리소스 컨트롤러(-r), 정책(--policy)이며 그 외에 필요한 것은 추후 생성한다. 파일은 하나의 글이 다수의 첨부파일을 가지는 1:N으로 표현될 수 있다.

```
$ php artisan make:model Attachment -m -f -r --policy
```

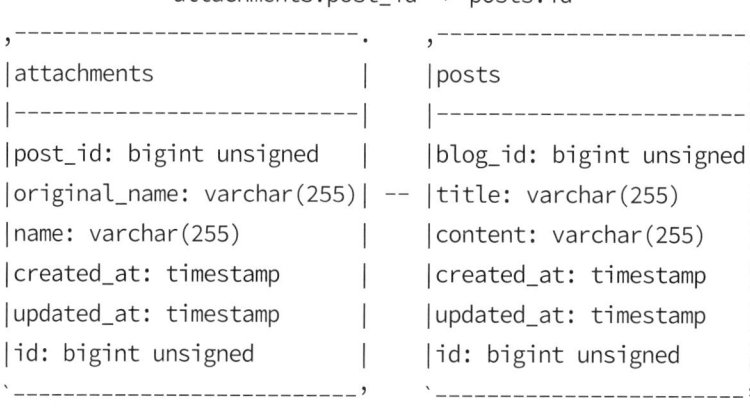

5.5.1 파일 스토리지

라라벨의 스토리지는 하드디스크가 될 수도 있고 AWS S3와 같은 클라우드 스토리지가 될 수도 있다. Storage, File 파사드는 서비스에서 어떤 스토리지를 사용하든지 관계없이 동일한 방법으로 접근하고 제어할 수 있도록 그저 그들을 이어주는 인터페이스일 뿐이다.

Storage 파사드의 경우에는 특정 디렉터리나 스토리지를 대상으로 하고, File 파사드는 파일 그 자체에 중점을 두고 있어서 접근하는 관점이 서로 다르다. 따라서 파일 자체에 대한 연산을 하고 싶다면 Storage 파사드보다는 File 파사드를 사용하는 것이 적절할 수 있다.

라라벨의 스토리지는 기본적으로 storage/app 디렉터리인데, 스토리지와 관련된 설정은 config/filesystems.php에서 살펴볼 수 있다.

```
return [
    'default' => env('FILESYSTEM_DRIVER', 'local'),
    'disks' => [
        'local' => [
            'driver' => 'local',
            'root' => storage_path('app'),
        ]
    ]
];
```

config/filesystems.php에는 하드디스크, s3 등에 스토리지를 연결하기 위한 설정이 담겨있는데, default로 설정된 파일시스템 드라이버가 local로 되어 있듯이, 기본적으로는 하드디스크, storage/app 디렉터리를 스토리지로 사용한다. storage_path()는 프로젝트의 storage 디렉터리의 절대경로를 반환한다. storage_path('app')이라고 하면, storage/app을 반환한다.

라라벨의 스토리지는 디스크(Disk)라는 단위로 어플리케이션에서 취급되는데, 여러 개의 디스크를 정의할 수 있다 default로 지정된 local 디스크는 stroage/app을 저장소로 사용한다. 라라벨에 기본 예제로 정의된 추가적인 디스크로는 public, s3가 있는데, 각 storage/app/public, AWS S3 클라우드 스토리지를 의미한다.

```
'disks' => [
    'public' => [
        'driver' => 'local',
        'root' => storage_path('app/public'),
        'url' => env('APP_URL').'/storage',
        'visibility' => 'public',
    ],

    's3' => [
```

```
            'driver' => 's3',
            'key' => env('AWS_ACCESS_KEY_ID'),
            'secret' => env('AWS_SECRET_ACCESS_KEY'),
            'region' => env('AWS_DEFAULT_REGION'),
            'bucket' => env('AWS_BUCKET'),
            'url' => env('AWS_URL'),
            'endpoint' => env('AWS_ENDPOINT'),
            'use_path_style_endpoint' => env('AWS_USE_PATH_STYLE_ENDPOINT',
 false),
        ],
    ],
```

Storage 파사드로 디스크를 명시하지 않고 접근하면 default로 지정된 디스크를 대상으로 하는데, disks.public에 정의된 누구나 접근하는 것이 가능한 퍼블릭 스토리지를 지정할 수도 있다. 퍼블릭 스토리지는 storage/app/public이며 디스크에 이미 정의되어 있으므로 아래와 같이 접근할 수 있다.

```
Storage::disk('public')
```

퍼블릭 스토리지는 URL로도 접근할 수 있는데, 이를 위해서는 스토리지에 대한 심볼릭 링크(Symbolic Link)를 만들어줄 필요가 있다. 외부에서 접근하기 위한 스토리지 링크를 만드는 일도 라라벨에서 제공한다. php artisan storage:link를 사용하면 라라벨의 프론트 컨트롤러인 public/index.php가 있는 위치에 storage/app/public의 바로가기 링크가 생성될 것이다.

```
$ php artisan storage:link
```

URL로 접근하는 경로는 disks.public.url에 정의되어 있어서 Storage::url()을 사용하면 외부에서 접근하기 위한 주소를 얻을 수 있다.

```
$ php artisan tinker
>>> Storage::disk('public')->url('/')
```

=> "http://homestead.test/storage/"

스토리지 내부의 파일들을 조작하기 위해 파일과 관련된 메서드를 사용할 수 있다. 파일을 생성, 삭제, 붙여쓰기를 할 수 있고 다운로드 응답을 던지는 일도 가능하다. 또한 파일의 크기를 얻어 오거나 복사, 이동할 수 있다. 요청으로부터 파일을 업로드하는 일은 컨트롤러에서 알아보자. Storage 파사드의 메서드는 직관적이므로 하나씩 나열하며 이야기하지 않더라도 알 수 있다.

```
use Illuminate\Support\Facades\Storage;
use Illuminate\Http\File;

// Get
Storage::get('file.jpg'); // Get contents
return Storage::download('file.jpg'); // return Download response

// Exists, Missing
if (Storage::exists('file.jpg')) { // ... } // Exists
if (Storage::missing('file.jpg')) { // ... } // Not Exists

// URL
Storage::url('file.jpg'); // Get public URL
Storage::temporaryUrl('file.jpg', now()->addMinutes(5)); // Temporary URL

// Metadata
Storage::size('file.jpg'); // Get size
Storage::lastModified('file.jpg'); // Get last modified date
Storage::path('file.jpg'); // Get absolute path

// Create
Storage::put('file.jpg', $contents); // Put a File
// Create with Stream
Storage::putFile('photos', new File('/path/to/photo'));
Storage::putFileAs('photos', new File('/path/to/photo'), 'photo.jpg');
```

```
// Attachments
Storage::prepend('file.log', 'Prepended Text'); // Prepend
Storage::append('file.log', 'Appended Text'); // Append

// Copy, Move
Storage::copy('old/file.jpg', 'new/file.jpg'); // Copy a File
Storage::move('old/file.jpg', 'new/file.jpg'); // Move a File
```

여기서 Storage::putFile(), Storage::putFileAs()는 Storage::put()처럼 파일을 생성하지만 받아들이는 인자가 다름을 주의하자. 지정한 스토리지 내부의 디렉터리에, Illuminate\Http\File, Illuminate\Http\UploadedFile을 받아들이고 적은 메모리를 소모하여 저장한다. 그 이유는 파일을 저장하기 위한 콘텐츠를 내부적으로 스트리밍(Streaming)하기 때문에 데이터를 한꺼번에 메모리에 올리지 않고 분배하여 전송하기 때문이다. 이는 PHP 제네레이터 (https://www.php.net/manual/en/language.generators.php)와 관련이 깊으므로 읽어보면 좋다. UploadedFile 같은 경우에는 Request에서 사용자가 폼으로 업로드를 요청할 때 받아올 수 있는 타입이기도 하니까 기억해두자.

그 외에 Storage::download()는 응답으로 반환할 수 있는 메서드로, 스토리지 내부의 파일을 다운로드할 수 있는 응답으로 만들어주기도 한다. 다운로드 응답의 경우 response()->download()도 가능하므로 두 가지 방법을 기억해두자.

5.5.2 모델

Post, Attachment는 1:N이므로 늘 하던 대로 관계를 설정해주면 된다. 한 개의 글은 다수의 첨부파일을 가질 수 있으며, Attachment::$fillable 에 설정한 original_name 은 사용자가 첨부파일에 사용한 파일이름, name 에는 라라벨에서 해싱한 파일이름이 저장된다. 즉, 실제로 저장된 파일의 이름이라고 볼 수 있다.

```php
// app/Models/Attachment.php
class Attachment extends Model
{
    use HasFactory;

    protected $fillable = [
        'original_name',
        'name'
    ];

    public function post()
    {
        return $this->belongsTo(Post::class);
    }
}

// app/Models/Post.php
class Post extends Model
{
    public function attachments()
    {
        return $this->hasMany(Attachment::class);
    }
}
```

5.5.3 마이그레이션

하나의 파일은 글 한 개에만 소속될 수 있으므로 외래키를 지정해주도록 하고, 파일의 경우에는 사용자가 업로드한 파일의 이름과 실제로 스토리지(Storage)에 저장되는 파일의 이름이 서로 다르기 때문에 original_name에는 업로드할 당시의 이름이, name에는 서버에 저장된 파일 이름이 저장될 예정이다. 여기서 스토리지는 하드디스크, 또는 AWS S3와 같은 클라우드 스토리지가 될 수도 있다.

name에는 1652771680_2XjhsmywwhgoqGjrPxscu6NY2YOqcroHDJ0DKWBh.png와 같이 서버에 저장될 파일의 이름이 올 수도 있지만, https://via.placeholder.com/640x480.png/00bb22?text=molestiae처럼 http, https로 시작하는 URL 주소가 올 수도 있도록 처리해보자.

post_id는 의도적으로 cascadeOnDelete()로 연결하지 않았다. 따라서 글을 삭제해도 데이터베이스에서 레코드가 제거되지 않고, 대신 nullOnDelete()를 사용했기 때문에 null이 지정된다. 이렇게 한 이유는 이후 라라벨에서 제공하는 또 하나의 기능을 사용해볼 것이기 때문이다.

```
Schema::create('attachments', function (Blueprint $table) {
    $table->id();
    $table->foreignIdFor(\App\Models\Post::class)
        ->nullable()
        ->constrained()
        ->nullOnDelete();
    $table->string('original_name');
    $table->string('name');
    $table->timestamps();
});
```

5.5.4 모델 팩토리

파일 첨부를 위한 모델 팩토리는 name에서 외부 이미지 링크를 생성하고, 링크를 기반으로 original_name을 지정하는 방식으로 택했다. 모델에서 살펴본 바와 같이 name은 http, https로 시작하는 외부 링크를 가질 수도 있다고 이야기했는데, 모델 팩토리에서 외부 링크를 생성해보자.

```
public function definition()
{
    return [
        'original_name' => function (array $attributes) {
            return explode('=', parse_url($attributes['name'])['query'])
```

```
        [1];
    },
    'name' => fake()->imageUrl
];
}
```

$faker->imageUrl은 https://placeholder.com를 포함하는 이미지 주소를 반환한다. 예를 들면 아래와 같다. 주소를 보면 text=magnam과 같이 쿼리 스트링이 있는 것을 볼 수 있는데, 여기서 'magnam'를 original_name이라고 가정하고 지정한 것이다. PHP의 내장함수인 parse_url()은 URL을 파싱하는데, 배열을 반환하고 쿼리 스트링을 =를 기준으로 분리하여 값만 얻어왔다.

```
$ php artisan tinker
>>> fake()->imageUrl
=> "https://via.placeholder.com/640x480.png/0011dd?text=magnam"
```

5.5.5 시딩

첨부파일의 시딩은 PostSeeder에서 Factory::has()를 사용하면 곧바로 처리하는 것이 가능하다. Factory::for() 가 소속관계에 대한 이야기라면, Factory::has() 는 포함관계를 명시한다. 글을 생성할 때 블로그에 소속된다고 했을 때 Factory::for()를 사용한 것과는 반대로, 글은 첨부파일을 가진다(Has)는 의미로 Factory::has() 를 사용한 것이라 볼 수 있다. 따라서 AttachmentSeeder는 필요 없다. 각 글이 첨부파일 한 개를 가지도록 해보자. 두 가지 방법으로 처리할 수 있는데, 둘 다 결과는 똑같으니 마음에 드는 것으로 사용하면 된다. 개인적으로는 동적 메서드를 사용하는 방법을 선호한다. 내부적으로 Attachment::factory()가 실행될 것이다.

```
Post::factory(3)->has(Attachment::factory());

//, or
Post::factory(3)->hasAttachments();
```

5.5.6 속성 캐스팅

그러나 아직 Attachment 모델에는 추가해야 할 것이 남아있다. 바로 변이자(Mutator)와 접근자(Accessor)이다. 변이자와 접근자는 다른 언어에서 자주 사용하는 개념 중 하나인 게터(Getter)/세터(Setter)에 대응한다고 볼 수 있다. 접근자는 PHP에서 기본적으로 제공하는 매직 메서드 __get()을, 변경자는 __set()을 연상시키는 라라벨의 기능 중 하나다. 접근자는 프로퍼티를 얻어 올 때, 변경자는 프로퍼티를 설정할 때 동작한다.

예를 들어 현재 파일의 경로가 외부 링크로 설정되었는지 판단하기 위해 $attachment->external과 같이 접근하고 싶다면, 다음과 같이 접근자를 정의할 수 있다. 사용하지는 않았지만 변경자를 사용하려면 set 파라매터를 지정하면 된다. 기존에 존재하는 프로퍼티에 대해 변이자 및 접근자를 정의할 수도 있는데, 이 경우 콜백에 기존의 값이 넘어온다.

```
use Illuminate\Database\Eloquent\Casts\Attribute;

class Attachment extends Model
{
    public function external(): Attribute
    {
        return Attribute::make(
            get: fn () => preg_match('/^https?/', $this->name)
        );
    }
}
```

변경자와 접근자는 반드시 Illuminate\Database\Eloquent\Casts\Attribute를 반환해야 한다. 이는 PHP 8.0부터 내장된 기능 중 하나인 Attribute(https://www.php.net/manual/en/language.attributes.php)와 헷갈려서는 안 되며 둘은 전혀 다른 기능이므로 주의하자.

$attachment->external은 간단하게 말해서 name이 http, https로 시작하는 URL의 형태를 가지고 있는지를 반환한다. 이것이 필요한 이유는, 외부에 링크된 것과 서버에 저장된 파일에 접

근하기 위한 공개된 주소가 다르기 때문이다. 외부 링크라면 그대로 반환하면 되지만, 스토리지에 저장된 파일이라면 사용자가 접근가능한 주소로 변경해야만 한다.

$attachment->link는 다운로드 링크다. 외부 링크일 때는 그저 이름만 반환하면 되고, 스토리지에 저장된 파일인 경우에는 다운로드 가능한 링크로 연결한다. Storage::disk('public')->url()은 APP_URL을 루트로 하여 누구나 접근 가능한 공개(Public) 경로를 반환하는데, 예를 들면 /storage/attachments/1652771680_2Xjhsmywwh9oqGjrPxscu6NY2YOqcroHDJ-0DKWBh.png와 같이 반환될 것이다.

```
use Illuminate\Support\Facades\Storage;

class Attachment extends Model
{
    public function link(): Attribute
    {
        return Attribute::make(
            get: function ($value) {
                $path = $this->external
                    ? $this->name
                    : Storage::disk('public')->url($this->name);

                return $value ?? $path;
            },
            set: fn ($value) => $value
        );
    }
}
```

$attachment->link는 접근자뿐만 아니라 변이자도 제공하도록 정의했으므로 값을 지정할 수 있게 처리하였다. 이를테면 로직에서 $attachment->link = 'http://example.com'으로 변경하면 모델 내부의 Model::$attributes에 지정되어 접근자의 $value에 할당된다. 변이자로 값이 지정되지 않았다면 $value는 비어있다. 따라서 값이 비어있는 경우 변이자로 설정하지 않았으므로

내부에 저장된 링크를 반환하고, 값이 지정되었다면 사용자가 임의로 지정한 링크를 반환한다.

```
vagrant@homestead:~/code$ php artisan tinker
>>> $attachment = Attachment::factory()->create();
=> App\Models\Attachment {#4849
     original_name: "harum",
     name: "https://via.placeholder.com/640x480.png/003388?text=harum",
     updated_at: "2022-07-28 02:55:57",
     created_at: "2022-07-28 02:55:57",
     id: 34,
   }

>>> $attachment->link;
=> "https://via.placeholder.com/640x480.png/003388?text=harum"

>>> $attachment->link = 'http://example.com/text=hello-world'
=> "http://example.com/text=hello-world"

>>> $attachment->link;
=> "http://example.com/text=hello-world"
```

어트리뷰트에 비해 자주 쓰이는 기능은 아니지만 커스텀 캐스팅이라는 기능을 써볼 수도 있다. email_verified_at의 사례에서도 살펴본 바 있지만 속성 캐스팅은 Model::$casts에서 설정할 수 있는데, 이러한 캐스트를 직접 만들어볼 수 있다. php artisan make:cast를 사용해보자. Attachment 모델에 있던 Attachment::link()는 더는 필요하지 않기 때문에 제거하고 다음으로 진행하는 것을 잊지 말자.

```
$ php artisan make:cast Link
```

캐스트 클래스는 Illuminate\Contracts\Database\Eloquent\CastsAttributes를 구현하며 이러한 캐스트 클래스를 사용한 속성을 Castable하다고 한다. CastsAttributes::get()에는 모델, 키, 값, 속성들이 오는데, $model은 Attachment, $key는 link, $value는 기존에 가지고 있는 값, $attributes에는 현재 모델이 가지고 있는 속성값들을 가지고 있다.

Attachment::external()을 Link::external()로 이동시켰는데, 사용자 정의 캐스트는 다른 모델에서도 쓰일 수 있으므로 특정 모델에만 종속하는 것은 바람직하지 않기 때문이다. 사실 지금 작성한 접근자에도 $attributes에 name이 있을 것이라고 가정한 종속성이 있으므로 완전히 독립적이지는 않다. $attributes에 설정된 키는 데이터베이스에 저장하려고 할 때 칼럼으로 간주한다.

```php
// app/casts/Link.php
namespace App\Casts;

use Illuminate\Contracts\Database\Eloquent\CastsAttributes;
use Illuminate\Support\Facades\Storage;

class Link implements CastsAttributes
{
    public function get($model, string $key, $value, array $attributes)
    {
        $path = $this->external($attributes['name'])
            ? $attributes['name']
            : Storage::disk('public')->url($attributes['name']);

        return $value ?? $path;
    }

    public function set($model, string $key, $value, array $attributes)
    {
        return $value;
    }

    private function external(string $name)
    {
        return preg_match('/^https?/', $name);
    }
}
```

```php
// app/Models/Attachment.php
use App\Casts\Link;

class Attachment extends Model
{
    protected $casts = [
        'link' => Link::class
    ];
}
```

여기서 더 나아가는 것도 가능하다. 이러한 처리는 해당 예시에서는 상당히 과할 수는 있지만 가능하다는 점을 이야기하고 싶다. Link를 위한 새로운 클래스를 생성해서 캐스팅해보자.

```
$ mkdir app/Castables
$ touch app/Castables/Link.php
```

일반 클래스는 캐스팅 가능하도록(Castable)하게 만들기 위해서는 Illuminate\Contracts\Database\Eloquent\Castable을 구현해야 한다. Castable 인터페이스에서 구현해야 하는 것은 Castable::castUsing()밖에 없으며 내부에는 사용할 캐스트 클래스를 명시한다.

```php
namespace App\Castables;

use Illuminate\Contracts\Database\Eloquent\Castable;
use App\Casts\Link as LinkCast;

class Link implements Castable
{
    public function __construct(public readonly string $path) {}

    public static function castUsing(array $arguments)
    {
        return LinkCast::class;
    }
}
```

이제 다시 Attachment::$casts로 가서 link의 캐스트 대상을 App₩Casts₩Link가 아니라 App₩Castables₩Link로 바꿔야한다.

```
use App\Castables\Link;

class Attachment extends Model
{
    protected $casts = [
        'link' => Link::class
    ];
}
```

일반적인 클래스를 캐스팅 대상으로 삼은 것에 따라서 Link 캐스트 클래스의 코드도 일부 바꿔줄 필요가 있다. 예를 들어 $attachment->link = new ₩App₩Castables₩Link()처럼 값을 설정하면 Link::$path에 값이 할당되어야 하고, 얻어 올 때는 $attachment->link->path와 같이 접근이 가능해야 한다.

```
use Exception;
use App\Castables\Link as LinkCastable;

class Link implements CastsAttributes
{
    public function get($model, string $key, $value, array $attributes)
    {
        $path = $this->external($attributes['name'])
            ? $attributes['name']
            : Storage::disk('public')->url($attributes['name']);

        return new LinkCastable($path);
    }

    public function set($model, string $key, $value, array $attributes)
    {
```

```
        if (! $value instanceof LinkCastable) {
            throw new Exception('The given value is not an Link
 instance.');
        }

        return [
            'name' => $value->path
        ];
    }
}
```

위의 코드를 처음 보면 그 내용과 동작을 바로 이해하기 상당히 어렵다. 천천히 따라가 보자. $attachment->link에 접근하면 어떻게 될까? 이는 코드대로 LinkCastable를 반환한다.

```
vagrant@homestead:~/code$ php artisan tinker
>>> $attachment = Attachment::factory()->create();

>>> $attachment->link;
=> App\Castables\Link {#4744
     +path: "https://via.placeholder.com/640x480.png/0066bb?text=hic",
   }
```

그렇다면, $attachment->link->path는 어떨까? 이렇게 하면 Link::$path의 값이 반환되는데, $attachment->link에서 LinkCastable이 생성되었고, 퍼블릭 프로퍼티인 $path를 참조하고 있기 때문이다. 이 경우 readonly라면 수정할 수 없다. 그러나 readonly가 아니라면 수정할 수 있다. 따라서 $attachment->link->path = 'http://example.com'와 같이 설정하는 경우에는 변경자가 호출되지 않고 접근자에서 값에 접근하여 변경하는 형태가 된다.

```
>>> $attachment->link->path;
=> "https://via.placeholder.com/640x480.png/0066bb?text=hic"

# Readonly
>>> $attachment->link->path = 'http://example.com';
PHP Error:  Cannot modify readonly property App\Castables\Link::$path in Psy
```

Shell code on line 1

```
>>> $attachment->link->path = 'http://example.com';
=> "http://example.com"

>>> $attachment->link->path;
=> "http://example.com"
```

이번에는 값을 설정해보자. 변경자에서 배열을 반환하는데, 키에 해당하는 name은 모델에 설정할 기본 값을 의미한다. 모델에는 내부적으로 속성들의 키-값을 가지고 있는 Model::$attributes 가 있는데, 접근자에서 $attributes['name'] 와 같이 $attributes 를 사용한 것을 볼 수 있다.

```php
public function set($model, string $key, $value, array $attributes)
{
    if (! $value instanceof LinkCastable) {
        throw new Exception('The given value is not an Link instance.');
    }

    return [
        'name' => $value->path
    ];
}
```

```
vagrant@homestead:~/code$ php artisan tinker
>>> $attachment = Attachment::factory()->create();

>>> $attachment->link = new \App\Castables\Link('http://example.com');
=> App\Castables\Link {#4747
     +path: "http://example.com",
   }

>>> $attachment->save();
=> true
```

```
>>> $attachment->link;
=> App\Castables\Link {#4688
     +path: "http://example.com",
   }

>>> $attachment->link->path;
=> "http://example.com"
```

5.5.7 라우팅 & 컨트롤러

파일 첨부 라우팅은 생성 및 삭제 이외에는 필요하지 않다. 중첩 리소스 라우트를 사용하는 것이 딱히 큰 의미 없어 보이겠지만, 첨부파일은 글에 소속된다는 점을 잊지 말자.

```
Route::resource('posts.attachments', \App\Http\Controllers\AttachmentController::class)
    ->shallow()
    ->only(['store', 'destroy']);
```

5.5.8 구현

이제 남은 일은 파일 첨부를 구현하는 일뿐이다. 글쓰기에서 파일을 첨부할 수 있도록 변경하고 글 읽기에서 파일 목록을 보여주고, 링크를 표현하자. 글 수정에서는 파일을 삭제할 수 있도록 하자.

첨부파일 보기에서 표현해야 할 것은 이름은 물론이고 다운로드 링크다. <a>에 download 속성을 부여하면 다운로드할 수 있는데, 현재 외부 링크로 생성한 것은 동작하지 않을 것이고, 대신 우리가 직접 업로드한 파일은 다운로드가 가능하게 될 것이다.

```
<ul>
    @foreach ($post->attachments as $attachment)
```

```
        <li>
            <a href="{{ $attachment->link->path }}" download="{{ $attachment->original_name }}">
                {{ $attachment->original_name }}
            </a>
        </li>
    @endforeach
</ul>
```

그밖에 글쓰기와 글 수정에서 파일 첨부 필드를 추가하면 되는데 똑같이 하면 된다. 단, 폼에 반드시 enctype=multipart/form-data를 넣는 것을 빼먹어서는 안 된다.

```
{{-- resources/views/blogs/posts/create.blade.php, edit.blade.php --}}
<form enctype="multipart/form-data">
    <input type="file" name="attachments[]" multiple>
</form>
```

name에 보면 attachments[]와 같이 배열처럼 준 것을 볼 수 있는데, 라라벨에서 배열 형태로 요청을 받아오려면 필드 이름에 []를 붙여야 한다. 다수의 파일을 받아올 수 있도록 multiple을 부여해주도록 하자.

글 수정 뷰에는 할 일이 하나 더 있는데, 바로 이미 업로드된 파일을 삭제하는 것이다. 단순하게 폼으로 처리해보자. 링크의 경우에는 글 읽기에서 본 것과 똑같고, 삭제 권한이 있는 경우에는 글을 삭제할 수 있도록 처리하자.

```
<ul>
    @foreach ($post->attachments as $attachment)
        <li>
            <a href="{{ $attachment->link->path }}" download="{{ $attachment->original_name }}">
                {{ $attachment->original_name }}
            </a>
```

```
            @can('delete', $attachment)
                <form action="{{ route('attachments.destroy', $attachment) }}" method="POST">
                    @csrf
                    @method('DELETE')

                    <button type="submit">삭제</button>
                </form>
            @endcan
        </li>
    @endforeach
</ul>
```

폼으로부터 파일을 새로 업로드하는 일은 글쓰기와 글 수정에서 같이 하도록 되어있어서 PostController::store(), update()에서 처리할 필요가 있다. PostController::attachments()를 정의하고 다음과 같이 호출해보자. 다만, 메인 로직의 경우 별도로 분리하기 위해 AttachmentController를 만들었으므로 실제 파일 업로드는 AttachmentController::store()에서 처리해보자.

```
// app/Http/Requests/StorePostRequest.php, UpdatePostRequest.php
public function rules()
{
    return [
        'attachments.*' => 'nullable|image',
    ];
}

// app/Http/Controllers/PostController.php
class PostController extends Controller
{
    public function store(StorePostRequest $request, Blog $blog)
    {
        $post = $blog->posts()->create(
```

```
            $request->only(['title', 'content'])
        );

        $this->attachments($request, $post);

        return to_route('posts.show', $post);
    }
    public function update(UpdatePostRequest $request, Post $post)
    {
        $post->update(
            $request->only(['title', 'content'])
        );

        $this->attachments($request, $post);

        return to_route('posts.show', $post);
    }

    private function attachments(Request $request, $post)
    {
        if ($request->hasFile('attachments')) {
            app(AttachmentController::class)->store($request, $post);
        }
    }
}
```

유효성을 검사할 때 배열로 넘어오는 파라매터에 대해 어떻게 검사하면 좋을지 그 예가 잘 나와 있다. 배열에 포함된 모든 엘리먼트에 대해 검사하기 위해 attachments.*을 사용하고 있고, 파일은 첨부되지 않을 수도 있지만, 첨부된다면 MIME 타입이 image 타입이어야 함을 명시한다. 우리가 게시판에 업로드할 파일을 이미지 타입이라고 가정하지만, 유효성 검사 속성 중에 mimes를 사용하면 추가적인 MIME 타입 제약이 가능하다. 파일과 관련된 자주 쓰이는 몇 가지 유효성 검사 규칙을 알아보자.

이름	설명	예시
file	파일	file
image	이미지 파일	image
dimensions	이미지 파일 규칙	dimensions:min_width=100, min_height=200
mimes	MIME Type by File Extension	mimes:jpg,bmp,png
mimetypes	MIME Type	mimetypes:video/avi,video/mpeg,video/quicktime

[표 5-5] 파일 유효성검사 규칙

image 규칙은 요청한 파일이 jpg, jpeg, png, bmp, gif, svg 또는 webp 유형에 해당하는지 검사한다. 일반적으로 이미지를 처리할 때 사용한다.

file, image 규칙은 그냥 그 이름만 적어도 되지만, dimensions, memes, mimetypes는 추가적인 파라매터가 요구된다. dimensions의 경우 이미지 파일에 대한 다양한 제약을 걸 수 있는데, 최대·최소 넓이와 높이, 그리고 비율을 지정할 수 있다. 사용할 수 있는 제약은 min_width, max_width, min_height, max_height, width, height, ratio가 있다. 제약을 거는 것은 프로필 사진이나 섬네일 업로드와 같이 규격이 정해져 있는 이미지를 사용해야 할 때 유용하게 사용할 수 있다.

mimes, mimetypes는 파일 확장자와 MIME Types(https://svn.apache.org/repos/asf/httpd/httpd/trunk/docs/conf/mime.types)로 파일을 필터링할 수 있다. image와 같은 별도의 규칙을 사용하지 않았다면 파일 업로드할 때 이 부분은 반드시 처리를 해줄 필요가 있는데, 자칫 잘못하면 보안상 큰 위협이 되기 때문이다. 파일 업로드 공격의 타겟이 되어 웹쉘(Web Shell)이 실행되는 큰 위협이 발생할 수도 있다.

또한 라라벨에서는 내장되어 있는 Illuminate\Validation\Rules\File 규칙을 사용하여 파일의 유효성 검사할 수 있는 방법도 제공한다. 공식문서의 코드를 인용해보면 다음과 같이 사용할 수도 있다. 파일의 타입, 크기, 이미지의 가로세로 사이즈와 같은 것을 검사할 수 있다.

```php
use Illuminate\Support\Facades\Validator;
use Illuminate\Validation\Rules\File;

Validator::validate($input, [
    'attachment' => [
        'required',
        File::types(['mp3', 'wav'])
            ->min(1024)
            ->max(12 * 1024),
    ],
]);

Validator::validate($input, [
    'photo' => [
        'required',
        File::image()
            ->min(1024)
            ->max(12 * 1024)
            ->dimensions(Rule::dimensions()->maxWidth(1000)->maxHeight(500)),
    ],
]);
```

AttachmentController::store()에서 사용자가 요청한 파일 업로드를 진행해보자. 사용자가 요청한 파일을 얻어 오려면 $request->file()을 사용하여 얻어 올 수 있고, 단독 파일이라면 Illuminate\Http\UploadedFile을 반환하지만 그렇지 않으면 이를 포함하고 있는 배열이 반환된다. AttachmentController::store()는 파일 업로드의 일부로서 사용되고 있으나, 사실 독립적으로도 처리가 가능하다. 따라서 StoreAttachmentRequest 도 하나 만들어주자.

```
$ php artisan make:request StoreAttachmentRequest
```

```php
use App\Http\Requests\StoreAttachmentRequest;
```

```
class AttachmentController extends Controller
{
    public function store(StoreAttachmentRequest $request)
    {
        foreach ($request->file('attachments') as $attachment) {
            //
        }
    }
}
```

이제 파일을 업로드해야 하는데, UploadedFile::store(), UploadedFile::storePublicly()를 살펴보자. 두 메서드의 가장 큰 차이는 권한에 있으며 Publicly가 붙어있다면 공개적으로 다른 사람이 접근해도 상관없는 파일이라는 뜻이다. 게시판에 업로드되는 파일들은 누구나 접근할 수 있는 공개적인 파일이라고 가정하자. 파일은 storage/app/public/attachments 디렉터리에 저장한다.

$attachment->hashName()의 경우, 라라벨에서 파일을 저장할 때 이름을 해싱해서 저장하는데, 그 값을 얻어 올 수 있다. 그밖에 UploadedFile::storeAs()와 같이 -As가 붙는 메서드는 파일의 이름을 지정하는 것도 허용된다.

```
use App\Models\Attachment;
use App\Models\Post;
use Illuminate\Http\Request;

class AttachmentController extends Controller
{
    public function store(StoreAttachmentRequest $request, Post $post)
    {
        foreach ($request->file('attachments') as $attachment) {
            $attachment->storePublicly('attachments', 'public');

            $post->attachments()->create([
```

```
                    'original_name' => $attachment->getClientOriginalName(),
                    'name' => $attachment->hashName('attachments')
                ]);
            }
        }
    }
}
```

파일을 삭제하는 일은 단순하게 $attachment->delete()로 처리하자.

```
class AttachmentController extends Controller
{
    public function destroy(Attachment $attachment)
    {
        $attachment->delete();

        return back();
    }
}
```

5.5.9 모델 가지치기

라라벨에서 제공하는 기능 중 하나인 모델 가지치기를 사용해보자. 마이그레이션에서 ForeignKeyDefinition::cascadeOnDelete()로 post_id를 연결하지 않은 것은 모델 가지치기를 사용하기 위함이었다. 첨부파일이 삭제되는 경우는 일반적으로 글 수정에서 첨부파일을 직접 삭제하는 것과 글을 삭제함으로써 발생하는 간접 삭제, 이렇게 두 가지가 있다. 그리고 두 가지 모두에 대해 디스크에 있는 실제 파일도 삭제할 수 있도록 해야 한다. 이를 해결하기 위해 엘로퀀트 이벤트를 사용하는 방법을 가장 먼저 떠올릴 수 있는데, 글 수정에서 첨부파일을 삭제한 경우 AttachmentObserver::deleted()에서 디스크에 있는 파일도 함께 날릴 수 있다.

```php
// app/Observers/AttachmentObserver.php
use App\Models\Attachment;
use Illuminate\Support\Facades\Storage;

class AttachmentObserver
{
    public function deleted(Attachment $attachment)
    {
        Storage::disk('public')->delete($attachment->name);
    }
}

// app/Providers/EventServiceProvider.php
class EventServiceProvider extends ServiceProvider
{
    protected $observers = [
        Attachment::class => AttachmentObserver::class,
    ];
}
```

하지만 글을 삭제하는 경우는 어떨까? 설령 ForeignKeyDefinition::cascadeOnDelete()로 연결한 글이라 할지라도 실제 파일은 제거되지 않는다. cascadeOnDelete()는 데이터베이스 레벨에서 처리되어 attachments에 있는 레코드가 지워진 것일 뿐, 실제로 연결된 Attachment 모델에 대한 삭제 지시가 라라벨에 떨어지는 것은 아니기 때문이다. 그래서 글이 삭제된 경우에도 첨부파일이 제거되도록 지시하려면 PostObserver::deleted()에 추가를 했어야 한다.

이는 분명 가능한 방법이지만, 그렇게 깔끔한 방법이라고는 생각할 수 없다. 그래서 모델 가지치기라는 기능을 써보려는 것이다. 모델 가지치기를 사용하려면 모델을 Prunable하도록 만들어야 한다. 트레이트를 포함시켜보자.

```
use Illuminate\Database\Eloquent\Prunable;

class Attachment extends Model
{
    use Prunable;
}
```

그다음 가지치기할 모델을 결정하기 위해 Prunable::prunable()에 삭제할 모델에 해당하는 쿼리를 작성한다. 마이그레이션에서 글이 삭제된 경우 post_id에 null이 지정되도록 처리한 바 있으므로 이 값이 null이라면 해당 파일은 어떠한 글에서도 첨부되지 않았다는 뜻이므로 가지치기해야 한다.

```
class Attachment extends Model
{
    public function prunable()
    {
        return static::whereNull('post_id');
    }
}
```

모델을 삭제하기 전에 해야 할 일을 작성하고 싶다면 Prunable::pruning()에 작성할 수 있으며, 여기에 디스크에 저장된 파일을 삭제하는 과정을 적어내면 된다. 외부 파일이라면 별도로 할 일은 없고 디스크에 저장된 파일만 제거하면 된다.

```
class Attachment extends Model
{
    public function pruning()
    {
        Storage::disk('public')->delete($this->name);
    }
}
```

마지막으로 아티즌 명령어 php artisan make:prune을 사용하면 모델 가지치기를 사용할 수 있다. 또는 --model을 사용해서 특정 모델을 지정해서 사용할 수도 있다.

```
# vagrant@homestead:~/code$ php artisan model:prune --model=App\\Models\\Attachment
vagrant@homestead:~/code$ php artisan model:prune
2 [App\Models\Attachment] records have been pruned.
```

한 가지 주목할 사항은 모델 가지치기는 브라우저에서 발생하는 사용자의 행동으로 발생하는 요청이 아니라 CLI에서 실행하는 아티즌 명령어라는 점이다. 애플리케이션 외부에서 필요 없는 모델을 가지치기하는 느낌이라고 생각하면 된다. 따라서 주기적으로 이를 실행하도록 해야 하는데, 이를 스케줄링이라고 한다. 라라벨에서 스케줄링을 하는 방법은 간단하나, 스케줄링에 대해서는 추후 챕터에서 알아본다.

5.5.10 정책과 인가

파일은 생성 및 삭제 권한만 있으면 되는데, 생성은 생성하려는 글의 소유권을 가지고 있어야 하고, 마찬가지로 삭제는 해당 파일의 소유자여야 한다. 그런데 파일의 소유자는 글 작성자, 글 작성자는 블로그의 소유자를 의미하므로 현재 로그인한 사용자와 비교만 하면 된다.

```php
// app/Policies/AttachmentPolicy.php
class AttachmentPolicy
{
    use HandlesAuthorization;

    public function create(User $user, Post $post)
    {
        return $user->id === $post->blog->user_id;
    }

    public function delete(User $user, Attachment $attachment)
```

```
    {
        return $user->id === $attachment->post->blog->user_id;
    }
}

// app/Http/Controllers/AttachmentController.php
class AttachmentController extends Controller
{
    public function __construct()
    {
        $this->authorizeResource(Attachment::class, 'attachment', [
            'except' => ['store']
        ]);

        $this->middleware('can:create,App\Models\Attachment,post')
            ->only('store');
    }
}
```

5.5.11 테스트

파일 업로드 테스트는 그렇게 어렵지 않다. Stroage 파사드에서 업로드 테스트를 위한 페이크를 제공하는데, 테스트 시작 시 스토리지 페이크를 지정하고 다음과 같이 페이크 파일을 만들어낼 수 있다. 파일과 관련된 테스트를 할 때는 이 부분이 기본으로 사용될 예정이다.

```
$ php artisan make:test Http\\Controllers\\AttachmentControllerTest
```

```
Storage::fake('public');

$attachment = UploadedFile::fake()->image('file.jpg');
```

posts.attachments.store 에 대한 테스트를 해보자. 가짜 파일 객체를 생성하고 업로드 요청을 던져서 데이터베이스에 존재하는지, 그리고 스토리지에는 존재하는지 검증한다. Storage 파사드에서 Storage::assertExists()로 파일이 존재하는지 점검하고, 반대로 Storage::assertMissing()으로 존재하지 않는지 검증하는 일이 가능하다. 그밖에 파일은 글의 소유자만 조작 가능하므로 인증하는 것도 잊지 말자. 폼에서 요청할 때는 attachments[]로 요청했지만 테스트에서는 배열로 넘겨주면 된다.

```
use Illuminate\Support\Facades\Storage;

class AttachmentControllerTest extends TestCase
{
    public function testCreateAttachmentForPost()
    {
        Storage::fake('public');

        $attachment = UploadedFile::fake()->image('file.jpg');

        $post = Post::factory()->create();

        $this->actingAs($post->blog->user)
            ->post(route('posts.attachments.store', $post), [
                'attachments' => [
                    $attachment,
                ],
            ])
            ->assertSuccessful();

        $this->assertCount(1, $post->attachments);

        $this->assertDatabaseHas('attachments', [
            'original_name' => $attachment->getClientOriginalName(),
            'name' => $attachment->hashName('attachments'),
        ]);

        Storage::disk('public')->assertExists(
            $attachment->hashName('attachments')
```

```
            );
        }
    }
}
```

attachments.destroy에서는 데이터베이스에서 레코드가 삭제되는 것만 테스트하면 된다. UploadedFile::fake()로 생성한 임시 파일은 실제로 스토리지에 업로드되는 것이 아니므로 스토리지를 대상으로는 테스트하지 않아도 된다.

```
class AttachmentControllerTest extends TestCase
{
    public function testDeleteAttachmentFromPost()
    {
        Storage::fake('public');

        $attachment = UploadedFile::fake()->image('file.jpg');

        $post = Post::factory()->has(
            Attachment::factory()->state([
                'original_name' => $attachment->getClientOriginalName(),
                'name' => $attachment->hashName('attachments'),
            ])
        )->create();

        foreach ($post->attachments as $attachment) {
            $this->actingAs($post->blog->user)
                ->delete(route('attachments.destroy', $attachment))
                ->assertRedirect();

            $this->assertDatabaseMissing('attachments', [
                'id' => $attachment->id,
            ]);
        }
    }
}
```

```
vagrant@homestead:~/code$ artx
Http/Controllers/AttachmentController ... 100 %
```

파일 업로드 자체와는 별개로 글에도 파일 첨부 기능이 생겼으므로 이를 테스트해보자. PostControllerTest에서 요청을 보낼 때 첨부파일을 명시하고 파일이 데이터베이스에 제대로 들어가있고, 디스크에 저장되었는지 체크하자.

```
class PostControllerTest extends TestCase
{
    public function testCreatePostForBlog()
    {
        Storage::fake('public');

        $attachment = UploadedFile::fake()->image('file.jpg');

        $blog = Blog::factory()->hasSubscribers()->create();

        $data = [
            'title' => $this->faker->text(50),
            'content' => $this->faker->text,
        ];

        $this->actingAs($blog->user)
            ->post(route('blogs.posts.store', $blog), [
                ...$data,
                'attachments' => [
                    $attachment,
                ],
            ])
            ->assertRedirect();

        $this->assertCount(1, $blog->posts);
        $this->assertDatabaseHas('posts', $data);

        $this->assertDatabaseHas('attachments', [
```

```php
            'original_name' => $attachment->getClientOriginalName(),
            'name' => $attachment->hashName('attachments'),
        ]);

        Storage::disk('public')->assertExists(
            $attachment->hashName('attachments')
        );
    }

    public function testUpdatePost()
    {
        Storage::fake('public');

        $attachment = UploadedFile::fake()->image('file.jpg');

        $post = Post::factory()->create();

        $data = [
            'title' => $this->faker->text(50),
            'content' => $this->faker->text,
        ];

        $this->actingAs($post->blog->user)
            ->put(route('posts.update', $post), [
                ...$data,
                'attachments' => [
                    $attachment,
                ],
            ])
            ->assertRedirect();

        $this->assertDatabaseHas('posts', $data);

        $this->assertDatabaseHas('attachments', [
            'original_name' => $attachment->getClientOriginalName(),
            'name' => $attachment->hashName('attachments'),
```

```
            ]);

        Storage::disk('public')->assertExists(
            $attachment->hashName('attachments')
        );
    }
}
```

```
vagrant@homestead:~/code$ artx
Http/Controllers/PostController ... 100 %
```

5.5.12 속성 캐스팅 테스트

속성 캐스팅 테스트의 경우에는 독립적으로 테스트를 해볼 수도 있겠지만, 이미 해당 캐스트가 사용된 모델인 Attachment 를 생성하고 진행해보는 것도 괜찮은 방향이라 볼 수 있다. 접근자와 변이자를 둘 다 테스트할 것이고 접근자를 테스트할 때는 외부링크, 내부링크를 , 변이자를 테스트할 때는 LinkCastable 을 설정했을 때와 아닐 때, 둘 다 테스트하자.

```
$ php artisan make:test Casts\\LinkTest
```

```
use App\Castables\Link as LinkCastable;
use App\Models\Attachment;
use Exception;
use Illuminate\Foundation\Testing\RefreshDatabase;
use Illuminate\Foundation\Testing\WithFaker;
use Illuminate\Http\UploadedFile;
use Illuminate\Support\Facades\Storage;

class LinkTest extends TestCase
{
    use RefreshDatabase, WithFaker;
```

```php
public function testLinkAccessorWithExternalPath()
{
    $attachment = Attachment::factory()->state([
        'name' => $this->faker->imageUrl(),
    ])->create();

    $this->assertEquals($attachment->name, $attachment->link->path);
}

public function testLinkAccessorWithFilePath()
{
    $attachment = UploadedFile::fake()->image('avatar.jpg');

    $attachment = Attachment::factory()->state([
        'original_name' => $attachment->getClientOriginalName(),
        'name' => $attachment->hashName(),
    ])->create();

    $this->assertEquals(
        Storage::disk('public')->url($attachment->name),
        $attachment->link->path
    );
}

public function testLinkMutatorSetsCastable()
{
    $attachment = Attachment::factory()->create();

    $linkCastable = new LinkCastable(
        $this->faker->imageUrl()
    );

    $attachment->link = $linkCastable;

    $this->assertEquals($linkCastable->path, $attachment->link->path);
}
```

```
    public function testLinkMutatorThrowsExceptionOnInvalidValue()
    {
        $attachment = Attachment::factory()->create();

        $this->expectException(Exception::class);

        $attachment->link = null;
    }
}
```

```
vagrant@homestead:~/code$ artx
Casts/Link ... 100.0 %
```

5.5.13 모델 가지치기 테스트

모델 가지치기를 테스트해보자. 모델 가지치기를 테스트하는 방법은 간단하다. 글과 연결되어 있지 않은 Attachment가 아티즌 콘솔에서 model:prune을 호출한 뒤, 파일과 함께 제거되었는지 파악하는 것이다. 테스트 케이스에서 아티즌 명령어를 호출하는 일은 TestCase::artisan() 으로 할 수 있다.

```
$ php artisan make:test Models\\AttachmentTest
```

PruningAttachmentTest::testPruningAssociatedUploadedFile()를 살펴보면, Storage::-fake()로 스토리지를 Fake 한 다음, UploadedFile::fake()->image()->store()로 파일을 업로드하고, model:prune을 호출한 이후에 Storage::assertMissing()을 통해서 파일이 제거되었는지 검증하고 있는 것을 볼 수 있다.

```
use App\Models\Attachment;
use Illuminate\Foundation\Testing\RefreshDatabase;
use Illuminate\Foundation\Testing\WithFaker;
```

```php
use Illuminate\Http\UploadedFile;
use Illuminate\Support\Facades\Storage;

class AttachmentTest extends TestCase
{
    use RefreshDatabase, WithFaker;

    public function testPruningAssociatedUploadedFile()
    {
        $storage = Storage::fake('public');

        $file = UploadedFile::fake()->image('avatar.jpg');
        $file->store('/', 'public');

        $attachment = Attachment::factory()->state([
            'original_name' => $file->getClientOriginalName(),
            'name' => $file->hashName(),
        ])->create();

        $storage->assertExists($attachment->name);

        $this->artisan('model:prune', [
            '--model' => [Attachment::class],
        ])->assertSuccessful();

        $this->assertDatabaseMissing('attachments', [
            'id' => $attachment->id,
        ]);

        $storage->assertMissing($attachment->name);
    }
}
```

5.5.14 Observer 테스트

모델 가지치기에서 만들었던 AttachmentObserver를 테스트해보자. 테스트해야 할 메서드는 AttachmentObserver::deleted() 하나뿐이고 해야 할 일은 파일이 삭제되는 것을 검증하는 것뿐이다. 스토리지에 파일이 업로드되어야 하기 때문에 UploadedFile::store()를 사용해서 업로드 하는 것을 잊지 말자.

```php
use App\Models\Attachment;
use App\Observers\AttachmentObserver;
use Illuminate\Http\UploadedFile;
use Illuminate\Support\Facades\Storage;

class AttachmentObserverTest extends TestCase
{
    use RefreshDatabase;

    public function testDeletingUploadedFileOnAttachmentDeletion()
    {
        $storage = Storage::fake('public');

        $file = UploadedFile::fake()->image('avatar.jpg');
        $file->store('/', 'public');

        $attachment = Attachment::factory()->state([
            'original_name' => $file->getClientOriginalName(),
            'name' => $file->hashName(),
        ])->create();

        $observer = new AttachmentObserver();

        $observer->deleted($attachment);

        $storage->assertMissing($attachment->name);
    }
}
```

```
vagrant@homestead:~/code$ artx
Observers/AttachmentObserver ... 100.0 %
```

5.6 피드

글을 작성할 수 있으니 이제 피드(Feed)를 만들어보자. 피드에는 내가 구독한 블로그가 발행한 글의 목록을 최신순으로 나열하여 나타낼 것이고, 구독한 블로그가 없다면 단순하게 최신 글을 나타낼 것이다. 이전에 만들어 두었던 WelcomeController에서 그 일을 처리해보자.

5.6.1 라우팅 & 컨트롤러

그저 이전에 등록해둔 라우트를 다시 한번 살펴보자. 컨트롤러가 invokable이기 때문에 메서드를 별도로 지정해줄 필요는 없다.

```
Route::get('/', \App\Http\Controllers\WelcomeController::class);
```

5.6.2 구현

피드의 모양은 블로그 글 목록과 똑같다. 기존에 작성되어 있는 welcome.blade.php의 내용을 지우고 아래와 같이 채워 넣자. 단순히 글 목록을 출력하고 있을 뿐이다.

```
@extends('layouts.app')

@section('title', '홈')
```

```
@section('content')
    <ul>
        @foreach ($posts as $post)
            <li>
                <a href="{{ route('posts.show', $post) }}">{{ $post->title }}</a>
            </li>
        @endforeach
    </ul>

    {{ $posts->links() }}
@endsection
```

WelcomeController::__invoke()를 살펴보자. 사용자가 어떤 블로그를 구독한 상태라면 구독한 블로그의 최신 포스트를 가져오고 그렇지 않으면 그냥 최신 글을 가져온다. 개수는 20개로 제한한다. 우리는 여기서 두 가지의 컬렉션 확장 방법을 알아본다. 첫 번째는 컬렉션 매크로(Collection Macro)를 통한 확장법, 두 번째는 엘로퀀트 컬렉션을 확장하고 새로운 컬렉션을 생성하는 방법이다. Collection::feed()와 Collection::paginate()는 라라벨 컬렉션에는 존재하지 않는 함수인데, 컬렉션을 확장했기 때문에 가능하다. 하지만 둘은 다른 방식으로 확장되었다.

```
use App\Models\Post;
use Illuminate\Http\Request;

class WelcomeController extends Controller
{
    public function __invoke(Request $request)
    {
        $user = $request->user();

        if ($user->subscriptions()->exists()) {
            $subscriptions = $user->subscriptions()
                ->with('posts', fn ($query) => $query->limit(20))
                ->get();
```

```
            $posts = $subscriptions->feed();
        } else {
            $posts = Post::latest()->limit(20)->get();
        }

        return view('welcome', [
            'posts' => $posts->paginate(5, $request->page ?? 1),
        ]);
    }
}
```

가장 먼저, 엘로퀀트 컬렉션을 확장해서 Collection::feed()를 만들어보자. 기존의 컬렉션에는 존재하지 않는 메서드다. 이러한 일이 가능하도록 하기 위해서는 기존의 엘로퀀트 컬렉션을 확장해서 만들어야 할 필요가 있다. $user->subscriptions 는 Blog의 컬렉션을 반환할 터이다. 새로운 컬렉션의 이름도 BlogCollection 으로 짓자.

```
$ mkdir app/Collections
$ touch app/Collections/BlogCollection.php
```

새로 만든 BlogCollection 은 기본적으로 엘로퀀트 컬렉션인 Illuminate\Database\Eloquent\Collection 를 확장한다. feed()의 내부 로직이 의미하는 바는 Blog 컬렉션의 각 Blog 에서 posts를 얻어 와 하나의 컬렉션으로 병합한 뒤, 정렬한 것이다. $this->flatMap->posts가 Collection⟨Post⟩를 반환할 것이며 이것을 대상으로 날짜순으로 재정렬했다.

```
namespace App\Collections;

use Illuminate\Database\Eloquent\Collection;

class BlogCollection extends Collection
{
    public function feed()
```

```
    {
        return $this->flatMap->posts->sortByDesc('created_at');
    }
}
```

여기서 잠깐, $this->flatMap->posts 는 도대체 무슨 표현인가? 라라벨 컬렉션은 우리말로 표현하기엔 애매한 Higher Order Messages라는 것을 제공하는데 average, avg, contains, each, every, filter, first, flatMap, groupBy, keyBy, map, max, min, partition, reject, skipUntil, skipWhile, some, sortBy, sortByDesc, sum, takeUntil, takeWhile, unique 와 같은 메서드들을 거쳐서 실행되는 메서드나 필드는 콜백 표현을 사용하지 않고도 단축해서 표현이 가능하다. 라라벨의 컬렉션은 Illuminate\Support\Traits\EnumeratesValues 트레이트를 가지고 있는데, 이 트레이트의 __get()을 살펴보면 Illuminate\Support\HigherOrderCollectionProxy를 반환하는 것을 볼 수 있다.

```
use Illuminate\Support\HigherOrderCollectionProxy;

trait EnumeratesValues
{
    public function __get($key)
    {
        if (! in_array($key, static::$proxies)) {
            throw new Exception("Property [{$key}] does not exist on this collection instance.");
        }

        return new HigherOrderCollectionProxy($this, $key);
    }
}
```

HigherOrderCollectionProxy::__get(), __call()을 살펴보면 컬렉션에서 제공하는 메서드를 프록시하여 호출해주는 것을 볼 수 있다. 콜백처리도 여기서 한다. 이해가 되지 않아도 괜찮다. PHP에서 제공하는 매직 메서드(https://www.php.net/manual/en/language.oop5.magic.php)를 적극 활용한 것인데, 간단히 짚고 넘어가자면, __get()은 프로퍼티에 접근할 때, __call()은 메서드를 호출할 때 발생한다.

```php
namespace Illuminate\Support;

class HigherOrderCollectionProxy
{
    protected $collection;

    protected $method;

    public function __construct(Enumerable $collection, $method)
    {
        $this->method = $method;
        $this->collection = $collection;
    }

    public function __get($key)
    {
        return $this->collection->{$this->method}(function ($value) use ($key) {
            return is_array($value) ? $value[$key] : $value->{$key};
        });
    }

    public function __call($method, $parameters)
    {
        return $this->collection->{$this->method}(function ($value) use ($method, $parameters) {
            return $value->{$method}(...$parameters);
        });
    }
}
```

다시 BlogCollection 으로 돌아가서, $this 는 Blog 컬렉션을 의미하므로 $this->flatMap에서는 콜백에서 Blog를 처리할 수 있는데, Higher Order Messages를 사용해서 속한 모든 Post들을 대상으로 flatMap 처리한 것이라 볼 수 있다. 즉, 결론적으로 HigherOrderCollectionProxy::__get()의 호출로써 보면 다음과 같다.

```
$this->flatMap(function (Blog $blog) {
    return $blog->posts;
});
```

컬렉션 메서드인 map 과 flatMap은 동작이 조금 다른데, 이름에 flat이 붙게되면 멀티 레벨 배열을 평평하게 만들어준다. 공식문서의 코드를 그대로 인용해보자면 다음과 같다. map은 각 요소에 클로저의 반환값을 적용시켜 새로운 배열로 만들고, flatMap 또한 반환값을 적용시키되, 단 평평하게 만든다. 결론적으로 flatMap을 사용한 BlogCollection::feed()가 반환하는 것은 Blog 컬렉션이 가지고 있던 Post를 모은 컬렉션인 것이다. 타입은 엘로퀀트 컬렉션이 아니라 일반적인 컬렉션인 \Illuminate\Support\Collection이다. 만약 flatMap이 아니라 map을 사용했다면 Collection〈Collection〈Post〉〉가 반환되었을 것이다.

```
// map
$collection = collect([1, 2, 3, 4, 5]);

$multiplied = $collection->map(function ($item, $key) {
    return $item * 2;
});

$multiplied->all();

//-> [2, 4, 6, 8, 10]

// flatMap
$collection = collect([
    ['name' => 'Sally'],
```

```
        ['school' => 'Arkansas'],
        ['age' => 28]
]);

$flattened = $collection->flatMap(function ($values) {
    return array_map('strtoupper', $values);
});

$flattened->all();

//-> ['name' => 'SALLY', 'school' => 'ARKANSAS', 'age' => '28'];
```

이렇게 생성한 BlogCollection을 이제 라라벨의 엘로퀀트 컬렉션 대신에 반환하도록 만들 필요가 있는데, 당연히 모든 컬렉션이 대상이 아니라 Blog 컬렉션에 대해서만 BlogCollection으로 대신 반환하도록 해야 한다. Blog::newCollection()에서 이 동작을 바꿀 수 있다. 이제 Blog 컬렉션을 요구하면 BlogCollection을 반환하도록 해보자. 이러한 설정이 가능함으로써 WelcomeController::__invoke()에서 $user->subscriptions->feed()와 같은 행동이 가능해진 것이라고 볼 수 있다.

```
use App\Collections\BlogCollection;

class Blog extends Model
{
    public function newCollection(array $models = [])
    {
        return new BlogCollection($models);
    }
}
```

이제 페이지네이션을 처리해보자. 여기서는 컬렉션 매크로(Collection Macro)를 사용해보자. 컬렉션 매크로는 모든 컬렉션이 사용할 수 있는 메서드를 만드는 것이다. 특정 컬렉션에 종속된 것이 아니라 일반적인 메서드이다. 새로 만들어 볼 Collection::paginate()의 경우 수동으로 Paginator를 생성하여 처리하였다. paginate(), simeplePaginate()와 같은 메서드는 쿼리 빌더와 엘로퀀트 컬렉션에는 있지만 컬렉션에는 별도로 존재하지 않기 때문이다. 여기서는 수동으로 Paginator를 작성한다. 쿼리빌더와 엘로퀀트에 있는 페이지네이션과 관련된 메서드는 simplePaginate(), paginate(), cursorPaginate()가 존재하는데, 각 매핑된 클래스를 보면 Paginator는 다음과 같다.

Method	Paginator
simplePaginate()	Illuminate\Pagination\Paginator
paginate()	Illuminate\Pagination\LengthAwarePaginator
cursorPaginate()	Illuminate\Pagination\CursorPaginator

[표 5-6] 페이지네이션

가장 많이 사용했었던 paginate()의 경우 LengthAwarePaginator 를 사용하므로 생성해보자. 수동으로 페이지네이션을 만들기 위해서는 생성자에 어떤 것이 들어가야 하는지 알아야 하는데, Paginator, CursorPaginator 와는 달리 LengthAwarePaginator는 $total 처럼 아이템의 총 개수도 요구한다. Paginator, CursorPaginator는 이전/다음 밖에 제공하지 않으므로 필요하지 않기 때문이다. LengthAwarePaginator의 생성자는 한 페이지에 보여줄 아이템이 담긴 컬렉션, 총 개수, 페이지 당 보여줄 아이템의 개수, 현재 페이지, 그리고 옵션을 받을 수 있다.

컬렉션 매크로는 서비스 프로바이더에 Collection::macro()를 사용하여 정의할 수 있다. 이전에 만들었던 PaginateServiceProvider::boot()가 있다면 거기에 작성하고, 없다면 AppServiceProvider::boot()에 등록해도 상관없다. $this->forPage(), $this->count()의 $this는 $posts->paginate()에서 $posts를 의미하게 된다.

```
use Illuminate\Pagination\LengthAwarePaginator;
use Illuminate\Support\Collection;

class PaginateServiceProvider extends ServiceProvider
{
    public function boot()
```

```
    {
        Collection::macro('paginate', function (int $perPage, int 
$currentPage, array $options = []) {
            return app(LengthAwarePaginator::class, [
                'items' => $this->forPage($currentPage, $perPage),
                'total' => $this->count(),
                'perPage' => $perPage,
                'currentPage' => $currentPage,
                'options' => $options
            ]);
        });
    }
}
```

수동으로 페이지네이션을 만들 때는 대상 컬렉션을 Collection::slice()를 사용하여 잘라줄 필요가 있는데, Collection::forPage()를 사용하면 내부적으로 호출하여 처리하므로 보다 편하게 페이지네이션을 생성할 수 있다. 예를 들어서 현재 페이지가 1페이지($current-Page)이고 페이지당 5개의 아이템($perPage)을 보여야 하는 경우, 전체 컬렉션에서 인덱스 0-4에 해당하는 아이템을 보여주어야 해서 Collection::slice()로 잘라야 하는 것인데, Collection::forPage()에서 그 작업을 대신 해주고 있다.

```
namespace Illuminate\Support\Traits;

trait EnumeratesValues
{
    public function forPage($page, $perPage)
    {
        $offset = max(0, ($page - 1) * $perPage);

        return $this->slice($offset, $perPage);
    }
}
```

라라벨의 컬렉션은 Illuminate₩Support₩Traits₩Macroable라는 트레이트도 가지고 있다. 그래서 컬렉션으로 매크로를 사용할 수 있는 것인데, Collection::macro()는 정적 메서드이므로 다음과 같은 정의를 가지고 있다. 단순하게 내부 매크로 목록에 추가하고 있을 뿐이다.

```
namespace Illuminate\Support\Traits;

trait Macroable
{
    protected static $macros = [];

    public static function macro($name, $macro)
    {
        static::$macros[$name] = $macro;
    }
}
```

메서드 호출과 정적 메서드 호출에 대한 매직 메서드, Macroable::__callStatic(), __call()이 선언되어 있는데, 로직에 딱히 차이는 없으므로 __call()만 살펴보자면 다음과 같다. Collection::macro()를 통해 정의된 매크로가 있는지 판단하고, 호출하는 코드이다. $macro->bindTo()로 Closure::bindTo()(https://www.php.net/manual/en/closure.bindto)를 사용해서 $this를 Collection으로 바인딩했기 때문에 Collaction::macro()에서 $this 로 Collection에 접근할 수 있었던 것이다.

```
namespace Illuminate\Support\Traits;

use BadMethodCallException;
use Closure;

trait Macroable
{
    public function __call($method, $parameters)
    {
```

```
        if (! static::hasMacro($method)) {
            throw new BadMethodCallException(sprintf(
                'Method %s::%s does not exist.', static::class, $method
            ));
        }

        $macro = static::$macros[$method];

        if ($macro instanceof Closure) {
            $macro = $macro->bindTo($this, static::class);
        }

        return $macro(...$parameters);
    }
}
```

5.6.3 테스트

GET / 의 테스트를 진행해보자. 간단하게 welcome 뷰에 대한 검증만 해줘도 큰 문제는 없다. 단, User 를 생성할 때는 구독한 블로그가 있는 상태와 없는 상태를 분리할 수 있도록 처리해보자. 피드를 처리할 때는 구독한 블로그가 있냐 없냐에 따라 플로우가 달라지기 때문에 테스트 케이스도 분리했다. WelcomeControllerTest::testReturnsWelcomeView()에서 사용된 action()은 라우트를 설정할 때처럼 컨트롤러의 이름, 또는 컨트롤러의 이름과 메서드 이름을 페어로 주면 그에 해당하는 주소를 반환한다. WelcomeController는 Invokable이기 때문에 메서드의 이름은 생략했다.

```
$ php artisan make:test Http\\Controllers\\WelcomeControllerTest
```

```
use App\Http\Controllers\WelcomeController;

class WelcomeControllerTest extends TestCase
```

```php
{
    use RefreshDatabase;

    public function testReturnsWelcomeView()
    {
        $user = User::factory()->create();

        $this->actingAs($user)
            ->get(action(WelcomeController::class))
            ->assertOk()
            ->assertViewIs('welcome');
    }

    public function testReturnsWelcomeViewWithSubscriptions()
    {
        $subscriptions = Blog::factory()->hasPosts(5)->create();

        $user = User::factory()->hasAttached(
            factory: $subscriptions,
            relationship: 'subscriptions'
        )->create();

        $this->actingAs($user)
            ->get(action(WelcomeController::class))
            ->assertOk()
            ->assertViewIs('welcome');
    }
}
```

```
vagrant@homestead:~/code$ artx
Http/Controllers/WelcomeController ... 100.0 %
```

5.6.4 컬렉션 매크로 테스트

Collection::paginate() 를 테스트해보자. 이는 페이지네이션을 위한 매크로인데, Paginator 를 반환했었다. 따라서 Paginator 에 값이 올바르게 설정되었는지 점검하면 된다. 현재 페이지, 페이지당 아이템 개수, 총 아이템 개수, 현재 페이지의 아이템 수, 마지막으로 현재 페이지에 해당하는 아이템 목록을 포함하는지 검증한다.

```
$ php artisan make:test Providers\\PaginateServiceProviderTest
```

```php
use Illuminate\Foundation\Testing\RefreshDatabase;
use Illuminate\Support\Collection;
use Tests\TestCase;

class PaginateServiceProviderTest extends TestCase
{
    use RefreshDatabase;

    public function testPaginateMacro(): void
    {
        $collection = new Collection(range(1, 10));

        $paginator = $collection->paginate(5, 1);

        $this->assertEquals(1, $paginator->currentPage());
        $this->assertEquals(5, $paginator->perPage());
        $this->assertEquals(10, $paginator->total());
        $this->assertEquals(2, $paginator->lastPage());
        $this->assertEquals(5, $paginator->count());
        $this->assertEquals(range(1, 5), $paginator->items());
    }
}
```

CHAPTER 06

레벨업

6.1 큐
6.2 메일
6.3 알림
6.4 이벤트
6.5 브로드캐스팅
6.6 아티즌 콘솔
6.7 작업 스케줄링
6.8 검색
6.9 로케일

시작하면서...

커뮤니티에서 작성한 프로젝트를 토대로 라라벨에서 제공하는 고급 기능들을 추가하는 과정을 배워보자. 이번에 배우는 내용은 다음과 같다. 라라벨의 공식문서에 Digging Deeper라는 카테고리가 있는데, 해당 카테고리에서 나열한 내용들의 기본적인 사용법을 살펴볼 것이며 그에 더해 이전에 작업한 커뮤니티 프로젝트에 적용하는 과정을 거쳐보자.

- 오래 걸리는 작업을 백그라운드에서 처리할 수 있는 큐(Queue)
- 사용자에게 이메일을 전송하는 메일(Mail)
- 이메일을 포함한 SNS까지 메시지를 보낼 수 있는 알림(Notification)
- 웹소켓으로 클라이언트에 실시간 메시지를 전달할 수 있는 브로드캐스팅(Broadcasting)
- 이메일 광고를 보내는 아티즌 명령어(Artisan Command)
- 아티즌 명령어를 주기적으로 실행하는 작업 스케줄링(Scheduling)
- algolia, meilisearch와 같은 검색엔진을 사용하여 빠르게 검색하는 라라벨 스카우트(Laravel Scout)

6.1 큐

가장 처음에 알아볼 내용은 큐(Queue)다. 큐는 이메일 전송을 비롯한 문서 생성과 같이 오래 걸리는 작업을 별도의 프로세스로 분리하여 처리할 수 있도록 하는 방법으로서 큐를 사용하면 작업을 분리할 수 있기 때문에 사용자가 웹페이지의 응답이 올 때까지 기다리지 않아도 된다.

라라벨의 큐는 데이터베이스 큐를 포함한 Redis, Amazon SQS와 같은 서비스를 사용함에 있어서도 일관된 API를 제공하므로 백그라운드에서 어떠한 큐 서비스를 사용하는지는 코드에 있어서는 크게 문제가 되지 않는다.

큐는 Job, Batch 등 단순하게 기능만 나열해도 관련된 내용이 상당히 많다. 이 책에서는 큐에 대한 전체적인 내용이 아니라 실무에서 자주 사용하게 될 메일, 알림, 이벤트에서 큐를 사용하는 방법에 대해 배운다. 특히 이벤트를 큐와 함께 사용하는 일은 상당히 자주 있는 일이기도 하므로 꼭 기억하자. 다른 것보다도 큐를 가장 먼저 배우는 이유는 이후에 나올 메일, 알림, 이벤트와 같은 기능에서 큐를 사용해볼 것이기 때문이다.

6.1.1 설정

큐에 대해 알아보기 전에 설정을 먼저 보자. config/queue.php에서 큐에 대한 설정을 볼 수 있다. Default에는 기본적으로 사용할 큐 커넥션이 지정되어 있고, connections에는 database 설정과 유사하게 큐로 사용할 다양한 서비스에 연결할 수 있도록 예시가 제공돼 있다. 일부 생략하긴 했지만, beanstalkd, Amazon SQS도 사용할 수 있다.

```php
return [
    'default' => env('QUEUE_CONNECTION', 'sync'),
    'connections' => [
        'database' => [
            'driver' => 'database',
            'table' => 'jobs',
            'queue' => 'default',
            'retry_after' => 90,
            'after_commit' => false,
        ],
        'redis' => [
            'driver' => 'redis',
            'connection' => 'default',
            'queue' => env('REDIS_QUEUE', 'default'),
            'retry_after' => 90,
            'block_for' => null,
            'after_commit' => false,
        ],
```

```
        ],
        'failed' => [
            'driver' => env('QUEUE_FAILED_DRIVER', 'database-uuids'),
            'database' => env('DB_CONNECTION', 'mysql'),
            'table' => 'failed_jobs',
        ],
    ];
```

주목해야 하는 것은 connections와 connections.*.queue이다. connections는 어플리케이션에 사용할 큐 서비스를 의미하고 connections.*.queue는 내부적으로 분류한 큐를 의미한다. 즉, 같은 큐 서비스에서 default 큐 대기열은 기본 큐이며 이를테면 emails 큐 대기열은 이메일 전송만을 위한 큐 대기열로 사용할 수 있다는 이야기다.

큐에는 메일, 알림, 이벤트, Job 등을 넣을 수 있는데, 이러한 작업이 실패할 경우 failed에 정의된 데이터베이스 커넥션 및 테이블에 기록된다. 기본적으로 failed_jobs 테이블에 실패한 큐가 기록되는데, failed_jobs는 laravel new로 어플리케이션을 생성했을 때 기본적으로 생성되어 있었을 것이다. 존재하지 않는 경우 php artisan queue:failed-table를 사용하여 마이그레이션을 생성할 수 있다.

6.1.2 마이그레이션

큐 서비스는 Redis 또는 Amazon SQS를 사용하는 경우가 많겠지만, 편의상 database 드라이버를 사용하기로 하자. 데이터베이스를 사용하는 큐에서는 jobs 테이블이 사용된다. php artisan queue:table을 사용하면 jobs 테이블을 위한 마이그레이션을 생성할 수 있다.

```
$ php artisan queue:table
```

마이그레이션을 살펴보면 큐의 id, queue.connections.*.queue에 설정되었거나, 카테고리화할 큐 대기열의 이름(queue) 및 내용(payload)이나 예약 일자(reserved_at) 등의 칼럼이 준비되어 있는 것을 볼 수 있다. 큐에 작업을 대기시키면 jobs 테이블에 기록될 것이고, 큐 워커

(Queue Worker)가 이를 소비하여 외부 프로세스에서 작업을 진행하게 된다.

```php
return new class extends Migration
{
    public function up()
    {
        Schema::create('jobs', function (Blueprint $table) {
            $table->bigIncrements('id');
            $table->string('queue')->index();
            $table->longText('payload');
            $table->unsignedTinyInteger('attempts');
            $table->unsignedInteger('reserved_at')->nullable();
            $table->unsignedInteger('available_at');
            $table->unsignedInteger('created_at');
        });
    }

    public function down()
    {
        Schema::dropIfExists('jobs');
    }
};
```

환경설정 또한 큐 서비스를 데이터베이스로 사용하기로 했으므로 .env에서 QUEUE_CONNECTION을 database로 바꿔줄 필요가 있다.

```
QUEUE_CONNECTION=database
```

6.1.3 큐 워커

큐는 기본적으로 별도의 프로세스에서 동작하기 때문에 큐 커넥션 드라이버에서 지정한 큐 서비스에 기록된 작업들을 가져와서 처리하는 프로세스가 별도로 필요한데, 라라벨에는 놀랍게도 큐 워커가 내장되어 있어서 php artisan queue:work만 사용해도 큐 워커가 동작한다.

```
$ php artisan queue:work
```

queue:work는 부팅된 어플리케이션의 상태를 메모리에 저장하므로 코드가 업데이트된 경우 상태를 즉각적으로 반영할 수 없다. 그래서 다시 반영하려면 큐 워커를 다시 시작해야 하는데, 개발 중에는 상당히 번거로운 작업이므로 이럴 때는 queue:listen을 사용할 수도 있다. 그러나 이를 사용하면 큐 워커를 수동으로 다시 시작할 필요는 없지만, queue:work보다 비효율적이므로 로컬에서 개발할 때만 사용하자.

```
$ php artisan queue:listen
```

기본 큐 대기열은 queue.connections.database.queue 설정에 따라 default인데, 이메일을 보내는 큐를 emails라는 이름을 가진 대기열에 작업 배치할 것이라고 가정하자. 이 경우 --queue를 사용해서 큐 대기열을 지정해줄 필요가 있다. 콤마(,)로 큐 대기열의 이름을 이어주면, 우선순위에 따라 큐 워커가 작업한다. emails 큐를 먼저 작업하고 default를 뒤로 잇는다.

```
vagrant@homestead:~/code$ php artisan queue:listen --queue=emails,default
```

큐 워커를 한 개만 쓰면 구독자가 100명만 되어도 알림을 보내는 데 꽤 걸리기 때문에 큐 워커를 여러 개 띄워서 병렬로 처리하는 것도 가능하다. 큐 워커 프로세스를 다중으로 띄우면 알아서 큐 대기열에 있는 큐들을 분산하여 처리할 수 있어서 메일, 알림, 이벤트 리스너를 빠르게 처리하여 사용자에게 알릴 수 있다.

6.1.4 라라벨 호라이즌

라라벨 호라이즌은 큐를 Redis를 기반으로 사용할 때 볼 수 있는 큐를 위한 모니터링 대시보드이며 큐 처리량과 실패한 큐 등을 볼 수 있다. 우리는 데이터베이스를 사용했기 때문에 호라이즌을 사용하지 않지만, Redis를 사용한다면 사용해보는 것도 나쁘지 않다. 자세한 내용은 라라벨 호라이즌 공식문서(https://laravel.com/docs/10.x/horizon)를 참고하자.

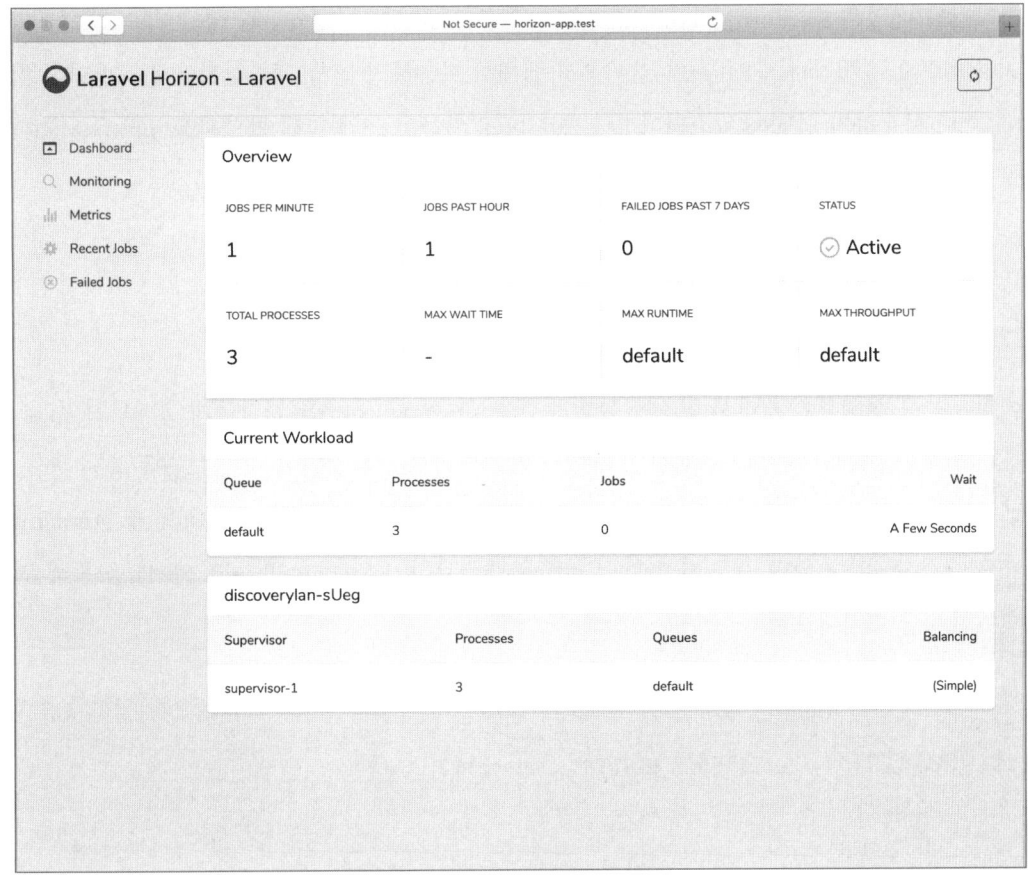

[그림 6-1] 라라벨 호라이즌

6.2 메일

이번에 알아볼 내용은 이메일 전송에 대한 이야기다. 예를 들어 어떤 사용자가 내 블로그를 구독했을 때 이메일을 통해서 "○○님이 내 블로그를 구독합니다"라는 제목으로 내 이메일로 전송이 된다고 가정해보자. 이메일과 관련된 설정 파일인 config/mail.php와 Illuminate₩Mail₩Mailable이라는 새로운 클래스를 사용하는 방법을 배워보자.

라라벨의 메일은 Symfony Mailer(https://symfony.com/doc/6.0/mailer.html)라는 라이브러리를 기반으로 동작하며 Faker와 같이 라라벨에서 사용하기 편하도록 적절하게 래핑되어 있다. 이미 사용하기 쉽도록 처리되어 있으므로 메일 기능을 쓰기 위해 반드시 Symfony Mailer를 학습할 필요는 없다.

6.2.1 설정

메일 기능을 살펴보기에 앞서 설정을 살펴보자. config/mail.php를 간단하게 살펴보면, mail.mailers에는 이메일을 보내기 위한 드라이버가 기본적으로 설정되어 있는 모습을 볼 수 있는데 기본적으로 사용되는 SMTP(Simple Mail Transfer Protocol)를 비롯한 postmark, Amazon SES까지 사용할 수 있다. 우리가 이메일 인증을 테스트하기 위해 mailhog에 SMTP를 통해 연결했던 것을 기억해보자.

```
return [
    'default' => env('MAIL_MAILER', 'smtp'),
    'mailers' => [
        'smtp' => [
            'transport' => 'smtp',
            'host' => env('MAIL_HOST', 'smtp.mailgun.org'),
            'port' => env('MAIL_PORT', 587),
            'encryption' => env('MAIL_ENCRYPTION', 'tls'),
            'username' => env('MAIL_USERNAME'),
            'password' => env('MAIL_PASSWORD'),
            'timeout' => null,
            'auth_mode' => null,
        ],
        'ses' => [
            'transport' => 'ses',
        ],
        'mailgun' => [
            'transport' => 'mailgun',
```

```
        ],
    ],
];
```

메일러는 이메일 인증에서 사용했던 것처럼 SMTP 를 사용하고 mailhog를 쓸 것이지만, 만약 mailgun, postmark 등의 다양한 메일러들을 설정하는 방법이 궁금하다면 이에 대한 설명은 공식문서(https://laravel.com/docs/10.x/mail)에 나와있다. 여기서 메일러 설정 방법을 하나씩 나열하는 것은 의미가 없기 때문에 생략하기로 하자.

Amazon SES 와 같은 서비스에 문제가 생겼다면 어떻게 할까? 이럴 때는 대체제를 미리 준비해둘 수가 있는데, mail.mailers.failover에 정의할 수 있다.

```
'mailers' => [
    'failover' => [
        'transport' => 'failover',
        'mailers' => [
            'smtp',
            'log',
        ],
    ],
],
```

애플리케이션에서 보내는 모든 메일에 대한 공통 송신자를 지정할 수도 있다. mail.from 에 이메일 주소와 이름을 입력해두면 된다.

```
'from' => [
    'address' => env('MAIL_FROM_ADDRESS', 'hello@example.com'),
    'name' => env('MAIL_FROM_NAME', 'Example'),
],
```

6.2.2 Mailable

라라벨에서 메일을 보내기 위해서는 Mailable을 상속하는 클래스를 만들어야 하고, 여기에서 제목이나 내용을 지정할 수 있다. php artisan make:mail을 사용해서 Mailable 클래스를 만들어보자. 클래스의 이름은 Subscribed로 하자.

```
$ php artisan make:mail Subscribed
```

생성된 Subscribed Mailable의 네임스페이스는 App\Mail이고 사용자에게 보낼 메일을 설정하기 위한 Subscribed::envelope(), content(), attachments()가 미리 정의되어 있다. 각 메서드가 의미하는 바는 봉투, 내용, 첨부파일이다. Mailable::envelope()에는 이메일의 제목, 발신자, 수신자가, content()에는 이메일의 내용이 들어갈 수 있는데, 뷰 또한 지정할 수 있다. attachments()에는 이메일에 첨부되는 파일을 지정할 수 있다. 스토리지에서 첨부하는 것이 일반적이다.

```php
namespace App\Mail;

use Illuminate\Bus\Queueable;
use Illuminate\Contracts\Queue\ShouldQueue;
use Illuminate\Mail\Mailable;
use Illuminate\Mail\Mailables\Content;
use Illuminate\Mail\Mailables\Envelope;
use Illuminate\Queue\SerializesModels;

class Subscribed extends Mailable
{
    use Queueable, SerializesModels;

    public function __construct()
    {
        //
    }
```

```
    public function envelope()
    {
        return new Envelope(
            subject: 'Subscribed',
        );
    }

    public function content()
    {
        return new Content(
            view: 'view.name',
        );
    }

    public function attachments()
    {
        return [];
    }
}
```

믿기지는 않겠지만 같은 라라벨 버전이더라도 Mailable의 모양이 다를 수도 있다. 위에서 살펴본 내용이 아니라 Mailable::build() 딱 하나만 있을 수도 있는데, 이는 이 책이 출간하는 시점으로 바뀐지 몇 달밖에 안 된 변경사항이다. 라라벨의 창시자인 테일러 오트웰은 아래와 같은 방식을 극도로 싫어했던 것으로 보인다. 이는 메이저 버전에서 발생한 변경점이 아니라 일주일마다 갱신되는 마이너 버전에서 처리되었다.

Mailable이 아래와 같이 정의되어 있더라도 동작하는 것에는 크게 문제는 없다. 하지만, 이전에 사용하던 Mailable의 사용법을 알기 위해서는 이미 공식문서가 변경되었기 때문에 라라벨의 공식문서 레포(https://github.com/laravel/docs)의 과거 기록을 살펴보아야 할 필요가 있다.

```
namespace App\Mail;

use Illuminate\Bus\Queueable;
```

```
use Illuminate\Contracts\Queue\ShouldQueue;
use Illuminate\Mail\Mailable;
use Illuminate\Queue\SerializesModels;

class Subscribed extends Mailable
{
    use Queueable, SerializesModels;

    public function __construct()
    {
        //
    }

    public function build()
    {
        return $this->view('view.name');
    }
}
```

공식문서의 내용을 인용하여 간단하게 사용법을 알아보자. Mailable::build()를 사용했을 때는 꽤나 간단했었는데, 지금은 기능이 분리되면서 내용이 다소 많아졌다. 송신자와 제목을 설정, 내용으로는 뷰를 지정하고, 첨부파일을 첨부하는 방법 등을 알아본다. 첨부파일을 지정하는 것은 디스크뿐만 아니라 모델에 Attahable을 구현하여 처리할 수도 있다.

Mailable::envelope()에서는 송/수신자, 제목, 참조, 숨은 참조 등을 지정할 수 있다. 코드 가독성을 위해서 키워드 파라미터를 적극적으로 활용한 모습이다. from, subject 뿐만 아니라 to, bcc, replyTo 등을 지정할 수 있으며 Mailgun, Postmark와 같은 메일 서비스 제공자들에서 이용하는 tags, metadata도 지정할 수 있다.

```
public function envelope()
{
    return new Envelope(
```

```
        from: new Address('jeffrey@example.com', 'Jeffrey Way'),
        subject: 'Order Shipped',
    );
}
```

Mailable::content()에서는 이메일의 내용을 결정한다. 블레이드 뷰를 지정하거나, 단순하게 html, text 뷰를 지정할 수 있고, with를 사용할 경우 뷰에서 사용할 데이터도 함께 보낼 수 있다.

```
// View
public function content()
{
    return new Content(
        view: 'emails.orders.shipped',
    );
}

// Text
public function content()
{
    return new Content(
        text: 'emails.orders.shipped-text',
    );
}

// Html
public function content()
{
    return new Content(
        html: 'emails.orders.shipped',
    );
}

// With data
```

```
public function content()
{
    return new Content(
        view: 'emails.orders.shipped',
        with: [
            'orderName' => $this->order->name,
            'orderPrice' => $this->order->price,
        ],
    );
}
```

Mailable::attachments()에서는 뷰에 첨부할 파일을 지정할 수 있다. Attachment::fromPath(), fromStorageDisk()를 사용해서 경로에서 얻어 오거나 스토리지 디스크에서 첨부하는 일도 가능하다. Attachment::fromData()를 사용하면 단순 플레인 텍스트를 포함한 바이너리와 같은 Raw Data 를 첨부하는 일도 가능하다. 인라인으로 파일을 첨부하기 위해서 $message->embed()를 사용했는데, $message는 $errors처럼 이메일 템플릿에 자동으로 생성되는 변수이다. 단, 플레인 텍스트 뷰에서는 사용할 수 없다.

```
use Illuminate\Mail\Mailables\Attachment;

// From path
public function attachments()
{
    return [
        Attachment::fromPath('/path/to/file')
            ->as('name.pdf')
            ->withMime('application/pdf'),
    ];
}

// From Storage
public function attachments()
{
```

```
    return [
        //, or Attachment::fromStorageDisk('s3', '/path/to/file')
        Attachment::fromStorage('/path/to/file')
            ->as('name.pdf')
            ->withMime('application/pdf'),
    ];
}

// Raw Data
public function attachments()
{
    return [
        Attachment::fromData(fn () => $this->pdf, 'Report.pdf')
            ->withMime('application/pdf'),
    ];
}

// Inline
<body>
    Here is an image:

    <img src="{{ $message->embed($pathToImage) }}">
</body>

// Inline Raw Data
<body>
    Here is an image from raw data:

    <img src="{{ $message->embedData($data, 'example-image.jpg') }}">
</body>
```

모델에 Illuminate\Contracts\Mail\Attachable 인터페이스를 포함하여 Attachable::toMailAttachment()를 구현하는 것으로 데이터를 첨부하도록 만들어 낼 수도 있다. 기존에 이야기했던 Attachment::fromStorage(), fromPath(), fromData() 같은 메서드들도 당연히 사용할 수 있다.

```php
// app/Models/Photo.php
namespace App\Models;

use Illuminate\Contracts\Mail\Attachable;
use Illuminate\Database\Eloquent\Model;
use Illuminate\Mail\Attachment;

class Photo extends Model implements Attachable
{
    public function toMailAttachment()
    {
        return Attachment::fromPath('/path/to/file');
    }
}

// app/Mail/*.php
public function attachments()
{
    return [$this->photo];
}
```

마지막으로 기존에 설정한 내용들 이외에 부가적인 헤더가 필요할 수도 있다. 이는 자주 사용될 가능성이 적은 내용이기 때문에 php artisan make:mail 로 생성한 메일 템플릿에는 포함되지 않지만, 필요에 따라 사용할 수도 있다.

```php
use Illuminate\Mail\Mailables\Headers;

public function headers()
{
    return new Headers(
        messageId: 'custom-message-id@example.com',
        references: ['previous-message@example.com'],
        text: [
            'X-Custom-Header' => 'Custom Value',
```

```
        ],
    );
}
```

Mailable의 기본적인 사용법을 알아보았으니 이제 사용자가 블로그를 구독했을 때 블로그의 소유자에게 보낼 이메일을 작성해보자. 이미 php artisan make:mail을 통해 Subscribed Mailable은 생성했기 때문에 뷰를 만들어보자.

```
$ mkdir resources/views/emails
$ touch resources/views/emails/subscribed.blade.php
```

```
<div>
    {{ $user->name }} 님이 {{ $blog->display_name }} 를 구독했습니다.
</div>
```

뷰의 내용은 위에 쓴 것이 전부다. 이제 Mailable로 돌아가서 코드를 마무리 지어보자. 구독자의 이름을 알아보기 위해 생성자에서 받아오고, Mailable::envelope()에서 이메일의 제목을 지정한 뒤, Mailable::content()에서 사용할 뷰를 지정했다.

```php
use App\Models\Blog;
use App\Models\User;
use Illuminate\Mail\Mailable;
use Illuminate\Mail\Mailables\Content;
use Illuminate\Mail\Mailables\Envelope;
use Illuminate\Queue\SerializesModels;

class Subscribed extends Mailable
{
    use Queueable, SerializesModels;

    public function __construct(
```

```
        public readonly User $user,
        public readonly Blog $blog
    ) {
        //
    }

    public function envelope()
    {
        return new Envelope(
            subject: '[라라벨] 구독 알림',
        );
    }

    public function content()
    {
        return new Content(
            view: 'emails.subscribed',
        );
    }
}
```

한 가지 살펴볼 점은 Mailable::content()에서 with를 사용하여 뷰에 데이터를 명시적으로 넘겨주지도 않았는데 어떻게 뷰에서 $user로 접근할 수 있었냐는 점이다. 이것이 가능한 이유는 Mailable에서 public 가시성으로 선언한 프로퍼티의 경우 뷰에서 자연스럽게 접근하는 것이 허용되기 때문이며 이러한 이유로 인해 뷰에서 $user->name으로 사용할 수 있다.

이다음으로 할 일은 바로 SubscribeController::subscribe()에서 메일 전송 코드를 추가하는 일이다. Mail::to()->send()로 이메일을 보낼 사용자를 지정하고, Mailable을 지정해주는 것으로 이메일을 전송할 수 있다.

```
use Illuminate\Support\Facades\Mail;
use App\Mail\Subscribed as SubscribedMailable;
```

```
class SubscribeController extends Controller
{
    public function subscribe(Request $request, Blog $blog)
    {
        Mail::to($blog->user)
            ->send(new SubscribedMailable($user, $blog));

        return back();
    }
}
```

6.2.3 큐

큐를 사용하여 이메일을 보내는 방법을 알아보자. 기존에는 Mail::to()->send()로 처리했지만, 큐에 할당하려면 Mail::to()->queue()를 사용하여 큐에 메일 전송 작업을 할당할 수 있다. 기본적으로는 default 큐 대기열에 보내므로 큐 이름을 지정해줄 필요가 있으며 Mailable::onQueue()를 사용하여 지정할 수 있다. 그 외에 Mailable::onConnection()으로 큐 커넥션을 지정해줄 수도 있다.

```
Mail::to($blog->user)
    // ->send(new SubscribedMailable($user));
    ->queue(
        (new SubscribedMailable($user, $blog))
            ->onQueue('emails')
    );
```

Mail::to()->queue()를 사용하지 않고, 기본적으로 큐로 보내도록 지정할 수도 있는데, Mailable에서 Illuminate\Contracts\Queue\ShouldQueue를 구현하도록 해주면 된다. App\Mail\Subscribed를 살짝 바꿔주자.

```
use Illuminate\Bus\Queueable;
use Illuminate\Contracts\Queue\ShouldQueue;

class Subscribed extends Mailable implements ShouldQueue
{
    use Queueable;
}
```

이제 다시 Mail::to()->send()를 사용하면 기본적으로 큐로 전송하게 된다.

```
Mail::to($blog->user)
    ->send(
        (new SubscribedMailable($user, $blog))
            ->onQueue('emails')
    );
```

큐 대기열에 있는 메일 전송이 실행되면 다음과 같이 큐 워커에 기록된다.

```
vagrant@homestead:~/code$ php artisan queue:listen --queue=emails
2022-11-13 09:52:03 App\Mail\Advertisement ... 330.24ms DONE
```

6.2.4 테스트

구독에 메일링 서비스가 추가되었기 때문에 SubscribeControllerTest::testUserSubscribeBlog()에 대한 일부 코드 수정이 필요하다. 비밀번호 재설정에서도 이미 한 번 살펴본 바 있듯이 테스트 환경에서 메일 페이크를 할 수 있다. Mail::fake()로 메일을 페이크한다는 것을 명시하고 Mail::assertQueued()를 사용하여 큐에 메일이 있는지 판단하자. 큐를 사용하지 않았다면 Mail::assertSent()로 테스트해볼 수도 있다.

```
use Illuminate\Support\Facades\Mail;
use App\Mail\Subscribed as SubscribedMailable;

class SubscribeControllerTest extends TestCase
{
    public function testUserSubscribeBlog()
    {
        Mail::fake();

        ...

        Mail::assertQueued(SubscribedMailable::class);
    }
}
```

6.2.5 Mailable 테스트

Mailable 을 테스트하는 방법은 간단하다. 테스트 메서드는 많은 편인데, 마찬가지로 공식문서를 인용하여 나열된 테스트 메서드들을 보면 다음과 같다. Mailable 인스턴스를 생성하고, 그 이후 $mailable->assertFrom()과 같이 테스트할 수 있다. 굳이 나열해가며 이야기하지 않더라도 테스트 메서드의 이름에서 이미 무엇을 테스트 위한 메서드인지 알 수 있을 것이다.

```
use App\Mail\InvoicePaid;
use App\Models\User;

public function test_mailable_content()
{
    $user = User::factory()->create();

    $mailable = new InvoicePaid($user);

    // Envelope
```

```
    $mailable->assertFrom('jeffrey@example.com');
    $mailable->assertTo('taylor@example.com');
    $mailable->assertHasCc('abigail@example.com');
    $mailable->assertHasBcc('victoria@example.com');
    $mailable->assertHasReplyTo('tyler@example.com');
    $mailable->assertHasSubject('Invoice Paid');
    $mailable->assertHasTag('example-tag');
    $mailable->assertHasMetadata('key', 'value');

    // Content
    $mailable->assertSeeInHtml($user->email);
    $mailable->assertSeeInHtml('Invoice Paid');
    $mailable->assertSeeInOrderInHtml(['Invoice Paid', 'Thanks']);

    $mailable->assertSeeInText($user->email);
    $mailable->assertSeeInOrderInText(['Invoice Paid', 'Thanks']);

    // Attachments
    $mailable->assertHasAttachment('/path/to/file');
    $mailable->assertHasAttachment(Attachment::fromPath('/path/to/file'));
    $mailable->assertHasAttachedData($pdfData, 'name.pdf', ['mime' => 'application/pdf']);
    $mailable->assertHasAttachmentFromStorage('/path/to/file', 'name.pdf', ['mime' => 'application/pdf']);
    $mailable->assertHasAttachmentFromStorageDisk('s3', '/path/to/file', 'name.pdf', ['mime' => 'application/pdf']);
}
```

공식문서에서 소개한 테스트 메서드들을 사용해서 이제 우리가 만든 Subscribed Mailable을 위한 테스트 케이스를 만들어보자. 테스트 사항으로는 제목과 내용밖에 없으며 Mailable::assertHasSubject(), assertSeeInOrderInHtml()을 사용해서 제목과 내용에 데이터가 제대로 포함되어 있는지 검토하면 된다.

```
$ php artisan make:test Mail\\SubscribedTest
```

```php
use App\Mail\Subscribed;
use App\Models\Blog;
use App\Models\User;
use Illuminate\Foundation\Testing\RefreshDatabase;
use Tests\TestCase;

class SubscribedTest extends TestCase
{
    use RefreshDatabase;

    public function testDisplaysUserNameAndBlogDisplayName()
    {
        $user = User::factory()->create();
        $blog = Blog::factory()->create();

        $mailable = new Subscribed($user, $blog);

        $mailable->assertHasSubject(
            '[라라벨] 구독 알림'
        );

        $mailable->assertSeeInOrderInHtml([
            $user->name,
            $blog->display_name,
        ]);
    }
}
```

```
vagrant@homestead:~/code$ artx
Mail/Subscribed ... 100%
```

6.3 알림

메일에 이어서 살펴볼 내용은 알림(Notification)이다. 우리는 SubscribeController::subscribe()에서 메일을 전송함으로써 블로그 소유자에게 구독 "알림"을 보낸 바 있다. 코드상으로는 단순히 이메일을 보낸 것이지만 현실 세계에서는 조금 더 일반적인 단어로서 이를 알림이라고 지칭한다. 라라벨에서는 이메일뿐만 아니라 슬랙(Slack), SMS, 그 외 소셜 미디어를 통해 어플리케이션에서 어떤 일이 발생했음을 사용자에게 표현하는 일을 총칭하여 알림이라 한다.

이전에 작성한 이메일 전송을 이제는 이메일 알림으로 바꿔보는 일을 해보자. 공식문서 (https://laravel.com/docs/10.x/notifications)에 가보면 이메일을 비롯한 각종 채널로의 알림을 전송하는 방법을 소개하고 있는데, 지금은 알림의 기본기와 이메일 알림만을 다룬다. 따라서 이메일이 아닌 다른 채널로 보내는 알림을 구현해보고 싶다면 공식문서를 참고할 필요가 있다.

6.3.1 Notification

Notification은 클래스의 이름으로서 정확히는 Illuminate\Notifications\Notification를 의미한다. 라라벨의 알림 또한 하나의 클래스로 표현할 수 있으며 이 또한 php artisan make:notification을 사용하면 만들 수 있다. App\Notifications 네임스페이스 아래에 정의된다.

```
$ php artisan make:notification Subscribed
```

생성된 Subscribed 알림은 다음과 같은 생김새를 가지고 있다. 생성된 클래스는 App\Notifications\Subscribed이며 블로그를 구독했음을 알리는 알림이라고 생각하면 된다. Subscribed::via()는 알림을 보낼 채널을 나타낼 수 있으며 mail을 비롯한 slack, mail, database, broadcast, nexmo 등을 사용할 수 있다. 미리 작성되어 있는 Subscribed::toMail()에 이메일 알림을 보내기 위한 내용을 빌딩할 수 있다. Subscribed 알림에는 블로그와 사용자를 받아와야 하기 때문에 생성자에 추가해주자.

```php
namespace App\Notifications;

use App\Models\Blog;
use App\Models\User;
use Illuminate\Bus\Queueable;
use Illuminate\Contracts\Queue\ShouldQueue;
use Illuminate\Notifications\Messages\MailMessage;
use Illuminate\Notifications\Notification;

class Subscribed extends Notification
{
    use Queueable;

    public function __construct(
        public readonly User $user, public readonly Blog $blog
    )
    {
        //
    }

    public function via($notifiable)
    {
        return ['mail'];
    }

    public function toMail($notifiable)
    {
        return (new MailMessage)
                ->line('The introduction to the notification.')
                ->action('Notification Action', url('/'))
                ->line('Thank you for using our application!');
    }

    public function toArray($notifiable)
    {
```

```
        return [
            //
        ];
    }
}
```

한 가지 살펴볼 점은 이메일 내용을 빌딩하기 위해 Illuminate\Notifications\Messages\MailMessage를 했다는 점인데, 이는 알림을 위해 작성한 이메일 템플릿에 내용을 지정하기 위함이다. 그럼 그 템플릿은 어디 있는가? 그것은 이메일 알림을 살펴볼 때 알아보자.

6.3.2 Notifiable

생성한 알림을 사용자에게 전달하려면 어떻게 해야 할까? 이를 말로 표현하자면 '인증된 사용자가 구독한 블로거에게 알림을 보내는 것'이라고 볼 수 있다. SubscribeController::subscribe()를 다음과 같이 바꿔보자.

```
use App\Notifications\Subscribed as SubscribedNotification;

class SubscribeController extends Controller
{
    public function subscribe(Request $request, Blog $blog)
    {
        $blog->user->notify(new SubscribedNotification($user, $blog));

        return back();
    }
}
```

새로 바뀐 코드를 보면 User::notify()를 호출하고 있음을 알 수 있다. User 모델을 추가적으로 건드리지 않았다면 Illuminate\Notifications\Notifiable이 사용되고 있음을 알 수 있을 텐데, 알림을 보낼 수 있는 이유는 Notificable 트레이트가 있기 때문이다.

```
use Illuminate\Notifications\Notifiable;

class User extends Authenticatable
{
    use Notifiable;
}
```

Notifiable 트레이트를 한 번 타고 들어가면 두 개의 트레이트가 또다시 사용되고 있음을 볼 수 있다.

```
namespace Illuminate\Notifications;

trait Notifiable
{
    use HasDatabaseNotifications, RoutesNotifications;
}
```

여기에 RoutesNotifications를 살펴보면 notify()가 존재함을 볼 수 있다.

```
namespace Illuminate\Notifications;

use Illuminate\Contracts\Notifications\Dispatcher;

trait RoutesNotifications
{
    public function notify($instance)
    {
        app(Dispatcher::class)->send($this, $instance);
    }
}
```

Notifiable 트레이트를 포함한다면 User 모델뿐만 아니라 다른 모델에서도 알림을 보내는 것이 가능하므로 필요하다면 사용하도록 하자.

6.3.3 Notification 파사드

Notification 파사드를 사용해도 알림을 보내는 것이 가능한데, 공식문서에 따르면 Notification 파사드가 의미하는 클래스는 Illuminate\Notifications\ChannelManager이다. RoutesNotifications에 사용된 Illuminate\Contracts\Notifications\Dispatcher 또한 ChannelManager를 반환한다.

```
$ php artisan tinker
>>> app(Illuminate\Contracts\Notifications\Dispatcher::class);
=> Illuminate\Notifications\ChannelManager {#4508}
```

결론적으로 ChannelManager::send()를 사용하면 알림을 전송할 수 있다는 이야기이므로 Notification::send()를 사용하면 알림을 보낼 수 있다는 것이 된다. 추가적으로 컬렉션을 매개변수로 받을 수 있으므로 이 방법을 사용하면 다수에게 알림을 보내는 것을 표현하는 것이 가능하다.

```
Notification::send($blog->user, new SubscribedNotification($user, $blog));
```

때로는 User 모델과 같은 Notifiable을 거치지 않고, 그저 이메일 주소만으로 알림을 보내고 싶을 때가 있을 텐데, 이럴 때는 Notification::route()를 사용할 수 있다. 채널을 지정해서 보낼 수 있으며 이 또한 이메일뿐만 아니라 다른 채널로도 보내는 것이 가능하다. 이메일이므로 Subscribed::toMail()이 호출된다.

```
Notification::route('mail', $blog->user->email)
    ->notify(new SubscribedNotification($user, $blog));
```

6.3.4 이메일 알림

이제 이메일 알림을 살펴보자. 다시 한번 Subscribed::toMail()에 보면 Illuminate\Notificatio ns\Messages\MailMessage를 사용하여 메일 내용을 지정한 것을 볼 수 있다.

```
use Illuminate\Notifications\Messages\MailMessage;

class Subscribed extends Notification
{
    public function toMail($notifiable)
    {
        return (new MailMessage)
            ->line('The introduction to the notification.')
            ->action('Notification Action', url('/'))
            ->line('Thank you for using our application!');
    }
}
```

알림의 MailMessage를 사용하면 이미 작성된 템플릿을 통해 메일의 내용을 정할 수 있다. 그리고 내용을 정하기 위해 MailMessage::line()과 같은 메서드가 존재한다. 그럼, 그 템플릿은 도대체 어디에 있는가? 이에 대해서는 php artisan publish를 사용해보자.

```
$ php artisan vendor:publish --tag=laravel-notifications

Copied Directory [\vendor\laravel\framework\src\Illuminate\Notifications\resources\views] To [\resources\views\vendor\notifications]

Publishing complete.
```

resources/views/vendor/notifications/email.blade.php에 가면 이메일 템플릿을 살펴볼 수 있다. 이 코드가 마음에 들지는 않지만, 라라벨의 공식 코드이므로 일단 살펴보자. 생각보다 길기 때문에 나눠서 살펴보기로 하자.

```
<x-mail::message>
{{-- Greeting --}}
@if (! empty($greeting))
# {{ $greeting }}
```

```blade
@else
@if ($level === 'error')
# @lang('Whoops!')
@else
# @lang('Hello!')
@endif
@endif

{{-- Intro Lines --}}
@foreach ($introLines as $line)
{{ $line }}

@endforeach

{{-- Action Button --}}
@isset($actionText)
<?php
    $color = match ($level) {
        'success', 'error' => $level,
        default => 'primary',
    };
?>
<x-mail::button :url="$actionUrl" :color="$color">
{{ $actionText }}
</x-mail::button>
@endisset

{{-- Outro Lines --}}
@foreach ($outroLines as $line)
{{ $line }}

@endforeach

{{-- Salutation --}}
@if (! empty($salutation))
{{ $salutation }}
```

```
@else
@lang('Regards'),<br>
{{ config('app.name') }}
@endif

{{-- Subcopy --}}
@isset($actionText)
<x-slot:subcopy>
@lang(
    "If you're having trouble clicking the \":actionText\" button, copy and
paste the URL below\n".
    'into your web browser:',
    [
        'actionText' => $actionText,
    ]
) <span class="break-all">[{{ $displayableActionUrl }}]({{ $actionUrl }})</
span>
</x-slot:subcopy>
@endisset
</x-mail::message>
```

가장 바깥을 감싸고 있는 부분부터 들어가 보자. 먼저, 메일 메시지를 위한 mail::message 는 컴포넌트다. 컴포넌트에 대해서는 별도로 살펴본 적은 없지만, 컴포넌트라는 것은 흔히 프론트엔드 프레임워크에서 UI를 구성할 때 사용하는 하나의 단위라고 볼 수 있다. 어떤 UI 요소를 하나의 컴포넌트로 표현하거나 중첩된 컴포넌트를 구성하기도 한다. 이를테면 mail::message는 메일의 내용을 구성하기 위한 래퍼 컴포넌트이고, 그 내부에는 버튼을 의미하는 mail::button 컴포넌트가 들어갈 수 있다고 볼 수 있다.

```
<x-mail::message> {{-- ... --}} </x-mail::message>
```

그다음으로 인사말을 의미하는 Greeting을 살펴보자. greeting이 정의되면 그에 해당하는 문구가 나타날 것이고, 아니라면 Hello가 나타날 것이다. Greeting을 설정하려면 Mail

Message::greeting()으로 처리할 수 있다. 이후 나오는 다른 요소도 비슷한 방식으로 처리하는 것이 가능하다.

```
{{-- vendor/notifications/email.blade.php --}}
{{-- Greeting --}}
@if (! empty($greeting))
# {{ $greeting }}
@else
@if ($level === 'error')
# @lang('Whoops!')
@else
# @lang('Hello!')
@endif
@endif

{{-- Notification::toMail() --}}
return (new MailMessage)
    ->greeting('Hello, world');
```

소개 문구를 정의할 수 있는 Intro Lines를 살펴보자. $introLines에 할당하기 위해서는 이다음에 나올 MailMessage::action() 이전에 MaliMessage::line()을 호출해줄 필요가 있다.

```
{{-- vendor/notifications/email.blade.php --}}
{{-- Intro Lines --}}
@foreach ($introLines as $line)
{{ $line }}

@endforeach

{{-- Notification::toMail() --}}
return (new MailMessage)
    ->line('The introduction to the notification.')
    ->action('Notification Action', url('/'));
```

버튼을 지정하기 위해서는 mail::button 컴포넌트를 사용해서 처리할 수 있고, MailMessage ::action()을 사용하여 버튼에 텍스트를 지정해줄 수 있다.

```
{{-- vendor/notifications/email.blade.php --}}
{{-- Action Button --}}
@isset($actionText)
<?php
    $color = match ($level) {
        'success', 'error' => $level,
        default => 'primary',
    };
?>
<x-mail::button :url="$actionUrl" :color="$color">
{{ $actionText }}
</x-mail::button>
@endisset

{{-- Notification::toMail() --}}
return (new MailMessage)
    ->action('Notification Action', url('/'));
```

바닥 문구를 위한 Outro Lines를 살펴보자. MailMessage::action()의 다음 줄부터 지정하면 된다.

```
{{-- vendor/notifications/email.blade.php --}}
{{-- Outro Lines --}}
@foreach ($outroLines as $line)
{{ $line }}

@endforeach

{{-- Notification::toMail() --}}
return (new MailMessage)
    ->action('Notification Action', url('/'))
    ->line('Thank you for using our application!');
```

마지막 인사 코멘트를 지정하자. MailMessage::salutation()으로 지정할 수 있다.

```
{{-- vendor/notifications/email.blade.php --}}
{{-- Salutation --}}
@if (! empty($salutation))
{{ $salutation }}
@else
@lang('Regards'),<br>
{{ config('app.name') }}
@endif

{{-- Notification::toMail() --}}
return (new MailMessage)
    ->salutation('Goodbye!');
```

끝맺음으로, 추가적인 설명 문구를 지정할 수 있는데, 이는 직접 써넣는다. 컴포넌트에서 사용할 수 있는 디렉티브 @slot()을 사용하여 mail::message 컴포넌트 내부에 지정된 subcopy에 내용을 추가할 수 있다.

```
{{-- Subcopy --}}
@isset($actionText)
<x-slot:subcopy>
@lang(
    "If you're having trouble clicking the \":actionText\" button, copy and paste the URL below\n".
    'into your web browser:',
    [
        'actionText' => $actionText,
    ]
) <span class="break-all">[{{ $displayableActionUrl }}]({{ $actionUrl }})</span>
</x-slot:subcopy>
@endisset
```

mail::message, mail::button과 같은 컴포넌트를 커스텀하려면 어떻게 해야할까? 이 또한 라라벨에서 지원하는데, php artisan publish를 다시 한번 사용해보자.

```
$ php artisan vendor:publish --tag=laravel-mail

Copied Directory [\vendor\laravel\framework\src\Illuminate\Mail\resources\views] To [\resources\views\vendor\mail]

Publishing complete.
```

resources/views/vendor/mail에 관련 컴포넌트들이 퍼블리싱된 것을 확인할 수 있다. 일반적인 이메일 템플릿을 담고 있는 html, 텍스트 메시지를 위한 text 디렉터리가 있으며, button, subcopy, message와 같은 컴포넌트를 의미하는 블레이드 템플릿이 담겨 있다. 이를 수정하면 커스텀이 가능하다.

CSS는 html/themes에 담겨 있는데, default.css가 기본 스타일이다. 다른 스타일시트를 지정하려면 mail.markdown.theme 설정에서 변경하는 것이 가능하다.

```
'markdown' => [
    'theme' => 'default',

    'paths' => [
        resource_path('views/vendor/mail'),
    ],
],
```

또는 MailMessage::theme()를 사용하여 지정해줄 수 있다. 예를 들어 html/themes/custom.css가 존재하는 경우에 다음과 같이 명시한다.

```
(new MailMessage)->theme('custom');
```

내용을 지정하는 것 이외에 Mailable에서 사용했던 메서드를 사용하는 것이 가능하다. 제목을 지정하거나 파일을 첨부할 수 있다. 다만, attachFromStorage()와 같은 메서드는 직접 사용할 수 없어 Mailable에서 지정해주어야 한다.

```
MailMessage::subject('Hello, world'); // Set email subject
MailMessage::from(['example@example.com', 'Example']); // Set from Addess,
Name
MailMessage::view('emails.orders.shipped', ['order' => $this->order]); //
Set email view
MailMessage::attach('/path/to/file', [
    'as' => 'name.pdf',
    'mime' => 'application/pdf'
]); // Add attachments
```

메일에 대한 이야기를 하면서 만든 Mailable을 알림에 지정하는 것도 물론 가능하다. 이제 MailMessage 대신에 App₩Mail₩Subscribed를 반환하자. AnonymousNotifiable의 경우 Notification::route()를 사용한 경우에 $notifiable의 타입이 되며 일반적으로 $user->notify()를 사용하면 Notifiable을 충족하는 인스턴스가 들어온다. $user->notify()의 경우 User 모델이 이에 해당한다. 따라서 $notifiable->email로 접근했다.

```
use Illuminate\Notifications\AnonymousNotifiable;
use App\Mail\Subscribed as SubscribedMailable;

class Subscribed extends Notification
{
    public function toMail($notifiable)
    {
        $address = $notifiable instanceof AnonymousNotifiable
            ? $notifiable->routeNotificationFor('mail')
            : $notifiable->email;

        return (new SubscribedMailable($this->user, $this->blog))
            ->to($address);
    }
}
```

6.3.5 큐

큐를 사용하여 알림을 처리하는 것은 메일보다 간단하다. Notification에 ShouldQueue를 구현할 것을 명시해주면 끝이고, 큐 대기열의 이름의 경우 Notification::viaQeueus()를 통해 설정할 수 있다. 알림의 경우 여러 채널로 알림을 보낼 수 있으므로 큐 또한 채널에 따른 다른 큐 대기열로 보낼 수 있다. App\Notifications\Subscribed를 바꿔보자.

```
use Illuminate\Bus\Queueable;
use Illuminate\Contracts\Queue\ShouldQueue;

class Subscribed extends Notification implements ShouldQueue
{
    use Queueable;

    public function viaQueues()
    {
        return [
            'mail' => 'emails',
        ];
    }
}
```

큐 대기열에 있는 알림이 실행되면 다음과 같이 큐 워커에 기록된다.

```
vagrant@homestead:~/code$ php artisan queue:listen --queue=emails
2022-08-09 13:18:02 App\Notifications\Subscribed ... 561.58ms DONE
```

알림을 보낼 때 조건에 따라 큐에 추가하거나 알림을 보낼지 말지 결정할 수 있는데, shouldSend()에 boolean값을 반환하면 결정할 수 있다. false를 반환하면 알림을 전송하지 않는다.

```
class Subscribed extends Notification
{
    public function shouldSend($notifiable, $channel)
```

```
    {
        return true;
    }
}
```

6.3.6 테스트

구독에서 메일 전송을 하던 것을 이제는 알림으로 바꿨기 때문에 테스트 코드에 약간의 변동이 생겼다. 메일 페이크를 알림 페이크로 고스란히 바꿔주는 것이다. SubscribeControllerTest::testUserSubscribeBlog()를 약간 바꿔보면 다음과 같다.

```
use App\Notifications\Subscribed as SubscribedNotification;

class SubscribeControllerTest extends TestCase
{
    public function testUserSubscribeBlog()
    {
        Notification::fake();

        ...

        Notification::assertSentTo($blog->user,
SubscribedNotification::class);
    }
}
```

6.3.7 알림 테스트

알림을 테스트하기 위한 특별한 방법이 있는 것은 아니다. 직접 Notification 의 인스턴스를 만들고 Notification::toMail()를 직접 호출하는 것이다. 알림을 실제로 보내지 않고도 독립적으로 테스트를 구성할 수 있다. 코드 자체는 어렵지 않고, 짧은 편이다. SubscribedTest::toMail()에서 Mailable을 자세히 테스트하지 않는 이유는 이미 Subscribed Mailable은 테스트가 되었기 때문이다. 나중에 브로드캐스팅과 같은 기능을 추가할 때 Subscribed Notification에 내용이 추가되더라도 그 또한 테스트 사항에 넣어야 한다는 것을 잊지 말자.

이 테스트는 알림이 전송되었는지에 대한 테스트가 아니라 전송될 알림의 내용을 테스트하는 것이다. 알림 자체가 전송되었는지를 테스트하는 것은 이벤트 리스너 테스트에서 진행하게 된다.

```
$ php artisan make:test Notifications\\SubscribedTest
```

```php
use App\Mail\Subscribed as SubscribedMailable;
use App\Models\Blog;
use App\Models\User;
use App\Notifications\Subscribed;
use Illuminate\Mail\Mailable;
use Illuminate\Notifications\AnonymousNotifiable;
use Illuminate\Notifications\Messages\BroadcastMessage;
use Illuminate\Notifications\Messages\MailMessage;

class SubscribedTest extends TestCase
{
    use RefreshDatabase;

    public function testToMailReturnsSubscribedMailable()
    {
        $user = User::factory()->create();
        $blog = Blog::factory()->create();

        $notification = new Subscribed($user, $blog);

        $this->assertInstanceOf(SubscribedMailable::class, $notification->toMail($user));
        $this->assertInstanceOf(SubscribedMailable::class, $notification-
```

```
>toMail(new AnonymousNotifiable()));
    }
}
```

```
vagrant@homestead:~/code$ artx
Notifications/Subscribed ... 100%
```

6.4 이벤트

메일과 알림은 이벤트와 함께 사용하는 경우가 많은데, 우리가 만든 Subscribed 알림을 이벤트와 함께 사용해보자. 그 전에 이메일 인증에서 사용했던 Registered 이벤트에 대해서 먼저 알아보자. Registered 이벤트에서도 메일과 알림 기능을 사용하고 있기 때문이다.

6.4.1 Registered 이벤트

Auth\RegisteredUserController::register()에서 사용자 등록 이후에 이메일 인증을 위해 사용한 Registered 이벤트를 다시 한번 살펴볼 필요가 있다.

```
use Illuminate\Auth\Events\Registered;

event(new Registered($user));
```

Registered 이벤트의 코드를 보는 대신 이벤트 리스너인 SendEmailVerificationNotification를 살펴볼 필요가 있다. 이것은 이메일 인증을 위한 알림을 보내는 리스너다. 이벤트 리스너는 EventServiceProvider::$listen에 등록되어 있다.

```
use Illuminate\Auth\Events\Registered;
use Illuminate\Auth\Listeners\SendEmailVerificationNotification;

class EventServiceProvider extends ServiceProvider
{
    protected $listen = [
        Registered::class => [
            SendEmailVerificationNotification::class,
        ],
    ];
}
```

SendEmailVerificationNotification::handle()을 살펴보면 MustVerifyEmail:: sendEmailVerificationNotification()을 호출하고 있는 것을 볼 수 있고, 또한 그 내부에서 VerifyEmail 알림을 Notifiable::notify()를 통해 호출하고 있음을 볼 수 있다.

```
// vendor/Illuminate/Auth/Listeners/SendEmailVerificationNotification.php
namespace Illuminate\Auth\Listeners;

use Illuminate\Auth\Events\Registered;
use Illuminate\Contracts\Auth\MustVerifyEmail;

class SendEmailVerificationNotification
{
    public function handle(Registered $event)
    {
        if ($event->user instanceof MustVerifyEmail && ! $event->user->hasVerifiedEmail()) {
            $event->user->sendEmailVerificationNotification();
        }
    }
}
{{-- vendor/Illuminate/Auth/MustVerifyEmail.php --}}
namespace Illuminate\Auth;
```

```
use Illuminate\Auth\Notifications\VerifyEmail;

trait MustVerifyEmail
{
    public function sendEmailVerificationNotification()
    {
        $this->notify(new VerifyEmail);
    }
}
```

한 번 더 타고 들어가면 VerifyEmail::toMail()에서 메일의 내용을 지정하되, MailMessage를 사용하여 이메일 템플릿을 사용하는 것을 볼 수 있다.

```
// vendor/Illuminate/Auth/Notifications.php
namespace Illuminate\Auth\Notifications;

class VerifyEmail extends Notification
{
    public function toMail($notifiable)
    {
        $verificationUrl = $this->verificationUrl($notifiable);

        if (static::$toMailCallback) {
            return call_user_func(static::$toMailCallback, $notifiable, $verificationUrl);
        }

        return $this->buildMailMessage($verificationUrl);
    }

    protected function buildMailMessage($url)
    {
        return (new MailMessage)
```

```
                ->subject(Lang::get('Verify Email Address'))
                ->line(Lang::get('Please click the button below to verify your
email address.'))
                ->action(Lang::get('Verify Email Address'), $url)
                ->line(Lang::get('If you did not create an account, no further
action is required.'));
    }

    public static function toMailUsing($callback)
    {
        static::$toMailCallback = $callback;
    }
}
```

한 가지 더 살펴볼 만한 것은 call_user_func(static::$toMailCallback)이다. 이는 이메일 인증에 사용할 템플릿을 커스텀할 수 있는 방법을 제공한다. 기본 템플릿을 사용하지 않고 커스텀 뷰를 사용하거나 Mailable을 사용할 수 있는 가능성을 제시한다.

마지막으로 이메일 인증에 사용할 메일 내용을 재지정하는 방법에 대해 알아보자. Verify Email에서 static::$toMailCallback이 지정되어 있다면 해당 함수를 호출하라고 되어 있으므로 지정해주면 되는데, 지정하기 위해서는 VerifyEmail::toMailUsing()을 사용하면 가능하다. AuthServiceProvider::boot()에서 VerifyEmail::toMailUsing()을 사용하여 콜백을 지정할 수도 있다.

```
use Illuminate\Auth\Notifications\VerifyEmail;
use Illuminate\Notifications\Messages\MailMessage;

class AuthServiceProvider extends ServiceProvider
{
    public function boot()
    {
        VerifyEmail::toMailUsing(function ($notifiable, $url) {
            return (new MailMessage)
```

```
                ->subject('Verify Email Address')
                ->line('Click the button below to verify your email address.')
                ->action('Verify Email Address', $url);
        });
    }
}
```

6.4.2 이벤트

Registered 이벤트처럼 메일과 알람을 이벤트에 사용해보자. Subscribed 이벤트와 SendSubscriptionNotification 리스너를 만들자. 이후 이벤트와 이벤트 리스너를 EventServiceProvider::$listen에 등록해주자.

```
$ php artisan make:event Subscribed
$ php artisan make:listener SendSubscriptionNotification
```

```
use App\Events\Subscribed;
use Illuminate\Auth\Listeners\SendEmailVerificationNotification;

class EventServiceProvider extends ServiceProvider
{
    protected $listen = [
        Subscribed::class => [
            SendSubscriptionNotification::class
        ]
    ];
}
```

Subscribed 이벤트는 구독했다는 것을 의미하며 어떤 사용자가 어떤 블로그를 구독했는지를 받아올 필요가 있다.

```
use App\Models\Blog;
use App\Models\User;
use Illuminate\Foundation\Events\Dispatchable;

class Subscribed
{
    use Dispatchable;

    public function __construct(
        public readonly User $user, public readonly Blog $blog
    )
    {
        //
    }
}
```

SendSubscriptionNotification에서는 이벤트에서 받은 User, Blog를 통해 그대로 알림을 처리해주기만 하면 된다.

```
use App\Events\Subscribed;

class SubscribeController extends Controller
{
    public function subscribe(Request $request, Blog $blog)
    {
        event(new Subscribed($user, $blog));

        return back();
    }
}
```

6.4.3 큐

이벤트를 큐로 사용하는 방법도 ShouldQueue를 구현할 것을 명시하면 되는 간단한 방법으로 처리할 수 있다. 이는 이벤트가 아닌 이벤트 리스너에 해야 한다. App\Listeners\SendSubscriptionNotification을 수정해보자. 큐 대기열 이름은 프로퍼티로 처리할 수 있고, $queue뿐만 아니라 $connection, $delay를 설정하여 connections와 작업 전 대기시간을 설정할 수 있다.

```
use Illuminate\Contracts\Queue\ShouldQueue;

class SendSubscriptionNotification implements ShouldQueue
{
    public $queue = 'listeners';
}
```

이벤트 리스너 내부에서 ShouldQueue를 구현한 알림을 호출하는 경우, Notification::viaQueues()에 정의된 대로 큐 대기열이 생성되는데, 그럴 때는 여러 개의 큐를 처리할 수 있도록 해주자. --queue에 명시한 큐 대기열의 이름은 처리 우선순위를 의미한다.

```
vagrant@homestead:~/code$ php artisan queue:listen --queue=listeners,emails
2022-08-10 05:04:03 App\Listeners\SendSubscriptionNotification ...   156.78ms DONE
2022-08-10 05:04:04 App\Notifications\Subscribed ... 235.87ms DONE
```

조건에 따라 이벤트 리스너를 큐 대기열에 넣어야 할지 결정할 수 있다. shouldQueue()에 boolean을 반환하면 되고, false를 반환하면 큐에 추가하지 않는다.

```
class SendSubscriptionNotification implements ShouldQueue
{
    public function shouldQueue(Subscribed $event)
    {
        return true;
```

```
        }
    }
```

때로는 큐로 처리하는 이벤트 리스너가 실패할 수도 있는데, 이때는 failed()가 호출된다. 이때 이벤트와 PHP 공통 예외 인터페이스인 ₩Throwable를 따르는 예외가 발생한다.

```
class SendSubscriptionNotification implements ShouldQueue
{
    public function failed(Subscribed $event, $exception)
    {
        //
    }
}
```

6.4.4 구독자 알림

메일과 알림에서 배운 내용을 토대로 이번에는 간단하게 구독자 알림을 만들어보자. 누군가가 내 블로그를 구독했다는 알림은 이미 했기 때문에 이번에는 블로거가 글을 썼을 때 구독자에게 알림이 갈 수 있도록 처리하자.

메일을 위한 Mailable은 생략하기로 하고 바로 구독자 알림을 만들어보자. 이번에는 Mailable이 아닌 단순하게 MailMessage를 사용하여 이메일을 보내는 것으로 진행하자. 구독자에게 작성된 글의 정보를 보여주어야 하므로 Post를 하나 받아오자.

```
$ php artisan make:notification Published
```

```
use Illuminate\Support\Str;

class Published extends Notification
{
```

```
    public function __construct(public readonly Post $post)
    {
        //
    }

    public function via($notifiable)
    {
        return ['mail'];
    }

    public function toMail($notifiable)
    {
        return (new MailMessage)
            ->subject("[라라벨] '{$this->post->blog->display_name}'에 새로운 글 '{$this->post->title}'")
            ->greeting('새로운 글이 작성되었습니다.')
            ->line(Str::substr($this->post->text, 0, 200))
            ->action('글 읽기', route('posts.show', $this->post));
    }
}
```

구독자 알림을 나타낼 이벤트인 Published, SendPublishedNotification 이벤트와 리스너를 만들어주자. 이후 EventServiceProvider에 등록하자.

```
$ php artisan make:event Published
$ php artisan make:listener SendPublishedNotification
```

```
use App\Events\Published;
use App\Listeners\SendPublishingNotification;

class EventServiceProvider extends ServiceProvider
{
    protected $listen = [
        Published::class => [
```

```
            SendPublishedNotification::class
        ]
    ];
}
```

이벤트에서는 알림을 보낼 구독자 목록과 작성한 글을 받을 필요가 있다.

```
use Illuminate\Support\Collection;
use App\Models\Post;

class Published
{
    use Dispatchable;

    public function __construct(
        public readonly Collection $subscribers,
        public readonly Post $post
    )
    {
        //
    }
}
```

이벤트 리스너에서는 Notification::send()를 사용하여 구독자에게 알림을 보내자. 다수의 알림을 보낼 때는 파사드를 사용하는 것이 좋다. 매개변수로 컬렉션을 처리할 수 있기 때문이다.

```
use App\Events\Published;
use Illuminate\Support\Facades\Notification;
use App\Notifications\Published as PublishedNotification;

class SendPublishedNotification implements ShouldQueue
{
    public $queue = 'listeners';
```

```php
    public function handle(Published $event)
    {
        Notification::send($event->subscribers, new PublishedNotification($event->post));
    }
}
```

PostController::store()에서 글을 작성하면 이메일을 보낼 수 있도록 이벤트를 호출하면 끝이다.

```php
use App\Events\Published;

class PostController extends Controller
{
    public function store(Request $request, Blog $blog)
    {
        if ($blog->subscribers()->exists()) {
    event(new Published($blog->subscribers, $post));
}

        return to_route('posts.show', $post);
    }
}
```

이제 블로그에 글을 쓰면 해당 블로그를 구독하고 있는 구독자에게 알림이 가는 모습을 볼 수 있고, 큐에서도 처리가 될 것이다.

```
vagrant@homestead:~/code$ php artisan queue:listen --queue=listeners,emails
2022-08-10 05:19:50 App\Listeners\SendPublishingNotification ...  1,048.86ms DONE
```

6.4.5 테스트

Subscribed, Published 이벤트에 대해 테스트를 추가해보자. SubscribeControllerTest::testUserSubscribeBlog() 및 PostControllerTest:testCreatePostForBlog()를 일부 변경해보자. 이벤트 페이크는 Event:: fake()로 할 수 있고, 이벤트로 호출되었는지 검증하려면 Event::assertDispatched()로 할 수 있다.

```php
// tests/Feature/Http/Controllers/SubscribeTest.php
use Illuminate\Support\Facades\Event;
use App\Events\Subscribed;

class SubscribeControllerTest extends TestCase
{
    public function testUserSubscribeBlog()
    {
        Event::fake();

        ...

        Event::assertDispatched(Subscribed::class);
    }
}

// tests/Feature/Http/Controllers/PostControllerTest.php
use App\Events\Published;
use Illuminate\Support\Facades\Event;

class PostControllerTest extends TestCase
{
    public function testCreatePostForBlog()
    {
        Event::fake();

        ...
```

```
        Event::assertDispatched(Published::class);
    }
}
```

6.4.6 이벤트 리스너 테스트

SendPublishedNotification, sendSubscribedNotification 이벤트 리스너를 테스트해보자. 두 이벤트 리스너에서 했던 일은 단순하게 알림을 보내는 일이기 때문에 테스트에 큰 어려움은 없다. Notification::fake()를 사용해서 알림을 페이크하고 Notification::assertSent() 알림이 전송되는지 점검해주자. Event Listener의 인스턴스를 직접 생성해주고 Listener::handle()을 직접 호출해주자. 조금 더 실제 테스트에 가까운 방식으로 처리되려면 이벤트를 실제로 동작시키는 것도 방법이다.

sendSubscribedNotification은 Subscribed Notification 을 내부적으로 보내고 있으므로 이에 대한 검증을 해주자. 알림의 대상이 블로그 소유자에게 간다는 것을 잊지 말자.

```
$ php artisan make:test Notifications\\SendSubscribedNotificationTest
```

```
use App\Events\Subscribed;
use App\Listeners\SendSubscribedNotification;
use App\Models\Blog;
use App\Models\User;
use App\Notifications\Subscribed as SubscribedNotification;
use Illuminate\Foundation\Testing\RefreshDatabase;
use Illuminate\Support\Facades\Notification;

class SendSubscribedNotificationTest extends TestCase
{
    use RefreshDatabase;
```

```php
    public function testSubscribedNotificationSentToBlogOwner()
    {
        Notification::fake();

        $user = User::factory()->create();
        $blog = Blog::factory()->create();

        $event = new Subscribed($user, $blog);

        $listener = new SendSubscribedNotification();
        $listener->handle($event);

        Notification::assertSentTo(
            $event->blog->user,
            SubscribedNotification::class
        );
    }
}
```

SendPublishedNotification은 Published Notification을 보내고 있으므로 이에 대한 점검을 해주면 되는데, 그 대상은 구독자, 즉 User 컬렉션이라고 볼 수 있다.

```
$ php artisan make:test Notifications\\SendPublishedNotificationTest
```

```php
use App\Events\Published;
use App\Listeners\SendPublishedNotification;
use App\Models\Blog;
use App\Models\Post;
use App\Models\User;
use App\Notifications\Published as PublishedNotification;
use Illuminate\Foundation\Testing\RefreshDatabase;
use Illuminate\Support\Facades\Notification;
use Tests\TestCase;

class SendPublishedNotificationTest extends TestCase
```

```
{
    use RefreshDatabase;

    public function testPublishedNotificationSentToSubscribers()
    {
        Notification::fake();

        $subscribers = User::factory(10)->create();
        $post = Post::factory()->create();

        $event = new Published($subscribers, $post);

        $listener = new SendPublishedNotification();
        $listener->handle($event);

        Notification::assertSentTo(
            $event->subscribers,
            PublishedNotification::class
        );
    }
}
```

Notification::assertSentTo()를 사용할 때 알림 클래스 이름 대신 클로저를 제공하여 알림 클래스를 대상으로 테스트하는 것도 제공한다. 공식문서의 코드를 그대로 인용해보면 다음과 같이 할 수 있는데, 추가적으로 알림을 검증할 수 있는 가능성을 제공한다고 볼 수 있다. 콜백에 Notification 인스턴스와, 전송 채널이 제공된다. 반환값이 true로 처리되어야 알림이 보내진 것으로 취급된다.

```
Notification::assertSentTo(
    $user,
    function (OrderShipped $notification, $channels) use ($order) {
        return $notification->order->id === $order->id;
    }
);
```

하지만, 이 책에서는 이 방법으로 알림 테스트를 겸하지는 않는데, 그 이유는 이벤트 리스너 테스트인데 알림 테스트까지 겸하는 것은 이벤트 리스너 테스트 코드에 알림 테스트의 책임까지 전가해야 하므로 정체성이 애매해지기 때문이다. 따라서 알림 테스트는 별도로 분리되었다.

vagrant@homestead:~/code$ artx
Listeners/SendSubscribedNotification ... 100%
Listeners/SendPublishedNotification ... 100%

6.4.7 알림 테스트

구독자 알림을 위해 만들었던 Published Notification을 테스트해보자. Published::toMail()이 Mailable이 아닌 MailMessage을 반환하므로 이 또한 다르게 점검해줄 필요가 있다. MailMessage->subject()와 같이 제목을 설정하면 MailMessage->subject로 설정되어 있는 제목에 접근하는 것이 가능하다. 이를 이용해서 원하는 텍스트가 포함되어 있는지 점검해주자. 이때 TestCase::assertStringContainsString(), TestCase::assertContains()를 사용한다. Published Notification도 브로드캐스팅에서 내용이 추가될 것이므로 테스트해주는 것을 잊지 말자.

```
$ php artisan make:test Notifications\\PublishedTest
```

```
use App\Models\Blog;
use App\Models\Post;
use App\Models\User;
use App\Notifications\Published;
use Illuminate\Foundation\Testing\RefreshDatabase;
use Illuminate\Notifications\Messages\MailMessage;
use Tests\TestCase;

class PublishedTest extends TestCase
{
    use RefreshDatabase;
```

```php
    public function testToMailContainsExpectedSubjectAndContent()
    {
        $user = User::factory()->create();
        $post = Post::factory()->create();

        $notification = new Published($post);

        $mailMessage = $notification->toMail($user);
        $this->assertInstanceOf(MailMessage::class, $mailMessage);

        $this->assertStringContainsString(
            $notification->post->blog->display_name,
            $mailMessage->subject
        );
        $this->assertStringContainsString(
            $notification->post->title,
            $mailMessage->subject
        );
        $this->assertContains(
            substr($notification->post->content, 0, 200),
            $mailMessage->introLines
        );
        $this->assertStringContainsString(
            route('posts.show', $notification->post),
            $mailMessage->actionUrl
        );
    }
}
```

```
vagrant@homestead:~/code$ artx
Notifications/Published ... 100%
```

6.5 브로드캐스팅

이번에는 브로드캐스팅에 대해 알아보자. 브로드캐스팅은 웹소켓(Web Sockets)을 사용하는데, 사용자가 브라우저에서 새로고침하지 않고도 서버에서 발생한 변경점을 수신할 수 있다.

웹소켓을 많이 사용하는 대표적인 사례는 구독 알림이다. 이메일로도 처리를 한 바 있지만, 일반적인 사용자들은 이메일을 수시로 확인하는 편이 아니기 때문에 브라우저에 실시간으로 알려주면 사용자 경험을 크게 살릴 수 있는 수단이 된다. 따라서 우리가 구현해볼 것은 누군가가 내 블로그를 구독하면 이 사실을 웹소켓을 통해 브라우저에 실시간으로 표시하고, 내가 구독한 블로그가 글을 발행했다면 마찬가지로 브라우저에 실시간으로 표시하는 것이다.

라라벨의 브로드캐스팅은 내용이 그렇게 많은 편은 아니지만 환경을 세팅하는 부분에서 다소 어려움을 겪을 수도 있으니 꼼꼼하게 살피면서 따라올 필요가 있다.

6.5.1 설정

브로드캐스팅의 설정은 config/broadcasting.php인데, 여기서는 데이터베이스처럼 각종 puhser, ably와 같은 connections가 나열되어 있는 것을 볼 수 있다.

```
return [
    'default' => env('BROADCAST_DRIVER', 'null'),
    'connections' => [
        'pusher' => [
            'driver' => 'pusher',
            'key' => env('PUSHER_APP_KEY'),
            'secret' => env('PUSHER_APP_SECRET'),
            'app_id' => env('PUSHER_APP_ID'),
            'options' => [
                'cluster' => env('PUSHER_APP_CLUSTER'),
```

```
                'useTLS' => true,
            ],
        ],
        'ably' => [
            'driver' => 'ably',
            'key' => env('ABLY_KEY'),
        ],
    ],
];
```

브로드캐스팅에서의 커넥션은 어떤 의미를 가지고 있을까? 우리가 일반적으로 텔레비전을 켜서 어떤 채널을 본다고 생각해보자. 방송사에서 신호를 보내면, 중계기가 그 신호를 잡고 각 가정의 텔레비전에 전달한다. 여기서 방송사는 라라벨, 신호는 이벤트, 중계기는 connections에 나열된 것 중 하나, 그리고 텔레비전은 브라우저에 해당한다.

브라우저에 신호를 전달하려면 큐를 사용한 이벤트를 통해서 전달하게 되는데, 그 이벤트를 받기 위한 중계기가 broadcasting.connections라고 볼 수 있다. 공식문서에서는 pusher, ably를 중점으로 이야기하고 있지만, 우리는 laravel-websockets(https://github.com/beyondcode/laravel-websockets)라는 오픈소스를 사용하기로 하자.

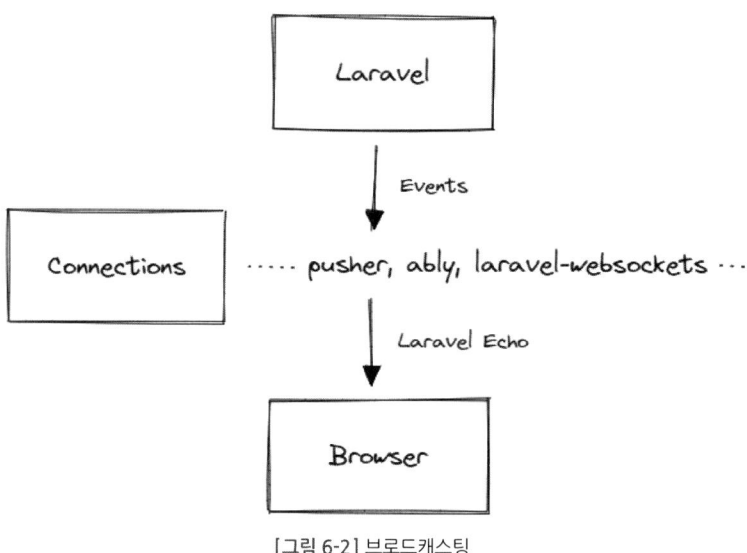

[그림 6-2] 브로드캐스팅

중계기가 보내는 신호를 텔레비전에서 받으려면 그에 대한 인터페이스가 필요한데, HTML5에는 Websocket API가 있지만, 라라벨에 맞춤으로 제작된 라이브러리인 Laravel Echo를 사용하게 될 것이다. Laravel Echo는 자바스크립트 라이브러리이므로 프론트엔드에서 포함해 줄 필요가 있는데, laravel-websockets를 사용하는 과정에서 같이 해보도록 하자.

6.5.2 서비스 프로바이더

브로드캐스트를 사용하기 위해서는 BroadcastServiceProvider를 포함해 줄 필요가 있다. 기본적으로는 주석 처리되어 있어서 비활성화되어 있으므로, config/app.php로 가서 주석을 해제하자.

```
return [
    'providers' => [
        App\Providers\BroadcastServiceProvider::class,
    ],
];
```

6.5.3 Laravel Websockets

이제 우리가 보낸 이벤트를 처리하고 브라우저로 보내줄 커넥션을 설정해보자. 공식문서에서는 Pusher, Ably를 중점으로 이야기하고 있으나 유료이므로 오픈소스인 laravel-websockets를 사용해보고자 한다. 이를 위해서는 라라벨의 공식문서가 아닌 laravel-webscokets의 공식문서(https://github.com/beyondcode/laravel-websockets)를 볼 필요가 있다. 먼저 문서에 따라 설치해보자. 컴포저를 통해 패키지를 다운받자.

```
$ composer require beyondcode/laravel-websockets
```

웹소켓을 사용하면서 생긴 각종 내용을 기록하기 위한 테이블인 websockets_statistics_entries를 생성하기 위한 마이그레이션을 퍼블리싱하자.

```
$ php artisan vendor:publish --provider="BeyondCode\LaravelWebSockets\
WebSocketsServiceProvider" --tag="migrations"
```

마이그레이션을 보면 최대 커넥션 수(peak_connection_count), 메시지 수(websocket_message_count), API 메시지 수(api_message_count)와 같은 내용들을 기록하고 있음을 알 수 있다. 웹소켓 대시보드에서 사용할 테이블이기도 하고, 게다가 구동에 있어서 직접적인 관련이 있는 테이블은 아니므로 세세하게 이해할 필요는 없으며 무엇을 의미하는지만 알면 된다.

```
class CreateWebSocketsStatisticsEntriesTable extends Migration
{
    public function up()
    {
        Schema::create('websockets_statistics_entries', function (Blueprint $table) {
            $table->increments('id');
            $table->string('app_id');
            $table->integer('peak_connection_count');
            $table->integer('websocket_message_count');
            $table->integer('api_message_count');
            $table->nullableTimestamps();
        });
    }

    public function down()
    {
        Schema::dropIfExists('websockets_statistics_entries');
    }
}
```

이번에는 설정을 퍼블리싱해 보자. config/websockets.php가 생성될 것이다.

```
$ php artisan vendor:publish --provider="BeyondCode\LaravelWebSockets\
WebSocketsServiceProvider" --tag="config"
```

설정 파일에서 주목할 만한 부분으로는 어플리케이션 설정인 webscokets.apps, 대시보드와 관련된 websockets.dashboard, 요청을 허용할 출처를 위한 websockets.allowed_origins, SSL 설정을 위한 websockets.ssl이 있다. 내용이 길어서 일부 생략했다. 대시보드 및 앱 설정에 대한 내용은 아래에서 이야기해보자.

```php
use BeyondCode\LaravelWebSockets\Dashboard\Http\Middleware\Authorize;

return [
    'dashboard' => [
        'port' => env('LARAVEL_WEBSOCKETS_PORT', 6001),
    ],
    'apps' => [
        [
            'id' => env('PUSHER_APP_ID'),
            'name' => env('APP_NAME'),
            'key' => env('PUSHER_APP_KEY'),
            'secret' => env('PUSHER_APP_SECRET'),
            'path' => env('PUSHER_APP_PATH'),
            'capacity' => null,
            'enable_client_messages' => false,
            'enable_statistics' => true,
        ],
    ],
    'allowed_origins' => [
        //
    ],
    'path' => 'laravel-websockets',
    'middleware' => [
        'web',
        Authorize::class,
    ],
    'ssl' => [
        //
    ],
];
```

Laravel Websockets는 Pusher의 대체품으로 사용하는 것이 가장 쉬운 방법이며 사용법이 크게 다르지 않다. 실제로 연동하는 설정도 별도로 config/broadcasting.php에 항목을 만들어서 지정하지 않고 Pusher 설정에 지정한 값을 사용하도록 되어있다. 따라서 먼저 Pusher에 해당하는 패키지를 다운받을 필요가 있다.

```
$ composer require pusher/pusher-php-server
```

이후에 환경설정으로 가서 BROADCAST_DRIVER 값을 pusher로 바꿔주자.

```
BROADCAST_DRIVER=pusher
```

BROADCAST_DRIVER로 pusher를 설정했다는 것은 broadcasting.pusher에 값을 설정해야 함을 의미한다. 이는 Laravel Websockets가 Pusher API를 대체할 수 있기 때문에 가능한 일인데, 다만 추가적으로 큐 워커를 실행했던 것처럼 브로드캐스터를 별도로 실행해야 하기 때문에 호스트와 포트 정보를 추가적으로 기입해줄 필요가 있다. Laravel Websockets는 기본포트가 6001로 동작한다.

```
PUSHER_HOST=localhost
PUSHER_PORT=6001
PUSHER_SCHEME=http
```

마지막으로 config/websockets.php를 건드려보자. 여러 설정이 있겠지만, 가장 중요한 설정은 websockets.apps이다. 설정을 보면 PUSHER_로 시작하는 푸셔와 관련된 설정이 있는데, 푸셔를 사용하지 않으므로 어떤 값을 넣어야 할까? 문서에 따르면 임의의 값을 넣어도 상관없다고 되어있다.

단, websockets.apps.id와 broadcasting.connections.pusher.app_id의 값은 같아야 하고 그밖에도 공통적으로 있는 key, secret까지 맞춰주자. 어차피 똑같은 환경변수 값을 참조하기 때문에 코드상에서 변경해야 할 부분은 사실상 없다.

```
'apps' => [
    [
        'id' => env('PUSHER_APP_ID'),
        'name' => env('APP_NAME'),
        'key' => env('PUSHER_APP_KEY'),
        'secret' => env('PUSHER_APP_SECRET'),
        'path' => env('PUSHER_APP_PATH'),
        'capacity' => null,
        'enable_client_messages' => false,
        'enable_statistics' => true,
    ],
],
```

PUSHER_APP_ID, PUSHER_APP_KEY, PUSHER_APP_SECRET은 어떻게 생성하면 좋을까? 이는 임의로 아무 값이나 넣어도 크게 문제되지는 않지만, 라라벨에는 랜덤으로 UUID 및 문자열을 생성해주는 메서드가 존재한다. 팅커를 열어서 생성해보자. Str::Uuid()와 Str:random()으로 UUID와 랜덤 문자열을 생성해줄 수 있다.

```
$ php artisan tinker
# PUSHER_APP_ID
>>> Str::Uuid();
=> Ramsey\Uuid\Lazy\LazyUuidFromString {#4575
     uuid: "5689b645-7dd1-47a7-9d4c-7f85a6700c90",
   }
# PUSHER_APP_KEY
>>> Str::random(32);
=> "zF797UQFy7ihUzf4eidKY5Auoa48fqNo"
# PUSHER_APP_SECRET
>>> Str::random(64);
=> "wG0ru4MPA1R2INNnXfrHc1NObaQEkFNLfjMnICuGteEiHqd5BfjlofQSnBanUWbj"
>>>
```

이제 생성된 값을 환경설정에 설정해보자.

```
PUSHER_APP_ID=5689b645-7dd1-47a7-9d4c-7f85a6700c90
PUSHER_APP_KEY=zF797UQFy7ihUzf4eidKY5Auoa48fqNo
PUSHER_APP_SECRET=wG0ru4MPA1R2INNnXfrHc1NObaQEkFNLfjMnICuGteEiHqd5BfjlofQSn
BanUWbj
```

Laravel Echo는 라라벨이 보낸 이벤트를 Laravel Websockets가 받아서 클라이언트에게 브로드캐스팅할 때 보다 적합한 방법으로 브라우저에서 받을 수 있도록 처리해주는 자바스크립트 라이브러리다. 초기화하기 전에 먼저 설치를 해보자. npm으로 laravel-echo, pusher-js를 설치하자.

```
$ npm install laravel-echo pusher-js
```

resources/js/bootstrap.js로 가보자. bootstrap.js를 보면 lodash, axios와 같은 유명 자바스크립트 라이브러리들을 이미 포함하고 있는데, 아래쪽을 보면 이미 Laravel Echo를 사용하는 코드가 주석으로 처리되어 있는 모습을 볼 수 있다. 주석을 해제한 이후 Vite를 사용하여 번들링해야 한다. 다른 프로퍼티는 그냥 놔두고 wsHost를 window.location.hostname으로 바꿔주자. 그 밖의 VITE_로 시작하는 환경변수는 이미 .env에 포함되어 있다.

```
import Echo from 'laravel-echo';

import Pusher from 'pusher-js';
window.Pusher = Pusher;

window.Echo = new Echo({
    broadcaster: 'pusher',
    key: import.meta.env.VITE_PUSHER_APP_KEY,
    wsHost: window.location.hostname,
    //wsHost: import.meta.env.VITE_PUSHER_HOST ? import.meta.env.VITE_
PUSHER_HOST : `ws-${import.meta.env.VITE_PUSHER_APP_CLUSTER}.pusher.com`,
    wsPort: import.meta.env.VITE_PUSHER_PORT ?? 80,
    wssPort: import.meta.env.VITE_PUSHER_PORT ?? 443,
    forceTLS: (import.meta.env.VITE_PUSHER_SCHEME ?? 'https') === 'https',
```

```
    enabledTransports: ['ws', 'wss'],
});
```

```
# Vite
$ npm run build
```

이제 큐 워커를 가동했던 것처럼 홈스테드에 진입해서 웹소켓 서버를 켜야 한다. 이 서버는 라라벨에서 발생한 이벤트를 클라이언트로 브로드캐스터하는 역할을 하게 될 것이다.

```
vagrant@homestead:~/code$ php artisan websockets:serve
Starting the WebSocket server on port 6001...
```

laravel-websockets는 현재 가동 중인 웹소켓 서버의 현황을 살펴볼 수 있는 대시보드를 제공하기도 하는데, 라우트를 별도로 등록하지 않아도 이미 등록이 되어있다. 또한 config/websockets.php에 보면 대시보드와 관련된 설정이 있는 것을 볼 수 있다. 접속이 안 될 경우 APP_URL 설정이 잘 되어있는지 확인하자.

```
return [
    'dashboard' => [
        'port' => env('LARAVEL_WEBSOCKETS_PORT', 6001),
    ],
    'path' => 'laravel-websockets',
    'middleware' => [
        'web',
        Authorize::class,
    ],
];
```

websockets.dashboard는 대시보드에서 포트 6001에 해당하는 웹소켓 서버에 연결할 수 있고, 대시보드의 경로는 /laravel-websockets이고, websockets.middleware는 대시보드에 적용할 미들웨어를 설정한다. 접속하면 다음과 같은 화면이 나온다. 처음에는 'Disconnect' 버튼이 'Connect'일 텐데, 누르면 구동 중인 웹소켓 서버와 연결한다. 대시보드의 어디에서 어떤 이벤트가 발생했다는 현황을 확인할 수 있다.

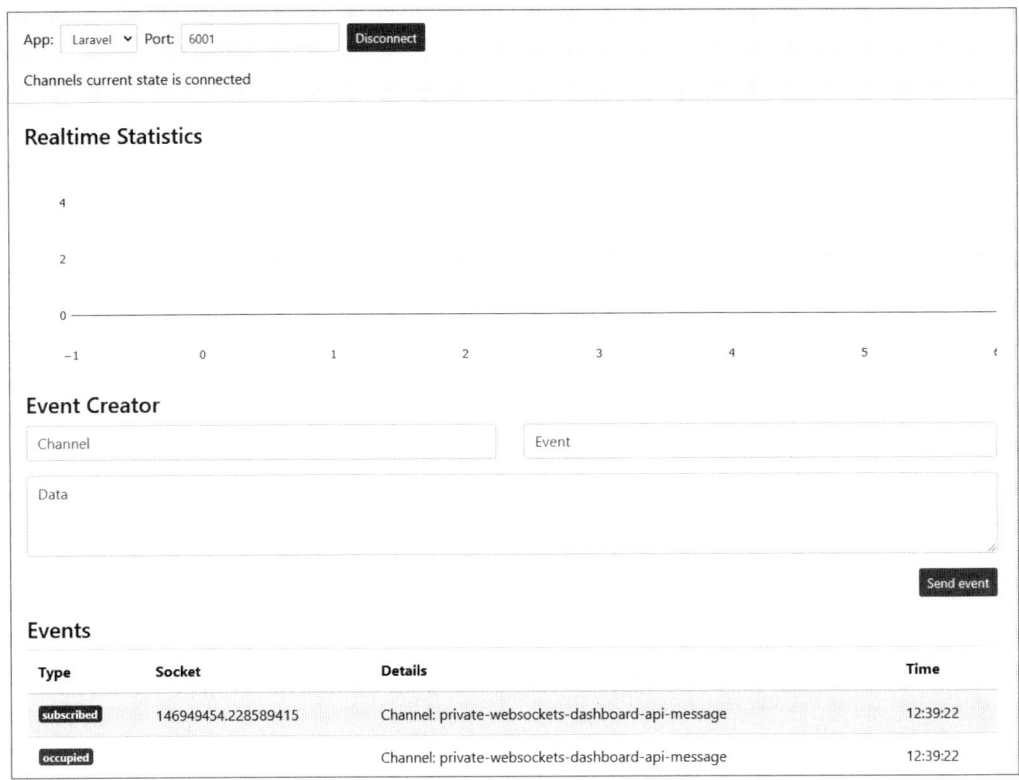

[그림 6-3] Laravel Websockets 대시보드(/laravel-websockets)

6.5.4 이벤트

브로드캐스팅은 기본적으로 이벤트에서 시작한다. 이벤트를 브로드캐스팅하려면 이벤트에서 Illuminate\Contracts\Broadcasting\ShouldBroadcast를 구현하도록 해야 하고, broadcastOn()을 포함해야 하는데, 이벤트를 생성하면 기본적으로 포함이 되어 있을 것이다.

ShouldBroadcast를 사용하면 브로드캐스팅을 사용하겠다는 이야기가 되고, broadcastOn()에서 브로드캐스팅할 채널의 이름을 명시한다. 채널의 경우에는 공개채널(Channel), 승인채널(Private Channel) 마지막으로 비공개 채널의 범주에 들어가지만 채팅이나 협업 어플리케이

선과 같은 서비스를 구축할 때 사용할 수 있는 프레젠스 채널(Presence Channel)도 있다. 모든 채널을 다 사용해보지는 않고 승인채널만을 사용해본다. 실무를 하면서 가장 많이 사용하게 될 채널이 될 것이다. 단지 여기서 PrivateChannel 대신 Channel로 바꾸면 공개채널이 된다.

```
use Illuminate\Contracts\Broadcasting\ShouldBroadcast;

class Published implements ShouldBroadcast
{
    use Dispatchable, InteractsWithSockets, SerializesModels;

    public function broadcastOn()
    {
        return new PrivateChannel('channel-name');
    }
}
```

채널의 이름을 먼저 정해보자. Published 이벤트는 내가 구독한 블로거가 글을 썼을 때 발생하는 이벤트다. 따라서 채널 이름을 'pub-{blog}'으로 해보자.

```
class Published implements ShouldBroadcast
{
    use Dispatchable, InteractsWithSockets, SerializesModels;

    public function broadcastOn()
    {
        return new PrivateChannel("pub-{$this->post->blog->name}");
    }
}
```

승인채널의 경우에는 말 그대로 승인이 필요하다. php artisan route:list에서 살펴보면 broadcasting/auth라는 라우트가 있는 것을 볼 수 있는데, 이 라우트는 BroadcastServiceProvider에 가면 아래와 같이 라우트를 등록하고 있음을 볼 수 있다.

```php
use Illuminate\Support\Facades\Broadcast;

class BroadcastServiceProvider extends ServiceProvider
{
    public function boot()
    {
        Broadcast::routes();

        require base_path('routes/channels.php');
    }
}
```

broadcasting/auth에서 승인채널에 대한 승인이 발생하는데, 이러한 승인 로직은 routes/channels.php에서 작성하는 것이 가능하다. 프로젝트 생성 시 이미 예시 코드가 작성되어 있는데, 살펴보자면 다음과 같다.

```php
use Illuminate\Support\Facades\Broadcast;

Broadcast::channel('App.Models.User.{id}', function ($user, $id) {
    return (int) $user->id === (int) $id;
});
```

Broadcast::channel()을 사용하여 승인 로직을 등록한다. 채널의 이름이 App.Models.User.{id}라고 되어있는데, 이 부분은 모델 브로드캐스팅 또는 알림 브로드캐스팅에서 이야기하게 될 내용이다. 클로저에서 boolean을 반환하여 현재 클라이언트가 채널을 구독할 자격이 있는지 점검해야 하고, 만약 구독 자격이 없는 클라이언트가 시도한다면 브라우저에 403 에러가 나타날 것이다.

/broadcasting/auth:1
Failed to load resource: the server responded with a status of 403 (Forbidden)

routes/channels.php에 pub 채널에 대한 승인 로직을 바로 작성할 수도 있지만, 컨트롤러처럼 Channel 클래스로 별도로 분리할 수도 있다. php artisan make:channel을 사용하자.

```
$ php artisan make:channel PubChannel
```

이렇게 채널을 생성했다면 routes/channels.php에 등록해보자. 라우팅을 등록했던 것처럼 {blog}에는 암시적 모델 바인딩이 동작하게 될 것이다.

```
Broadcast::channel('pub-{blog}', \App\Broadcasting\PubChannel::class);
```

생성한 채널은 App₩Broadcasting₩PubChannel이며 작성된 코드를 살펴보자. PubChannel::join()에서 승인채널의 구독 승인 여부를 결정한다. Boolean을 반환하면 되는데, 블로그의 구독자로서 구독을 시도하려는 사용자가 있는지 체크해보자. channels.php에서 채널을 지정할 때 {blog}로 넘어온 값이 암시적 모델 바인딩을 통해 Blog로 넘어온다. 특정 블로그의 채널을 구독하려면 현재 유저가 블로그에 구독 상태여야 한다.

```
namespace App\Broadcasting;

class PubChannel
{
    public function join(User $user, Blog $blog)
    {
        return !! $blog->subscribers()->find($user->id);
    }
}
```

블로그에 구독을 시도하려는 사용자가 있는지 체크하는 코드가 작성되었다. 이제 구독자들은 이 채널을 구독함으로써 이벤트가 발생하게 되면 브라우저에서 받을 수 있게 된다. 뷰에 다음과 같은 스크립트를 작성해보자.

```
@auth
    <script type="module">
```

```blade
@foreach (auth()->user()->subscriptions as $blog)
    Echo.private('pub-{{ $blog->name }}')
        .listen('Published', e => {
            console.log(e.post)
        })
@endforeach
</script>
@endauth
```

bootstrap.js에 Laravel Echo를 초기화했고, Vite를 통해 스크립트를 포함했다면 Echo를 찾을 수 있을 것이다. Echo.private()로 승인채널을 구독한다. Echo.channel()을 사용하면 공개채널을 구독하게 된다. 그 이후 listen()으로 라라벨에서 발생하는 이벤트의 이름을 명시하고 콜백으로 받아올 수 있다. e에 할당되는 프로퍼티는 Published 이벤트에 있는 public 프로퍼티이므로 그대로 접근하는 것이 가능하다. 이제 구독한 채널이 글을 쓰면 새로고침하지 않고도 콘솔에 정보가 나타날 것이다. 만약 아무런 일도 발생하지 않는다면, default 큐에 대해 큐 워커 및 웹소켓 서버가 동작 중인지 체크하자.

{id: 135, category_id: 1, title: 'Hello, world', text: 'Hello, world', created_at: '2022-06-26T07:21:14.000000Z', …}

category: {id: 1, blog_id: 1, name: 'laudantium-dolorem-ad', display_name: 'laudantium dolorem ad', blog: {…}}
category_id: 1
created_at: "2022-06-26T07:21:14.000000Z"
id: 135
text: "Hello, world"
title: "Hello, world"
updated_at: "2022-06-26T07:21:14.000000Z"
[[Prototype]]: Object

사용자가 다수의 블로그를 구독한다는 개념으로 접근하면 그리 이상할 것이 없어 보이지만, 작성된 자바스크립트에는 바람직하지 않다. 그 이유는 반복문을 사용하여 구독하고 있는 모든 채널에 대해 Echo.private()를 사용하고 있기 때문이다. 이는 렌더링된 자바스크립트 코드에서 중복을 초래하는 문제를 일으킨다. 구독하고 있는 채널이 늘어나면 자바스크립트 코드도 비례하여 늘어난다. 따라서 위의 코드는 바람직하지 않다.

6.5.5 알림 브로드캐스팅

기존에 뷰에 작성했던 코드를 생각해보면 'pub-{blog}'과 같이 각 블로그를 대상으로 채널을 구독하고 있음을 볼 수 있다. 그러나 이를 역으로 바꿔서 사용자가 블로그 채널을 구독하는 것이 아닌, 글을 작성한 블로그가 나에게 브로드캐스팅으로 알림을 줄 수 있다면 Echo.private()를 굳이 반복하지 않고도 한 번의 호출로만 끝낼 수 있을 것이다. 알림 브로드캐스팅을 사용하면 나에게 오는 모든 브로드캐스팅 알림, 이를테면 누군가 내 블로그를 구독하거나 또는 내가 구독한 블로그로부터 알림을 받는 일을 하나의 콜백 함수에서 처리할 수 있게 된다.

알림 브로드캐스팅을 사용하기 위해서는 다시 원점으로 돌아가야 한다. 이벤트에서 ShouldBroadcast를 지운다. Published::broadcastOn()은 이제 의미가 없다. 그다음 channel.php에 있던 PubChannel, App\Broadcasting\PubChannel도 삭제한다.

Published 알림으로 가보자. 별도로 요구하는 인터페이스는 없지만, 일부 수정을 거쳐야 한다. 먼저 Notification::via()에서 브로드캐스트 채널을 추가하고 브로드캐스팅을 위한 큐 대기열인 broadcasts를 추가하자. Subscribed 알림도 똑같이 처리한다.

```
// class Subscribed extends Notification implements ShouldQueue
class Published extends Notification implements ShouldQueue
{
    public function via($notifiable)
    {
        return [..., 'broadcast'];
    }

    public function viaQueues()
    {
```

```
        return [
            'broadcast' => 'broadcasts'
        ];
    }
}
```

이메일을 보낼 때와 비슷하게 내용을 설정해야 하는데, Notification::toBroadcast()를 추가한 다음 Illuminate\Notifications\Messages\BroadcastMessage를 생성하고 반환해야 한다. Notification::toBroadcast()는 $notifiable을 받아오고 알림 브로드캐스트에서 내용을 지정할 때 사용한다. 이때 BroadcastMessage에 첨부할 데이터를 명시할 수 있다. Notification::toBroadcast()가 없다면 Notification::toArray()에서 브로드캐스트에 보낼 데이터를 결정한다.

```
use Illuminate\Notifications\Messages\BroadcastMessage;

// class Subscribed extends Notification implements ShouldQueue
class Published extends Notification implements ShouldQueue
{
    public function toBroadcast($notifiable)
    {
        return new BroadcastMessage([
            // 'user' => $this->user,
            'post' => $this->post
        ]);
    }
}
```

이제 뷰의 자바스크립트 코드를 바꿔보자. 그러면 몇 가지 변경점을 발견할 수 있다. 먼저 채널의 이름이 'App.Models.User.{id}'로 변경되었다. User 모델의 전체 경로와 사용자를 식별하기 위한 id 파라미터로 처리한다. 마찬가지로 승인채널이며, channels.php에서 'App.Models.User.{id}'에서 자격을 판단한다. 알림 브로드캐스팅에서의 채널 이름은 '{notificable}.{id}'로 결정되며 User 모델이 대상이므로 채널의 이름이 모델의 경로로 변경되었다.

그밖에도 listen() 대신에 notification()을 사용하여 브로드캐스트 알림을 받아오는 것을 볼 수 있다. n에는 BroadcastMessage에 넘겨 둔 데이터가 담겨있다.

```
@auth
    <script type="module">
        const id = "{{ auth()->user()->id }}"

        Echo.private(`App.Models.User.${id}`)
            .notification(n => {
                console.log(n.post)
            })
    </script>
@endauth
```

주석에도 표기되어 있었지만, Published 알림에 대한 브로드캐스팅을 했다면 Subscribed 알림도 똑같이 하면 된다. 지금까지 배운 알림 브로드캐스트를 Subscribed에도 적용해보자. 하지만 이렇게 하면 내가 구독한 블로그에 대한 알림(Published)과 누군가가 내 블로그를 구독했을 때(Subscirbed) 모두 'App.Models.User.{id}'에 대한 알림 브로드캐스트를 던지게 되는데, 이를 구분하여 사용할 수 있는 것이 바로 브로드캐스트 타입이다. 뷰에 작성한 자바스크립트에 브로드캐스트 타입에 따라 구분해보자. 타입은 기본값으로 네임스페이스를 포함한 알림 클래스의 경로가 올 것이다.

```
switch (n.type) {
    case 'App\\Notifications\\Subscribed':
        return console.log(n.user)
    case 'App\\Notifications\\Published':
        return console.log(n.post)
}
```

channels.php에 작성되어 있던 App.Models.User.{id}를 별도의 채널 클래스로 분리해버리자. 딱히 큰 의미는 없지만 익명 클로저의 형태로 남아있는 것보다는 더 나은 방법이다.

```
$ php artisan make:channel UserChannel
```

```php
// app/Broadcasting/UserChannel.php
class UserChannel
{
    public function join(User $user, int $id)
    {
        return $user->id === $id;
    }
}

// routes/channels.php
Broadcast::channel('App.Models.User.{id}', \App\Broadcasting\UserChannel::class);
```

브로드캐스팅을 위한 새로운 broadcasts 큐 대기열을 지정하였으므로 큐 워커를 다시 실행하자. 또한 알림 브로드캐스팅이 발생하면 기본적으로 기본 큐 대기열인 default에 Illuminate\Notifications\Events\BroadcastNotificationCreated 이벤트가 추가되므로 default도 처리할 수 있도록 해주자.

vagrant@homestead:~/code$ php artisan queue:listen --queue=listeners,emails,broadcasts,default

Subscribed까지 알림 브로드캐스팅이 구성되었다면 Subscribed 이벤트 동작 시 큐에 다음과 같이 기록된다. 이는 listeners, emails, broadcasts, default 큐 대기열이 순서대로 실행된 것이다.

```
2022-08-10 08:26:47 App\Listeners\SendSubscriptionNotification ... 238.39ms DONE
  2022-08-10 08:26:48 App\Notifications\Subscribed ... 291.01ms DONE
  2022-08-10 08:26:49 App\Notifications\Subscribed ... 169.71ms DONE
  2022-08-10 08:26:50 Illuminate\Notifications\Events\BroadcastNotificationCreated ... 184.39ms DONE
```

6.5.6 채널 테스트

UserChannel은 하는 일이 그저 User의 id를 비교하는 일 말고는 딱히 없지만, 테스트를 빼놓고 가기에는 찝찝한 구석이 있기 때문에 해보자. 지금은 단순한 일이니까 안 하고 넘어가도 큰 문제는 없지만, 승인 채널의 권한 로직이 복잡한 경우에는 테스트를 꼭 해줄 필요가 있다. UserChannel의 인스턴스를 생성하고 UserChannel::join()을 호출해서 반환값을 비교하자.

```
$ php artisan make:test Broadcasting\\UserChannelTest
```

```php
use App\Broadcasting\UserChannel;
use App\Models\User;
use Illuminate\Foundation\Testing\RefreshDatabase;
use Tests\TestCase;

class UserChannelTest extends TestCase
{
    use RefreshDatabase;

    public function testJoinMethodGrantsAccessToChannelForAuthenticatedUser()
    {
        $user = User::factory()->create();

        $userChannel = new UserChannel();

        $this->assertTrue(
            $userChannel->join($user, $user->id)
        );
    }
}
```

```
vagrant@homestead:~/code$ artx
Broadcasting/UserChannel ... 100%
```

6.6 아티즌 콘솔

아티즌 커맨드를 사용하여 사용자에게 광고 이메일을 보내는 것을 구현해보자. 여러 플랫폼을 이용하다 보면 광고 이메일이 오는 경우가 종종 있을 것이다. 이와 비슷하게 구현해보자. 구현하기 전에, 먼저 아티즌 커맨드에 대해 알아보자.

6.6.1 아티즌 커맨드

지금까지 많이 사용해온 php artisan은 라라벨 프레임워크와 상호작용하기 위한 명령어 집합으로서 사용했다. 이러한 커맨드를 직접 정의하는 일도 할 수 있는데, 예를 들어 사용자에게 광고 이메일을 보내기 위한 mail:send 명령어를 만들어보자. 명령어를 생성하기 위해서는 php artisan make:command를 사용해야 한다. SendEmails 명령어를 만들자.

```
$ php artisan make:command SendEmails
```

이전에 생성한 SendEmails를 살펴보기 전에, app/Console/Kernel.php를 살펴보자. Kernel::commands()에서 app/Console/Commands를 로드하고 routes/console.php를 포함하고 있는 모습을 볼 수 있다.

```
namespace App\Console;

use Illuminate\Console\Scheduling\Schedule;
use Illuminate\Foundation\Console\Kernel as ConsoleKernel;

class Kernel extends ConsoleKernel
{
    protected function commands()
    {
        $this->load(__DIR__.'/Commands');
```

```
        require base_path('routes/console.php');
    }
}
```

아티즌 명령어는 app/Console/Commands에 클래스로 위치할 수도 있으며 routes/console. php에 클로저의 형태로 존재할 수도 있다. 둘 중 어디에나 명령어를 생성할 수 있다. 커스텀하여 커맨드의 경로를 바꿀 수도 있지만, 그럴 일은 거의 없다. ConsoleKernel에서 커맨드를 수동으로 등록하는 일도 할 수 있다. SendEmails를 등록해보자.

```
class Kernel extends ConsoleKernel
{
    protected $commands = [
        Commands\SendEmails::class
    ];
}
```

php artisan make:command로 만든 SendEmails는 app/Console/Commands 디렉터리에 생성된다. 생성된 App₩Console₩Commands₩SendEmails는 Illuminate₩Console₩Command를 상속하는 아티즌 커맨드를 위한 클래스다.

```
namespace App\Console\Commands;

use Illuminate\Console\Command;

class SendEmails extends Command
{
    protected $signature = 'command:name';
    protected $description = 'Command description';

    public function handle()
    {
        return 0;
```

```
        }
}
```

Command::$signature에는 명령어의 이름뿐만 아니라 추가적으로 받아들일 인자, 옵션 등을 포함한 시그니처를, Command::$description에는 명령어에 대한 간단한 설명을, 마지막으로 Command::handle()에서 명령어를 입력했을 때의 로직을 작성할 수 있다. 따라서 우리는 여기에 이메일을 보내기 위한 로직을 작성해주면 된다. 반환값은 종료 코드인데, 사용처는 조금 이후에 알아보자.

그밖에, routes/console.php에서 클로저 기반의 명령어를 작성할 수 있다. 예제로 작성된 코드를 살펴보자. 클로저에는 컨테이너에 의한 의존성 주입을 사용하는 것도 물론 가능하다. $this->comment()와 같은 메서드는 명령어 내부에서 메시지를 정의하거나, 출력할 때 사용하는 것이다. 단순한 정보 출력부터 표, 선택지, 질문을 던질 수도 있다.

```
use Illuminate\Foundation\Inspiring;
use Illuminate\Support\Facades\Artisan;

Artisan::command('inspire', function () {
    $this->comment(Inspiring::quote());
})->purpose('Display an inspiring quote');
```

예제로 작성된 명령어는 php artisan inspire로 실행할 수 있으며 단순한 문장이 출력되는데, 이는 $this->comment()에 의해 발생한다. Illuminate\Foundation\Inspiring는 신경 쓸 필요 없다.

```
$ php artisan inspire
When there is no desire, all things are at peace. - Laozi
```

Artisan::command()->purpose()를 사용하면 명령어에 대한 설명을 표현할 수 있으며 php artisan help inspire를 입력해보면 다음과 같이 나타난다. --help, --quiet와 같은 옵션은 직접 명령어를 생성할 때 명시하지 않아도 아티즌 명령어에서 내부적으로 처리된다.

```
$ php artisan help inspire
Description:
  Display an inspiring quote

Usage:
  inspire

Options:
  -h, --help              Display help for the given command. When no command
is given display help for the list command
  -q, --quiet             Do not output any message
  -V, --version           Display this application version
      --ansi|--no-ansi    Force (or disable --no-ansi) ANSI output
  -n, --no-interaction    Do not ask any interactive question
      --env[=ENV]         The environment the command should run under
  -v|vv|vvv, --verbose    Increase the verbosity of messages: 1 for normal
output, 2 for more verbose output and 3 for debug
```

6.6.2 시그니처와 프롬프트

시그니처와 프롬프트에서는 아티즌 콘솔의 명령어를 작성할 때 사용할 수 있는 시그니처 및 콘솔에서 질문이나 선택지를 표현할 수 있는 프롬프트를 배워보자. 먼저 커맨드 시그니처를 작성하는 방법을 알아보자. Comment::$signature 또는 routes/console.php에서 Artisan::Command()에 작성할 수 있다. 여기서 명령어 이름과 옵션, 명령을 추가할 수 있다. 예를 들어 명령어의 이름을 지정하려면 다음과 같이 할 수 있다. 그리고 이것은 php artisan mail:send로 실행하는 것이 가능하다.

```
protected $signature = 'mail:send'
```

이를 토대로 시그니처를 작성하기 위한 추가적인 방법들을 알아보자. 인자, 옵션, 설명을 추가하는 방법을 나열했다.

```
// Arguments
mail:send {user} // Required value // mail:send taylor
mail:send {user?} // Optional
mail:send {user=taylor} // Default value
mail:send {user*} // Arrays // mail:send taylor dayle
mail:send {user?*} // Arrays, or 0

// Options
mail:send {--queue} // Boolean (true, or false) // mail:send -queue
mail:send {--queue=} // Required value // mail:send --queue=default
mail:send {--queue=default} // Default value
mail:send {--Q|queue} // Short, (-Q, or --queue) // mail:send -Q
mail:send {--Q|queue=default} // Default value with Short
mail:send {--id=*} // Arrays // mail:send --id=1 --id=2

// Description
mail:send
{user : The name of user}
{--Q|queue=default : The names of the queues to send emails}
```

아티즌 콘솔에서 질문이나 선택지와 같이 사용자와 상호작용하기 위한 메시지를 표시하는 메서드를 알아보기로 하자. 아래에 사용된 모든 메서드들은 routes/console.php에서 Artisan::command() 또는 App\Console\Commands에 있는 handle()에서 사용할 수 있다.

```
$name = $this->ask('What is your name?');
What is your name?:
 >

$password = $this->secret('What is the password?');
What is the password?:
 >

if ($this->confirm('Do you wish to continue?', true)) {
    //
```

```
}
Do you wish to continue? (yes/no) [yes]:
>


// Auto complate
$name = $this->anticipate('What is your name?', ['Taylor', 'Dayle']);
// , or
$name = $this->anticipate('What is your address?', function ($input) {
    return ['Taylor', 'Dayle'];
});
What is your name?:
> Taylor

$name = $this->choice(
    'What is your name?',
    ['Taylor', 'Dayle'],
    0
);
What is your name? [Taylor]:
  [0] Taylor
  [1] Dayle
>


$this->table(
    ['Name', 'Email'],
    \App\Models\User::limit(3)->get(['name', 'email'])->toArray()
);
+--------------------+-----------------------------+
| Name               | Email                       |
+--------------------+-----------------------------+
| Sandrine Homenick  | lindgren.kaycee@example.org |
| Daisy Bergnaum     | ebony.aufderhar@example.org |
| Bridget Kemmer Jr. | nolan40@example.com         |
+--------------------+-----------------------------+

$users = $this->withProgressBar(\App\Models\User::limit(10)->get(),
```

```
function ($user) {
    sleep(1);
});
2/10 [■■■\\\\\\\\\\\\\\\\\\\\\\\\\\\\]  20%
```

또한 명령어가 진행되면서 단순한 텍스트 형태의 코멘트를 출력할 수 있는 기능을 제공한다. info(), error(), line(), comment(), question(), warn()이 제공되며 텍스트의 색깔, 배경화면 등 스타일이 달라서 사용자가 인지하는 의미만 조금씩 다를 뿐이고, 기능적인 부분에 있어서는 큰 차이는 없다.

```
$this->info('The command was successful!');
The command was successful!
```

6.6.3 Artisan 파사드

Artisan 파사드를 사용하면 CLI를 벗어나서 컨트롤러나 다른 로직에서 커맨드를 호출하는 것이 가능하다. 가장 기본적으로 Artisan::call()을 사용하여 명령어를 부른다. 만약 명령어를 큐 대기열로 보내고 싶다면 Artisan::queue()를 사용하여 처리할 수 있다.

```
$exitCode = Artisan::call('mail:send', [
    '--queue' => 'default', '--id' => [5, 13]
]);

//, or
Artisan::call('mail:send --queue=default --id=5 --id=13');
```

Command::handle() 내부에서 다른 명령어를 호출하려면 $this->call()을 사용할 수 있다. 명령어에서 출력하는 코멘트를 전부 무시하려면 $this->callSilently()를 사용하자.

```
$this->call('mail:send', [
    '--queue' => 'default'
]);

//, or
$this->callSilently('mail:send', [
    '--queue' => 'default'
]);
```

6.6.4 mail:send 명령어 작성하기

광고 이메일 전송하기 위한 mail:send를 구현하기에 앞서 먼저 Mailable을 생성해보자. 사용자에게 현재 커뮤니티 작성된 최신 글 5개를 홍보하기 위한 Mailable을 작성하자. 사용할 뷰는 emails.advertisement 이다.

```
$ php artisan make:mail Advertisement
```

```
namespace App\Mail;

use Illuminate\Bus\Queueable;
use Illuminate\Contracts\Queue\ShouldQueue;
use Illuminate\Database\Eloquent\Collection;
use Illuminate\Mail\Mailable;
use Illuminate\Mail\Mailables\Content;
use Illuminate\Mail\Mailables\Envelope;
use Illuminate\Queue\SerializesModels;

class Advertisement extends Mailable implements ShouldQueue
{
    use Queueable, SerializesModels;

    public function __construct(
```

```
        public readonly Collection $posts
    ) {
        //
    }

    public function envelope()
    {
        return new Envelope(
            subject: '[라라벨] 라라벨 커뮤니티의 최신글 살펴보기',
        );
    }

    public function content()
    {
        return new Content(
            view: 'emails.advertisement',
        );
    }

    public function attachments()
    {
        return [];
    }
}
```

이메일을 위한 뷰는 emails.advertisement 이다. 단순하게 글 목록을 출력한다.

```
$ touch resources/views/emails/advertisement.blade.php
```

```
<h2>라라벨 커뮤니티의 최신글 살펴보기!</h2>

<ul>
    @foreach ($posts as $post)
        <li>
```

```
            <a href="{{ route('posts.show', $post) }}">{{ $post->title }}</a>
        </li>
    @endforeach
</ul>
```

mail:send에서는 큐를 지정하여 이메일을 전송할 수 있도록 해주자. 등록된 모든 사용자를 대상으로 이메일을 전송한다. 명령어 내부에서 인자나 옵션을 얻어 오려면 Command::argument(), option()을 사용할 수 있으며 모든 인자, 옵션을 얻어 오려면 복수형으로 사용하여 arguments(), options()를 사용할 수 있다.

```
namespace App\Console\Commands;

use App\Mail\Advertisement;
use App\Models\Post;
use App\Models\User;
use Illuminate\Console\Command;
use Illuminate\Support\Facades\Mail;

class SendEmails extends Command
{
    protected $signature = 'mail:send
    {--Q|queue=default : The names of the queues to send emails}';

    protected $description = 'Send advertisement emails to users';

    public function handle()
    {
        $queue = $this->option('queue');

        $this->sendEmails($queue);

        return 0;
    }
```

```php
    private function sendEmails(string $queue)
    {
        $posts = $this->posts();

        $this->users()->each(fn (User $user) => Mail::to($user)->send(
            (new Advertisement($posts))->onQueue($queue)
        ));
    }

    private function users()
    {
        return User::all();
        //return User::verified()->get();
    }

    private function posts()
    {
        return Post::latest()->limit(5)->get();
    }
}
```

mail:send는 -Q 또는 --queue 를 사용하여 큐 대기열을 지정하여 이메일을 보낼 수 있으며 Mail 파사드를 사용하여 이메일을 전송했다. 메일을 다수에게 개별로 반복해서 보낼 경우 루프에서 주의해야 하는 점은 Mailable을 루프 밖에서 미리 캐시하고 재활용하지 말아야 한다는 점이다. 그 이유는 Mail::to()로 보낼 때 내부적으로 메일링 리스트에 수신자가 누적되는데, 만약 Mailable을 새로 생성하지 않으면 이미 한 번 메일이 갔던 사람에게 다시 가버리는 일이 초래된다.

이제 콘솔에서 mail:send를 실행하면 큐 대기열에서도 잘 처리하고 있는 모습을 볼 수 있다.

```
# Console 1
vagrant@homestead:~/code$ php artisan mail:send
```

```
# Console 2
vagrant@homestead:~/code$ php artisan queue:listen --queue=default
2022-11-13 15:43:06 App\Mail\Advertisement ... 414.00ms DONE
```

6.6.5 쿼리 스코프

잠깐 언급했듯이 회원가입에서 마케팅에 동의했거나, 혹은 이메일이 인증된 사용자에게만 이메일을 발생하고 싶을 경우가 있다. 예를 들어 이메일이 인증된 사용자에게만 이메일을 전송하려면 SendEmails::users()에서 단순하게 User::whereNotNull('email_verified_at')->get()으로 처리하면 그만이다. 하지만 조금 더 나아가서 이를 가독성이 좋게 User::verified()->get()과 같이 만들어볼 수 있다. 이를 가능하게 하는 것이 쿼리 스코프이다.

쿼리 스코프는 글로벌 스코프(Global Scope)와 로컬 스코프(Local Scope)가 있으며 글로벌 스코프는 모델 조회 시 공통적으로 적용되지만 로컬 스코프는 특정 상황에 필요에 따라서 쿼리에 따라 붙일 수 있다. 이를테면 User::all()을 했음에도 이메일이 인증된 사용자만 얻어 오도록 처리하는 것이 글로벌 스코프이고, User::verified()->get()으로 얻어 온다면 이는 로컬 스코프이다.

글로벌 스코프를 먼저 만들어보자. php artisan make:scope를 사용한다.

```
$ php artisan make:scope VerifiedScope
```

VerifiedScope는 Models 디렉터리 아래에 생성되며 다음과 같이 작성하는 것이 가능하다. Scope::array()에 적용하고자 하는 쿼리를 이어주면 된다. 그 이후 라라벨 내부에서 모델이 부팅된 이후 실행하는 메서드인 User::booted()에서 글로벌 스코프를 등록하여 사용할 수 있다.

```
// app/Models/Scopes/VerifiedScope.php
namespace App\Models\Scopes;

use Illuminate\Database\Eloquent\Builder;
use Illuminate\Database\Eloquent\Model;
```

```php
use Illuminate\Database\Eloquent\Scope;

class VerifiedScope implements Scope
{
    public function apply(Builder $builder, Model $model)
    {
        $builder->whereNotNull('email_verified_at');
    }
}

// app/Models/User.php
class User extends Authenticatable implements MustVerifyEmail
{
    protected static function booted()
    {
        static::addGlobalScope(new VerifiedScope());
    }
}
```

이제부터는 User 모델에서 발생하는 쿼리에 대해서는 글로벌 스코프가 적용되어 email_verified_at이 Not null인 사용자만 조회한다. Model::withoutGlobalScope()를 사용하면 특정 글로벌 스코프를 제외할 수도 있다.

```
vagrant@homestead:~/code$ php artisan tinker
>>> User::toSql();
=> "select * from `users` where `email_verified_at` is not null"

>>> User::withoutGlobalScope(new \App\Models\Scopes\VerifiedScope)->toSql();
=> "select * from `users`"
```

글로벌 스코프가 쓰인 대표적인 사례는 소프트 삭제이다. 소프트 삭제에서는 기본적으로 deleted_at에 날짜가 기록된, 즉 소프트 삭제된 모델은 조회하지 않도록 처리하는데, SoftDeletes 트레이트에서 이를 확인할 수 있다.

```
namespace Illuminate\Database\Eloquent;

trait SoftDeletes
{
    public static function bootSoftDeletes()
    {
        static::addGlobalScope(new SoftDeletingScope);
    }
}
```

그러나 글로벌 스코프는 일반적인 경우 유연함을 제공하기 어렵다. Model::withoutGlobalScope()도 가독성이 떨어지고 사용에 불편한 것은 마찬가지다. 따라서 대부분은 로컬 스코프를 사용하게 된다. 로컬 스코프는 User::verfieid()로 처리할 수 있도록 방법을 제공한다. 여기서 별도의 Scope 클래스는 무의미하며, User::scopeVerified() 를 정의한다. 필요하다면 파라메터도 요구할 수 있다.

```
use Illuminate\Database\Eloquent\Builder;

class User extends Authenticatable implements MustVerifyEmail
{
    public function scopeVerified(Builder $query, ...$params)
    {
        return $query->whereNotNull('email_verified_at');
    }
}
```

이제부터는 User::verfieid()로 했을 때 이메일이 인증된 사용자를 얻어 올 수 있다.

```
vagrant@homestead:~/code$ php artisan tinker
>>> User::verified()->toSql();
=> "select * from `users` where `email_verified_at` is not null"
```

6.6.6 테스트

콘솔 명령어 테스트는 아주 단순하다. 기본은 $this->artisan()으로 명령어를 실행하고 기대하는 결과를 검증하면 된다. 필요하다면 질문, 선택, 테이블과 같은 요소에 대해서도 목(Mock)할 수 있다. 우선 mail:send 명령어에 대한 테스트를 작성해보자.

```
$ php artisan make:test Console\\Commands\\SendEmailsTest
```

mail:send는 이메일을 보내기 때문에 기본적으로 메일 페이크를 사용했고, assertSuccessful()은 응답코드가 0인지 검증한다. 일반적으로 0이면 정상적인 종료라고 볼 수 있다. 사실상 콘솔 테스트는 이게 전부다.

```php
use App\Mail\Advertisement;
use App\Models\User;
use Illuminate\Foundation\Testing\RefreshDatabase;
use Illuminate\Support\Facades\Mail;
use Tests\TestCase;

class SendEmailsTest extends TestCase
{
    use RefreshDatabase;

    public function testMailSendCommandQueuesAdvertisementMailable()
    {
        Mail::fake();

        User::factory(10)->create();

        $this->artisan('mail:send --queue=emails')
            ->assertSuccessful();

        Mail::assertQueued(Advertisement::class);
    }
}
```

```
vagrant@homestead:~/code$ artx
Console/Commands/SendEmails   ... 100.0 %
```

콘솔 테스트를 위한 몇 가지 추가적인 테스트 메서드를 알아보자. 예를 들어 다음과 같은 명령어가 있다고 가정했을 때

```
// routes/console.php
Artisan::command('question', function () {
    $name = $this->ask('What is your name?');

    $language = $this->choice('Which language do you prefer?', [
        'PHP',
        'Ruby',
        'Python',
    ]);

    $this->line('Your name is '.$name.' and you prefer '.$language.'.');
});
```

질문, 선택지와 같은 요소들을 expectsQuestion()과 같은 코드로 응답을 목할 수 있다.

```
// Questions
$this->artisan('question')
    ->expectsQuestion('What is your name?', 'Taylor Otwell')
    ->expectsQuestion('Which language do you prefer?', 'PHP')
    ->expectsOutput('Your name is Taylor Otwell and you prefer PHP.')
    ->doesntExpectOutput('Your name is Taylor Otwell and you prefer Ruby.')
    ->assertExitCode(0);
```

마지막으로 컨펌과 테이블도 목할 수 있다.

```
// Confirmation
$this->artisan('module:import')
```

```
        ->expectsConfirmation('Do you really wish to run this command?', 'no')
        ->assertExitCode(1);

// Table
$this->artisan('users:all')
    ->expectsTable([
        'ID',
        'Email',
    ], [
        [1, 'taylor@example.com'],
        [2, 'abigail@example.com'],
    ]);
```

6.6.7 쿼리 스코프 테스트

쿼리 스코프 테스트에서 할 일은 간단하다. 쿼리 스코프를 적용하기 전과 후를 그대로 비교하면 끝이다. VerifiedScope 는 이메일이 인증된 사용자만을 가져오기로 되어 있었다. 따라서 이메일이 인증된 유저와 그렇지 않은 유저를 각각 준비하고, 포함 여부를 검증하는 것이다.

```
$ php artisan make:test Models\\Scopes\\VerifiedScopeTest
```

```
use App\Models\Scopes\VerifiedScope;
use App\Models\User;
use Illuminate\Foundation\Testing\RefreshDatabase;
use Tests\TestCase;

class VerifiedScopeTest extends TestCase
{
    use RefreshDatabase;

    public function testVerifiedScope()
    {
```

```
        $user = User::factory()->create();
        $unverifiedUser = User::factory()->unverified()->create();

        User::addGlobalScope(new VerifiedScope());

        $users = User::all();

        $this->assertCount(1, $users);

        $this->assertTrue(
            $users->contains($user)
        );

        $this->assertFalse(
            $users->contains($unverifiedUser)
        );
    }
}
```

```
vagrant@homestead:~/code$ artx
Models/Scopes/VerifiedScope ... 100%
```

로컬 스코프를 테스트하는 것도 글로벌 스코프와 거의 동일하다. 차이가 있다면 User::add-GlobalScope()로 스코프를 설정하지 않고, 또한 유저 목록을 얻어 올 때 User::all() 대신에 User::verified()->get()을 사용할 뿐이다.

```
$ php artisan make:test Models\\UserTest
```

```
use App\Models\User;
use Illuminate\Foundation\Testing\RefreshDatabase;
use Tests\TestCase;

class UserTest extends TestCase
{
```

```
    use RefreshDatabase;

    public function testVerifiedScope()
    {
        $user = User::factory()->create();
        $unverifiedUser = User::factory()->unverified()->create();

        $users = User::verified()->get();

        $this->assertCount(1, $users);

        $this->assertTrue(
            $users->contains($user)
        );

        $this->assertFalse(
            $users->contains($unverifiedUser)
        );
    }
}
```

6.6.8 Mailable 테스트

mail:send 명령어를 작성하면서 생성했던 Advertisement Mailable을 테스트해보자. 이미 Mailable 테스트는 작성해본 바 있으므로 간단하게 처리할 수 있다. 메일의 제목, 그리고 메일의 내용이 메일에서 보내고자 하는 내용의 제목을 포함하고 있는지 점검하는 단순한 테스트다.

```
$ php artisan make:test Mail\\AdvertisementTest
```

```
use App\Mail\Advertisement;
use App\Models\Blog;
```

```php
use App\Models\Post;
use Illuminate\Foundation\Testing\RefreshDatabase;
use Tests\TestCase;

class AdvertisementTest extends TestCase
{
    use RefreshDatabase;

    public function testDisplaysListOfPostTitles()
    {
        $posts = Post::factory(5)->create();

        $mailable = new Advertisement($posts);

        $mailable->assertHasSubject(
            '[라라벨] 라라벨 커뮤니티의 최신글 살펴보기'
        );

        $mailable->assertSeeInOrderInHtml(
            $posts->pluck('title')->toArray()
        );
    }
}
```

```
vagrant@homestead:~/code$ artx
Mail/Advertisement ... 100%
```

6.7 작업 스케줄링

일반적으로 아티즌 콘솔은 작업 스케줄링과 함께 사용하는 경우가 많은데, 라라벨의 작업 스케줄링 기능은 크론(Cron)을 간편하게 처리할 수 있는 기능을 제공한다. 라라벨 어플리케이션에서 작업을 정의하고, crontab에는 라라벨의 작업 스케줄을 실행하기 위한 단 한 줄의 코드만 작성하면 된다. 크론이 매 분마다 라라벨의 스케줄러를 확인하고, 스케줄러가 시간을 체크하면서 지정한 분, 시, 월, 일, 요일에 해당하는 명령어 또는 작업을 실행하는 방식이다.

6.7.1 스케줄 정의하기

스케줄을 정의하는 방법은 여러 가지가 있는데, 클로저, 아티즌 콘솔 명령어, Queued Job, 쉘 명령어를 스케줄링하는 것이 가능하다. 스케줄은 ConsoleKernel::schedule()에 처리하고 예제로 작성된 코드는 다음과 같다.

```php
use Illuminate\Console\Scheduling\Schedule;

class Kernel extends ConsoleKernel
{
    protected function schedule(Schedule $schedule)
    {
        // $schedule->command('inspire')->hourly();
    }
}
```

정의된 스케줄은 아티즌 콘솔 명령어 inspire를 1시간 간격으로 실행할 것을 의미한다. 스케줄을 정의하기 위해서는 Illuminate\Console\Scheduling\Schedule을 사용한다. 클로저, 아티즌 콘솔 명령어 등을 스케줄하는 방법을 나열해보자면 다음과 같다.

```php
// Closure
$schedule->call(function () {
    DB::table('recent_users')->delete();
})->daily();
```

```
// Invokable object
$schedule->call(new DeleteRecentUsers)->daily();

// Artisan console command
$schedule->command('emails:send Taylor --force')->daily();
$schedule->command(SendEmailsCommand::class, ['Taylor', '--force'])-
>daily();

// Queued Job
$schedule->job(new Heartbeat)->everyFiveMinutes();
$schedule->job(new Heartbeat, 'heartbeats', 'sqs')->everyFiveMinutes();

// Shell command
$schedule->exec('node /home/forge/script.js')->daily();
```

스케줄의 주기는 시간을 결정하거나 매분, 매시 등을 지정할 수 있는 메서드이며 예를 들면 everyMinute()는 매분 실행하고, hourly()는 1시간 간격으로, daily()는 자정에, weekly()는 매주 일요일 자정에, monthly()는 매월, yearly()는 매년 작업을 실행하도록 한다. 또한 제한을 할 수도 있는데, weekdays()는 평일로 제한하고, mondays()는 월요일, between()은 실행될 시간의 간격을, 그리고 when()을 사용하면 클로저를 넣는 것으로써 조건에 따라 작업을 실행하도록 할 수도 있다.

```
$schedule->command('inspire')->everyMinute() // hourly, daily, ...
$schedule->command('inspire')
    ->weekdays()
    ->hourly()
    ->timezone('Asia/Seoul')
    ->between('8:00', '17:00')
    ->when(function () { return true; });
```

그밖에도 주기를 정의하는 메서드는 상당히 많은데, 라라벨의 작업 스케줄링 공식문서(https://laravel.com/docs/10.x/scheduling)에서 찾을 수 있다.

작업이 오래 걸려서 이미 실행하고 있음에도 또 실행하려 든다면 심각한 자원 낭비가 될지도 모른다. 따라서 이를 방지할 수 있는 방법이 있는데, withoutOverlapping()을 사용하는 것이다. 작업이 중복해서(중복으로) 실행되는 것을 방지하고 필요하다면 몇 분 동안 잠금(Lock)을 할 수도 있다.

```
$schedule->command('emails:send')
    ->withoutOverlapping();
```

작업이 직렬적으로 진행되는 경우 선순위 작업이 너무 몰려서 후순위 작업이 너무 늦게 실행될 수 있는데, 이럴 때는 runInBackground()를 사용하면 작업을 백그라운드에서 동시에 실행되도록 처리할 수 있다.

```
$schedule->command('analytics:report')
    ->daily()
    ->runInBackground();
```

6.7.2 스케줄러

작업 스케줄러는 로컬 개발에서 할 수 있도록 라라벨에서 별도의 워커를 제공하고, 프로덕트에서는 crontab에 등록하여 적용하는데 두 개 다 알아보자. 먼저 로컬 개발에서 사용할 스케줄러는 간단하게 실행할 수 있다.

```
vagrant@homestead:~/code$ php artisan schedule:work
Schedule worker started successfully.
```

프로덕트에서는 crontab에 등록하여 사용한다. 서버에서 /etc/crontab에 등록해보자. 그 전에 간단하게 예시를 보자. 크론탭은 시스템 레벨에서 작업 스케줄링을 정의하는 것이며 분, 시, 일, 월, 요일, 유저, 명령어 순으로 한 줄에 작성한다. 크론탭에 작업을 스케줄링하기 위한 자세한 설명 및 예시는 주제에 벗어나므로 생략한다.

```
vagrant@homestead:~$ cat /etc/crontab
# Example of job definition:
# .---------------- minute (0 - 59)
# |  .------------- hour (0 - 23)
# |  |  .---------- day of month (1 - 31)
# |  |  |  .------- month (1 - 12) OR jan,feb,mar,apr ...
# |  |  |  |  .---- day of week (0 - 6) (Sunday=0 or 7) OR
sun,mon,tue,wed,thu,fri,sat
# |  |  |  |  |
# *  *  *  *  *  user-name command to be executed
```

라라벨에서 작업 스케줄링을 실행하는 명령어는 php artisan schedule:run이다. 따라서 시스템에 해당 명령어를 매분마다 실행하도록 하면 라라벨에서 ConsoleKernel::schedule()에 정의된 스케줄에 따라 실행한다. vi를 열어서 다음과 같이 바꿔보자. 매분마다 schedule:run을 실행할 것이다.

```
vagrant@homestead:~$ sudo vi /etc/crontab
*  *  *  *  * vagrant cd ~/code && php artisan schedule:run >> /dev/null 2>&1
```

6.7.3 mali:send 명령어 스케줄링

주기적으로 광고 이메일을 보내도록 스케줄링해 보자. 매주 월요일 오전 8시에 보내도록 해볼 텐데, ConcoleKernel::schedule()에서 weeklyOn()을 사용하여 처리할 수 있다.

```
$schedule->command('mail:send --queue=emails')
    ->weeklyOn(Schedule::MONDAY, '8:00');
```

스케줄을 정의한 이후로는 로컬 개발 시 php artisan schedule:work를 사용하거나, 또는 crontab에 php artisan schedule:run을 등록하면 된다. mail:send는 emails 큐 대기열에서 실행하도록 했으므로 큐를 실행하는 것도 잊지 말자.

6.7.4 스케줄러 테스트

mail:send 명령어를 스케줄링했는데, 실제로 제대로 스케줄링되었는지 점검해보자. 스케줄러 테스트는 명확한 테스트 접근방식이 없어서 여러 접근방법이 있을 수 있겠지만, 이 책에서는 스케줄러를 실행하는 schedule:run을 테스트 케이스에서 실행하고 명령어가 실행되었는지 판단할 것이다. 하지만 schedule:run을 수동으로 실행해도 스케줄을 실행해야 할 때가 아니라면 하지 않는데, 이럴 때를 대비해서 TestCase::travelTo()를 사용하는 것이 가능하다.

```
$ php artisan make:test Console\\KernelTest
```

mail:send 는 월요일 오전 8시에 실행하도록 되어있다. TestCase::travelTo()로 이 시간대로 이동하고, schdule:run을 실행한다. 그 이후 ScheduledTaskFinished 이벤트가 발생했는지 검증하면 된다.

```php
use Illuminate\Console\Events\ScheduledTaskFinished;
use Illuminate\Console\Scheduling\Schedule;
use Illuminate\Support\Facades\Event;
use Illuminate\Support\Str;
use Tests\TestCase;

class KernelTest extends TestCase
{
    public function testMailSendCommandSchedule()
    {
        Event::fake();

        $date = now()
            ->startOfWeek()
            ->weekday(Schedule::MONDAY)
            ->hour(8);

        $this->travelTo($date);
        $this->artisan('schedule:run');
```

```
        Event::assertDispatched(
            ScheduledTaskFinished::class,
            function (ScheduledTaskFinished $event) {
                return Str::contains($event->task->command, 'mail:send
 --queue=emails');
            });
    }
}
```

ScheduledTaskFinished 와 같은 이벤트는 무엇일까? 이 내용은 중요도가 낮아서 스케줄러 테스트에서 처음 이야기하는 것이지만, 엘로퀀트 이벤트처럼 메일, 알림, 스케줄러, 서비스 컨테이너와 같은 요소들은 어떤 작업이 진행되면 라라벨 코어의 이벤트가 동작하도록 설계되어 있다. 스케줄러의 경우에도 스케줄러의 라이프 사이클에 따라 내장되어 있는 이벤트가 발생하게 되는데, 이를테면 스케줄러 태스크가 시작되었을 때 Illuminate\Console\Events\ScheduledTaskStarting 이벤트가 호출된다. 태스크가 끝나면 ScheduledTaskFinished 가 호출되는 것이다. 그밖에도 더 있는데 공식문서를 인용하면 다음과 같이 이벤트가 발생한다. 라라벨에 내장되어 있는 이벤트를 살펴보기 위해서는 각 주제의 이벤트 부분을 참고하면 알 수 있다.

```
protected $listen = [
    'Illuminate\Console\Events\ScheduledTaskStarting' => [
       //
    ],

    'Illuminate\Console\Events\ScheduledTaskFinished' => [
       //
    ],

    'Illuminate\Console\Events\ScheduledBackgroundTaskFinished' => [
       //
    ],
```

```
    'Illuminate\Console\Events\ScheduledTaskSkipped' => [
        //
    ],

    'Illuminate\Console\Events\ScheduledTaskFailed' => [
        //
    ],
];
```

```
vagrant@homestead:~/code$ artx
Console/Kernel ... 100%
```

6.8 검색

이제 마지막으로 검색을 구현해보자. 검색을 위해 MySQL Fulltext Search를 마이그레이션에서 Blueprint::fullText()를 사용하여 Fulltext Index를 설정하고, Model::whereFullText()로 검색을 하는 것도 가능하지만, 그보다도 외부의 검색엔진도 꽤나 손쉬운 방법으로 사용할 수 있다. 따라서 이번에는 데이터베이스를 벗어나 검색엔진에서 처리하기 위해 Laravel Scout를 사용하여 검색을 구현해보자.

Laravel Scout를 사용하면 algolia, meilisearch와 같은 초고속의 검색엔진을 활용할 수 있다. 검색엔진을 사용하기 여의치 않다면 collection, database를 기반으로도 검색하는 것을 지원하지만, 이미 홈스테드에서 검색엔진을 설치하도록 했으므로 굳이 그러지 않아도 된다. 어플리케이션의 규모가 작아서 검색엔진까지 사용하기에는 오버 엔지니어링이라고 판단되는 경우에는 database 드라이버를 사용하는 것도 고려해볼 만한 옵션 중 하나라고 볼 수 있다.

6.8.1 Meilisearch 검색엔진

검색엔진으로 사용할 Meilisearch(https://www.meilisearch.com)는 오픈소스이며 빠른 속도를 지닌 검색엔진이다. 기본적으로 RESTful API를 기반으로 검색을 제공하므로 프론트에서 SPA(Single Page Application)를 작성한다면 페이지의 새로고침 없이 검색 결과를 실시간으로 바꾸는 것도 할 수 있다. 타이핑을 실시간으로 인지하고 결과를 받아와서 갱신할 수도 있으며 필터링이나 정렬도 할 수 있다. 그러나 이 책에서 검색엔진이 제공하는 기능을 다 사용해볼 수는 없으므로 Post 모델에 검색 기능을 구현하는 정도로 사용해보고자 한다.

홈스테드에서 meilisearch를 설치하도록 했기 때문에 프로비저닝할 때 포함되어 있을 것이다. 만약 meilisearch를 찾을 수 없는 경우 Homestead.yaml에서 features에 meilisearch를 설치하도록 명시하고, vagrant reload --provision을 사용하여 프로비저닝을 다시 하면 된다.

```
vagrant@homestead:~$ meilisearch

Database path:        "./data.ms"
Server listening on:  "http://127.0.0.1:7700"
Environment:          "development"
Commit SHA:           "7fd66b80cad396072277c66e3cd46019271220be"
Commit date:          "2022-06-07T14:25:47Z"
Package version:      "0.27.2"
```

Meilisearch를 사용할 때 브라우저로 http://homestead.test:7700에 접근하면 Meilisearch에서 제공하는 대시보드를 볼 수 있다. 여기서는 검색엔진에서 생성된 인덱스뿐만 아니라 실제로 빠른 속도로 검색을 해볼 수도 있다. 홈스테드에서 구동하고 있으므로 http://homestead.test:7700으로 접근한다.

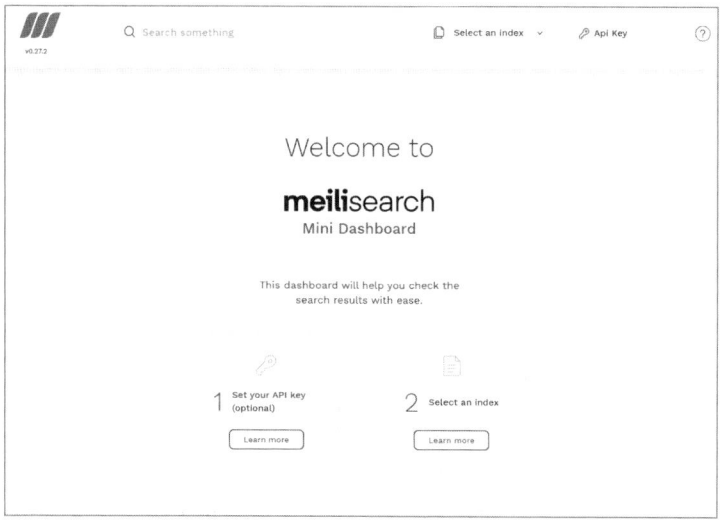

[그림 6-4] Meilisearch 대시보드

Meilisearch는 RESTful API를 기반으로 하고 있으므로 대시보드 말고도 인덱스의 목록을 보거나 하는 API를 제공하고 있으며 그 목록은 API Reference (https://docs.meilisearch.com/reference/api/overview.html)에서 확인할 수 있다. 예를 들어 homestead.test:7700/indexes에 접속하면 인덱스 목록을 볼 수 있다. Meilisearch를 사용하여 검색을 구현하려면 먼저 관련 패키지를 설치해줄 필요가 있다.

```
$ composer require meilisearch/meilisearch-php http-interop/http-factory-guzzle
```

6.8.2 라라벨 스카우트

라라벨 스카우트를 사용하면 엘로퀀트 ORM에 검색 기능을 추가할 수 있으며 예를 들면 Post::search('Hello, world')와 같이 간단하게 Fulltext Search할 수 있는 기능을 제공한다. 설치를 진행해보자. 라라벨 스카우트는 라라벨의 공식 패키지이므로 부담 없이 설치할 수 있다.

```
$ composer require laravel/scout
```

이제 php artisan vendor:publish를 사용하여 스카우트를 위한 설정 파일을 퍼블리싱해야 한다. config/scout.php가 생성된다.

```
$ php artisan vendor:publish --provider="Laravel\Scout\ScoutServiceProvider"
```

config/scout.php에서 주목해서 살펴볼 만한 부분은 아래와 같다. scout.driver는 검색엔진을 설정한다. algolia, milisearch와 같은 검색엔진을 설정하고 때로는 로컬 개발에서 편의를 위해 database 드라이버를 사용하면 데이터베이스에서 작업하도록 지시할 수도 있지만, 여기서는 하지 않는다. scout.queue는 검색 인덱스를 동기화할 때 동기화 작업을 큐에 넣을지 결정하는데, 이후에 살펴본다. scout.soft_delete는 검색 결과에 소프트 삭제를 포함할지를 결정하고 마지막으로 meilisearch.host, meilisearch.key는 Meilisearch의 서비스 주소와 키를 설정한다. Meilisearch 기본적으로는 http://homestead.test:7700에서 동작한다. 키는 설정하면 좋지만 필수는 아니다.

```
return [
    'driver' => env('SCOUT_DRIVER', 'algolia'),
    'queue' => env('SCOUT_QUEUE', false),
    'soft_delete' => false,
    'meilisearch' => [
        'host' => env('MEILISEARCH_HOST', 'http://localhost:7700'),
        'key' => env('MEILISEARCH_KEY', null),
    ],
];
```

env에서 설정해야 할 것은 SCOUT_DRIVER, SCOUT_QUEUE가 있다. SCOUT_DRIVER에서 검색엔진을 meilisearch로 지정하고 SCOUT_QUEUE에서 큐를 사용하도록 true로 지정한다. 그 의미에 대해서는 검색 인덱스를 이야기할 때 다룬다.

```
SCOUT_QUEUE=true
SCOUT_DRIVER=meilisearch
```

검색 기능을 사용하려면 모델에 Laravel\Scout\Searchable 트레이트를 포함하도록 할 필요가 있으며 가장 많이 사용하게 될 Seachable::search(), Searchable::searchable()을 사용할 수 있도록 해준다.

```
use Laravel\Scout\Searchable;

class Post extends Model
{
    use Searchable;
}
```

검색엔진으로 검색을 시작하려면 먼저 인덱싱해야 한다. 따라서 처음에는 인덱싱이 되어 있지 않기 때문에 검색이 안 된다. 인덱스를 생성하려면 php artisan scout:import를 사용해보자. Post 모델의 인덱스를 생성하고 검색을 위해 MySQL 데이터베이스에 있던 레코드를 추가한다.

이렇게 MySQL 데이터베이스에 있는 레코드와 검색엔진 데이터베이스의 레코드를 동기화하는 작업은 .env에서 SCOUT_QUEUE에 설정한 대로 큐에서 작업한다. 기본 작업 대기열인 default 큐에서 실행되므로 아래의 명령어를 적었음에도 인덱스가 등록이 안 된 경우 큐 대기열을 확인하자.

```
vagrant@homestead:~/code$ php artisan scout:import "App\Models\Post"
Imported [App\Models\Post] models up to ID: 37
All [App\Models\Post] records have been imported.
```

이와 반대로 등록된 레코드를 제거하려면 php artisan scout:flush를 사용할 수 있다.

```
vagrant@homestead:~/code$ php artisan scout:flush "App\Models\Post"
```

App\Models\Post를 인덱스로 등록했을 때 인덱스의 이름은 posts이다. 즉, 기본 컨벤션으로는 엘로퀀트 모델이 데이터베이스 테이블의 이름을 암묵적으로 처리할 때 지정하는 방식과 똑같다. Homestead.test:7700/indexes에서 확인해보면 다음과 같이 인덱스의 이름이 출력된다.

```
[{"uid":"posts","name":"posts","createdAt":"2022-06-29T08:02:05.878433523Z","updatedAt":"2022-06-29T08:02:05.981488557Z","primaryKey":"id"}]
```

매번 scout:import를 써서 검색엔진에 인덱스를 추가하는 일은 굉장히 비효율적이다. 그래서 엘로퀀트 ORM을 사용하여 데이터베이스 레코드에 영향을 끼치는 경우 인덱스에도 자동으로 반영하도록 처리하는 것이 가능하고, 이러한 동기화 작업은 큐 대기열에 추가된다. 이제는 인덱스를 추가, 갱신, 삭제하는 일을 할 수 있다. 새로 추가하려는 인덱스가 이미 존재하는 경우, 갱신 작업을 하기도 한다.

```
// Insert
$posts->searchable(); //, or Update

Post::create(
    $request->only(['title', 'content'])
);

Post::where('blog_id', '1')->searchable(); //, or Update

$post->save(); //, or Update
$post->comments()->searchable(); //, or Update

// Delete
$posts->unsearchable();

Post::where('blog_id', '1')->unsearchable();
$post->delete();
$post->comments()->unsearchable();
```

Meilisearch 검색엔진이 인덱스를 다루는 내용에 대한 이야기는 범위를 벗어나기 때문에 생략하겠지만 인덱스에 대한 내용이 궁금하다면 검색엔진의 공식문서(https://docs.meilisearch.com/learn/core_concepts/indexes.html)에서 살펴볼 수 있다.

때로는 엘로퀀트 ORM에 따라 즉각적으로 인덱스에 반영하지 않고 조건을 추가하고 싶을 때가 있다. 특히 인덱스를 추가, 갱신할 때는 그 조건을 지정해줄 수 있는데, 바로 Searchable::shouldBeSearchable()을 재정의하는 것이다.

```
class Post extends Model
{
    use Searchable;

    public function shouldBeSearchable()
    {
        return true;
    }
}
```

이제 검색을 해보자. 검색하는 것은 정말 단순하게도 Searchable::search()만 호출해주면 그만이다. 기본적인 검색부터 Builder::where(), Builder::whereIn()도 사용할 수 있지만 RDBMS 데이터베이스를 대상으로 하는 것이 아니므로 제한적이다. 페이지네이션과 소프트 삭제에 대한 것도 처리할 수 있다.

```
Post::search('Hello, world')->get();

// where, whereIn
Post::search('Hello, world')->where('id', 1)->get();
Post::search('Hello, world')->whereIn(
    'category_id', [1, 2]
)->get();

// Pagination
Post::search('Hello, world')->paginate();
Post::search('Hello, world')->simplePaginate();

// Soft Deletes
Post::search('Hello, world')->withTrashed();
Post::search('Hello, world')->onlyTrashed();
```

6.8.3 /search 라우트 작성하기

이제 라라벨 스카우트를 사용해서 검색을 구현해보자. 이는 아주 간단하다. 검색을 위한 뷰는 search.blade.php이다. 그전에 검색을 위한 컨트롤러인 SearchController를 만들어보자.

```
$ php artisan make:controller SearchController --invokable
```

SearchController::__invoke()를 살펴보면 우선 간단하게 $request->input('query')으로 검색어를 얻어 오고, 그다음에 검색을 위해 Post::search()를 사용했다. 이후에는 Builder::paginate()로 페이지네이션을 처리했다.

```
$ php artisan make:request SearchRequest
```

```php
// app/Http/Requests/SearchRequest.php
class SearchRequest extends FormRequest
{
    public function rules()
    {
        return [
            'query' => 'required'
        ];
    }
}

// app/Http/Controllers/SearchController.php
use App\Http\Requests\SearchRequest;
use App\Models\Post;

class SearchController extends Controller
{
    public function __invoke(SearchRequest $request)
    {
        $query = $request->input('query');
```

```
        return view('search', [
            'posts' => Post::search($query)->get(),
            'query' => $query,
        ]);
    }
}

// routes/web.php
Route::get('/search', \App\Http\Controllers\SearchController::class)
    ->name('search');
```

뷰에서는 단순하게 검색으로 파악된 글 결과와 페이지네이션을 작성하면 끝이다. 여기서 사용한 @forelse는 대상 컬렉션이 있으면 실행하고 없다면 @empty로 처리한다. 따라서 "java"에 대한 검색 결과가 없다면 "java"에 해당하는 검색 결과가 없습니다.'가 출력된다.

```
$ touch resources/views/search.blade.php
```

```
@extends('layouts.app')

@section('title', "\"{$query}\" 에 해당하는 검색결과")

@section('content')
    <ul>
        @forelse ($posts as $post)
            <li>
                <a href="{{ route('posts.show', $post) }}">{{ $post->title }}</a>
            </li>
        @empty
            {{ "\"{$query}\" 에 해당하는 검색결과가 없습니다" }}
        @endforelse
    </ul>
@endsection
```

layouts/app.blade.php에 검색을 위한 필드를 간단하게 추가해보자면 다음과 같다.

```
<form action="{{ route('search') }}" method="GET">
    <input type="search" name="query" placeholder="search...">

    <button type="submit">검색</button>
</form>
```

검색을 위한 페이지네이션에서는 별도의 메서드를 체이닝하지 않았음에도 페이저에 'query' 쿼리 파라매터가 알아서 붙는 것을 볼 수 있다.

http://homestead.test/search?**query=Eaque**&page=2

검색에서 페이지네이션 또한 일반적인 엘로퀀트 컬렉션에서처럼 Illuminate₩Pagination₩LengthAwarePaginator를 반환하는데, 'query' 파라매터가 자동으로 붙는 이유는 Builder::paginate()에서 찾을 수 있다.

```
namespace Laravel\Scout;

use Illuminate\Pagination\LengthAwarePaginator;

class Builder
{
    public function paginate($perPage = null, $pageName = 'page', $page = null)
    {
        return Container::getInstance()->makeWith(LengthAwarePaginator::class, [
            ...
        ])->appends('query', $this->query);
    }
}
```

서비스 컨테이너에서 LengthAwarePaginator를 생성하고, AbstractPaginator::appends()를 호출하여 쿼리 파라미터를 추가하는 모습을 볼 수 있는데, 일반적으로 페이지네이션을 할 때도 똑같이 할 수 있으며 paginate()->withQueryString()을 사용하면 모든 쿼리 파라미터를 페이저(Pager)에 적용할 수 있다.

6.8.4 테스트

검색에 대한 테스트는 포스트를 하나 생성하고 해당 포스트의 제목을 검색했을 때 결과에 잘 나오는지 검증하자. 텍스트를 검증하려면 assertViewHas()를 사용하거나 또는 assertSee(), assertSeeText()와 같은 메서드를 사용할 수 있다. 둘의 차이는 assertViewHas()는 사용자에게 보여줄 뷰가 해당 특정 데이터를 가지고 있는지 체크하는 것이고, assertSee()는 실제로 사용자가 보게 될 응답 텍스트에서 체크하는 것이다.

assertViewHas()에서 뷰에 포함되어있는 변수가 어떠한 값을 가지고 있는지 처리할 수 있는데, 첫 번째 파라미터로 변수의 이름을, 두 번째 파라미터로 그 값이나 클로저를 넘겨줄 수 있다. 또한 클로저를 넘겨줄 때 그 파라미터로는 변수에 설정된 값이 넘어온다.

```
$ php artisan make:test Http\\Controllers\\SearchControllerTest
```

```
use App\Models\Blog;
use App\Models\Post;
use App\Models\User;
use Illuminate\Database\Eloquent\Collection;
use Illuminate\Foundation\Testing\RefreshDatabase;
use Illuminate\Foundation\Testing\WithFaker;
use Tests\TestCase;

class SearchControllerTest extends TestCase
{
    use RefreshDatabase, WithFaker;
```

```php
    public function testReturnsSearchViewWithSearchQueryInQueryString()
    {
        $user = User::factory()->create();
        $post = Post::factory()->create();

        $query = $post->title;

        $this->actingAs($user)
            ->get(route('search', [
                'query' => $query,
            ]))
            ->assertOk()
            ->assertViewIs('search')
            ->assertViewHas('posts', fn (Collection $posts) => $posts->contains($post))
            ->assertViewHas('query', $query);
    }
}
```

```
vagrant@homestead:~/code$ artx
Http/Controllers/SearchController ... 100%
```

6.9 로케일

이미 다국어 및 로케일에 대한 이야기는 앞에서 이야기한 바 있지만, 우리가 사용하는 서비스를 살펴보면 대부분은 사용자가 선호하는 로케일이 자동으로 탐지되어 언어가 바뀌는 것을 볼 수 있다. 따라서 마지막으로 구현해 볼 기능은 바로 사용자가 선호하는 언어로 바꾸거나, 또는 수동으로 로케일을 변경하는 기능을 제공하는 것이다. 이 기능은 미들웨어를 사용해서 구현하면 적합하다.

```
$ php artisan make:middleware Locale
```

브라우저에는 기본적으로 사용자가 선호하는 로케일이 지정되어 있다. 대부분은 설정의 언어 쪽에서 변경할 수 있다. 헤더에는 Accept-Language에 설정된다. 서버에서는 이 설정에 따라 사용자가 선호하는 언어를 알 수 있다. 또한 추가적으로 lang 쿼리 파라매터를 사용하여 사용자가 수동으로 로케일을 변경할 수 있도록 해보자. 라라벨에서는 로우 레벨 헤더에 접근하지 않고, $request->getPreferredLanguage()로 알 수 있으며 매개변수로 허용할 로케일을 전달할 수 있다.

```php
// app/Middlewares/Locale.php
class Locale
{
    private array $locales = ['ko', 'en'];

    private function locale(Request $request)
    {
        $locale = $request->getPreferredLanguage($this->locales);

        if ($request->has('lang') && $lang = $request->lang) {
            if (in_array($lang, $this->locales)) {
                $locale = $lang;
            }
        }

        return $locale;
    }
}

// app/Kernel.php
class Kernel extends HttpKernel
{
    protected $middlewareGroups = [
        'web' => [
```

```
            \App\Http\Middleware\Locale::class,
        ],
    ];
}
```

Locale::handle()에서는 로케일을 적용하는 일만 하면 끝인데, 이러한 로케일은 세션에 저장하여 처리하는 것이 좋다. 세션에 로케일과 관련하여 정의되어 있지 않으면 이를 설정하고, app()->setLocale()을 사용하여 세션에 설정된 로케일로 지정한다. 이렇게 하지 않으면 다른 요청에 대해 로케일이 적용되지 않고 디폴트 로케일이 적용될 것이다.

```
class Locale
{
    private string $key = 'locale';

    public function handle(Request $request, Closure $next)
    {
        $locale = $this->locale($request);

        if ($request->session()->missing($this->key)) {
            $request->session()->put($this->key, $locale);

        }

        app()->setLocale($request->session()->get($this->key));

        return $next($request);
    }
}
```

6.9.1 미들웨어 테스트

Locale 미들웨어를 테스트해 보자. 해야 할 주요 사항은 두 가지다. Accept-Language로 선호하는 언어를 변경했을 때, 그리고 lang 쿼리 파라매터로 처리했을 때도 로케일이 판단하는 것이다.

```
$ php artisan make:test Http\\Middleware\\LocaleTest
```

LocaleTest::testLocale()에서는 Accept-Language를 변경하여 로케일이 실제로 변경되었는지 검증한다. 기본 방식은 RequirePassword 미들웨어를 테스트했을 때와 비슷하다. 단지 로케일을 확인하는 것이 추가되었을 뿐이다. 현재 기본값으로 설정된 로케일인 ko에서 en으로 변경되었는지 검증해보자.

```php
use App\Http\Middleware\Locale;
use Illuminate\Contracts\Session\Session;
use Illuminate\Http\Request;
use Tests\TestCase;

class LocaleTest extends TestCase
{
    use RefreshDatabase;

    public function testLocaleChangeWithAcceptLanguageHeader()
    {
        $this->assertTrue(app()->isLocale('ko'));

        $localeMiddleware = app(Locale::class);

        $request = app(Request::class);
        $request->setLaravelSession(app(Session::class));
        $request->header('Accept-Language', 'en');

        $localeMiddleware->handle($request, function () {
            $this->assertTrue(app()->isLocale('en'));
```

```
            return response()->noContent();
        });
    }
}
```

LocaleTest::testLocaleByQuery()에서는 헤더가 아닌 lang 쿼리 파라매터에 로케일을 설정하여 변경되었는지 검증해보자.

```
class LocaleTest extends TestCase
{
    public function testLocaleChangeWithLangQueryString(): void
    {
        $this->assertTrue(app()->isLocale('ko'));

        $localeMiddleware = app(Locale::class);

        $request = app(Request::class);
        $request->setLaravelSession(app(Session::class));

        $request->merge([
            'lang' => 'en',
        ]);

        $localeMiddleware->handle($request, function () {
            $this->assertTrue(app()->isLocale('en'));

            return response()->noContent();
        });
    }
}
```

```
vagrant@homestead:~/code$ artx
Http/Middleware/Locale   ... 100.0 %
```

CHAPTER 07

RESTful API

7.1 RESTful API란 무엇인가?
7.2 라라벨 생텀
7.3 HTTP 클라이언트
7.4 API
7.5 모델 직렬화
7.6 API 리소스
7.7 캐시
7.8 레이트 리미터
7.9 클라이언트에서 요청하기
7.10 JWT(Json Web Token) 인증

시작하면서...

라라벨에서 API를 작성하는 방법에 대해 간략하게 알아보자. 이미 리소스 컨트롤러에서도 짐작했겠지만, 라라벨은 리소스 컨트롤러가 존재하기 때문에 REST API를 작성할 때 큰 고민 없이 구현할 수 있다. REST API는 이 시대의 인터넷 서비스에서 가장 많이 사용되는 API 디자인 스타일이다. REST API는 명확하게 정해진 표준이 아니라 스타일이기 때문에 서비스마다 약간의 차이점이 있을 수 있다.

이번 챕터에서는 RESTful API란 도대체 무엇인지에 대해 알아보고, 경량급 API 토큰 인증을 위한 라라벨 생텀(Laravel Sancutum)을 사용해본다. 라라벨 생텀은 깃허브의 Personal Access Token에 영감을 얻어 작성된 단순하고 가벼운 API 토큰 인증을 구현한다. 따라서 토큰 인증을 위해 복잡한 OAuth2를 사용할 필요가 없다. 라라벨 생텀을 익힌 이후에는 커뮤니티의 핵심인 글을 대상으로 API를 작성해본다. 또한 API를 작성하면서 라라벨에서 제공하는 기능인 모델 직렬화와 API 리소스 또는 컬렉션을 적용하는 방법, 마지막으로는 서버를 마비시키기 위한 의도적인 대량의 요청을 방지할 수 있는 레이트 리미터에 대해 알아보자.

7.1 RESTful API란 무엇인가?

RESTful에 대해 알아보기 전에 REST(Representational State Transfer) API에 대해 알아보자. REST API는 SPA(Single Page Application) 또는 기타 클라이언트에서 데이터를 요청하고 처리 및 가공할 수 있도록 서버에 리소스를 요청하는 방법 중 하나이며, 클라이언트는 REST API가 구현된 서버에 요청하면 JSON(Javascript Object Notation)으로 처리하는 것이 일반적이다. 기존에는 XML도 사용하였지만 이제는 JSON으로만 반환하는 경우가 많아서 라라벨에서도 JSON을 반환하는 것을 주력으로 하고 있다.

클라이언트의 요청에 따른 응답으로 JSON이라는 포맷을 빌려서 리소스를 묘사

(Representational)하여 현재의 상태(State)를 클라이언트에 전달(Transfer)한다. 여기서 상태라 함은 현재 리소스의 현황이라고 보는 것이 이해하기 쉽다. 이를테면 GET /blogs는 현재 등록된 블로그들을 얻어 올 수 있는 것이다.

단순하게 리소스 자원의 상태를 클라이언트에게 JSON으로 던지는 게 REST API의 전부일까? 그렇지 않다. 한 단계 더 나아가, REST'ful' API는 무엇일까? REST API는 표준이 아닌 API 아키텍처 스타일이라고 이야기한 바 있다. 따라서 꼭 지켜야 하는 의무는 아니지만 통상적으로 권장되는 스타일 가이드는 존재한다. 이러한 스타일 가이드를 잘 지켜서 'ful' 하게 만드는 것이 RESTful API이다. 'ful'이 되려면 어떠한 것들을 지키면 좋은지 알아볼 필요가 있다.

7.1.1 URI

RESTful API에는 권장되는 몇 가지 URI 규칙이 존재한다. 이는 서비스마다 다를 수 있지만, URI는 해당 API가 RESTful한지 평가하는 가장 기본이 되는 요소다. 라라벨의 리소스 컨트롤러 및 중첩 리소스 컨트롤러는 이것을 충분히 잘 지키고 있기 때문에 굳이 살펴보지 않아도 되지만, 다시 한번 살펴보자.

Rule	Bad	Good
마지막이 /로 끝나서는 안 된다.	http://homestead.test/api/users/	http://homestead.test/api/users
_ 대신 -를 사용한다.	http://homestead.test/api/tags/rest_api	http://homestead.test/api/tags/rest-api
소문자로 구성한다.	http://homestead.test/api/tags/REST-API	http://homestead.test/api/tags/rest-api
동사(Verb)는 포함하지 않는다.	http://homestead.test/api/delete-users/1 http://homestead.test/api/delete/users/1	http://homestead.test/api/users/1
파일 확장자 표시하지 않는다.	http://homestead.test/api/users/1/profile.png	http://homestead.test/api/users/1/profile Accept: image/png

[표 7-1] URI 규칙

중첩 리소스 컨트롤러에서 살펴보았던 것처럼 중첩된 리소스를 포함할 때는 GET /blogs/

hello-world/posts/1과 같이 표현할 수 있고, blogs와 같이 복수형으로 쓰인 부분은 컬렉션(Collection) posts/{post}와 같이 표현하며 URL 파라매터로 쓰이는 부분은 도큐먼트(Document)라는 용어를 사용한다.

7.1.2 HTTP 메서드

HTTP 메서드를 REST API 스타일 가이드에 따라 사용하는 것은 URI 규칙과 마찬가지로 가장 중요시되는 규칙 중 하나라고 볼 수 있다. 대표적으로 자원을 요청하는 GET, 생성하는 POST, 수정하는 PUT/PATCH, 삭제하는 DELETE가 있다. 이를 /posts, /posts/1로 표현하면 다음과 같이 나타내는 것이 가능하다.

	GET	POST	PUT	DELETE
/posts	모든 글 얻기	새로운 글 생성하기	405 Method Allowed	모든 포스트 삭제하기
/posts/1	글 얻기 (id: 1)	405 Method Not Allowed	글 수정 (id: 1)	글 삭제 (id: 1)

[표 7-2] HTTP 메서드

7.1.3 HTTP 헤더

헤더 설정은 필수는 아니지만 자주 사용되는 몇 가지 헤더는 존재한다. Content-Location: /posts/1과 같이 리소스의 위치를 표현하는 Content-Locaion, application/json과 같이 자원 표현 포맷을 의미하는 Content-Type, 그리고 너무 잦은 리소스 요청으로 429 Too Many Requests와 함께 첨부하는 Retry-After가 있다.

7.1.4 HTTP 상태코드

HTTP 메서드뿐만 아니라 상황에 맞는 HTTP 상태코드를 제공하는 것도 무엇보다 중요하다.

RESTful하지 않은 API의 경우 상태코드는 200을 던지는데 정작 JSON에 포함된 status에는 다른 코드를 표현하는 경우가 있다. 이러한 구현은 좋지 않기 때문에 바람직한 HTTP 상태코드를 표현하는 일은 중요하다.

200번대 상태코드는 대체로 요청에 대한 성공, 400번대는 서버 에러를 제외한 에러, 500번대는 명백한 서버 에러를 의미한다. 특히 500 에러의 경우 서버에서 발생하는 치명적인 문제일 가능성이 크기 때문에 에러가 발생하더라도 그 내역이 클라이언트에 표현되는 일이 없어야 한다.

Status Code	Description
200 OK	요청이 올바르게 수행되었음 (GET, PUT)
201 Created	서버가 새로운 리소스를 생성함 (POST)
204 No Content	응답할 데이터가 없음 (HTTP Body가 없음) (DELETE, PUT)

[표 7-3] 200번대 HTTP 상태코드

Status Code	Description
400 Bad Request	요청이 잘못되었음. (에러 사유를 표기) 400 Bad Reqeust {"message": "Parameter is not valid"} 400 Bad Request {"code": -765, "more_info": https://homestead.test/api/errors/-765"}
401 Unauthorized	인증이 진행되지 않았음. (로그인이 되지 않은 경우).
403 Forbidden	권한이 인가되지 않았음. 로그인이 되었으나 해당 자원 처리에 대한 권한이 없음.
404 Not Found	자원을 찾을 수 없음.
405 Mehod Not Allowed	자원에 대한 특정 메서드를 지원하지 않음.
409 Conflict	비지니스 로직상 요청을 처리하지 못한 경우.
429 Too Many Requests	요청을 너무 많이 한 경우

[표 7-4] 400번대 HTTP 상태코드

7.1.5 HATEOAS

HATEOAS(Hypermedia as the Engine of Application State)는 언뜻 들어서는 무슨 말인지 이

해할 수 없지만, 간단히 이야기하자면 응답을 던질 때 프론트엔드에서 해당 자원과 관련된 정보도 알 수 있도록 각종 하이퍼미디어, 즉, Links를 첨부하자는 이야기다. 간단하게 표현해보면 다음과 같이 할 수 있다. 여기에서 rel에는 리소스와의 관계, href는 그에 해당하는 링크, 그밖에 method, more_info, body와 같이 링크와 관련된 요소들을 넣을 수 있다.

```
201 Created
{
    "id": 1,
    "title": "Hello, world",
    "content": "Hello, world",
    "created_at": "2021-08-14 12:00:00",
    "links": [
        {
            "rel": "self",
            "href": http://api.homestead.com/posts/1,
            "method": "GET"
        }
    ]
}
```

7.1.6 버저닝

마지막으로 API 버저닝을 알아보면, URL, Accept, Accept-version을 사용하는 버저닝 방법이 있다. 가장 흔하게 쓰이는 버저닝 방식은 URL이며 다른 개발자가 알아보기에도 쉽다.

Type	Format
URL	http://api.homestead.test/v1
Accept	Accept: application/vnd.homestead.v1+json Accept: application/vnd.homestead+json;version=1.0
Accept-Version	Accept-Version: v1

[표 7-5] 버저닝

버저닝 같은 경우에는 일반적으로 웹 어플리케이션과는 별개로 API 프로젝트로 분리하여 깃 브랜치로 관리하는 것이 더 나은 방법이기는 하지만, 우리는 현재 작성한 프로젝트의 routes/api.php에 작성할 예정이다.

7.2 라라벨 생텀

RESTful API는 무상태(Stateless)를 기본으로 간주한다. 상태가 없다는 뜻은 서버에 사용자 상태를 유지하기 위한 세션과 데이터가 없다는 뜻이고, 클라이언트에서는 세션 쿠키가 아니라 API 토큰을 가지고 있다는 뜻이다. API 토큰을 사용하면 세션과 쿠키를 기반으로 관리되는 것이 아니므로 클라이언트가 꼭 웹 브라우저가 아니더라도 사용자의 인증을 처리할 수 있다. 토큰을 사용하면 토큰의 관리에 대한 책임은 클라이언트에게 넘어가게 되고, 토큰이 유실되면 보안 사고가 일어날 수 있는 가능성이 있으나, 권한을 분명하게 설정하면 피해를 어느 정도 줄일 수 있다.

라라벨 생텀은 가벼운 API 토큰 기반 인증을 제공하여, 사용자가 스스로 API 토큰을 만들고 관리할 수 있도록 처리할 수 있다. 그밖에 자사 SPA 인증 및 모바일 어플리케이션 인증도 지원하고 있지만, 지금은 API 토큰 인증으로만 사용해볼 예정이다. 특히 자사 SPA 인증의 경우에는 이전처럼 세션을 기반으로 동작하기 때문에 지금은 필요하지 않다.

RESTful API를 사용하기 위한 인증 시스템으로 규모 있는 플랫폼에서는 Laravel Passport와 같은 패키지를 통해 OAuth2 인증을 사용하는 경우가 많지만, 일반적인 서비스에서는 OAuth2를 제공할 정도의 인증을 제공할 필요는 없다. OAuth2가 반드시 필요한 경우가 아니라면 일반적인 토큰만으로도 충분하다.

7.2.1 설치

라라벨 생텀은 Laravel 10.x 프로젝트라면 기본적으로 설치가 포함되어 있어서 별도로 설치할 필요는 없다. 설치되어 있지 않다면 composer를 통해 설치해보자.

```
$ composer require laravel/sanctum
```

또한 설정도 config/sanctum으로 이미 포함되어 있는데, 그렇지 않다면 퍼블리싱해야 한다.

```
$ php artisan vendor:publish --provider="Laravel\Sanctum\SanctumServiceProvider"
```

라라벨 생텀의 마이그레이션은 프로젝트 생성 시 이미 포함되어 있던 personal_access_tokens 테이블이므로 이미 데이터베이스에 마이그레이션이 되어 있을 것이다. 마이그레이션에는 토큰 발급이 가능한 대상에 대한 다형성 관계를 의미하는 tokenable 및 token, 그리고 권한인 abilities가 포함된다.

```
return new class extends Migration
{
    public function up()
    {
        Schema::create('personal_access_tokens', function (Blueprint $table) {
            $table->id();
            $table->morphs('tokenable');
            $table->string('name');
            $table->string('token', 64)->unique();
            $table->text('abilities')->nullable();
            $table->timestamp('last_used_at')->nullable();
            $table->timestamp('expires_at')->nullable();
            $table->timestamps();
        });
    }
}
```

```
public function down()
{
    Schema::dropIfExists('personal_access_tokens');
}
};
```

7.2.2 API 토큰 사용하기

마이그레이션의 tokenable에서 볼 수 있듯이 토큰을 생성하고 관리할 수 있는 주체는 다양한 모델이 될 수 있다. 그중에 기본값으로 설정되어 있는 모델은 User 모델이고, Laravel₩Sanctum₩HasApiTokens 트레이트를 이미 포함하고 있다.

```
class User extends Authenticatable
{
    use HasApiTokens;
}
```

HasApiTokens 트레이트는 토큰에 접근할 수 있는 다형성 관계인 HasApiTokens::tokens()를 포함하고 있으며 권한을 검사할 수 있는 tokenCan()이나, 토큰을 생성할 수 있는 createToken()과 같은 API 토큰을 관리하기 위한 주요 메서드들을 가지고 있고 토큰을 제거하는 일도 이를 통해 할 수 있다.

토큰을 생성 및 삭제하기 위한 라우트 및 이를 관리하기 위한 대시보드를 만들어보기로 하자. TokenController를 생성하되 리소스 컨트롤러로 생성한다. 토큰은 별도의 모델을 생성하지는 않지만 하나의 리소스로 취급할 수 있다. tokens.create에서 토큰을 생성할 수 있으며 그밖에 생성과 삭제를 할 수 있도록 처리해보자.

```
$ php artisan make:controller Auth\\TokenController -r
```

```
// routes/auth.php
Route::resource('tokens', \App\Http\Controllers\Auth\
TokenController::class)
    ->only(['create', 'store', 'destroy']);
```

로직을 작성하기 전에 토큰이 가질 수 있는 권한을 나열하고 있는 Enum을 하나 생성해주면 좋다. 토큰은 권한을 가질 수 있고, 그 권한은 블로그를 만들거나, 글을 쓰거나, 댓글을 쓸 수 있는 권한이다. 이 프로젝트에서는 글에 대한 CRUD API만 구현할 것이기 때문에 글에 대한 권한 이외에는 필요하지 않다.

touch app/Enums/Ability.php

```
namespace App\Enums;

enum Ability: string
{
    case POST_CREATE = 'post:create';
    case POST_READ   = 'post:read';
    case POST_UPDATE = 'post:update';
    case POST_DELETE = 'post:delete';
}
```

TokenController::create()에서는 토큰을 생성하기 위한 뷰를 반환하되, Ability::cases()를 사용해서 권한 목록도 함께 넘겨주어야 한다. 그래야 사용자가 토큰을 생성할 때 필요한 권한만 체크해서 토큰을 생성할 수 있다.

```
use App\Enums\Ability;

class TokenController extends Controller
{
    public function create()
    {
```

```
        return view('tokens.create', [
            'abilities' => Ability::cases()
        ]);
    }
}
```

```
$ mkdir resources/views/tokens
$ touch resources/views/tokens/create.blade.php
```

tokens.create 뷰를 살펴보면 토큰의 이름을 사용자로부터 받고, Ability에 있는 권한 목록을 출력하는 것을 볼 수 있다. 사용자가 토큰에 지정할 권한을 체크하고 넘기면 해당 권한을 가진 토큰을 생성한다.

```
@extends('layouts.app')

@section('title', '새로운 토큰 만들기')

@section('content')
    <form action="{{ route('tokens.store') }}" method="POST">
        @csrf

        <input type="text" name="name">

        @foreach ($abilities as $ability)
            <label for="{{ $ability->name }}">{{ $ability->value }}</label>
            <input type="checkbox" name="abilities[]" id="{{ $ability->name }}" value="{{ $ability->value }}">
        @endforeach

        <button type="submit">토큰 만들기</button>
    </form>
@endsection
```

TokenController::store()에서는 토큰의 이름과 권한을 받아서 토큰을 생성해주면 되는데,

HasApiToken::createToken()으로 생성할 수 있다. 또한 생성된 토큰은 무결성 유지를 위해 해싱되어 데이터베이스에 저장되기 때문에 평문 토큰은 사용자에게 딱 한 번만 보여주고 그다음부터는 노출되어서는 안 된다. $token->plainTextToken을 사용하면 평문 토큰값을 얻어 올 수 있다. 이러한 방식의 토큰 발급 형태는 깃허브 로그인을 만들 때 토큰을 생성하면서 잠깐 살펴본 바 있다.

```
$ php artisan make:request StoreTokenRequest
```

그밖에도 유효성 검사에서 Enum에 해당하는 값이 포함되어 있는지도 검사할 수 있는데, Illuminate\Validation\Rules\Enum을 사용하여 처리할 수 있다.

```php
// app/Http/Requests/StoreTokenRequest.php
use App\Enums\Ability;
use Illuminate\Validation\Rules\Enum;

class StoreTokenRequest extends FormRequest
{
    public function rules()
    {
        return [
            'name' => 'required|string',
            'abilities.*' => [new Enum(Ability::class)]
        ];
    }
}

// app/Http/Controllers/Auth/TokenController.php
use App\Http\Requests\StoreTokenRequest;

class TokenController extends Controller
{
    public function store(StoreTokenRequest $request)
    {
        $user = $request->user();
```

```
            $token = $user->createToken($request->name, $request->abilities);

            return back()
                ->with('status', $token->plainTextToken);
        }
    }
```

마지막으로 토큰을 삭제하면 되는데, 토큰을 제거하는 일은 쉽게 할 수 있으며 두 가지 방법이 있다. $user->tokens를 사용하면 현재 사용자가 가지고 있는 토큰 목록을 얻을 수 있는데, 단순한 관계 메서드이므로 $user->tokens()->find()->delete()로 처리할 수도 있고, 두 번째는 바인딩을 사용하는 방법으로 생텀의 토큰은 Laravel\Sanctum\PersonalAccessToken이라서 이걸로 처리할 수도 있다.

```
use Laravel\Sanctum\PersonalAccessToken;

class TokenController extends Controller
{
    public function destroy(Request $request, PersonalAccessToken $token)
    {
        $user = $request->user();

        $user->tokens()->where('id', $token->id)->delete();

        return back();
    }
}
```

7.2.3 대시보드

대시보드에서 할 일은 생성한 토큰 목록, 권한을 삭제할 수 있도록 처리하는 것이다. 그밖에 주요한 내용은 크게 없다.

```
$ php artisan make:controller Dashboard\\TokenController --invokable
```

```php
// routes/dashboard.php
Route::get('/tokens', \App\Http\Controllers\Dashboard\
TokenController::class)->name('dashboard.tokens');

// app/Http/Dashboard/TokenController.php
class TokenController extends Controller
{
    public function __invoke(Request $request)
    {
        $user = $request->user();

        return view('dashboard.tokens', [
            'tokens' => $user->tokens
        ]);
    }
}
```

```
$ touch resources/views/dashboard/tokens.blade.php
```

```blade
@extends('layouts.app')

@section('title', '토큰')

@section('content')
    @include('dashboard.menu')

    <a href="{{ route('tokens.create') }}">새로운 토큰 만들기</a>

    <ul>
        @foreach($tokens as $token)
            <li>
                <strong>{{ $token->name }}</strong>
```

```
                @foreach($token->abilities as $ability)
                    <span>{{ $ability }}</span>
                @endforeach

                <form action="{{ route('tokens.destroy', $token) }}"
method="POST">
                    @csrf
                    @method('DELETE')

                    <button type="submit">토큰 삭제</button>
                </form>
            </li>
        @endforeach
    </ul>
@endsection
```

7.2.4 테스트

테스트에서 해야 하는 일은 토큰을 생성하고 수정이 잘 되는지 점검하는 것이다. 토큰이 생성되었다면 데이터베이스에 있는지 체크하고, 삭제할 때는 토큰이 제거되었는지 체크하면 된다. 토큰을 위한 별도의 테스트 메서드는 없으며 기존의 테스트처럼 동일하게 진행하면 된다. 토큰 생성 과정에서 권한을 부여할 때 $this->faker->randomElements()로 무작위 권한을 지정해준 것을 주목하자.

```
$ php artisan make:test Http\\Controllers\\Auth\\TokenControllerTest
```

```
use App\Enums\Ability;
use App\Models\User;
use Illuminate\Foundation\Testing\RefreshDatabase;
use Illuminate\Foundation\Testing\WithFaker;
use Tests\TestCase;
```

```php
class TokenControllerTest extends TestCase
{
    use RefreshDatabase, WithFaker;

    public function testReturnsCreateViewForToken()
    {
        $user = User::factory()->create();

        $this->actingAs($user)
            ->get(route('tokens.create'))
            ->assertOk()
            ->assertViewIs('tokens.create');
    }

    public function testCreateToken()
    {
        $user = User::factory()->create();

        $abilities = $this->faker->randomElements(
            collect(Ability::cases())->pluck('value')->toArray()
        );

        $name = $this->faker->word();

        $this->actingAs($user)
            ->post(route('tokens.store'), [
                'name' => $name,
                'abilities' => $abilities,
            ])
            ->assertRedirect();

        $this->assertDatabaseHas('personal_access_tokens', [
            'name' => $name,
            'abilities' => json_encode($abilities),
        ]);
    }
```

```php
    public function testDeleteToken()
    {
        $user = User::factory()->create();

        $name = $this->faker->word();
        $user->createToken($name);

        $token = $user->tokens()->first();

        $this->actingAs($user)
            ->delete(route('tokens.destroy', $token))
            ->assertRedirect();

        $this->assertDatabaseMissing('personal_access_tokens', [
            'name' => $name,
        ]);
    }
}
```

```
$ vagrant@homestead:~/code$ artx
Http/Controllers/Auth/TokenController ... 100 %
```

7.2.5 대시보드 테스트

대시보드 테스트에서는 dashboard.tokens 뷰가 제대로 반환되는지 검증하면 끝이다.

```
$ php artisan make:test Http\\Controllers\\Dashboard\\TokenControllerTest
```

```php
use App\Models\User;
use App\Http\Middleware\RequirePassword;

class TokenControllerTest extends TestCase
```

```
{
    use RefreshDatabase, WithFaker;

    public function testReturnsTokensDashboardViewForListOfToken()
    {
        $user = User::factory()->create();

        $this->actingAs($user)
            ->withoutMiddleware(RequirePassword::class)
            ->get(route('dashboard.tokens'))
            ->assertViewIs('dashboard.tokens');
    }
}
```

```
$ vagrant@homestead:~/code$ artx
Http/Controllers/Dashboard/TokenController ... 100 %
```

7.3 HTTP 클라이언트

API를 작성하기 전에 라라벨에서 제공하는 HTTP 클라이언트를 사용하여 간단하게 다른 서버에 HTTP 요청을 보내는 방법을 알아보자.

7.3.1 HTTP 파사드

라라벨의 HTTP 클라이언트는 Guzzlehttp/guzzle의 래핑이므로 Guzzle HTTP(https://docs.guzzlephp.org/en/stable)를 사용해본 경험이 있다면 내부 메서드도 사용할 수 있으나 라라벨에서 자체적으로 제공하는 메서드만 사용해도 충분히 HTTP 클라이언트로서의 역할은 분명히 할 수 있다. 그 전에 Guzzle HTTP를 설치하자. 이미 설치가 되어있을 수도 있으니 composer.json을 확인하고 하자.

```
$ composer require guzzlehttp/guzzle
```

우리가 추후 작성할 API의 기본 경로는 http://homestead.test/api가 Base URL이다. 요청을 보낼 때 이러한 베이스 경로를 계속 작성해주는 일은 번거롭고, 게다가 토큰까지 필요로 한다. 이를테면 글 하나를 보기 위해 다음과 같이 요청을 보낼 수 있다.

```
use Illuminate\Support\Facades\Http;

$response = Http::withToken($token)
    ->withHeaders([
        'Content-Type' => 'application/json',
        'Accept' => 'application/json'
    ])
    ->get('http://homestead.test/api/posts/1');
```

Http::withToken(), withHeaders()는 모든 요청에 사용할 공통적인 부분이다. WithToken()의 경우 헤더에 Authroization 토큰을 사용할 수 있도록 붙여준다. 이를 요청할 때마다 작성해주는 것은 번거로우므로 이럴 때 매크로라는 기능을 사용하면 요청마다 동일한 컨텍스트를 사용할 수 있다. 반복되는 부분을 뺄 수 있도록 하는 기능이 바로 매크로인데, HttpClientServiceProvider를 생성하고 작성해보자. Http::macro()를 사용하여 공통으로 사용할 코드를 작성할 수 있다. 토큰을 받고, Base URL을 지정한다.

```
$ php artisan make:provider HttpClientServiceProvider
```

```
// app/Providers/HttpClientServiceProvider.php
use Illuminate\Support\Facades\Http;

class HttpClientServiceProvider extends ServiceProvider
{
    public function boot()
    {
        Http::macro('api', function ($token) {
```

```
            $baseUrl = config('app.url') . '/api';

            return Http::withToken($token)
                ->withHeaders([
                    'Content-Type' => 'application/json',
                    'Accept' => 'application/json'
                ])
                ->baseUrl($baseUrl);
        });
    }
}

// config/app.php
'providers' => [
    App\Providers\HttpClientServiceProvider::class,
]
```

이렇게 작성된 매크로를 사용해보면 기존의 요청 코드는 다음처럼 직관적으로 변한다.

```
$response = Http::api($token)->get('/posts/1');
```

응답은 어떻게 사용해야 할까? 응답으로 넘어온 json()을 array로 변경하는 코드를 가장 많이 사용하며 그 이외에는 Object, Collection, Headers, HTTP Status Code 등을 얻어 오는 것이 가능하다.

```
$response->body() : string; // raw Body
$response->json($key = null) : array|mixed; // to Array
$response->object() : object; // to Object
$response->collect($key = null) : Illuminate\Support\Collection; // to Collection
$response->status() : int; // HTTP Status Code
$response->ok() : bool; // 200?
$response->successful() : bool; // 2xx?
```

```
$response->redirect(): bool; // 301, 302 ...?
$response->failed() : bool; // >= 4xx?
$response->serverError() : bool; // 5xx?
$response->clientError() : bool; // 4xx?
$response->header($header) : string; // Get a Http Header
$response->headers() : array; // Get Http Headers
```

그밖에 HTTP Client 사용법을 조금 더 나열해보면 다음과 같다. HTTP Body에 데이터를 첨부하거나 파일, 덤프, application/x-www-form-urlencoded 보내기 등 다양하게 있다.

```
$response = Http::get('http://example.com');
$response = Http::get('http://example.com/users', [
    'name' => 'Taylor',
    'page' => 1,
]);
$response = Http::post('http://example.com/users', [
    'name' => 'Steve',
    'role' => 'Network Administrator',
]);

// Raw Body
$response = Http::withBody(
    base64_encode($photo), 'image/jpeg'
)->post('http://example.com/photo');

// application/x-www-form-urlencoded
$response = Http::asForm()->post('http://example.com/users', [
    'name' => 'Sara',
    'role' => 'Privacy Consultant',
]);

// Dump
Http::dd()->get('http://example.com');
```

```
// Multipart
$response = Http::attach(
    'attachment', file_get_contents('photo.jpg'), 'photo.jpg'
)->post('http://example.com/attachments');

// with Token
$response = Http::withToken('token')->post(...);
```

7.3.2 HTTP 클라이언트 테스트

HTTP 클라이언트도 테스트할 수 있으며 이는 HTTP 요청을 진짜로 보내지 않고 응답을 페이크하는 방식으로 가능하다. 메일과 알림, 이벤트를 페이크했던 것처럼 할 수 있다. HTTP::fake()를 사용하면 가능한데, HTTP::fake()는 도메인에 따라 응답을 페이크하는 일도 가능하다. 공식문서에서 이야기하고 있는 사용법은 다음과 같으며 도메인에 따른 응답 페이크, 응답 시퀀스, 클로저로 사용하는 것이 가능하다. 각 사용법은 다르지만, 중요한 것은 응답을 속인다는 점이다. 특정 도메인에 대한 응답을 속이거나 모든 엔드포인트를 대상으로 페이크할 수도 있다.

```
Http::fake([
    // Stub a JSON response for GitHub endpoints...
    'github.com/*' => Http::response(['foo' => 'bar'], 200, $headers),

    // Stub a string response for Google endpoints...
    'google.com/*' => Http::response('Hello World', 200, $headers),
]);

Http::fake([
    // Stub a JSON response for GitHub endpoints...
    'github.com/*' => Http::response(['foo' => 'bar'], 200, ['Headers']),

    // Stub a string response for all other endpoints...
    '*' => Http::response('Hello World', 200, ['Headers']),
```

```
]);

Http::fake([
    // Stub a series of responses for GitHub endpoints...
    'github.com/*' => Http::sequence()
        ->push('Hello World', 200)
        ->push(['foo' => 'bar'], 200)
        ->pushStatus(404),
]);

Http::fakeSequence()
    ->push('Hello World', 200)
    ->whenEmpty(Http::response());

Http::fake(function (Request $request) {
    return Http::response('Hello World', 200);
});
```

이제 API를 위한 HTTP 클라이언트를 간단하게 테스트해보자. 사실 여기서는 응답을 페이크 해야 할 이유가 전혀 없다. 그냥 API 매크로를 통해 보낸 요청 컨텍스트가 토큰을 포함해서 제대로 설정되었는지만 보면 그만인 것이다. 응답을 페이크하는 일은 요청을 한 이후에 반환된 페이크 응답을 가지고 작업을 할 때 사용하면 되는데, 우리는 그 작업은 하지 않는다.

```
$ php artisan make:test Providers\\HttpClientServiceProviderTest
```

응답 페이크를 사용하지 않을 것이므로 그저 Http::fake()를 호출한 이후, HttpClientService-Provider에 정의했던 API 매크로를 테스트한다. HTTP 클라이언트이기 때문에 GET, POST와 같은 HTTP 메서드를 사용할 수 있고, Http::assertSent()를 사용하는 한편, 클로저를 통해 요청 컨텍스트를 점검할 수 있다. 헤더에 Authorization이 있는 것을 확인하여 라라벨 생텀 인증을 위한 토큰을 보내고 있는지, JSON을 보내고/받기 위한 요청을 보내고 있는지 검토한다. 사용할 수 있는 메서드는 Http::assertSent() 뿐만 아니라 assertNotSent(), assertNothingSent() 등이 있으니 필요할 때 사용하면 되겠다.

```
use Illuminate\Http\Client\Request;
use Illuminate\Support\Facades\Http;
use Tests\TestCase;

class HttpClientServiceProviderTest extends TestCase
{
    public function testApiMacro()
    {
        Http::fake();

        Http::api('')->get('/');

        Http::assertSent(function (Request $request) {
            return $request->url() === config('app.url').'/api'.'/'
                && $request->hasHeader('Authorization')
                && $request->isJson();
        });
    }
}
```

요청과 응답을 기록해서 필터링할 수는 없을까? 가능하다. 바로 레코딩(Recoding)이라는 기능을 사용하는 것이다. 하지만 이 기능은 검증(Asssertion)으로 취급되지 않는다는 점을 명심할 필요가 있다. 이 기능은 검증이 아니라 요청과 응답을 필터링하기 위해 사용된다. 다음과 같이 사용하게 되면 반환값으로 요청/응답 페어가 반환되는데, 아래의 코드는 요청경로가 / 가 아닌 요청에 대해서 기록하므로 /posts/1 만 기록되는 것이다.

```
Http::fake();

Http::api('')->get('/');
Http::api('')->get('/posts/1');

$recorded = Http::recorded(function (Request $request, Response $response) {
    return $request->url() !== config('app.url').'/api'.'/';
```

```
    });

    $recorded->each(function ($r) {
        [$request, $response] = $r;
        ...
    });
```

```
vagrant@homestead:~/code$ artx
Providers/HttpClientServiceProvider ... 100%
```

7.4 API

우리가 작성하게 될 API는 글에 대한 CRUD이다. 라라벨에서 API를 작성하는 일은 지금까지 해왔던 것들에 비해서 크게 어렵지 않은 과제라고 볼 수 있다. 또한 생성한 토큰을 기반으로 권한을 검증해서 권한이 없는 토큰은 연산을 실행할 수 없도록 만들어보자. API를 위한 리소스 컨트롤러는 기존의 리소스 컨트롤러에서 뷰에 대한 영역인 create(), edit()가 제외되어 있는 컨트롤러이다. --api를 붙여서 API 리소스 컨트롤러를 생성한다.

```
$ php artisan make:controller Api\\PostController --api --model=Post
```

라우트를 작성하기 전에 RouteServiceProvider에서 바꿔줄 사항이 있다. 우리는 기본적으로 모든 API 라우트에 라라벨 생텀을 적용한다. 라라벨 생텀은 인증 미들웨어로 auth가 아닌 auth:sanctum이 사용된다. auth:sanctum은 세션 인증과 토큰 인증을 같이 처리할 수 있도록 하는데, 세션이 없다면 Authorization 헤더에 첨부된 토큰을 검사한다. 따라서 routes/api.php에 해당하는 라우트에 auth:sanctum이 적용될 수 있도록 바꿔보자.

```
class RouteServiceProvider extends ServiceProvider
{
```

```
public function boot()
{
    $this->configureRateLimiting();

    $this->routes(function () {
        Route::middleware(['api', 'auth:sanctum'])
            ->prefix('api')
            ->name('api.')
            ->group(base_path('routes/api.php'));
    });
}
```

라우트는 routes/api.php에 작성하자. 여기에 작성한 라우트는 RouteServiceProvider에 명시되어 있던 것처럼 기본적으로 주소에 api가 붙기 때문에 기본주소는 http://homestead.test/api가 된다.

```
Route::apiResource('blogs.posts', \App\Http\Controllers\Api\PostController::class)
    ->shallow();
```

7.4.1 서비스 레이어

Api\PostController::store(), update(), destroy()는 json을 반환한다는 점만 빼고 메인 로직은 기존과 똑같다. 글 생성의 경우, 똑같이 요청을 받아서 글을 생성하고 첨부파일을 처리하고 Published 이벤트를 발생하는 것이다. 지금까지 작성한 코드에서는 책에서 벗어나는 이야기라 완전히 배제하였으나, 여기서는 명백한 코드의 중복이 발생하므로 그냥 넘어갈 수 없다. 따라서 해당 사례에 대해서는 예외적으로 서비스 레이어를 만들어 보기로 하자. 서비스 레이어는 비즈니스의 로직을 분리하기 위한 하나의 계층이다. 그냥 주요 로직을 클래스로 따로 뺀 것이라고 생각하면 된다.

```
$ mkdir app/Services
$ touch app/Services/PostService.php
```

기존에 존재하던 PostController와 중복되는 부분이 많아서 PostController::store(), update(), destroy()는 별도로 분리할 수 있다. 서비스 레이어에는 HTTP 와 같은 비지니스 로직 이외에 요청과 응답 같은 요소는 있으면 안 된다.

```
namespace App\Services;

use App\Events\Published;
use App\Models\Blog;
use App\Models\Post;
use Illuminate\Http\UploadedFile;
use Illuminate\Support\Arr;

class PostService
{
    public function __construct(
        private readonly AttachmentService $attachmentService
    ) {
    }

    public function store(array $data, Blog $blog)
    {
        $post = $blog->posts()->create([
            'title' => $data['title'],
            'content' => $data['content'],
        ]);

        if (Arr::exists($data,'attachments')) {
            $this->attachments($data['attachments'], $post);
        }

        if ($blog->subscribers()->exists()) {
            event(new Published($blog->subscribers, $post));
```

```
        }

        return $post;
    }

    public function update(array $data, Post $post)
    {
        $post->update([
            'title' => $data['title'],
            'content' => $data['content'],
        ]);

        if (Arr::exists($data,'attachments')) {
            $this->attachments($data['attachments'], $post);
        }
    }

    public function destroy(Post $post)
    {
        $post->delete();
    }

    private function attachments(array $attachments, Post $post)
    {
        $data = [
            'attachments' => $attachments,
        ];

        $this->attachmentService->store($data, $post);
    }
}
```

여기에 AttachmentService까지 추가했는데, 이는 PostController::attachments()에서 AttachmentController::store()를 호출하던 기존의 코드가 Request에 대한 의존성을 가지고 있었기 때문이다. 따라서 PostService가 Request에 대한 의존성을 제거하고 독립적으로 분리되려면 내부적으로 호출하는 AttachmentController::store() 코드도 AttachmentService로 별도로 분리되어야 할 필요가 있다.

```
$ mkdir app/Services
$ touch app/Services/AttachmentService.php
```

```php
namespace App\Services;

use App\Models\Attachment;
use App\Models\Post;

class AttachmentService
{
    public function store(array $data, Post $post)
    {
        foreach ($data['attachments'] as $attachment) {
            $attachment->storePublicly('attachments', 'public');

            $post->attachments()->create([
                'original_name' => $attachment->getClientOriginalName(),
                'name' => $attachment->hashName('attachments'),
            ]);
        }
    }
    public function destroy(Attachment $attachment)
    {
        $attachment->delete();
    }
}
```

이 이후에는 PostController와 AttachmentController를 서비스를 주입받는 방식으로 바꿔주면 된다. 서비스 레이어로 대체된 PostController의 코드는 다음과 같이 바뀐다. 컨트롤러의 로직이 훨씬 더 깔끔해지고 간결해진 모습을 볼 수 있다.

```php
// app/Http/Controllers/PostController.php
use App\Services\PostService;

class PostController extends Controller
{
    public function __construct(private readonly PostService $postService)
    {
        $this->authorizeResource(Post::class, 'post', [
            'except' => ['create', 'store']
        ]);

        $this->middleware('can:create,App\Models\Post,blog')
            ->only(['create', 'store']);
    }

    public function store(StorePostRequest $request, Blog $blog)
    {
        $post = $this->postService->store($request->validated(), $blog);

        return to_route('posts.show', $post);
    }

    public function update(UpdatePostRequest $request, Post $post)
    {
        $this->postService->update($request->validated(), $post);

        return to_route('posts.show', $post);
    }

    public function destroy(Post $post)
    {
        $this->postService->destroy($post);

        return to_route('blogs.posts.index', $post->blog);
    }
}
```

```php
// app/Http/Controllers/AttachmentController.php
use App\Services\AttachmentService;

class AttachmentController extends Controller
{
    public function __construct(
        private readonly AttachmentService $attachmentService
    ) {
        $this->authorizeResource(Attachment::class, 'attachment', [
            'except' => ['store']
        ]);

        $this->middleware('can:create,App\Models\Attachment,post')
            ->only('store');
    }

    public function store(StoreAttachmentRequest $request, Post $post)
    {
        $this->attachmentService->store($request->validated(), $post);
    }

    public function destroy(Attachment $attachment)
    {
        $this->attachmentService->destroy($attachment);

        return back();
    }
}
```

7.4.2 구현

Api\PostController는 기존의 코드와 큰 차이는 없지만, API라서 일단은 json을 반환한다는 차이점이 있고 블레이드 템플릿을 반환하지 않는다는 특징이 있다. PostController::index()

를 살펴보면, 가장 최근의 글 5개를 페이지네이션 처리한 것을 그대로 반환하고 있는 모습을 볼 수 있다. 페이지네이션과 관련된 메서드를 그대로 반환하면 알아서 JSON으로 변경된다는 의미이다.

```php
use App\Models\Blog;

class PostController extends Controller
{
    public function index(Blog $blog)
    {
        return $blog->posts()
            ->latest()
            ->paginate(5);
    }
}
```

작성한 API를 Http 클라이언트를 통해 요청해보자. 이때 라라벨 팅커로 테스트해 보자. 가장 먼저 User를 얻어 오고 모든 권한을 가진 새로운 토큰을 생성하고 User가 가진 첫 번째 블로그의 이름을 얻어 온다.

```
vagrant@homestead:~/code$ php artisan tinker
>>> $user = User::find(1);

>>> $token = $user->createToken('laravel')->plainTextToken
=> "3|mQo2OxlEKh0wI7SrCUyjfUn6ME1IQ5Y4qQfu4WIe"

>>> $user->blogs()->first()->name
=> "quas-iusto-non"
```

이제 다음과 같이 GET /blogs/{blog}/posts에 Http 클라이언트를 사용하여 요청해보면, 페이지네이션을 반환하는 것만으로도 페이지와 글 정보, 그리고 HATEOAS를 적용한 관련 링크까지 생성되어 있는 모습을 볼 수 있다.

```
>>> Http::api($token)->get("/blogs/quas-iusto-non/posts")->json();
```

```
=> [
    "current_page" => 1,
    "data" => [
      [
        "id" => 1,
        "blog_id" => 1,
        "title" => "Incidunt aut dolorem mollitia.",
        "content" => "Vitae nesciunt sed sit ut qui quia consequatur. Dolores impedit ad ex ullam occaecati omnis. Officiis et omnis quia sunt repudiandae ut aperiam. Dolores quas quisquam sit.",
        "created_at" => "2022-08-12T07:17:41.000000Z",
        "updated_at" => "2022-08-12T07:17:41.000000Z",
      ],
      ...
    ],
    "first_page_url" => "http://homestead.test/api/blogs/quas-iusto-non/posts?page=1",
    "from" => 1,
    "last_page" => 1,
    "last_page_url" => "http://homestead.test/api/blogs/quas-iusto-non/posts?page=1",
    "links" => [
      [
        "url" => null,
        "label" => "&laquo; 이전",
        "active" => false,
      ],
      ...
    ],
    "next_page_url" => null,
    "path" => "http://homestead.test/api/blogs/quas-iusto-non/posts",
    "per_page" => 5,
    "prev_page_url" => null,
    "to" => 3,
    "total" => 3,
]
```

Api\PostController::store()는 서비스 레이어로 별도로 분리했기 때문에 코드가 간결하다.

```php
use App\Services\PostService;
use App\Http\Requests\StorePostRequest;

class PostController extends Controller
{
    public function __construct(private readonly PostService $postService)
    {
        //
    }

    public function store(StorePostRequest $request, Blog $blog)
    {
        $post = $this->postService->store($request->validated(), $blog);

        return response()->json($post, 201);
    }
}
```

글 생성을 위해 아래와 같이 요청을 던져보면, 생성된 글과 함께 201 Created가 반환된다.

```
>>> Http::api($token)->post("blogs/quas-iusto-non/posts", [ 'title' => 'Hello, world', 'content' => 'Hello, world' ])->json();
=> [
    "title" => "Hello, world",
    "content" => "Hello, world",
    "blog_id" => 1,
    "updated_at" => "2022-08-12T11:05:39.000000Z",
    "created_at" => "2022-08-12T11:05:39.000000Z",
    "id" => 34,
  ]
```

Api\PostController::show()는 정말 단순하게 받아온 모델을 그대로 반환한다. 이렇게 해도 JSON으로 알아서 바꿔준다.

```
class PostController extends Controller
{
    public function show(Post $post)
    {
        return $post;
    }
}
```

```
>>> Http::api($token)->get("/posts/32")->json();
=> [
    "id" => 32,
    "blog_id" => 11,
    "title" => "Mollitia nobis perspiciatis aut vel placeat aut.",
    "content" => "Vero et expedita ad voluptatem non aliquid qui. Q
ui quos non assumenda quis maiores ut vel. Sed dicta et a fugit. Fac
ere consequuntur incidunt consequatur sunt recusandae occaecati quasi et.",
    "created_at" => "2022-08-12T07:17:41.000000Z",
    "updated_at" => "2022-08-12T07:17:41.000000Z",
  ]
```

Api₩PostController::update()과 PostService::update()에 글을 수정하고 204 No Content를 반환하자.

```
use App\Http\Requests\UpdatePostRequest;

class PostController extends Controller
{
    public function update(UpdatePostRequest $request, Post $post)
    {
        $this->postService->update($request->validated(), $post);

        return response()->noContent();
    }
}
```

```
>>> Http::api($token)->put("/posts/32", [ 'title' => 'Hello, world', 'content'
=> 'Hello, world' ])->status();
=> 204
```

마지막으로 Api₩PostController::destroy()에서도 글을 삭제하고 204 No Content를 반환해주자.

```
class PostController extends Controller
{
    public function destroy(Post $post)
    {
        $this->postService->destroy($post);

        return response()->noContent();
    }
}
```

```
>>> Http::api($token)->delete("/posts/32")->status();
=> 204
```

7.4.3 정책과 인가

모든 토큰에는 권한이 있다. 권한이 없는 토큰은 권한이 필요한 일을 처리하면 안 된다. 토큰에 대한 권한은 $user->tokenCan()으로 검사할 수 있다. 따라서 PostPolicy를 약간 바꿔야 할 필요가 있다. PostPolicy::viewAny(), view(), create(), update(), delete()에 $user->tokenCan()을 호출하도록 처리하자.

```
// app/Policies/PostPolicy.php
class PostPolicy
{
    public function viewAny(User $user)
    {
```

```php
        return $user->tokenCan('post:read');
    }

    public function view(User $user, Post $post)
    {
        return $user->tokenCan('post:read');
    }

    public function create(User $user, Blog $blog)
    {
        return $user->id === $blog->user_id &&
            $user->tokenCan('post:create');
    }

    public function update(User $user, Post $post)
    {
        return $user->id === $post->blog->user_id &&
            $user->tokenCan('post:update');
    }

    public function delete(User $user, Post $post)
    {
        return $user->id === $post->blog->user_id &&
            $user->tokenCan('post:delete');
    }
}

// app/Controllers/Api/PostController.php
class PostController extends Controller
{
    public function __construct(private readonly PostService $postService)
    {
        $this->authorizeResource(Post::class, 'post', [
            'except' => ['create', 'store']
        ]);
```

```
            $this->middleware('can:create,App\Models\Post,blog')
                ->only(['create', 'store']);
    }
}
```

하지만 $user->tokenCan()을 사용하면 기존의 브라우저로 접근할 때 문제가 생긴다. 따라서 routes/web.php에서도 auth 미들웨어를 auth:sanctum으로 바꿔야 할 필요가 있다. 이상하게 생각될 수도 있지만, 이렇게 하면 세션으로 접근하는 경우에는 $user->tokenCan()은 무조건 true를 반환하고, 토큰으로 접근하면 권한을 확인한다. 따라서 토큰으로 접근하든, 세션으로 접근하든 신경 쓰지 않고 코드를 작성할 수 있다.

```
class RouteServiceProvider extends ServiceProvider
{
    public function boot()
    {
        $this->configureRateLimiting();

        $this->routes(function () {
            Route::middleware(['web', 'auth:sanctum', 'verified'])
                ->group(base_path('routes/web.php'));
        });
    }
}
```

7.4.4 테스트

테스트에서는 JSON을 테스트하기 위한 별도의 방법이 존재한다. 기존과 전개는 비슷하지만 사용하는 메서드에서 약간의 차이가 있다. API 테스트의 경우 서비스 레이어로 분리한 부분은 제외하기로 하고 JSON에 관련된 부분만 테스트해 보자. 서비스 레이어도 독립적으로 분리하여 테스트하는 것이 바람직하지만, 내용이 겹치는 부분이 많아서 생략한다. 서비스 레이어의 경우에는 컨트롤러 기능 테스트와 암묵적으로 같이 진행된다.

$ php artisan make:test Http\\Controllers\\Api\\PostControllerTest

테스트 케이스를 작성하기 전에 다음과 같이 Sanctum::actingAs()를 통해 생텀으로 인증된 것으로 간주할 수 있다. User와 토큰에 권한을 주는 것으로 API 요청을 하기 전에 인증한 것으로 간주한다. 또 다른 방법으로는 비즈니스 로직에서 했던 것처럼 HasApiTokens::createToken()으로 토큰을 생성하고 TestCase::withToken()으로 토큰을 직접 지정해주는 것도 가능한 방법이다.

```
Sanctum::actingAs($blog->user, [
    Ability::POST_CREATE->value,
]);
```

글 목록에서 살펴봐야 할 가장 첫 번째 메서드는 GET, POST 등 HTTP 메서드에 대응하는 getJson(), postJson() …이다. JSON으로 요청을 재현하기 위한 전용 테스트 메서드이다.

```
class PostControllerTest extends TestCase
{
    use RefreshDatabase, WithFaker;

    public function testRequestListOfPost()
    {
        $blog = Blog::factory()->hasPosts(3)->create();

        Sanctum::actingAs($blog->user, [
            Ability::POST_READ->value,
        ]);

        $this->getJson(route('api.blogs.posts.index', $blog))
            ->assertOk();
    }
}
```

$response->assertJson()으로 json 응답을 검증하는데, assertJson()은 기본 사용법이 배열과 클로저, 이렇게 두 가지가 있다. 다음의 코드는 간단하게 응답에 data라는 키를 포함하는지 검증한다.

```php
$response->assertJson([
    'data' => true
]);
```

그러나 대부분은 이런 단순한 방법을 사용하지 않고 클로저에서 Illuminate\Testing\Fluent\AssertableJson을 받아서 상세하게 검증하는 방법을 취하는데 Json값의 타입, 존재 여부, 일치 등을 검증할 수 있다. 페이지네이션을 포함하고 있으므로 응답하고 있는 내용이 많은데, 어떻게 검증하고 있는지 살펴보자.

```php
use Illuminate\Testing\Fluent\AssertableJson;

$response->assertJson(function (AssertableJson $json) {
    $json->hasAll([
        'current_page',
        'data',
        'first_page_url',
        'from',
        'last_page',
        'last_page_url',
        'links',
        'next_page_url',
        'path',
        'per_page',
        'prev_page_url',
        'to',
        'total'
    ])
    ->whereAllType([
        'data' => 'array', 'links' => 'array'
```

```
    ])
    ->has('data', 3, function (AssertableJson $json) {
        $json->hasAll(['id', 'title', 'content'])->etc();
    });
});
```

응답으로 받은 JSON을 검사하기 위해 기본적으로 키의 존재 여부를 검사하는데, $json->has(), hasAll()로 존재하는지, $json->missing(), missingAll()로 존재하지 않는지 판단한다. 또한 $json->whereType(), $json->whereAllType()으로 데이터의 타입을 검사한다. string, integer, double, boolean, array 및 null에 대한 검사가 가능하다. $json->etc()라고 쓰인 메서드는 검증한 데이터 이외에 추가적으로 데이터가 있을 수 있음을 암시한다. id, title, content 이외에 created_at, updated_at 등이 있는데, 이는 명시적으로 검사하지 않고, etc()로 대신한다.

$json->has()는 사용법이 여러 가지 있으나, 여기서 쓰인 경우 data는 배열이고, 3개의 요소가 있는데 각 요소에 대한 검증을 진행하라는 이야기가 되며 기본적으로는 간단하게는 그냥 해당 키를 포함하는지 체크하는 것뿐이다.

핵심적인 주요 테스트 메서드는 다 이야기했고, 마지막으로 $json->whereAll()을 사용하여 생성된 데이터를 포함하는지 검증하는 부분을 추가적으로 살펴보면 된다. 마찬가지로 글 생성, 수정, 삭제에 대한 테스트 코드도 비슷하다. 아래의 코드는 꽤 길지만, 이제는 다 이해할 수 있으리라 믿는다. 이미 다 배운 내용이다.

```
use App\Enums\Ability;
use App\Events\Published;
use App\Models\Blog;
use App\Models\Post;
use Illuminate\Http\UploadedFile;
use Illuminate\Support\Facades\Event;
use Illuminate\Support\Facades\Storage;
use Illuminate\Testing\Fluent\AssertableJson;
use Laravel\Sanctum\Sanctum;
```

```php
class PostControllerTest extends TestCase
{
    use RefreshDatabase, WithFaker;

    public function testCreatePostAndReturnsItself()
    {
        Event::fake();
        Storage::fake('public');

        $attachment = UploadedFile::fake()->image('file.jpg');

        $blog = Blog::factory()->hasPosts(3)->hasSubscribers()->create();
        $data = [
            'title' => $this->faker->text(50),
            'content' => $this->faker->text,
        ];

        Sanctum::actingAs($blog->user, [
            Ability::POST_CREATE->value,
        ]);

        $this->postJson(route('api.blogs.posts.store', $blog), [
            ...$data,
            'attachments' => [
                $attachment,
            ],
        ])
        ->assertCreated()
        ->assertJson(function (AssertableJson $json) use ($data) {
            $json->has('data', function (AssertableJson $json) use ($data) {
                $json->whereAll($data)
                    ->hasAll(['id', 'title', 'content'])
                    ->etc();
            });
        });
```

```php
        $this->assertDatabaseHas('posts', $data);

        $this->assertDatabaseHas('attachments', [
            'original_name' => $attachment->getClientOriginalName(),
            'name' => $attachment->hashName('attachments'),
        ]);

        Storage::disk('public')->assertExists(
            $attachment->hashName('attachments')
        );

        Event::assertDispatched(Published::class);
}

public function testRequestPost()
{
    $post = Post::factory()->create();

    Sanctum::actingAs($post->blog->user, [
        Ability::POST_READ->value,
    ]);

    $response = $this->getJson(route('api.posts.show', $post))
        ->assertOk()
    ->assertJson(function (AssertableJson $json) {
        $json->has('data', function (AssertableJson $json) {
            $json->hasAll(['id', 'title', 'content'])
                ->etc();
        });
    });
}

public function testUpdatePost()
{
    Storage::fake('public');
```

```php
        $attachment = UploadedFile::fake()->image('avatar.jpg');

        $post = Post::factory()->create();

        $data = [
            'title' => $this->faker->text(50),
            'content' => $this->faker->text,
        ];

        Sanctum::actingAs($post->blog->user, [
            Ability::POST_UPDATE->value,
        ]);

        $this->putJson(route('api.posts.update', $post), [
            ...$data,
            'attachments' => [
                $attachment,
            ],
        ])
        ->assertNoContent();

        $this->assertDatabaseHas('posts', $data);

        $this->assertDatabaseHas('attachments', [
            'original_name' => $attachment->getClientOriginalName(),
            'name' => $attachment->hashName('attachments'),
        ]);

        Storage::disk('public')->assertExists(
            $attachment->hashName('attachments')
        );
    }

    public function testDeletePost()
    {
```

```
        $post = Post::factory()->create();

        Sanctum::actingAs($post->blog->user, [
            Ability::POST_DELETE->value,
        ]);

        $this->deleteJson(route('api.posts.destroy',$post))
            ->assertNoContent();

        $this->assertDatabaseMissing('posts', [
            'id' => $post->id,
        ]);
    }
}
```

```
vagrant@homestead:~/code$ artx
Http/Controllers/Api/PostController ... 100 %
Services/PostService ... 100 %
Services/AttachmentService ... 100 %
```

7.5 모델 직렬화

직렬화(Serialization)에 대해 간단하게 알아보자. 모델 직렬화는 단순하게 모델을 배열로 만들거나 JSON으로 만들 수 있도록 하는 것이다. Illuminate\Database\Eloquent\Model의 코드를 잠깐 살펴보면 Illuminate\Contracts\Support\Arrayable 및 Illuminate\Contracts\Support\Jsonable을 가지고 있는 것을 볼 수 있다.

```
namespace Illuminate\Database\Eloquent;

use Illuminate\Contracts\Support\Arrayable;
```

```
use Illuminate\Contracts\Support\Jsonable;
use JsonSerializable;

abstract class Model implements Arrayable, Jsonable, JsonSerializable {}
```

Arrayable은 toArray()를, Jsonable은 toJson()을 각각 가지고 있다.

```
namespace Illuminate\Contracts\Support;

interface Arrayable
{
    public function toArray();
}
```

```
namespace Illuminate\Contracts\Support;

interface Jsonable
{
    public function toJson($options = 0);
}
```

우리가 지금까지 생성한 모델은 직렬화를 할 수 있으며 Api\PostController::show()에서 단순하게 Post를 반환했음에도 JSON으로 처리될 수 있었던 것도 직렬화가 가능했기 때문이다. 또한 모델을 문자열로 캐스팅하는 행동도 JSON으로 변환된다.

```
vagrant@homestead:~/code$ php artisan tinker

>>> (string) User::find(1);

=> "{"id":1,"name":"Augustine O'Hara","email":"mia25@example.org","email_verified_at":"2022-08-12T07:17:40.000000Z","created_at":"2022-08-12T07:17:40.000000Z","updated_at":"2022-08-12T07:17:40.000000Z","provider_id":null,"provider_uid":null,"provider_token":null,"provider_refresh_token":null}"
```

이것이 처리 가능한 이유는 __toString()을 구현하면서 Jsonable::toJson()을 호출하고 있기 때문이다. 개별 모델뿐만 아니라 컬렉션도 처리할 수 있다.

```
public function __toString()
{
    return $this->escapeWhenCastingToString
                ? e($this->toJson())
                : $this->toJson();
}
```

여기서 조금만 더 깊게 파고 들어가 보면 PHP에 내장되어 있는 직렬화 기능을 적극적으로 사용하고 있기 때문이다. 모델은 다음과 같이 내장함수인 json_encode()를 사용해도 정상적으로 직렬화된다.

>>> json_encode(User::find(1));

=> "{"id":1,"name":"Augustine O'Hara","email":"mia25@example.org","email_verified_at":"2022-08-12T07:17:40.000000Z","created_at":"2022-08-12T07:17:40.000000Z","updated_at":"2022-08-12T07:17:40.000000Z","provider_id":null,"provider_uid":null,"provider_token":null,"provider_refresh_token":null}"

이것이 가능한 이유는 모델이 PHP 내장 인터페이스 중 하나인 JsonSerializable(https://www.php.net/manual/en/class.jsonserializable.php)을 구현하고 있기 때문이다. jsonSerialize()를 가지고 있으며 json_encode() 사용 시 내부적으로 jsonSerialize()가 호출된다.

Objects implementing JsonSerializable can customize their JSON representation when encoded with json_encode().

모델의 직렬화 순서를 따라가 보면, Model::toJson()에서 jsonSerialize(), 바로 뒤이어 toArray()가, toArray()에서는 속성과 관계를 처리한다.

```
public function toJson($options = 0)
{
    $json = json_encode($this->jsonSerialize(), $options);

    if (json_last_error() !== JSON_ERROR_NONE) {
        throw JsonEncodingException::forModel($this, json_last_error_msg());
    }

    return $json;
}

public function jsonSerialize(): mixed
{
    return $this->toArray();
}

public function toArray()
{
     return array_merge($this->attributesToArray(), $this->relationsToArray());
}
```

모델은 또한 PHP 내장 메서드 중 직렬화와 관련 있는 __weakup(), __sleep()을 구현하고 있어서 serialize(), unserialize()를 사용해서 직렬화할 수도 있다. 다만 이는 용도가 달라 실제로 우리가 사용할 어플리케이션에서 사용할 일은 없지만, 이는 그저 오브젝트를 데이터베이스 또는 텍스트 형태로 저장하기 위해 JSON이 아닌 다른 포맷을 사용하는 것뿐이다.

```
>>> $serialized = serialize(User::find(1));
=> "O:15:"App\Models\User":32:{s:13:"\0*\0connection";s:5:"mysql";s:8:"\0*\0table"; ...

>>> unserialize($serialized);
=> App\Models\User {#5165
     id: 1,
```

```
    name: "Augustine O'Hara",
    email: "mia25@example.org",
    email_verified_at: "2022-08-12 07:17:40",
    #password: "$2y$10$92IXUNpkjO0rOQ5byMi.Ye4oKoEa3Ro9llC/.og/at2.uheWG/igi",
    #remember_token: "DFea7HErjN",
    created_at: "2022-08-12 07:17:40",
    updated_at: "2022-08-12 07:17:40",
    provider_id: null,
    provider_uid: null,
    provider_token: null,
    provider_refresh_token: null,
}
```

7.5.1 가시성

Model::$hidden, $visible에 직렬화할 때 숨기거나 나타낼 프로퍼티를 지정할 수 있다. Model::$hidden을 사용하면 숨겨지고, Model::$visible에 지정하면 지정한 프로퍼티를 제외하고는 전부 나타내지 않는다.

```
class User extends Authenticatable
{
    protected $hidden = [
        'password',
        'remember_token',
    ];
}
```

일시적으로 가시성을 변경할 수도 있는데, Model::makeHidden(), makeVisible()을 사용하면 특정 속성에 대해 가시성을 바꿀 수 있다.

```
$user->makeHidden('attribute')->toArray();
$user->makeVisible('attribute')->toArray();
```

모델에 접근자로 정의된 속성은 어떻게 될까? 이는 기본적으로 직렬화에 포함하지 않고, Model::$appends에 별도로 추가해야 해야 할 필요가 있다.

```php
class Attachment extends Model
{
    protected $appends = [
        'link'
    ];
}
```

또는 마찬가지로 Model::append(), setAppends()를 통해 일시적으로 추가할 수 있다.

```php
$attachment->append('link')->toArray();
$attachment->setAppends(['link'])->toArray();
```

7.6 API 리소스

라라벨의 리소스 기능은 모델 또는 컬렉션이 클라이언트에게 응답으로 가기 전에 거치는 변환 레이어(Transformer Layer)이다. 여기에서 데이터를 최종적으로 가공하고 API 응답에서 보여주지 않을 내용은 보여주지 않거나 별도로 추가할 데이터가 있으면 추가한다. 변환 레이어는 리소스와 리소스 컬렉션이 있다.

7.6.1 리소스

php artisan make:resource를 사용해서 변환 레이어를 만들어보자. API 리소스는 기본적으로 컬렉션이 아닌 단일 리소스를 대상으로 한다.

```
$ php artisan make:resource PostResource
```

리소스는 app/Http/Resources에 생성되고, 글을 위한 리소스 PostResource를 생성했다. 내부에는 toArray() 메서드가 하나 있는데, 이 메서드는 응답을 JSON으로 나타낼 때 사용할 데이터 배열을 의미한다. API 리소스는 기본적으로 Illuminate₩Http₩Resources₩Json₩JsonResource를 반환하므로 응답으로 JSON을 사용한다.

```
namespace App\Http\Resources;

use Illuminate\Http\Resources\Json\JsonResource;

class PostResource extends JsonResource
{
    public function toArray($request)
    {
        return [
            'id' => $this->id,
            'title' => $this->title,
            'content' => $this->content,
            'created_at' => $this->created_at,
            'updated_at' => $this->updated_at,
            'links' => [
                [
                    'rel' => 'self',
                    'href' => route('posts.show', $this)
                    'method' => 'GET'
                ]
            ]
        ];
    }
}
```

여기서 $this로 접근하는 것은 리소스의 프로퍼티이며 이러한 행동이 가능한 이유는 JsonResource에서 __get()으로 접근하고 있기 때문이다. 이는 JsonResource에서 사용하는 Illuminate\Http\Resources\DelegatesToResource는 트레이트에 정의되어 있는데, 다음과 같이 정의되어 있는 것을 볼 수 있다.

```php
namespace Illuminate\Http\Resources;

trait DelegatesToResource
{
    public function __get($key)
    {
        return $this->resource->{$key};
    }
}
```

다시 돌아와서, API 리소스에는 다른 것보다도 HATEOAS와 같이 메타데이터를 변환 레이어에서 추가하는 것이 가장 무난하다. Api\PostController::show()를 단순하게 Post를 반환했던 것에서 다음과 같이 바꿀 수 있다.

```php
use App\Http\Resources\PostResource;

class PostController extends Controller
{
    public function show(Post $post)
    {
        return new PostResource($post);
    }
}
```

이렇게 리소스를 사용하여 응답한 다음 다시 한번 http 요청을 해보면 다음과 같이 응답이 오는 모습을 볼 수 있다. 기존과는 달리 data에 래핑되어 넘어오는 모습이다. 리소스를 사용하면 기본적으로는 data에 래핑된다.

```
vagrant@homestead:~/code$ php artisan tinker
>>> $token = "3|mQo2OxlEKh0wI7SrCUyjfUn6ME1IQ5Y4qQfu4WIe";
```

```
=> "3|mQo2OxlEKh0wI7SrCUyjfUn6ME1IQ5Y4qQfu4WIe"

>>> Http::api($token)->get("/posts/1")->json();
=> [
    "data" => [
      "id" => 1,
      "title" => "Incidunt aut dolorem mollitia.",
      "content" => "Vitae nesciunt sed sit ut qui quia consequatur. Dolores impedit ad ex ullam occaecati omnis. Officiis et omnis quia sunt repudiandae ut aperiam. Dolores quas quisquam sit.",
      "created_at" => "2022-08-12T07:17:41.000000Z",
      "updated_at" => "2022-08-12T07:17:41.000000Z",
      "links" => [
        [
          "rel" => "self",
          "href" => "http://homestead.test/posts/1",
          "method" => "GET",
        ],
      ],
    ],
  ]
```

Api₩PostController::store()에서도 글을 생성하면 Post를 반환하는 것을 볼 수 있다. 이 또한 변경이 가능하다. 글을 생성할 때는 201에 해당하는 Http Status Code도 함께 반환하는데, 리소스 클래스에서 response()로 체이닝할 수 있다.

```
class PostController extends Controller
{
    public function store(StorePostRequest $request, Blog $blog)
    {
        $post = $this->postService->store($request->validated(), $blog);
        return (new PostResource($post))
                ->response()
                ->setStatusCode(201);
    }
```

```
}
```

```
>>> Http::api($token)->post("blogs/quas-iusto-non/posts", [ 'title' => 'Hello,
world', 'content' => 'Hello, world' ])->json();
=> [
    "data" => [
      "id" => 35,
      "title" => "Hello, world",
      "content" => "Hello, world",
      "created_at" => "2022-08-13T06:45:30.000000Z",
      "updated_at" => "2022-08-13T06:45:30.000000Z",
      "links" => [
        [
          "rel" => "self",
          "href" => "http://homestead.test/posts/35",
          "method" => "GET",
        ],
      ],
    ],
  ]
```

만약 리소스 클래스의 대상이 단일 리소스가 아니라 컬렉션이라면 어떻게 하면 좋을까? 리소스 컬렉션을 만드는 방법도 있지만, 리소스 클래스에서도 간단하게 해결할 수 있는 방법은 있다. 바로 JsonResource::collection()으로 처리하는 것이다. 이미 Api₩PostController::index()에서 페이지네이션에 대해서는 메타데이터 및 래핑 작업이 끝났음을 볼 수 있었다. 따라서 지금만큼은 응답이 paginate()가 아니라 get()으로 처리된다고 가정해보자.

```
use App\Http\Resources\PostResource;

class PostController extends Controller
{
    public function index(Blog $blog)
    {
```

```
        $posts = $blog->posts()
            ->latest()
            ->get();

        return PostResource::collection($posts);
    }
}
```

컬렉션에 담겨있는 리소스 하나가 다시 래핑되어서 HATEOAS가 추가된 모습을 볼 수 있다. 내부적으로 래핑을 한 번 더 한다고 해서 data를 한 번 더 래핑하는 것은 아니기 때문에 안심해도 된다.

```
>>> Http::api($token)->get("blogs/quas-iusto-non/posts")->json();
=> [
     "data" => [
       [
         "id" => 35,
         "title" => "Hello, world",
         "content" => "Hello, world",
         "created_at" => "2022-08-13T06:45:30.000000Z",
         "updated_at" => "2022-08-13T06:45:30.000000Z",
         "links" => [
           [
             "rel" => "self",
             "href" => "http://homestead.test/posts/35",
             "method" => "GET",
           ],
         ],
       ],
       ...
     ],
   ]
```

7.6.2 리소스 컬렉션

JsonResource::collection()의 단점은 컬렉션 전체에 대한 메타데이터는 추가할 수 없다는 점이다. 여기서 메타데이터란 페이지네이션에서 보았던 것처럼 HATEOAS를 포함하여 추가적인 정보를 제공하는 것을 말한다. 이러한 작업이 가능하도록 하려면 리소스 컬렉션을 생성해야 할 필요성이 있다. 다시 한번 php artisan make:resource를 사용해보자.

```
$ php artisan make:resource PostCollection
```

리소스 컬렉션은 Illuminate\Http\Resources\Json\ResourceCollection을 상속하고 리소스와 마찬가지로 toArray()를 가지며 그 의미는 큰 차이가 없다. 다만, data를 컬렉션의 매핑 키로 사용하고 있는 것을 볼 수 있는데, 리소스든 리소스 컬렉션을 사용하든 기본적으로 data로 매핑하는데, 중첩되어서 매핑되는 것은 아닐까 의심이 들 수 있다. 그러나, 중첩 키의 경우에는 중복해서 매핑하는 것은 아니고 알아서 병합 처리되므로 안심해도 된다. 만약 data가 아닌 다른 키를 사용하면 외부에 data로 래핑된다.

```
namespace App\Http\Resources;

use Illuminate\Http\Resources\Json\ResourceCollection;

class PostCollection extends ResourceCollection
{
    public function toArray($request)
    {
        return [
            'data' => $this->collection,
        ];
    }
}
```

리소스 컬렉션을 사용하면 컬렉션 정보 이외에 추가적인 메타정보를 제공할 수 있으며 그 예의 모범사례는 페이지네이션에서 살펴본 바 있다. Api\PostController::index()를 리소스 컬렉션을 사용하는 방법으로 바꿔보자.

```
use App\Http\Resources\PostCollection;

class PostController extends Controller
{
    public function index(Blog $blog)
    {
        $posts = $blog->posts()
            ->latest()
            ->get();

        return new PostCollection($posts);
    }
}
```

그 응답을 살펴보면 다음과 같다. PostCollection을 사용했음에도 각 요소는 마치 PostResource를 사용한 것처럼 HATEOAS가 적용된 것을 볼 수 있다. 이는 라라벨에서 리소스 컬렉션을 처리할 때 리소스 클래스가 있는 경우 찾아서 적용해주는 기능이 있기 때문이다. 따라서 실제로 PostResource가 각 요소에 적용된 것이 맞다.

```
>>> Http::api($token)->get("blogs/quas-iusto-non/posts")->json();
=> [
    "data" => [
      [
        "id" => 35,
        "title" => "Hello, world",
        "content" => "Hello, world",
        "created_at" => "2022-08-13T06:45:30.000000Z",
        "updated_at" => "2022-08-13T06:45:30.000000Z",
        "links" => [
          [
            "rel" => "self",
            "href" => "http://homestead.test/posts/35",
```

```
                    "method" => "GET",
                ],
            ],
        ],
        ...
    ],
]
```

리소스와 리소스 컬렉션에 대한 주요 내용은 여기서 끝났다. 그밖에 자주 쓰이지는 않는 조건부 데이터 추가 등 몇 가지 더 있지만 크게 중요하지 않은 내용이라 생략했다. 조건에 따라 데이터를 추가해보고 싶거나 리소스 및 리소스 컬렉션에 추가적인 응답을 제공하고 싶은 경우 공식문서(https://laravel.com/docs/10.x/eloquent-resources)를 찾아보면 된다.

7.6.3 테스트

리소스 및 리소스 컬렉션의 사용으로 테스트가 일부 변경되었다. Api\PostController::index()의 경우 기존에 페이지네이션에 대한 테스트는 해보았으니 리소스 컬렉션에 대한 테스트로 바꿔본다. 사실 data로 래핑된다는 점 이외에는 변화가 없다고 봐도 무방하다.

api.blogs.posts.index는 이제 리소스 컬렉션을 반환한다. 따라서 data가 있는지 검증하고 내부의 키를 확인하는 형태로 바꿔보자. 페이지네이션에서도 data는 래핑되어 있었으니 사실상 큰 변화는 없는 것이다.

```
$response->assertJson(function (AssertableJson $json) {
    $json->whereType('data', 'array')
        ->has('data', 3, function (AssertableJson $json) {
            $json->hasAll(['id', 'title', 'content'])->etc();
        });
});
```

글 생성을 위한 POST /api/blogs/{blog}/posts에서도 마찬가지로 data로 래핑한 결과를 반환하므로 이에 맞게 바꿔주자.

```
$response->assertJson(function (AssertableJson $json) use ($data) {
    $json->has('data', function (AssertableJson $json) use ($data) {
        $json->whereAll($data)
            ->hasAll(['id', 'title', 'content'])
            ->etc();
    });
});
```

마지막으로 GET /posts/{post}에서도 data 래핑을 추가해줄 수 있다.

```
$response->assertJson(function (AssertableJson $json) {
    $json->has('data', function (AssertableJson $json) {
        $json->hasAll(['id', 'title', 'content'])
            ->etc();
    });
})
```

```
vagrant@homestead:~/code$ artx
Http/Controllers/Api/PostController ... 100 %
```

7.7 캐시

RESTful API는 캐시를 지원하는 것이 권장된다. 캐시(Cache)란 무엇인가? 오래 걸리는 작업에 대해서 결과를 별도의 저장소에 저장해 놓고 사용자가 동일한 작업 결과를 요구했을 때 다시 작업하지 않고 그 데이터를 고스란히 돌려주는 것을 의미한다. 특히 다른 메서드보다 GET에 대해서는 더욱 그렇다. 읽기의 경우 사용자가 가장 많이 하게 될 작업이기 때문에 응답 속도가 빠른 것이 꽤나 중요하다.

캐시는 두 종류로 나뉘는데, 클라이언트 캐시와 백엔드 캐시다. 두 개 모두 배워볼 예정이며 구현상 클라이언트 캐시 이전에 백엔드 캐시가 선행되어야 한다.

7.7.1 백엔드

백엔드 캐시의 대표적인 사용처는 쿼리의 결과를 캐싱하고 사용자가 해당 쿼리에 대한 결과를 요구할 경우 다시 쿼리를 하는 것이 아니라 미리 캐싱되어 있는 결과를 다시 던져주는 역할이다. 캐시는 메모리에 저장하는 경우가 많은데, 메모리는 비싼 자원이기 때문에 캐시에 저장할 내용을 선별해서 저장해야 할 필요가 있다.

캐시는 히트(Hit)와 미스(Miss)라는 말이 사용되는데, 사용자가 요구한 자료가 캐시에 존재할 경우 히트, 찾지 못한 경우 미스라고 한다. 캐시 미스인 경우 작업을 다시 해서 캐시에 넣는 것이 일반적이다. 이러한 캐시는 PHP 배열처럼 키-값 쌍으로 저장된다.

캐시를 사용하기 전에 데이터베이스처럼 드라이버를 지정해야 한다. 여기서 드라이버는 캐시를 저장할 저장소다. 데이터베이스를 사용해도 좋고 Memcached, Redis를 사용해도 된다. 이번에는 Memcached를 사용해보자. 홈스테드에 기본적으로 설치되어 있으며 이미 구동되고 있다. 캐시 드라이버에 대한 설정은 config/cache.php에서 살펴볼 수 있다. 캐시 드라이버는 file, array, database, memcached 등이 있으나 생략했다. 기본값은 file이다. Memcached에 대한 설정은 아무것도 건드리지 않아도 기본적으로 잘 동작한다.

```
use Illuminate\Support\Str;

return [
    'default' => env('CACHE_DRIVER', 'file'),
    'stores' => [
        'memcached' => [
            'driver' => 'memcached',
            'persistent_id' => env('MEMCACHED_PERSISTENT_ID'),
            'sasl' => [
```

```
                env('MEMCACHED_USERNAME'),
                env('MEMCACHED_PASSWORD'),
            ],
            'options' => [
                // Memcached::OPT_CONNECT_TIMEOUT => 2000,
            ],
            'servers' => [
                [
                    'host' => env('MEMCACHED_HOST', '127.0.0.1'),
                    'port' => env('MEMCACHED_PORT', 11211),
                    'weight' => 100,
                ],
            ],
        ],
    ],
];
```

홈스테드가 아닌 로컬에서 명령어를 실행할 때 Class "Memcached" not found 에러가 날 수 있는데, 이를 해결하려면 PECL(https://pecl.php.net/package/memcached)에서 Memcached를 설치해야 한다. 이 과정은 책에서 이야기하지 않을 것이므로 스스로 해보는 것이 좋다. 홈스테드는 이미 memchaced가 준비되어 있어서 별도의 준비 과정을 거칠 필요는 없다. 단지 .env에서 CACHE_DRIVER를 memcached로 바꿔야한다.

```
CACHE_DRIVER=memcached
```

이제 캐시를 사용하는 방법을 간단하게 알아보자. 캐시라는 것도 그냥 저장소이기 때문에 코드의 측면에서 세션과 사용법이 큰 차이가 없다. Cache 파사드 또는 cache()를 사용해서 처리한다.

```
// Get
$value = cache('key');
$value = Cache::get('key');
```

```php
$value = Cache::get('key', 'default');
$value = Cache::get('key', function () {
    return DB::table(...)->get();
});

// Exists
if (Cache::has('key')) {
    //
}

// Increment, Decrement
Cache::increment('key');
Cache::increment('key', $amount);
Cache::decrement('key');
Cache::decrement('key', $amount);

// If doenst have cache, save return value into cache.
cache()->remember('users', $seconds, function () {
    return DB::table('users')->get();
});
$value = Cache::remember('users', $seconds, function () {
    return DB::table('users')->get();
});
$value = Cache::rememberForever('users', function () {
    return DB::table('users')->get();
});

// Get, and Forget
$value = Cache::pull('key');

// Insert (Expires)
cache(['key' => 'value'], $seconds);
cache(['key' => 'value'], now()->addMinutes(10));
Cache::put('key', 'value', $seconds = 10);
Cache::put('key', 'value');
Cache::put('key', 'value', now()->addMinutes(10));
```

```
// Insert forerver
Cache::forever('key', 'value');

// Delete
Cache::forget('key');
Cache::put('key', 'value', 0);
Cache::put('key', 'value', -5);

// Delete all cache
Cache::flush();
```

또한 캐시에는 태그라는 기능이 존재해서 관련된 캐시들을 묶어줄 수 있다. Cache::tags()를 사용해서 태깅된 캐시에 접근하거나 값을 저장할 수도 있다.

7.7.2 클라이언트

클라이언트 캐시는 서버에서 반환하는 데이터가 변경되지 않은 경우라면 미리 캐싱된 데이터를 반환할 수 있도록 하는 매커니즘을 제공한다. 클라이언트 캐시의 구현 방법은 다소 여럿이 있으나 가장 단순한 Etag를 사용해서 구현할 예정이다. Etag 는 HTTP Header이며 If-None-Match와 함께 동작한다.

1. 서버에서 Etag를 생성해서 클라이언트에 반환한다.

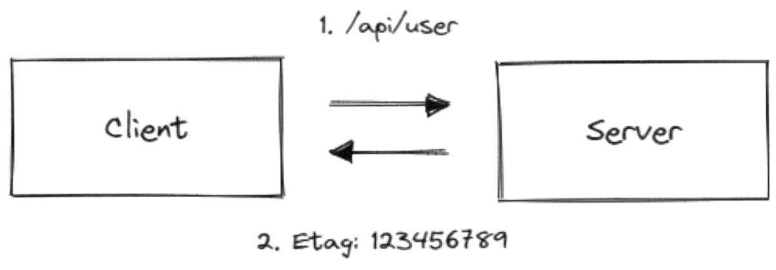

[그림 7-1] 서버에서 Etag 반환하기

2. 클라이언트에서 요청할 때 If-None-Match 헤더에 Etag를 첨부하면, 서버에서는 Etag와 If-None-Match를 비교하여 서로 같으면 쿼리 작업을 하지 않고 304 Not Modified를 반환한다. 만약 같지 않으면 Etag를 새로 생성한다.

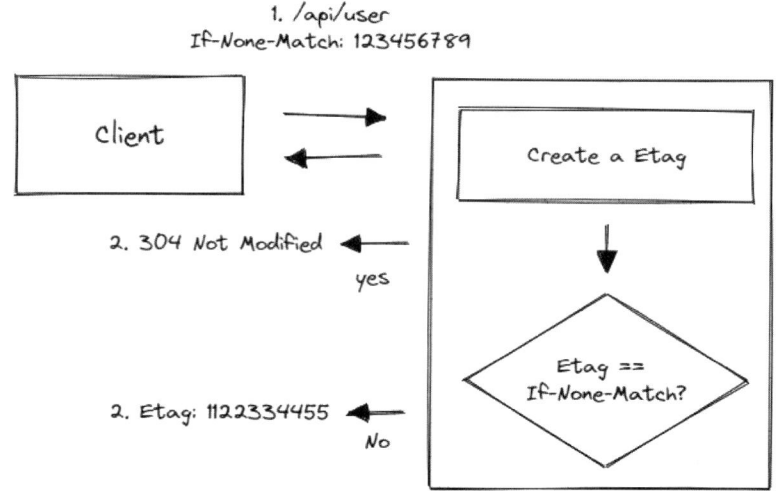

[그림 7-2] Etag와 If-None-Match 비교하기

클라이언트 캐시는 일반적으로 대부분 읽기에 해당하는 GET 이외에는 적용하지 않는다. 라라벨에서는 cache.headers라는 미들웨어로 브라우저를 위한 etag 기능을 이미 제공한다. 이 미들웨어는 Illuminate\Http\Middleware\SetCacheHeaders이다. Api\PostController::__construct()에 cache.headers 미들웨어를 사용할 것을 명시하자. 브라우저를 대상으로 하는 클라이언트의 Cache-Control 헤더를 손쉽게 조절할 수 있다. 옵션은 공식문서에 있는 것을 그대로 가져왔다.

```
class PostController extends Controller
{
    public function __construct()
    {
        $this->middleware('cache.headers:public;max_age=2628000;etag')
    }
}
```

public;max_age=2628000는 HTTP Cache-Control Header에 대한 내용이고 etag는 etag를 사용하겠다고 해석한다. cache.headers 미들웨어는 후(After) 미들웨어로서 응답을 변경하기 때문에 Etag 설정이 가능한 것이다. 필요하다면 타임스탬프나 날짜를 사용하여 Last-Modified 헤더까지 설정하는 기능을 제공한다. cache.headers 미들웨어의 주요 코드를 보면, $response->getEtag()로 이미 응답 헤더에 etag 가 설정되어 있는지 판단한 뒤, 아닐 경우 응답 컨텐츠를 통으로 md5 해싱하여 설정하는 것을 볼 수 있다.

```
if (isset($options['etag']) && $options['etag'] === true) {
    $options['etag'] = $response->getEtag() ?? md5($response->getContent());
}
```

또한 Last-Modified를 설정할 수도 있는데, last_modified=123456789와 같이 타임스탬프를 주거나 날짜를 주면 Carbon이 알아서 파싱하여 설정해준다. Last-Modified는 If-Modified-Since라는 헤더와 매칭되어 사용한다.

```
if (isset($options['last_modified'])) {
    if (is_numeric($options['last_modified'])) {
        $options['last_modified'] = Carbon::createFromTimestamp($options['last_modified']);
    } else {
        $options['last_modified'] = Carbon::parse($options['last_modified']);
    }
}
```

이후에는 헤더에 Cache-Control 설정을 지시하고 304 Modified 를 응답으로 반환해야 할지 안 할지를 결정하는데, 그 과정이 $response->setCache(), $response->isNotModified()에서 처리된다고 볼 수 있다. $response->setCache()에서 Cache-Control을 설정하고, etag를 비교하고 응답을 304 Not Modified로 반환하는 일은 $response->isNotModified()에서 발생한다.

```
$response->setCache($options);
$response->isNotModified($request);
```

Response::isNotModified()를 살펴보면, $etag를 비교할 때 W/ 로 시작하는지 비교를 하고 있는데, Etag를 그림으로 이야기할 때는 이를 생략했지만, RFC 7232(https://www.rfc-editor.org/rfc/rfc7232#section-3.2)에 따르면 Etag는 If-None-Match: W/"12345"와 같이 오거나 If-None-Match: "12345" 처럼 올 수 있다.

Examples:

```
If-None-Match: "xyzzy"
If-None-Match: W/"xyzzy"
If-None-Match: "xyzzy", "r2d2xxxx", "c3piozzzz"
If-None-Match: W/"xyzzy", W/"r2d2xxxx", W/"c3piozzzz"
If-None-Match: *
```

라라벨 내부에서는 W/로 시작하는 것으로 간주하여 If-None-Match 헤더를 비교하고 있는 모습을 볼 수 있다. If-None-Match가 먼저 W/ 로 시작하는지 점검하는데, 그 일을 strncmp()를 사용하여 비교하고 있는 모습이다. 브라우저에서 서버로 보낼 때는 If-None-Match로 보내고 서버에서 브라우저로 응답하여 보낼 때는 Etag 헤더로 보낸다는 것을 기억하자. 핵심적인 코드는 $ifNoneMatchEtag === $etag라고 볼 수 있다.

```
namespace Symfony\Component\HttpFoundation;

class Response
{
    public function isNotModified(Request $request): bool
    {
        if (($ifNoneMatchEtags = $request->getETags()) && (null !== $etag = $this->getEtag())) {
            if (0 == strncmp($etag, 'W/', 2)) {
                $etag = substr($etag, 2);
```

```
            }

            // Use weak comparison as per https://tools.ietf.org/html/
rfc7232#section-3.2.
         foreach ($ifNoneMatchEtags as $ifNoneMatchEtag) {
            if (0 == strncmp($ifNoneMatchEtag, 'W/', 2)) {
                $ifNoneMatchEtag = substr($ifNoneMatchEtag, 2);
            }

            if ($ifNoneMatchEtag === $etag || '*' === $ifNoneMatchEtag) {
                $notModified = true;
                break;
            }
        }
    }
}
```

$request->getEtags()는 If-None-Match 헤더를 얻어 오고, $this->getEtag()는 응답으로 보낼 Etag 헤더를 얻어 오게 되는데, 응답에 Etag를 설정하는 것은 $response->setCache()에서 담당한다.

```
namespace Symfony\Component\HttpFoundation;

class Response
{
    public function setCache(array $options): static
    {
        if (isset($options['etag'])) {
            $this->setEtag($options['etag']);
        }
    }
}
```

7.7.3 테스트

etag를 테스트해보자. Api₩PostController::show()의 응답값을 대상으로 etag가 생성되어 304 Not Modified를 반환하는지 점검하는 것이다.

```
$response->assertHeader('Etag');

$etag = $response->getEtag();

$this->getJson(route('api.posts.show', $post), [
    'If-None-Match' => $etag,
])
->assertStatus(304);
```

```
vagrant@homestead:~/code$ artx
Http/Controllers/Api/PostController ... 100 %
```

7.8 레이트 리미터

레이트 리미터, 즉 속도 제한기는 특정 작업에 대한 속도를 제한할 때 사용한다. 무슨 이야기냐면, 분당 시도 횟수를 제한하겠다는 이야기다. 이를테면 초당 10회로 제한하는 등 클라이언트가 서버에 고의로 많은 트래픽을 보내지 못하도록 어느 정도 제한을 걸어 둘 수 있다. 먼저 수동으로 레이트 리미터를 사용해보자. 다만 수동으로 레이트 리미터를 쓸 일은 거의 없다. 다음의 코드는 콜백의 시도 횟수를 분당 5번으로 제한한다.

```
use Illuminate\Support\Facades\RateLimiter;

$executed = RateLimiter::attempt(
```

```
        'send-message',
        5,
        function() {
            //
        }
    );

    if (! $executed) {
        return 'Too many messages sent!';
    }
```

'send-message'는 식별을 위한 키일 뿐이며 위 코드를 컨트롤러에 넣고 새로고침을 여러 번 해 보면 'Too many messages sent!'가 출력될 것이다. 레이트 리미터의 키에 따른 시도 횟수에 대한 기록은 어디서 하는가? 그것은 캐시에서 처리한다. 즉, 속도 제한기를 사용하려면 캐시가 설정되어 있어야 한다.

공식문서의 내용만큼, 속도 제한기의 내용은 간단하다. RateLimiter::tooManyAttempts() 는 시도 횟수를 초과했는지, RateLimiter::remaning()는 남은 요청 시도횟수를 판단한다. RateLimiter::hit()으로 시도 횟수를 늘리는 처리를 할 수도 있다.

```
if (RateLimiter::tooManyAttempts('send-message', $perMinute = 5)) {
    return 'Too many attempts!';
}

if (RateLimiter::remaining('send-message', $perMinute = 5)) {
    RateLimiter::hit('send-message');
}
```

속도 제한기의 횟수가 초과된 경우 남은 시간을 출력하려면 RateLimiter::availableIn()으로 할 수 있으며, RateLimiter::clear()를 사용하면 속도 제한기의 시도 횟수를 초기화할 수 있다.

```
if (RateLimiter::tooManyAttempts('send-message', $perMinute = 5)) {
    $seconds = RateLimiter::availableIn('send-message');

    return 'You may try again in '.$seconds.' seconds.';
}

RateLimiter::clear('send-message:'.$message->user_id);
```

7.8.1 미들웨어

일단, 속도 제한기의 기본 내용은 이것이 끝이지만 몇 가지 더 살펴볼 필요가 있다. RouteServiceProvider::configureRateLimiting()을 살펴보자. 이는 RouteServiceProvider::boot()에서 호출한다.

RateLimiter::for()는 라우트의 공식문서(https://laravel.com/docs/10.x/routing#rate-limiting)에서 찾아볼 수 있다. api에 대해 분당 60번의 제한을 가하고 그 주체가 사용자거나 ip 주소여야 한다고 명시하고 있다. 실제로 제한 횟수를 크게 줄여서 요청을 여러 번 해보면 429 Too Many Requests를 반환하는 것을 볼 수 있을 것이다.

```
class RouteServiceProvider extends ServiceProvider
{
    public function boot()
    {
        $this->configureRateLimiting();
    }

    protected function configureRateLimiting()
    {
        RateLimiter::for('api', function (Request $request) {
            return Limit::perMinute(60)->by($request->user()?->id ?: $request->ip());
```

```
        });
    }
}
```

RateLimiter::for()에서 사용된 api라는 이름은 마음대로 넣어도 상관없다. 이 이름은 HTTP 요청 횟수 제한을 위한 throttle이라는 미들웨어에서 사용한다. app/Kernel.php에서 api 미들웨어 그룹에 가보면 throttle:api와 같이 api 레이트 리미터를 지정하고 있음을 볼 수 있다.

```
class Kernel extends HttpKernel
{
    protected $middlewareGroups = [
        'api' => [
            'throttle:api',
        ],
    ];

    protected $middlewareAliases
        'throttle' => \Illuminate\Routing\Middleware\
ThrottleRequests::class,
    ]
}
```

throttle은 라우트 미들웨어인 만큼 라우트에도 적용할 수 있는데, RateLimiter::for()에 지정한 이름뿐만 아니라 시도 횟수와 단위를 명시하는 것도 가능하다. 예를 들어 이메일 인증을 위한 메일을 재전송하는 verification.send 라우트에서 횟수를 제한하고 싶다면 다음과 같이 throttle 미들웨어를 사용할 수 있다. 1분당 6번으로 제한한다는 의미를 가지고 있다.

```
Route::post('/verification-notification', 'send')
    ->middleware('throttle:6,1')
    ->name('send');
```

7.9 SPA 인증

그다지 중요한 과정은 아니지만, 라라벨 생팀에서 생략한 SPA 인증 및 API 요청을 처리해보자. 자바스크립트 프레임워크를 써서 SPA를 진짜로 만들 것은 아니고, 간단한 클라이언트 프로젝트를 만들어보고 진행할 예정이다. 한 가지 주의해야 할 점은 반드시 설정을 잘 보고 따라 해야 한다는 점이다. 그렇지 않으면 문제가 발생한다. 먼저, HTML 파일 하나를 가지고 있는 프로젝트를 만들어보자.

```
$ mkdir ~/service
$ touch ~/service/login.html
```

이제 클라이언트에서 간단하게 PHP 내장 서버를 켜보자

```
$ cd ~/service
$ php -S 127.0.0.1:80
```

hosts 파일에 homestead.test를 사용하는 도메인을 연결해주자. 서브 도메인을 설정하는 것이 중요하다.

```
127.0.0.1 service.homestead.test
```

세션 도메인을 변경해주자. SPA 인증은 세션 쿠키를 사용해서 인증하는 것이 기본이다. 서브 도메인이 다르면 인증 처리도 제대로 되지 않는다. 따라서 세션 도메인을 상위 도메인인 .homestead.test로 바꾸어야 한다. .env로 가서 SESSION_DOMAIN을 바꿔보자.

```
SESSION_DOMAIN=.homestead.test
```

미들웨어로 가서 api에 세션 쿠키로 인증을 하기 위한 설정이 필요하다. app/Kernel.php로 가서 api 미들웨어 그룹에 EnsureFrontendRequestsAreStateful가 주석 처리되어 있을 텐데, 주석을 해제할 필요가 있다.

```
protected $middlewareGroups = [
    'api' => [
        \Laravel\Sanctum\Http\Middleware\EnsureFrontendRequestsAreStateful::class,
        'throttle:api',
    ],
];
```

이제 클라이언트에 있는 login.html로 가서 코드를 작성해보자. 아래의 코드를 그대로 작성하면 지금은 당연하게 에러가 날 것이다. 아직 설정할 것이 남아있기 때문이다. 먼저, 자바스크립트 HTTP 클라이언트인 axios를 설정하자. BaseURL은 기존 라라벨 어플리케이션으로 지정하고, withCredentials를 설정해야 인증 정보를 넘기는 것이 가능하다. 이후에 X-Requested-With를 XMLHttpRequest로 왜 설정했는지 바로 다음에 알아본다.

```
<form action="http://homestead.test/login" method="POST">
    <input type="text" name="email">
    <input type="password" name="password">

    <button type="submit">로그인</button>
</form>

<script src="https://cdn.jsdelivr.net/npm/axios/dist/axios.min.js"></script>
<script>
    const axiosInstance = axios.create({
        baseURL: "http://homestead.test",
        withCredentials: true,
        headers: {
            'X-Requested-With': 'XMLHttpRequest',
            'Accept': 'application/json'
        }
    })
</script>
```

자사 SPA로 인증을 처리하려면 먼저 /sanctum/csrf-cookie로 CSRF TOKEN을 초기화해줄 필요가 있다.

```
document.querySelector('form').addEventListener('submit', e => {
    const form = e.target;
    e.preventDefault()

    const email = form.elements.email.value
    const password = form.elements.password.value

    axiosInstance.get('/sanctum/csrf-cookie').then(response => {
        ...
    })
})
```

하지만, 로그인을 시도하면 에러가 난다. CORS 때문이다. CORS는 브라우저에서 보안을 위해 다른 사이트에 요청을 던질 때 나오는 장치이며 서버에서 허용하지 않은 클라이언트는 요청을 받지 않는다.

Access to XMLHttpRequest at 'http://homestead.test/sanctum/csrf-cookie' from origin 'http://service.homestead.test' has been blocked by CORS policy: ...

라라벨로 돌아가서 config/cors.php로 가보자. Paths에서 Cors를 허용할 경로를 적어주고, 이후 allowed_로 시작하는 methods에는 HTTP 메서드를, origins에는 클라이언트 주소를, headers에는 헤더를 적는다. *가 의미하는 것은 모든 메서드 및 클라이언트, 헤더를 전부 허용하겠다는 의미가 된다.

```
return [
    'paths' => ['api/*', 'sanctum/csrf-cookie'],
    'allowed_methods' => ['*'],
    'allowed_origins' => ['*'],
    'allowed_origins_patterns' => [],
```

```
    'allowed_headers' => ['*'],
    'exposed_headers' => []
    'max_age' => 0,
    'supports_credentials' => false,
];
```

SPA에서 로그인을 할 수 있도록 paths와 supports_credentials를 바꿔야 한다. 특히 paths에는 csrf-cookie 이외에도 인증을 해야 하기 때문에 login 라우트를 추가할 필요가 있다. supports_credentials는 Axios의 withCredentials와 관련성이 있다.

```
return [
    'paths' => [..., 'login'],
    'supports_credentials' => true,
];
```

이제 다시 클라이언트에서 /sanctum/csrf-cookie로 요청을 던지면 XSRF-TOKEN이 쿠키에 설정된다. 이제 다음 요청 시에 XSRF-TOKEN 쿠키가 포함될 것이다.

여기서 설정된 CSRF 토큰은 쿠키와 함께 X-XSRF-TOKEN 헤더와 첨부되어야 하는데, Axios와 같은 자바스크립트 라이브러리에서는 자동으로 첨부한다. 만약 X-XSRF-TOKEN이 XSRF-TOKEN의 값으로 설정되어 있지 않다면 수동으로 설정해야 한다.

Set-Cookie: XSRF-TOKEN=...; expires=Sat, 30 Jul 2022 10:04:11 GMT; Max-Age=7200; path=/; domain=.homestead.test; samesite=lax

CSRF TOKEN을 초기화한 이후에는 로그인을 진행해야 하는데, POST /login으로 직접 요청을 보내면 실제로 라라벨 애플리케이션에서 로그인이 처리된다. 이메일 및 비밀번호는 users 테이블을 참고해서 넣자.

```
axiosInstance.get('/sanctum/csrf-cookie').then(response => {
    axiosInstance.post('/login', { email, password }).then(async response
 => {
        //
    })
})
```

아이디와 패스워드를 올바르게 입력해도 POST /login에서 리다이렉트 응답을 던져서 에러를 유발한다. 다만 에러가 나와도 실제로 로그인이 처리되기 때문에 라라벨 어플리케이션으로 가서 로그아웃 처리를 반드시 해주어야 한다. 로그인이 된 상태로 다시 시도하면 guest 미들웨어에 의해 리다이렉트 당한다.

Access to XMLHttpRequest at 'http://homestead.test/' (redirected from 'http://homestead.test/login') from origin 'http://service.homestead.test' has been blocked by CORS policy: ...

이럴 때는 ajax 요청이라면 리다이렉트가 아닌 JSON으로 응답을 던져줄 수 있어야 한다. 다시 라라벨에서 Auth₩LoginController::login()으로 가서 $request->ajax()로 ajax 요청인지 판단할 수 있도록 처리해주자. 또 다른 방법으로는 Login 또한 API를 작성해서 처리하는 방법이 있는데, 여기서는 ajax를 처리하는 또 다른 방법을 알아보기 위해 다른 접근방식을 취해보자.

```
class LoginController extends Controller
{
    public function login(LoginRequest $request)
    {
        if ($request->ajax()) {
            return response()->json('', 200);
        }

        return redirect()->intended();
    }
}
```

라라벨에서 Ajax 요청 여부를 판단하는 결정적인 기준은 HTTP 클라이언트에서 X-Requested-With 헤더에 XMLHttpRequest의 존재 여부이다. 이 헤더가 없으면 ajax로 취급하지 않는다. 그래서 Axios 인스턴스를 만들 때 X-Requested-With를 설정한 것이다.

이제 API를 요청해보자. GET /api/blogs/{blog}/posts로 요청하는 코드는 다음과 같다. 여기서는 블로그의 이름을 그대로 하드코딩했지만, 일반적으로는 인증된 사용자의 블로그 목록을 얻어 올 수 있는 API가 제공되어서 거기에서 얻어 온다. 하지만 우리가 실제로 구현한 것은 글 API뿐이므로 하드코딩했다. 여기에서 요청 대상 블로그는 1번 사용자가 가지고 있는 블로그의 이름으로 처리했다.

```
axiosInstance.post('/login', { email, password }).then(async response => {
    const { data } = await axiosInstance.get('/api/blogs/quas-iusto-non/posts')
    console.log(data)
})
```

하지만 기대와는 달리 마지막까지 에러를 뱉는다. 그 에러란 다음과 같다.

GET http://homestead.test/api/blogs/ quas-iusto-non /posts 401 (Unauthorized)

401은 인증이 되지 않았다는 이야기다. /login으로 인증을 처리해서 넘어왔는데, 왜 인증을 처리하지 않는가? 그 이유는 최종적으로 해주어야 할 설정이 있기 때문인데, 마지막으로 라라벨로 가서 config/sanctum.php로 가자. 다른 설정은 중요하지 않고 sanctum.stateful을 살펴보아야 한다.

```
return [
    'stateful' => explode(',', env('SANCTUM_STATEFUL_DOMAINS', sprintf(
        '%s%s',
        'localhost,localhost:3000,127.0.0.1,127.0.0.1:8000,::1',
        Sanctum::currentApplicationUrlWithPort()
    ))),
```

```
];
```

SPA 인증을 할 때 여기에서 인증을 처리할 도메인을 명시하지 않으면 세션 쿠키로 인증을 받아주지 않는다. 따라서 최종적으로 여기에서 도메인을 허용해야 한다.

```
return [
    'stateful' => explode(',', env('SANCTUM_STATEFUL_DOMAINS', sprintf(
        '%s%s',
        '...,service.homestead.test',
        Sanctum::currentApplicationUrlWithPort()
    ))),
]
```

이제 더 이상 에러는 나지 않을 것이다. 이제 클라이언트에서 요청이 수행되면 콘솔에 다음과 같이 출력된다.

data: Array(5)

0: {id: 50, blog_id: 1, title: 'Hello, world', content: 'Hello, world', created_at: '2022-07-29T15:52:10.000000Z', …}

1: {id: 49, blog_id: 1, title: 'Hello, world', content: 'Hello, world', created_at: '2022-07-29T08:09:04.000000Z', …}

7.9.1 라라벨 Axios

한 가지 더 이야기하자면, 라라벨에는 Axios를 기본적으로 포함하는 코드가 이미 작성되어 있다. resources/js/boostrap.js에서 다음과 같은 코드를 찾을 수 있다. 이미 X-Requested-With가 설정되어 있어서 라라벨 내부의 블레이드에서 ajax를 사용할 때는 외부에서 라이브러리를 포함할 필요는 없다.

```
import axios from 'axios';
window.axios = axios;

window.axios.defaults.headers.common['X-Requested-With'] =
'XMLHttpRequest';
```

7.9.2 테스트

POST /login에 ajax로 응답하는 것을 추가했으므로 테스트를 추가해주자. 헤더에 X-Requested-With에 XMLHttpRequest라는 값을 설정하고 인증을 요청한 뒤에, 리다이렉트가 아닌 200 OK를 반환하는지 검증한다.

```
class LoginControllerTest extends TestCase
{
    public function testAjaxLoginForValidCredentials(): void
    {
        $user = User::factory()->create();

        $this->postJson(route('login'), [
            'email' => $user->email,
            'password' => 'password',
        ], [
            'X-Requested-With' => 'XMLHttpRequest',
        ])
        ->assertOk();

        $this->assertAuthenticated();
    }
}
```

7.10 JWT(Json Web Token) 인증

마지막으로 알아볼 것은 JWT(Json Web Token) 인증이다. 작은 프로젝트에 토큰과 관련된 인증 수단이 여러 개 있는 것은 흔한 일은 아니지만, 라라벨에서 JWT 토큰을 사용하기 위한 방법을 알아보기 위해서 이야기해보기로 했다. JWT 는 라라벨 생텀처럼 토큰을 가지고 지지고 볶는 방식으로 운용되고 RESTful API와 같은 무상태(Stateless) 환경에서 사용되며, 헤더 또한 Authroization을 사용하는데, PAT(Personal Access Token)인 라라벨 생텀의 토큰과는 사뭇 다른 점이 있다. JWT를 사용할 때는 personal_access_tokens과 같은 별도의 테이블이 존재하지 않는다. 별도의 테이블이 없다는 것은 토큰의 정보를 서버에 저장하지 않는다는 이야기로 해석한다. 그럼 검증을 도대체 어떻게 하는가? 이 부분에 대해서 조금 더 알아볼 필요가 있다. 라라벨에서 JWT를 사용하는 방법도 중요하지만, JWT와 관련된 설정을 대략적으로 이해하기 위해서는 JWT의 구조부터 파악하는 것이 좋다. 이미 알고 있다면 넘어가도 된다.

7.10.1 JWT(Json Web Token) 인증

JWT 는 라라벨 생텀의 토큰과 차이가 있는데, JWT는 토큰에서 정보를 자체적으로 가지고 있는 자기포함(Self-Contained)이라는 특성을 가지고 있다. 이러한 구조는 RFC 7519(https://datatracker.ietf.org/doc/html/rfc7519)에 명세되어 있으며 이는 상당히 흥미로운데, 토큰이 자체적으로 정보를 가지고 있다는 것은 저장하고 있는 정보가 많으면 토큰이 커질 수도 있다는 것을 의미하고, 서버의 부담을 줄여주는 것과 동시에 토큰에서 자체적인 보안 요소를 탑재하고 있음을 의미한다. JWT를 직접 구현해본 적이 있다면 토큰이 암호화 알고리즘과, 해싱을 비롯한 암호화 알고리즘에 따라 공개키/개인키를 사용한 전자서명으로 구성되어 있음을 알고 있을 것이다.

JWT 의 구조를 살펴보자. JWT는 Header, Payload, Signature로 구성된다. 또한 각 요소는 . 으로 구분된다. Header에는 JWT에서 사용할 타입과 해시 알고리즘의 종류가 담겨있으며 Payload는 서버에서 첨부한 사용자의 정보와 데이터가 담겨있다. 즉, 데이터 자체는 암호화되거나 보호되지 않고 외부로 노출되어 있다. 전자서명으로 데이터의 조작 여부는 검증될 것이지만, 토큰에 데이터가 노출되어 있으므로 토큰이 노출된다는 것은 심각한 보안의 문제를 초래한다. 토큰 노출에 의한 보안 문제는 비단 JWT 뿐만 아니라 OAuth2, PAT, Session도 마찬가지다. Header의 경우 다음과 같이 생겼다. typ에 JWT 라는 값은 사실상 고정이며 alg는 토큰에 사용된 암호화 알고리즘을 의미한다.

```
{
  "typ": "JWT",
  "alg": "HS256"
}
```

또한 토큰에 저장된 사용자의 정보와 데이터를 Payload 라고 표현했지만, JWT 에서는 Claims 라는 형태를 저장하고 있다. 이미 등록되어 있는 클레임도 있으며 이는 RFC 7519(https://datatracker.ietf.org/doc/html/rfc7519#section-4)에 자세히 기술되어 있다. 간단하게 살펴보자면 JWT에 등록된 클레임은 iss, sub, aud, exp, nbf, iat, jti 가 있으나 우리는 aud 빼고는 내부적으로 전부 사용한다. 다만 이러한 클레임을 직접 쓰지는 않을 것이다. iss(Issuer)는 토큰의 생성처인 http://homestead.test를 가지고 있을 것이고, sub(Subject)는 주체가 되는 사용자의 식별자, 즉, User 모델의 id가 될 것이다. exp(Expiration Time)은 유효기간 타임스탬프이며 해당 기간이 지나면 토큰이 유효해서는 안 된다. nbf(Not Before) 또한 타임스탬프이며 기록된 시각의 이전에는 토큰이 유효하게 처리되어서는 안 된다는 것을 의미한다. iat(Issued at)은 토큰이 발행된 시각을 의미하고, 마지막으로 jti(JWT ID)은 내부적으로 부여된 jwt 토큰에 대한 고유한 id를 의미한다.

마지막으로 Signature 에는 Header, Payload 를 Base64 URL-safe Encode 한 이후 Header 에 명시된 해시함수를 적용하고, 비밀키(Secret Key)로 서명한 전자서명이 담겨있다. 다음과 같이 암호화 알고리즘으로 타원곡선암호화(ECDSA)를 사용하고 SHA256 으로 해싱하는 방식을 ES256 로 생성한 전자서명이라고 한다. 전자서명을 만들 때 비밀키를 사용했는데, 비밀키와 공개키는 페어로 있으므로 복호화를 할 때는 공개키를 사용한다.

Sig = ECDSA(SHA256(B64(Header).B64(Payload)), PrivateKey)

생성된 전자서명으로 JWT 토큰을 구성하면 다음과 같이 구성되는데 생성된 전자서명을 또다시 Base64 URL-safe Encode 처리했다. 전자서명은 데이터의 변조를 확인할 수 있는 중요한 정보이다. 만약 데이터가 위조되거나 하면 전자서명으로 인해 검증을 통과할 수 없게 된다.

JWT = B64(Header).B64(Payload).B64(Sig)

우리가 라라벨에 사용할 JWT 토큰은 기본적으로는 ES256이 아닌, HS256이다. 적절한 방법으로 공개키/비밀키 페어를 생성하게 된다면 ES256도 사용이 충분히 가능하다. 따라서 HS256 뿐만 아니라 ES256을 사용하는 것도 같이해볼 예정이다. HS256 방식은 개인키와 공개키 페어가 요구되지 않고 하나의 키만 요구된다. 암호화에 HMAC(keyed-Hash Message Authentication Code, Hash-based Message Authentication Code) 알고리즘이 사용되며 해시함수로 SHA256이 사용되었다. HMAC가 내부적으로 어떻게 동작하는지 우리는 몰라도 된다. 암호학을 공부한 적이 없으므로 나도 모른다. 단지, 이 HMAC를 사용할 때 파라미터로 암호화할 메시지와 비밀키가 요구된다는 것과, 그 결과가 해시값이라는 것이 중요하다.

7.10.2 설정

라라벨에서 JWT 를 사용하기 위해 사용되는 것 중 tymondesigns/jwt-auth(https://github.com/tymondesigns/jwt-auth)가 가장 나은 패키지로 유명하지만, 패치가 지속으로 이루어지지 않고 있다는 점 때문에 포크되어 새로운 패키지인 PHP-Open-Source-Saver/jwt-auth(https://github.com/PHP-Open-Source-Saver/jwt-auth)로 사용할 수 있다. 구버전의 라라벨에서는 전자로 사용할 수 있으나 최신 버전의 라라벨에서는 전자가 동작하지 않을 수 있으므로 새로 포크된 라이브러리를 사용해보는 것이 좋다. 이 책에서도 후자를 사용한다. 간단하게 컴포저로 설치한다. 이후 설정 파일을 퍼블리싱한다.

```
$ composer require php-open-source-saver/jwt-auth

$ php artisan vendor:publish --provider="PHPOpenSourceSaver\JWTAuth\Provid-
```

ers\LaravelServiceProvider"

이 과정이 끝나면 config/jwt.php라는 설정 파일이 생성되는데, 살펴볼 만한 부분으로는 다음과 같은 내용이 있다.

```
return [
    'secret' => env('JWT_SECRET'),
    'keys' => [
        'public' => env('JWT_PUBLIC_KEY'),
        'private' => env('JWT_PRIVATE_KEY'),
    ],
    'ttl' => env('JWT_TTL', 60),
    'refresh_ttl' => env('JWT_REFRESH_TTL', 20160),
    'algo' => env('JWT_ALGO', 'HS256'),
    'required_claims' => [
        'iss', 'iat', 'exp', 'nbf', 'sub', 'jti',
    ],
];
```

우리가 JWT의 구조를 먼저 살펴본 이유는 설정 파일을 조금 더 잘 이해하기 위함이다. 생략한 내용이 있긴 하지만, 그 내용들은 보안에 대한 내용이기도 해서 생략했다. 기본값을 사용해도 괜찮다. jwt.secret은 HMAC에 사용할 비밀키를 의미한다. 키를 생성하는 방법도 제공하고 있으므로 추후 사용해보자. jwt.keys.public, jwt.keys.private는 ES256와 같은 알고리즘에서 사용할 공개키/비밀키를 제공할 수 있다. 키페어를 생성하는 것도 명령어로 제공한다. 그래서 둘 다 시도해볼 수 있다. ttl(Time to Live)은 토큰이 발급 이후 살아있을 수 있는 시간을 의미한다. 단위는 '분'이며 60분을 의미한다. 토큰을 생성할 때는 저것보다는 많은 시간을 부여할 수 있다. refresh_ttl은 토큰이 만료되더라도 다시 갱신을 요청할 수 있는 기간을 의미한다. 2주가 기본값으로 지정되어 있다. jwt.algo 는 토큰 생성에 사용할 알고리즘을 의미한다. HS256이 기본값으로 지정되어 있다. 마지막으로 required_claims는 Payload 에서 사용할 Registered Claims가 나열되어 있다.

이제 HS256에 사용할 비밀키를 생성해보자. 간단하게 php artisan jwt:secret으로 생성할 수 있으며 .env에 JWT_SECRET의 값이 할당된다.

```
$ php artisan jwt:secret
```

ES256과 같이 공개키/비밀키가 요구되는 알고리즘을 사용하기 위해서는 키페어를 생성해야 하는데, 이 또한 제공하고 있다. php artisan jwt:generate-certs를 사용해보자. --algo의 ec는 ECDSA를 의미하고, --curve는 ECDSA 에서 사용할 곡선을 의미한다. --sha는 해시 함수를 의미한다.

```
vagrant@homestead:~/code$ php artisan jwt:generate-certs --force --algo=ec
--curve=prime256v1 --sha=256
```

이 과정이 완료되면 storage/certs/jwt-ec-4096-private.pem, jwt-ec-4096-public.pem이 생성되는데 이는 각 비밀키와 공개키를 의미한다. .env 에 다음과 같이 설정해보자.

```
JWT_ALGO=ES256
JWT_PRIVATE_KEY=file://storage/certs/jwt-ec-4096-private.pem
JWT_PUBLIC_KEY=file://storage/certs/jwt-ec-4096-public.pem
JWT_PASSPHRASE=
```

7.10.3 모델

JWT를 사용하기 위해서는 모델에 PHPOpenSourceSaver\JWTAuth\Contracts\JWTSubject를 구현해야만 한다. 구현해야 하는 메서드는 JWTSubject::getJWTIdentifier(), getJWTCustomClaims()이다. getJWTIdentifier()에서 반환하는 값은 sub에 사용된다. getJWTCustomClaims()는 Registered Claims 이외에 추가적으로 지정할 클레임들을 의미하는데, 우리는 지정하지 않을 예정이다.

```php
use PHPOpenSourceSaver\JWTAuth\Contracts\JWTSubject;

class User extends Authenticatable implements JWTSubject
{
    public function getJWTIdentifier()
    {
        return $this->getKey();
    }

    public function getJWTCustomClaims()
    {
        return [];
    }
}
```

7.10.4 Auth Guards

라라벨에서는 Auth Guards라는 개념이 존재하는데 로그인에 따라 할 수 있는 행동이나 특징과 같은 점을 고려하고 분류하여 나눈 것이라고 볼 수 있다. 가장 자주 쓰일 수 있는 사례는 세션을 사용하는 로그인은 web 가드를 사용하고 토큰 기반인증은 api 가드를 사용하는 것이다. 라라벨 생텀이 있기 전에는 가드로 web, api 가드가 설정되어 있었으나 생텀에서 web 가드를 같이 사용하게 되면서 api 가드는 기본 가드 목록에서 빠지게 되었다. Auth Guards는 로그인 하는 유저의 역할에 따라서도 분리할 수 있겠다. 예를 들어서 구인구직 플랫폼이라면 구직자와 구인자가 서비스에서 할 수 있는 일이 명확히 다르고 사용할 수 있는 서비스도 면밀하게 분리되기 때문에 가드를 나눠서 관리해볼 수도 있겠다. 가드는 이처럼 인증 방법이 전혀 다르거나, 인증 단계에서 명확하게 사용자의 형태를 분리해야 하는 경우에 사용해볼 법하다.

JWT에서 이 이야기를 하는 이유는, api 가드를 정의할 것이기 때문이다. auth.guards 설정에 새로운 가드를 추가해보자. 기본적으로 웹에서 소셜로그인을 하거나 아이디와 비밀번호를 사용하는 것은 web 가드를 사용한 것이다. 라라벨 생텀도 sanctum.guard를 보면 알겠지만, web 가드를 사용하고 있다.

```
'guards' => [
    'web' => [
        'driver' => 'session',
        'provider' => 'users',
    ],
    'api' => [
        'driver' => 'jwt',
        'provider' => 'users',
    ],
]
```

auth.guards에 새로운 api 가드를 추가했으며 드라이버로는 jwt를 사용할 것을 설정했다. 이제부터 브라우저에서 세션으로 인증한 유저와 토큰으로 인증한 유저는 전혀 다른 사용자 형태로 분류될 것이다. 만일 프로젝트에서 API 서비스만을 중점적으로 제공한다면 기본 인증 가드를 api 가드로 설정해버릴 수도 있다. auth.defaults에서 설정할 수 있는데, 우리는 하지 않고 넘어간다.

```
'defaults' => [
    'guard' => 'api'
    'passwords' => 'users',
],
```

라라벨에서는 새로운 사용자 가드를 정의하는 것도 지원하는데, 이 내용은 이 책의 주제에서 벗어나므로 공식문서(https://laravel.com/docs/10.x/authentication)를 참고하면 알 수 있다. 사실 사용자 정의 가드를 직접 정의하는 일은 그렇게 많지 않기도 하고 필요하다면 오픈소스에서 찾아보는 것이 더 빠를 수도 있다.

7.10.5 라우팅 & 컨트롤러

JWT를 위한 라우팅과 컨트롤러를 구성해보자. 기본적으로 로그인을 위한 컨트롤러랑 별반 다르지 않지만, JWT는 API를 위한 토큰 기반 인증을 제공하므로 JSON을 반환하는 것이 대부분이고 클라이언트 또한 브라우저가 아닌 다른 HTTP 클라이언트로 처리하고는 한다. Auth Guards를 사용하여 따로 분리한 것에는 그만한 이유가 있는 것이다. 하지만 라우트 구성은 비슷한데, 살펴보면 JWT는 토큰의 갱신 라우트가 포함되어 있으며 그 외에는 로그인과 로그아웃을 할 수 있도록 제공하고 있다. 미들웨어를 정의할 때 auth:api라고 쓰인 것은 api 인증 가드를 사용하라는 의미가 된다.

```
$ php artisan make:controller Auth\\JwtLoginController
```

```php
// routes/auth.php
Route::withoutMiddleware('web')->middleware('api')->group(function () {
    Route::controller(\App\Http\Controllers\Auth\
JwtLoginController::class)->group(function () {
        Route::name('jwt.')->prefix('jwt')->group(function () {
            Route::post('login', 'store')
                ->name('login');
            Route::middleware('auth:api')->group(function () {
                Route::put('refresh', 'update')
                    ->name('refresh');
                Route::delete('logout', 'destroy')
                    ->name('logout');
            });
        });
    });
});
```

7.10.6 구현

세션 기반으로 구현되어 있던 로그인 컨트롤러와 큰 차이라면 최초 인증 이후 API를 사용하기 위해 토큰을 반환한다는 점이다. 핵심적인 코드는 로그인에서 토큰 생성 이후 반환하는 것이므로 먼저 살펴보자. JwtLoginController::store()에서는 LoginController와 마찬가지로 이메일과 비밀번호를 받아서 로그인하는데, 여기서 auth()가 아니라 auth('api')를 사용하고 있음을 볼 수 있다. 이는 인증 가드를 수동으로 지정해준 형태이다. JWT를 인증 드라이버로 사용할 경우, auth('api')는 PHPOpenSourceSaver\JWTAuth\JWTGuard를 반환하고, 사용할 수 있는 API도 라라벨의 세션 인증 가드하고 약간의 차이는 있으나 사용법에는 큰 차이가 없다. 하지만 JWTGuard::attempt()가 boolean 값이 아닌 토큰을 반환한다는 점에 있어서는 주의해서 살펴볼 필요가 있다.

```
$ php artisan make:request JwtLoginRequest
```

```php
// app/Http/Requests/JwtLoginRequest.php
class JwtLoginRequest extends FormRequest
{
    public function rules()
    {
        return [
            'email' => 'required|email|exists:users|max:255',
            'password' => ['required', 'max:255', Password::defaults()],
        ];
    }
}

// app/Http/Controllers/JwtLoginController.php
use App\Http\Requests\JwtLoginRequest;

class JwtLoginController extends Controller
{
    public function store(JwtLoginRequest $request)
    {
        if (! $token = $this->guard()->attempt($request->validated())) {
            return response()->json(['error' => 'Unauthorized'], 401);
        }

        return $this->respondWithToken($token);
    }
```

```php
    private function guard()
    {
        $guard = auth('api');

        return $guard;
    }

    private function respondWithToken(string $token)
    {
        return response()->json([
            'access_token' => $token,
            'token_type' => 'bearer',
            'expires_in' => $this->guard()->factory()->getTTL() * 60,
        ]);
    }
}
```

JwtLoginController::respondWithToken()에서는 최초 인증의 결과로 받아온 토큰과 함께 토큰의 타입, 그리고 유효기간을 반환한다. $guard->factory()->getTTL()은 jwt.ttl이 반환될 것이다. JWT는 bearer 타입의 토큰을 가지고 있는데, 이는 OAuth 2 인증의 Access Token도 마찬가지의 타입을 가지고 있다. 이제 작성한 라우트를 HTTP 클라이언트로 테스트해보면 다음과 같은 결과가 나온다. 만약 팅커에서 실행할 때 토큰 생성 관련해서 에러를 유발하면 공개키/개인키 부분에서 문제가 발생할 수도 있으므로 JWT_SECRET 이외에 JWT와 관련된 다른 환경 설정을 주석 처리하고 다시 한번 테스트하면 된다.

```
vagrant@homestead:~/code$ php artisan tinker
> $email = 'reinger.eleazar@example.com';
> $password = 'password';
> Http::post(route('jwt.login'), compact('email', 'password'))->json()
= [
    "access_token" => "eyJ0eXAiOiJKV1QiLCJhbGciOiJIUzI1NiJ9.eyJpc3MiOiJodHR-
wOi8vaG9tZXN0ZWFkLnRlc3Qvand0L2xvZ2luIiwiaWF0IjoxNjY5MDI1NTI3LCJleHAiOjE2Njkw-
MjkxMjcsIm5iZiI6MTY2OTAyNTUyNywianRpIjoiM3dyMlVDTTBVa09ScmZ0dyIsInN1YiI6IjEiL-
```

```
CJwcnYiOiIyM2JkNWM4OTQ5ZjYwMGFkYjM5ZTcwMWM0MDA4NzJkYjdhNTk3NmY3In0.4Q93gmYt-
THtsV1f4T77SKOWmQxT1L7mv5slxGQD5IP8",
    "token_type" => "bearer",
    "expires_in" => 3600,
]
```

이제 토큰을 갱신하고 수정하는 작업을 거쳐보자. 기존에 생성했던 토큰값을 가지고 새로 갱신해야 하는데, 단순하게 인증을 얻어 온 뒤, JWTGuard::refresh()을 호출해주기만 하면 끝이다.

```
class JwtLoginController extends Controller
{
    public function update()
    {
        return $this->respondWithToken($this->guard()->refresh());
    }
}
```

토큰 갱신 요청을 하기 위해서는 Authorization 헤더에 토큰을 첨부해야 한다. Http::withToken()으로 첨부한 다음 요청해보자. 토큰이 갱신되면 유효기간도 갱신될 것이다.

```
vagrant@homestead:~/code$ php artisan tinker
> $token = "..."
> Http::withToken($token)->put(route('jwt.refresh'))->json();
= [
    "access_token" => "eyJ0eXAiOiJKV1QiLCJhbGciOiJIUzI1NiJ9.eyJpc3MiOi-
JodHRwOi8vaG9tZXN0ZWFkLnRlc3Qvand0L3JlZnJlc2giLCJpYXQiOjE2NjkwMjU1MjcsIm-
V4cCI6MTY2OTAyOTg0MiwibmJmIjoxNjY5MDI2MjQyLCJqdGkiOiJyN0p6QlllOW5CQXpMU-
VBtIiwic3ViIjoiMSIsInBydiI6IjIzYmQ1Yzg5NDlmNjAwYWRiMzllNzAxYzQwMDg3MmRi-
N2E1OTc2ZjcifQ.qgvwTO7nInGOGwPWJY5HcNtPMH2FXnXtgNLWwGZ_BxM",
    "token_type" => "bearer",
    "expires_in" => 3600,
]
```

마지막으로 로그아웃은 간단하다. 마찬가지로 인증을 얻어 오고 JWTGuard::logout()을 호출해주면 되고, 그 이후 invalidate()를 사용해서 토큰을 무효화해 버리자.

```php
class JwtLoginController extends Controller
{
    public function destroy()
    {
        $guard = $this->guard();

        $guard->logout();
        $guard->invalidate();

        return response()->json(['message' => 'Successfully logged out']);
    }
}
```

```
vagrant@homestead:~/code$ php artisan tinker
> $token = "..."
> Http::withToken($token)->delete(route('jwt.logout'))->json();
= [
    "message" => "Successfully logged out",
  ]
```

7.10.7 테스트

JwtLoginController를 테스트해보자. HTTP 클라이언트로 테스트했던 것과 그대로 해주면 되기 때문에 별 차이는 없을 것이다. 요청을 던지고 나서, 응답으로 온 json을 검증하는 것까지, 이미 다 해보았던 내용이다.

```
$ php artisan make:test Http\\Controllers\\Auth\\JwtLoginControllerTest
```

한 가지 살펴보아야 하는 점이 있다면, 토큰의 유효성까지 검증하는 일이다. 이 일은 내부적으로 해주기 때문에 본래 신경쓰지 않아도 된다. jwt-auth(https://laravel-jwt-auth.readthedocs.io)에도 기재되어 있지 않은 내용이다. 그러나 조금 더 정확한 테스트를 위해서 토큰의 유효성을 검증하는 일도 해보는 것이 좋다고 판단했다. 라이브러리의 내부 코드를 뜯어봐야만 가능한 만큼 직접 찾기에는 조금 더 시간이 들지만, 테스트에 사용하기에는 적합하다. 결론적으로 토큰의 유효성 검사는 PHPOpenSourceSaver\JWTAuth\JWT::check()에서 발생하고, 그 토큰은 JWT::setToken()으로 지정할 수 있다.

JwtLoginController::update(), destroy()가 동작하기 위해서는 유효한 토큰이 필요하다. 이러한 토큰은 JWTGuard::attempt()의 내부 코드를 살펴보면 JWTGuard::login()에서 생성하고 있음을 알 수 있다. 유효한 토큰을 생성하려면 JWTGuard::login()을 호출하자. 토큰이 유효한지 검증하는 것보다, 토큰이 유효하지 않은지 검증하는 것이 더 중요하다. testUpdate()를 주목하자. 갱신 이후에는 이전 토큰은 유효하지 않다. 반면 새로 갱신한 토큰은 유효하다.

```php
use App\Models\User;
use Illuminate\Foundation\Testing\RefreshDatabase;
use Illuminate\Foundation\Testing\WithFaker;
use Illuminate\Testing\Fluent\AssertableJson;
use PHPOpenSourceSaver\JWTAuth\JWT;
use Tests\TestCase;

class JwtLoginControllerTest extends TestCase
{
    use RefreshDatabase, WithFaker;

    public function testCreateJwtForValidCredentials()
    {
        $user = User::factory()->create();

        $response = $this->post(route('jwt.login'), [
            'email' => $user->email,
            'password' => 'password',
        ])
            ->assertJson(function (AssertableJson $json) {
```

```php
                $json->hasAll(['access_token', 'token_type', 'expires_in']);
            })
            ->assertSuccessful();

        $this->assertAuthenticated('api');

        $this->assertTrue(
            app(JWT::class)->setToken(
                $response->json()['access_token']
            )->check()
        );
    }

    public function testFailToCreateJwtForInvalidCredentials()
    {
        $user = User::factory()->create();

        $this->post(route('jwt.login'), [
            'email' => $user->email,
            'password' => $this->faker->password(8),
        ])
            ->assertJson(function (AssertableJson $json) {
                $json->has('error');
            })
            ->assertUnauthorized();

        $this->assertGuest('api');
    }

    public function testRefreshJwt()
    {
        $user = User::factory()->create();

        $token = auth('api')->login($user);

        $response = $this->withToken($token)
```

```php
                ->put(route('jwt.refresh'))
                ->assertJson(function (AssertableJson $json) {
                    $json->hasAll(['access_token', 'token_type', 'expires_in']);
                })
                ->assertSuccessful();

        $this->assertTrue(
            app(JWT::class)->setToken(
                $response->json()['access_token']
            )->check()
        );

        $this->assertFalse(
            app(JWT::class)->setToken($token)->check()
        );
    }

    public function testDeleteJwt()
    {
        $user = User::factory()->create();

        $token = auth('api')->login($user);

        $this->withToken($token)
            ->delete(route('jwt.logout'))
            ->assertJson(function (AssertableJson $json) {
                $json->has('message');
            })
            ->assertSuccessful();

        $this->assertGuest('api');

        $this->assertFalse(
            app(JWT::class)->setToken($token)->check()
        );
```

```
        }
}
```

```
vagrant@homestead:~/code$ artx
Http/Controllers/Auth/JwtLoginController ... 100 %
```

CHAPTER 08
배포

8.1 프로비저닝
8.2 Laravel Envoy
8.3 점검모드

시작하면서...

배포에 대해 간단하게 알아보자. 최근에는 AWS 와 같은 다양한 클라우드 서비스에 코드를 배포하는 일도 많아졌는데, 라라벨에는 이를 위한 유용한 도구가 있다. 라라벨에서 공식적으로 이야기하고 있는 도구는 두 가지로 서버 프로비저닝 및 배포를 위한 Laravel Forge(https://forge.laravel.com), 서버리스를 위한 Laravel Vapor (https://vapor.laravel.com)다. 이 둘은 라라벨의 공식문서에 나와있는 서비스이며 기본적으로는 유료이다. 또한 무중단 배포를 위한 Laravel Envoyer(https://envoyer.io) 라는 것도 있는데, 이 또한 유료 서비스이다. 서버를 프로비저닝하고 배포하는 일은 위의 서비스를 사용하는 것이 가장 좋은 방법이라고 볼 수 있다. 하지만, 이들은 기본적으로는 유료라는 점을 주목할 필요가 있다. 그래서 이번 챕터에는 정말 간단하게 배포를 구성해볼 예정이다.

8.1 프로비저닝

배포를 하려면 서버를 준비해야 한다. 프로젝트에 사용한 웹서버와 데이터베이스, 검색엔진 등을 준비해야 할 것이다. 하지만 이런 일을 이 책에서 직접하기에는 너무나도 주제를 벗어나게 될 것이며, 설치를 하다가 오류를 마주할 가능성도 정말 크다. 그럼, 클라우드로 서버를 마련하고 라라벨 포지를 써서 서버를 프로비저닝 할까? 하지만 그러지는 않을 것이다. 등잔 밑이 어두운 법, 우리는 이미 라라벨의 전문가가 프로비저닝한 무료 서버를 가지고 있다. 바로 홈스테드다.

그렇다. 우리는 홈스테드에 배포할 것이다. AWS, Heroku와 같은 클라우드 서비스가 아닌 홈스테드에 배포한다. 배포한다고는 해도 외부에 프로젝트가 공개되지는 않을 것이기도 해서 상당히 의문이 들 것이지만, 어차피 라라벨은 서버가 클라우드든, 가상서버든, 로컬이든, 웹호스팅이든 상관없이 프로비저닝만 제대로 처리되어있다면 구동에는 문제가 없다. 그래서 기본적으로는 AWS EC2, 가상서버, 웹호스팅에 배포하는 것과 홈스테드에 배포하는 것은 과정의 측면에서 큰 차이를 보이지 않는다. 이 이야기에서 우리는 로드 밸런서와 분산 서버 및 CDN과 같은 복잡한 이야기는 언급하지 않으며 지극히 단순한 배포에 한정한다. 하지만 규모가 작은 서비스에서는 지금의 배포방식도 충분히 가능하다. 물론 서버는 홈스테드가 아닌 상용 서버여야 하고 프로비저닝은 라라벨 포지로, 배포는 엔보이어로 하면 될 것이다. 라라벨 포지와 엔보이어에 지불하기 아깝다면 아래의 내용을 참고해도 좋다.

라라벨 홈스테드를 재설정하고 프로비저닝해보자. 우리는 /home/vagrant/app에 서비스가 위치하게 될 것이다. 기존에 개발하던 프로젝트는 /home/vagrant/code에 매핑이 되어 있을 것인데, 개발에 사용 중인 프로젝트와는 별개로 깃허브에 업로드되어 있는 프로젝트를 홈스테드에 복제하여 구동이 되도록 할 예정이다. 홈스테드에 새로운 사이트를 등록하는 일은 전혀 어렵지 않다. Homestead.yml을 열고 sites 다음과 같이 새로운 사이트를 추가해보자. 참고로 홈스테드의 공식문서에는 folders에도 폴더를 매핑하라고 되어있는데, 지금과 같은 특수한 경우에는 개발 프로젝트와의 매핑을 빼면 그 어떠한 폴더 매핑도 추가해줄 필요가 없다.

```
sites:
    - map: app.homestead.test
      to: /home/vagrant/app/public
```

그다음, 홈스테드를 프로비저닝해준다. 시간이 조금 소요가 될 텐데, 기다려주자. 직접 서버를 프로비저닝하는 것보다야 지금으로서는 배포 그 자체만을 알아가기에 있어서 더 나은 방법이다. 게다가 홈스테드는 현재의 개발환경과 완전히 동일한 환경에서 동작하는 것이기 때문에 프로비저닝으로 인해 발생하는 오류는 생각하지 않아도 된다. 어플리케이션이 동작하지 않는다면, 배포과정에서 문제가 발생했음을 알 수 있다. 명령어는 간단하게 vagrant reload --provision이면 끝이다.

```
$ vagrant reload --provision
```

그다음 hosts 파일을 바꿔주는 것도 잊지 말자. Ip는 그대로 192.168.56.56이며 대신에 도메인이 하나 더 추가되었을 뿐이다.

```
192.168.56.56 app.homestead.test
```

사이트가 제대로 잘 설정되었는지 확인하고 싶다면 홈스테드에 /home/vagrant/app/public/index.php 를 생성하고 app.homestead.test 에 접속해서 테스트해보면 된다. 이 과정이 되지 않으면 다음 단계로 넘어가지 말자.

```
vagrant@homestead:~$ mkdir -p ~/app/public
vagrant@homestead:~$ vi ~/app/public/index.php
```

```
<?php

phpinfo();
```

8.2 Laravel Envoy

라라벨 엔보이(Laravel Envoy)는 SSH 를 통해 원격서버에 접속하고 태스크(Task)라는 단위의 명령어 집합을 실행하는 도구이다. 원격서버에서 의존성을 설치하고 깃허브 프로젝트의 클론을 만드는 스크립트를 작성하는 것이 가능하다는 이야기다. 먼저, 엔보이를 설치해보자.

```
$ composer require laravel/envoy --dev
```

8.2.1 Envoy.blade.php

엔보이로 원격서버에 실행할 태스크는 블레이드 템플릿으로 작성한다. Envoy.blade.php를 만들어보자. php vendor/bin/envoy init으로도 엔보이를 위한 파일을 만들 수 있으며 원격서버의 호스트 정보를 받는다. 우리는 홈스테드에 배포할 것이므로 vagrant@homestead로 설정했다.

```
# php vendor/bin/envoy init vagrant@homestead
$ touch Envoy.blade.php
```

먼저 원격서버 목록을 정의해야 할 필요가 있는데, 멀티서버도 지원하지만, 우리는 홈스테드에만 배포하게 될 것이므로 다음과 같이 설정할 수 있다. @servers()를 사용한다.

```
@servers(['homestead' => 'vagrant@homestead'])
```

이제 원격서버에 디렉터리들을 만들어주어야 하는데, 이 부분이 중요하다. 홈에 해당하는 /home/vagrant에는 개발 프로젝트와 매핑된 디렉터리를 제외하곤 총 3개가 필요한데, 버전에 따른 프로젝트들이 담겨있는 releases, 프로젝트가 공통으로 사용하게 될 storage, 마지막으로 배포될 서비스가 위치할 app이 있다. app은 Homestead.yml에서도 sites를 통해 설정한 바 있다. 태스크를 작성하기 전에 @setup을 사용하여 PHP 코드를 실행하여 변수를 준비하는 등의 처리가 가능하다. 다음과 같이 작성해보자. 깃허브 레포주소의 경우 깃허브에 프로젝트를 업로드한 것이 따로 있다면 그것을 지정해주면 된다.

```
@setup
    $repo = 'https://github.com/php-courses-inflearn/laravel.git';

    $releases = '~/releases';
    $app = '~/app';

    $shared = [
        '~/storage' => 'storage'
    ];
@endsetup
```

다른 것보다도 $shared에 작성된 매핑이 의문스러울 수 있다. 라라벨 프로젝트에는 애플리케이션 캐시를 비롯한 업로드 파일이 저장되어 있는 storage가 있다. 버전과는 관계없이 이는 공유되어야 한다. 따라서 이후 프로젝트에 있는 storage는 지울 것이며, 대신 /home/vagrant/storage를 이용하여 심링크(Symlink)로 연결할 것이다.

또한 서비스가 위치할 app이 releases/v0.0.1과 같이 특정버전에 심링크가 되어있는 것을 볼 수 있을 텐데, 이렇게 처리하면 나중에 다른 버전을 배포하더라도 링크만 바꿔주면 끝이다. 예를 들어서 현재 v0.0.1 버전에 링크되어 있는데, 나중에 v0.0.2 버전에 배포되면 app의 링크만 v0.0.2로 바꾸면 끝이다.

```
/vagrant/home
├─ app -> /home/vagrant/releases/v0.0.1
├─ releases/
│   ├─ v0.0.1/
│   │   ├─ storage -> /vagrant/home/storage
│   │   ├─ public/
│   │   │   ├─ index.php
├─ storage/
│   ├─ app
│   ├─ framework
```

이제 배포를 위한 태스크로 Deploy 태스크를 작성해보자. 홈스테드를 대상으로 한다는 것을 명시하는 것도 잊지 말자.

```
@task('deploy', ['on' => ['homestead']])
    {{-- --}}
@endtask
```

가장 먼저 releases를 만드는 태스크다. Mkdir -p를 사용하면 디렉터리가 이미 존재해도 에러를 뱉지는 않는다.

```
mkdir -p {{ $releases }};
```

생성된 releases 디렉터리 내부에 Git clone을 진행해주자. 여기서 -b {{ $tag }}를 부여했는데, 이는 깃허브 레포에 기록된 태그를 의미하며, 만약 예제코드가 아닌 직접 만든 깃허브 레포를 했을 때 에러를 던진다면 태그 및 릴리즈가 되어있는지 점검하자. 또한 $tag의 경우 @setup에서 정의한 바 없는데, CLI에서 생성할 때 외부에서 주입할 것이다.

```
git clone -b {{ $tag }} {{ $repo }} {{ "$releases/$tag" }}
cd {{ "$releases/$tag" }}
```

이다음으로 클론된 레포에 있는 storage를 글로벌 링크인 /home/vagrant/storage로 연결해 주어야 하는데, 코드는 가장 복잡하다. 먼저, 디렉터리가 없다면 생성하고, 그다음으로 클론된 레포에 있던 대상 디렉터리를 지운 다음 글로벌로 심링크를 만드는 코드다. 처음 접한다면 단번에 이해가 되지 않을 수도 있다.

```
@foreach ($shared as $global => $local)
    if [ ! -d {{ $global }} ]; then
        cp -r {{ $local }} {{ $global }};
    fi;

    [ -d {{ $local }} ] && rm -rf {{ $local }};
    ln -nfs {{ $global }} {{ $local }};
@endforeach
```

그 이후, 컴포저 의존성을 설치하는데, 여기서 --no-interation, --no-dev의 경우에는 각각 설치 시 yes/no와 같은 질문을 하지 말라는 것과, 그리고 개발에만 사용되는 의존성은 설치하지 말라는 뜻이다.

```
composer install --optimize-autoloader --no-interaction --no-dev
```

컴포저 의존성 설치가 되었으면 이제 php artisan이 동작한다. 파일 업로드 및 다운로드 기능을 위한 storage:link를 처리해주자.

```
php artisan storage:link
```

다음으로 넘어가기 전에 .env 에 대한 내용을 반드시 짚고 넘어가야만 한다. 라라벨 프로젝트는 기본적으로는 .env 가 로드되어야 동작한다. 하지만 개발 프로젝트에 정의된 .env 를 프로덕선용으로 바꾸는 것도, 외부에 공개되어 있는 .env.example을 프로덕트로 바꾸는 것도 해서는 안 될 일이다. 이를 대비해 .env 파일을 암호화(Encryption)하는 것을 지원하고 있다. 기존에 있던 .env의 내용을 복사하고 .env.production으로 바꿔보자. 주요하게 바꾸어야 하는 것은 APP_ENV, APP_DEBUG 이다.

```
$ touch .env.production
```

```
APP_NAME=Laravel
APP_ENV=production
APP_KEY=
APP_DEBUG=false
APP_URL=http://app.homestead.test
```

원격서버는 프로덕션 상태로 라라벨이 구동되어야 하며 환경변수로 설정된 .env.{APP_ENV}에 따라 처리될 것이다. Php artisan env:encrypt를 사용하면 환경설정 파일이 암호화되어서 공개 레포지토리에 업로드할 수 있다. 암호화 결과로 나온 키는 복호화할 때 사용되므로 기록해두자. 또는 --key로 키를 수동으로 지정해주는 것도 가능하다. 암호화 결과로는 .env.production.encrypted가 생성된다. 예제코드의 레포에도 포함되어 있을 것이다.

```
$ php artisan env:encrypt --env=production
  Key ... base64:NrvciQ92dHTVQBXb5j3Y1mRYAjjOIUhhxMGJ7eJje7E=
  Cipher ... AES-256-CBC
```

이렇게 암호화된 환경설정 파일을 배포에서 그대로 사용할 수는 없으며 복호화(Decyption)를 해주어야만 한다. $key의 경우 외부에서 주입받을 예정이다. 또한 LARAVEL_ENV_ENCRYPTION_KEY 환경변수는 설정 파일을 복호화할 때 사용할 키를 설정할 수 있으며 글로벌 환경변수로 APP_ENV를 설정하면 .env가 아닌 .env.production이 사용되도록 한다. 주목해야 하는 점은 이러한 환경설정은 배포과정에서만 유효하고 그 이후에는 유효하지 않다. 그러면 배포 이후에 어플리케이션이 구동될 때는 어떻게 해야 하는가?

```
export LARAVEL_ENV_ENCRYPTION_KEY={{ $key }}
export APP_ENV=production

php artisan env:decrypt --env=production
```

환경설정 복호화까지 끝나면 이제서야 NPM 의존성을 설치한다. NPM 의존성을 환경설명 복호화 이후 뒤늦게 프로덕션 모드로 빌드하는 이유는 resources/js/bootstrap.js에 보면 Laravel Echo를 설정할 때 import.meta.env가 사용된 것을 볼 수 있을 것이다.

```
// resources/js/bootstrap.js
window.Echo = new Echo({
    broadcaster: 'pusher',
    key: import.meta.env.VITE_PUSHER_APP_KEY,
    wsHost: window.location.hostname,
    //wsHost: import.meta.env.VITE_PUSHER_HOST ? import.meta.env.VITE_PUSHER_HOST : `ws-${import.meta.env.VITE_PUSHER_APP_CLUSTER}.pusher.com`,
    wsPort: import.meta.env.VITE_PUSHER_PORT ?? 80,
    wssPort: import.meta.env.VITE_PUSHER_PORT ?? 443,
    forceTLS: (import.meta.env.VITE_PUSHER_SCHEME ?? 'https') === 'https',
    enabledTransports: ['ws', 'wss'],
});
```

import.meta.env는 환경설정에서 바로 가져온다. 하지만, npm run build를 사용하는 경우 리터럴값으로 대체될 것이다. 빌드 과정에서 리터럴값으로 올바르게 대체하기 위해서는 반드시 환경설정의 복호화가 먼저 이루어질 필요가 있다.

```
npm ci
npm run build
```

이제 다음으로 마이그레이션을 진행해주자. php artisan migrate를 실행하면 migrations에 담긴 이력에 따라 새로 추가된 마이그레이션만 진행되겠지만, 버전에 따라 데이터베이스의 호환성을 유지하는 것은 정말 중요한 일이기 때문에 이 과정은 신중해야 한다. 마이그레이션을 잘못하면 호환성이 보장되지 않아 화를 부를 수 있으므로 데이터베이스 스키마에 대한 부분은 테스팅을 철저하게 한 다음에 진행하는 것을 권한다.

```
php artisan migrate --no-interaction --force
```

이제 최종적으로 라우트, 설정, 뷰에 대한 캐시를 만들어주는 것으로서 퍼포먼스를 향상시켜주는 최적화 작업만 해주면 되는데, 배포에 대한 공식문서(httpss://laravel.com/docs/10.x/deployment#optimization)를 살펴보면 php artisan config:cache, route:cache, view:cache가 있음을 알 수 있다. 설정 및 라우트에 대한 캐시는 bootstrap/cache에 생성된다. 뷰에 대한 캐시는 storage/framework/views에 생성된다.

config:cache

기본적으로 config 디렉터리 아래에 있는 설정 파일은 여러 파일로 분리되어 있고, .env에서 값을 불러와서 사용한다. 설정을 캐싱하면 설정 파일을 하나로 합쳐서 파일을 여러 개 읽는 것을 방지한다. 일반적으로 php artisan config:cache 명령어를 애플리케이션 배포 프로세스의 일부에서 실행하도록 해야 하고, 애플리케이션 개발 중에는 설정 옵션값이 자주 바뀔 필요가 있기 때문에, 로컬 개발환경에서는 실행하면 안 된다. 설정을 캐시하게 되면 더 이상 환경설정 파일에서 값을 불러올 수 없다. 설정에 대한 캐시를 제거하려면 phpp artisan config:clear를 쓴다.

```
$ php artisan config:cache
```

route:cache

어플리케이션이 커지는 경우 라우트를 캐싱하여 라우트 파일을 하나의 캐시파일로 만드는 것도 가능하다. 라우트를 등록하는 시간이 줄어들어서 퍼포먼스가 향상된다. 라우트 캐시를 삭제하려면 php artisan route:clear를 사용한다.

```
$ php artisan route:cache
```

view:cache

뷰를 캐싱하지 않으면 블레이드를 파싱하고 이를 인터프리터가 해석해야 하는데, 캐싱하게 되면 미리 컴파일하여 뷰를 리턴하는 요청의 성능이 향상된다. 뷰에 대한 캐시를 삭제하려면 php artisan view:clear를 사용한다.

```
$ php artisan view:cache
```

이제 다시 돌아와서 다음과 같이 최적화를 진행해주자. config:cache를 실행하는 시점에 글로벌 환경변수인 APP_ENV가 production으로 지정되어 있었기 때문에 .env가 아니라 .env.production을 대상으로 캐싱을 만들어버리게 될 것이다. 그래서 복호화가 된 이후에 설정 파일을 바꿔도 캐싱 때문에 제대로 반영되지 않을 것이다. 게다가 배포가 된 이후 config:clear로 캐시를 제거한다 해도 이미 그 시점에선 APP_ENV 환경변수의 효력이 끝났으므로 기본적으로 .env.production을 불러오지 않는다. 이후에 설정을 바꾼 다음 다시 캐시하고 싶다면 APP_ENV=production php artisan config:cache로 처리해야 올바르게 동작하게 된다.

```
php artisan config:cache
php artisan route:cache
php artisan view:cache
```

마지막으로 해야 하는 일은 /home/vagrant/app과 클론한 레포지토리를 연결하는 일이다. 이것을 처리하지 않으면 위에서 했던 일들은 의미가 없다.

```
ln -nfs {{ "$releases/$tag" }} {{ $app }}
```

이제 배포를 진행해보자. Php vendor/bin/envoy를 사용하여 처리할 수 있다. 또한 Enovy.blade.php에서 $tag, $key 를 변수로 받았으므로 그 또한 처리해주자. $tag는 Git tag이며 $key는 php artisan env:encrypt로 나온 Key값이다. 배포 과정에서 발생하는 주요 메시지만 표현해보면 다음과 같이 나타난다.

```
$ php vendor/bin/envoy run deploy --tag=v0.0.1 --key= base64:NrvciQ92dHTVQBXb5j3Y1mRYAjjOIUhhxMGJ7eJje7E=
# Homestead SSH
[vagrant@homestead]: Welcome to Ubuntu 20.04.4 LTS (GNU/Linux 5.4.0-124-generic x86_64)
# git clone
[vagrant@homestead]: Cloning into '/home/vagrant/releases/v0.0.1'…
# composer install
[vagrant@homestead]: Installing dependencies from lock file
# php artisan storage:link
[vagrant@homestead]: INFO  The [public/storage] link has been connected to [storage/app/public].
# php artisan env:decrypt --env=production
[vagrant@homestead]: INFO  Environment successfully decrypted.
[vagrant@homestead]: Decrypted file ........................................ .env.production
# npm ci
[vagrant@homestead]: added 30 packages, and audited 31 packages in 5s
# npm run build
[vagrant@homestead]: > build
[vagrant@homestead]: > vite build
# php artisan migrate
[vagrant@homestead]: INFO  Nothing to migrate.
# php artisan config:cache
[vagrant@homestead]: INFO  Configuration cached successfully.
# php artisan route:cache
[vagrant@homestead]: INFO  Routes cached successfully.
# php artisan view:cache
[vagrant@homestead]: INFO  Blade templates cached successfully.
```

배포가 된 이후에 app.homestead.test로 이동해서 제대로 동작하는지 확인해보자. 서비스에는 라라벨 디버그바가 비활성화되어 있다는 외관상의 가장 큰 차이가 있을 것이다. 디버그를 위한 각종 도구가 프로덕트에는 없으므로 퍼포먼스도 개발 프로젝트보다 더 빠를 것이다.

8.3 점검모드

Laravel Envoyer(https://envoyer.io)와 같은 도구로 무중단 배포(Zero Time Deployment)를 하지 않는 경우, 배포를 위한 점검모드를 처리할 수 있다. 점검모드를 하면 사용자의 모든 라우트에 특정한 화면으로 보이게 되므로 서비스가 점검 중이라는 것을 사용자에게 알릴 수 있다. php artisan down으로 점검모드로 전환할 수 있다. 점검모드에 진입하면 기본적으로 503 예외를 던진다.

```
$ php artisan down
```

점검모드에 진입하면 storage/framework/maintenance.php가 생성된다. 이 파일은 어디에서 쓰는가? 그 답은 public/index.php에서 찾아볼 수 있다. 점검모드를 해제하면 storage/framework/maintenance.php가 삭제되기 때문에 해당 파일이 존재하는 것만으로 점검모드인지 검사하고 있다.

```
if (file_exists($maintenance = __DIR__.'/../storage/framework/maintenance.php')) {
    require $maintenance;
}
```

점검모드에서 라라벨의 기본 503 예외 페이지가 아닌 다른 페이지를 제공하고 싶다면, --render 옵션을 사용할 수 있다.

```
$ php artisan down --render="errors::503"
```

점검모드에서 빠져나오려면 php artisan up으로 되돌릴 수 있다. Storage/framework/maintenance.php가 삭제되므로 public/index.php 에서 점검모드로 검사하지 않는다.

```
$ php artisan up
```

한층 더 나아가기

지금까지 학습한 내용은 라라벨의 기초이자 실무에서 많이 사용하게 될 내용이라고 할 수 있다. 하지만 더 한층 더 나아가서 라라벨에는 Laravel Jetstream과 같은 공식 인증 패키지뿐만 아니라 라라벨 생태계에서 유의미한 의미를 갖는 다양한 패키지도 있다. 추가적인 언급은 안 하겠지만 Stripe, Paddle을 사용한 결제 패키지인 Laravel Cashier(https://laravel.com/docs/10.x/billing)와 Road Runner와 같은 고성능 WAS(Web Applciation Server)를 구동할 수 있는 Laravel Octane(https://laravel.com/docs/10.x/octane)과 같은 패키지도 있다.

저자가 라라벨을 처음 배웠을 때인 라라벨 5.x에 비하면 라라벨의 생태계는 넓어졌고 다양해졌다. 따라서 이 책을 무사히 끝마쳤다면 이다음에서 공부할 만한 내용들을 소개하고자 한다. 라라벨에 충분히 익숙해졌다면 라라벨 생태계에 있는 패키지들을 익히는 데는 그렇게 오래 걸리지 않으며 각 패키지에 있는 공식문서만 봐도 충분하다. 아래에 이야기하는 내용들을 책에서 다뤘다면 분량이 2배는 더 늘어났을 것이고, 라라벨을 처음 접하는 독자에게 있어서는 진입장벽이 느껴지는 분량이 될 것이기 때문에 이후 과제로 남겨두었다. 지금까지 학습한 내용들을 잘 따라왔다면, 라라벨의 생태계를 추가적으로 익히는 것에는 큰 문제가 없을 것이다.

스타터 킷

라라벨 5.x에서는 php artisan make:auth라는 명령어로 기본적인 인증 스캐폴딩을 해주기도 하였는데, 이제는 보다 전문적인 패키지로 분리되었다. 이 책에서 이러한 인증 패키지들을 실습하지는 않았지만, 적어도 무엇인지는 알아 둘 필요가 있고, 이후의 인증과 관련된 학습 방향에 대해서도 알 수 있다.

라라벨의 공식문서에서 Starter Kits(https://laravel.com/docs/10.x/starter-kits)에 가보면 Laravel Breeze, Laravel Jetstream과 같은 패키지를 소개하는 것을 볼 수 있다. 지금까지는 어플리케이션의 인증과 관련된 기능들을 손수 만들었지만, 이러한 기능들이 이미 작성되어 있는 스캐폴딩(Scaffolding)이 존재한다. 이를 사용하면 완성되어 있는 인증과 관련된 기능, 예를 들면 로그인, 로그아웃, 이메일 인증, 비밀번호 재설정 같은 기능들을 쓸 수 있다. 따라서 다음 학습 과제로는 Brezze 또는 Fortify를 사용해볼 것을 권한다. Laravel Brezze, Laravel Jetstream, Laravel Fortify와 같은 스타터 킷을 설치해보면 느낌이 오겠지만, 사실 여기서 사용한 코드들은 이미 우리가 수동으로 인증 기능을 구현하면서 경험해본 것들이기 때문에 스타터 킷을 사용하지 않더라도 크게 문제는 없다. 결국 커스터마이징을 하려면 또 다른 수고를 들여야한다. 개인적으로는 코드의 이해도와 유지보수의 용이성이라는 관점에서 수동으로 인증 기능을 구현하는 것을 선호한다. 시도해보고 싶다면 Breeze, Fortify, Jetstream 를 차례대로 살펴볼 것을 권한다.

- Laravel Brezze
- Laravel Jetstream
- Laravel Fortify

Laravel Breeze는 라라벨의 기본적인 인증과 관련된 기본적인 스캐폴딩을 제공한다. 로그인, 이메일 인증, 비밀번호 재설정과 같은 부분을 수동으로 직접 구현하지 않고도 미리 어느 정도 구현이 되어있어서 개발자는 약간의 설정이나 로직만 건드리면 구현할 수 있도록 하는 것이다. 프론트엔드가 포함되어 있어서 TailwindCSS를 사용하고, 필요하다면 자바스크립트 프레임워크인 React, Vue를 사용하여 처리하는 것도 가능하다.

Laravel Jetstream(https://jetstream.laravel.com)은 Laravel Brezze에서 한층 진화된 패키지이며, 더 강력한 기능을 제공한다. 2FA(2FA, Two-factor authentication), Laravel Sacntum을 사용한 API 토큰을 사용하여 인증할 수 있으며, 분량이 상당하여 별도의 문서로 분리가 되어있다. 다소 난이도가 있기 때문에 Jetstream을 사용하기 전에 Brezze를 사용하여 감을 익히는 것이 좋다.

Laravel Fortify는 스타터 킷에 포함되는 것은 아니지만, 다소 관련이 있는데, 프론트엔드 부분은 제외된 백엔드 인증을 제공하기 때문이다. 그러나 Laravel Jetstream을 사용한다면 이미 어플리케이션에 대한 전체적인 인증 로직이 포함되어 있기 때문에 Laravel Fortify는 설치할 필요가 없다. Fortify는 그저 백엔드 구현만을 가지고 있어서 프론트엔드에 관계없이 사용할 수 있다. 프론트엔드가 포함된 스타터 킷이 싫다면 사용해 봄 직하다. 스타터 킷을 사용하지 않은 상태로 라라벨의 백엔드 인증 구현을 위해서는 수동 인증을 사용하거나 Fortify를 사용하는 두 옵션이 있으므로 스타터 킷을 사용하는 것이 싫다면 사용해보는 것도 나쁘지 않다.

토큰

세션과 같은 상태를 가지고 있는 인증이 아닌 무상태(Stateless)를 전제조건으로 하는 토큰과 관련된 라라벨 인증 패키지에 대해 알아보자. JWT(Json Web Token), 그리고 간단한 API 인증을 위한 Laravel Sanctum과 OAuth2 서버를 구축하기 위한 Laravel Passport가 있다. 라라벨 생텀과 JWT는 이미 한 번 해보았으므로 생략하자.

- Laravel Sanctum
- Laravel Passport
- JWT(Json Web Token)

Laravel Passport를 사용하면 OAuth2 인증을 위한 서버를 구현할 수 있다. 사용자에게 Client ID, Client Secret Key를 제공하고 엑세스 토큰을 발급하고 토큰에 따라 권한을 설정한다. OAuth2 서버를 직접 구현할 일은 많지 않지만 기회가 된다면 사용해보자.

큐

큐(Queue)는 이벤트, 알림, 메일, 브로드캐스팅에서 큐를 사용한 바 있는데, 아직 라라벨에서 큐를 사용하는 방법은 많이 남아있다. 큐에 넣을 수 있는 작업을 기본적으로 Job이라고 하고, Job을 큐에 넣거나 순서대로 체이닝할 수도 있으며 다수의 Job을 대상으로 배치 프로세싱을 할 수도 있다. 라라벨에서 사용하는 큐를 더 알아보는 것은 이벤트, 알림, 메일, 브로드캐스팅 이외의 작업을 큐에 넣어서 처리해야 할 일이 있을 때 사용하면 된다. 예를 들어서 대용량의 파일을 업로드하거나 통계, 보고서를 생성해서 받아야 할 때 그 작업들을 큐로 보낼 수 있다. 사용자는 작업이 완료될 때까지 다른 일을 할 수 있으며 작업이 어디까지 완료되었는지 상황을 확인할 수 있도록 처리할 수 있다. 이러한 일들을 처리할 수 있는 것이 큐라고 볼 수 있다. 이러한 내용은 입문이 아닌 심화 기능이므로 필요할 때 살펴볼 수 있다.

프론트엔드

블레이드에서 제공하는 컴포넌트(Component)는 뷰에서 제공하는 심화 기능이며 기존에 @include로 처리했던 것들 중에 일반화가 가능한 것들은 컴포넌트로 별도로 분리해서 사용하는 것이 가능하다. 이메일과 관련된 템플릿에서 간단하게나마 사용해 본 적이 있다. 레이아웃도 지금 작업한 방식으로도 가능하지만, 컴포넌트로 레이아웃을 처리하는 것도 가능하다. 컴포넌트는 블레이드의 공식문서(https://laravel.com/docs/10.x/blade#components)에서 섹션이 따로 분리되어 있으므로 더 나아가고 싶다면 읽어보자.

Laravel Livewire(https://laravel-livewire.com)는 자바스크립트 프레임워크 대신에 사용할 수 있는 프론트엔드 기술이다. 특히 프론트엔드가 있는 스타터 킷의 경우 라이브와이어를 쓰는 방식으로도 처리할 수 있기 때문에 이 또한 알아두면 도움이 된다. CSS 프레임워크로는 TailwindCSS(https://tailwindcss.com)가 자주 사용된다.

- Component
- Laravel Livewire(or inertia.js)
- TailwindCSS

배포

이 책에서는 서버를 구축하고 직접적으로 라라벨을 배포하는 일은 별도로 언급하지 않았다. 라라벨은 컴포저, PHP의 확장 및 버전만 잘 맞춰주더라도 대부분의 서버에서 잘 동작하고, 조건만 맞는다면 국내 웹 호스팅에도 올릴 수 있다. 라라벨 생태계에는 서버를 생성하고 관리하기 위한 서비스 및 도구들이 있는데, 다음과 같다.

- Laravel Forge
- Laravel Vapor
- Laravel Envoyer

서버 프로비저닝 및 배포를 위한 Laravel Forge(https://forge.laravel.com), 그리고 서버리스를 위한 Laravel Vapor (https://vapor.laravel.com), 이 둘은 라라벨의 공식문서에 나와있는 서비스이며 기본적으로는 유료이다. 무중단 배포를 위한 Laravel Envoyer(https://envoyer.io) 또한 유료 서비스이다. 따라서 서버를 프로비저닝하고 배포하는 일은 위의 서비스를 사용하는 것이 가장 좋은 방법이라고 볼 수 있다.

테스트

테스트에서 사용하지 않은 패키지가 있는데, 바로 Laravel Dusk(https://laravel.com/docs/10.x/dusk)다. 라라벨 더스크는 e2e(End-to-End)테스트로 사용하며 실제로 사용자가 브라우저에 접속하여 하는 행동들을 시뮬레이션하는 것이 가능하다. 폼에 값을 입력하고 버튼을 누르거나 스크린샷을 찍고, 링크를 누르는 등의 마치 매크로 같은 일을 할 수 있다. 즉, 브라우저를 자동화할 수 있는 것이다.

- Laravel Dusk

마이크로 프레임워크

라라벨보다는 소규모 API에 조금 더 적합한 Laravel Lumen(https://github.com/laravel/lumen)이라는 마이크로프레임워크가 존재한다. 라라벨과 사용법은 비슷하지만, 라우트 작성법 등 약간의 차이가 있고 제공하는 기능도 상당히 한정적이라고 볼 수 있다. 마이크로프레임워크라서 브라우저를 클라이언트로 사용하는 웹 서비스 용도로는 사용하지 않는다.

- Laravel Lumen

콘솔

라라벨의 공식 패키지는 아니지만 CLI 어플리케이션을 개발하기 위한 Laravel Zero(https://laravel-zero.com)라는 프레임워크가 있다. 이 또한 라라벨에 익숙하다면 익히는 것에 큰 문제 없고 라라벨의 아티즌 콘솔 기능을 별도로 분리한 느낌이라고 보면 된다. CLI 어플리케이션을 개발할 때 다른 언어와 프레임워크가 아닌 라라벨에 익숙한 것을 사용하고 싶다면 사용해볼 것을 추천한다.

- Laravel Zero

대시보드

대시보드와 관련된 패키지는 Laravel Nova(https://nova.laravel.com)와 Laravel Voyager(https://voyager.devdojo.com)가 있다. 여기서의 대시보드라는 것은 서비스에 있는 데이터를 전체적으로 관리할 수 있는 슈퍼유저를 의미한다. 따라서 이는 서비스의 사용자가 보는 페이지가 아니라 서비스 운영자가 보는 대시보드를 구축하기 위한 솔루션이라 볼 수 있다. 둘 다 본격적으로 사용해 본 적은 없지만 Laravel Nova는 유료이며 주소에 laravel.com이 붙어 있으므로 라라벨의 정식 서비스라고 볼 수 있다. 반면에 Laravel Voyager는 오픈소스이고, 라라벨의 정식 서비스라고는 볼 수 없지만, 대시보드로서는 충분히 강력하기 때문에 프로덕트에서도 충분히 사용할 가치를 가지고 있다. 그밖에도 사용해볼 만한 솔루션으로는 Laravel Backpack(https://backpackforlaravel.com), Laravel Admin(https://laravel-admin.org)과 같은 어드민 대시보드를 구축할 수 있는 솔루션들이 있다. 오픈소스에 한해 조건부 무료인 경우도 있지만 대체로 유료이다.

- Laravel Nova
- Laravel Voyager
- Laravel Admin
- Laravel Backpack

버전

라라벨의 버전을 올리고 싶다면 어떻게 하면 좋을까? 이를테면 라라벨 9.x에서 10.x로 올리고 싶다면 일일이 변경점을 대조해가면서 해야 할까? 이럴 때를 위해 준비된 좋은 도구가 있는데, 바로 Laravel Shift(https://laravelshift.com)다. Laravel Shift 는 버전을 마이그레이션해주는 멋진 도구이다. 유료이기는 하지만, 수동으로 하나씩 체크해가며 하는 것보다 생산성 향상에 있어서 큰 도움이 된다. 깃허브에 PR(Pull Requests)로 주기 때문에 변경점도 확인할 수 있다는 장점이 있다. 의존성 버전도 점검할 수도 있다.

- Laravel Shift
- Laravel Shift(Upgrade Checker, Dependency Upgrader)

Laravel Shift는 단순히 최신버전으로 마이그레이션하기 위해서만 사용되는 것은 아니다. 내부적으로 존재하는 서비스 중에는 유용한 것도 많은데, 코드 품질 개선에 도움이 되는 것들이 있다.

- Laravel Shift(Laravel Fixer & Laravel Linter)
- Laravel Shift(Tests Generator)

Laravel Linter는 무료이고 Laravel Fixer는 유료인데, Laravel Linter는 프레임워크의 코드에서 문제가 발생할 만한 사항을 점검해주며 Laravel Fixer는 Laravel Linter로 체크된 수정사항을 수정해주는 역할까지 해준다.

Tests Generator 는 모델 팩토리와 테스트를 자동으로 생성해주는 일을 해준다. 마찬가지로 유료 서비스이므로 여유가 된다면 사용해보는 것도 나쁘진 않다.

코드 품질

코드를 리뷰하고 품질을 향상시키려면 어떻게 해야할까? 언어 차원의 문제로서 PHP 최신버전을 쓰는 일은 당연히 해야 하는 일이겠지만, 그 외에 코드 품질의 주요 점검 사항으로는 테스팅, 코딩 스타일, 정적분석이 있다. 물론 이것만으로는 비즈니스 로직 상의 설계 문제나 버그까지 완벽하게 잡아낼 수는 없다. 테스트를 아무리 해도 아직 알려지지 않은 버그는 잡아낼 수 없는 것과 마찬가지다. 하지만 코드 품질을 신경쓰냐 안 쓰냐의 차이는 상당히 크다. 버그와는 별개의 문제이기 때문이다. 테스트 이야기는 많이 했기 때문에 생략하기로 하고, 코드의 품질을 리뷰하기 위한 다양한 도구들이 있는데, 라라벨을 위한 코드 품질 개선 도구로 대표적인 것들을 간단하게 이야기해보면 다음과 같다.

- Laravel Pint(Coding Standard)
- Larastan(Static Analysis)

Laravel Pint(https://laravel.com/docs/10.x/pint)는 PHP 코딩 스타일 점검 도구인 PHP CS Fixer(https://github.com/PHP-CS-Fixer/PHP-CS-Fixer)를 기반으로 하는 라라벨의 공식 코딩 스타일 점검 도구이다. Preset이 Laravel로 맞춰져 있으므로 PSR-12와는 다른 스타일이 요구되는데, Laravel Pint를 사용하면 라라벨에서 설정한 코딩 스타일과 다른 것이 있을 때 고쳐주고 그 부분은 어디인지 테스트할 수도 있다. 사용법도 간단하므로 공식문서를 참고하면 금방 따라 할 수 있다.

Larastan(https://github.com/nunomaduro/larastan)은 Laravel 의 정적분석 도구이다. 잠정적으로 버그가 일어날 만한 코드를 사전에 잡아주는 일을 한다. PHP의 정적분석 도구로 유명한 PHPStan(https://github.com/phpstan/phpstan)의 확장이라고 보면 된다. Larastan의 개발자는 라라벨의 메인테이너 중 한 명이므로 큰 의심 없이 사용할 수 있다. PHPStan을 기반으로 하고 있으므로 일단은 PHPStan의 사용법과 개념을 대략적으로 이해하고 있어야 한다. 진입장벽이 있으므로 처음에는 설정하기 어려울 수도 있다.

찾아보기

ㄱ

가시성	573
검색	508
검색엔진	509
게이트	274
공개채널	472
관계	254
권한	173, 274
글로벌 스코프	493
기능 테스트	90

ㄷ

다국어	124, 143, 148, 219, 519
다형성 관계	324
단반향 해싱	151
단위 테스트	90
단일 액션 컨트롤러	40
대량 할당-Mass Assignment	119
데이터베이스	102
동기화	294
디스크	357

ㄹ

라라벨 Mix	96
라라벨 디버그바	71
라라벨 발렛	65
라라벨 생텀	531
라라벨 세일	65
라라벨 소셜라이트	202
라라벨 스카우트	510
라라벨 인스톨러	23
라라벨 텔레스코프	85
라라벨 팅커	74
라라벨 호라이즌	412
라라벨 홈스테드	65
라우터	35, 126
라우트	126
라우트 미들웨어	41
라우트 키	255
라우팅	39, 126
레이트 리미터	592
레코딩	548
로그 레벨	77
로그 채널	75
로컬 스코프	493
로케일	124, 145, 519
리소스	574, 580
리소스 컨트롤러	258
리소스 컬렉션	580

ㅁ

마이그레이션	86, 105
매크로	204, 399, 543
메서드 스푸핑	243
명시적 바인딩	270
모델	31, 107
모델 가지치기	379
모델 팩토리	109
목킹	184, 208
무상태	531
묵시적 바인딩	260, 269
미들웨어	41, 127
미들웨어 그룹	41, 130

ㅂ

변이자	364
변환 레이어	574
별칭	56

부트스트래핑	36, 51
뷰	34, 120
브로드캐스팅	463
블레이드	34, 121
비밀번호 유효성 검사	148
비밀번호 재설정	213
비밀번호 확인	231
비밀키	193, 605

ㅅ

사용자 정의 규칙	147
사용자 정의 폼 요청	172
서비스 레이어	550
서비스 컨테이너	43
서비스 프로바이더	49
세션	152
소셜 로그인	193
소프트 삭제	277, 325
스코핑 리소스 라우트	310
스트리밍	359
승인채널	472
시딩	111, 257
실시간 파사드	58
싱글 리소스	240
싱글톤 라우트	240

ㅇ

아티즌	25, 482
아티즌 커맨드	482
알림	181, 430
알림 브로드캐스팅	477
암호화	153, 338, 606, 628
얕은 중첩 리소스 라우트	309
에셋 번들링	95
예외	79
엘로퀀트	33, 117
엘로퀀트 이벤트	347
엘로퀀트 컬렉션	394
오토 와이어링	44
옵저버	170

외래키	255
요청 파라매터	151
웹소켓	463
유효성 검사	139
유효성 검사 규칙	141
의존성	42
의존성 주입	42
이메일 알림	434
이메일 인증	158
이메일 전송	161, 213, 424, 489
이벤트	160, 170
이벤트 리스너	170
인가	196
인덱스	274

ㅈ

자기포함(Self-Contained)	604
작업 스케줄러	504
작업 스케줄링	501, 504
전 미들웨어	133
전역 미들웨어	130
전자서명	167, 604
점검모드	633
접근자	364, 573
정적 프록시	56
정책	275
중간 테이블	292
중첩 리소스 컨트롤러	308
즉시 로딩	265, 299, 342
지시어	34
지연된 서비스 프로바이더	54
직렬화	569
집계	340

ㅊ

치환자	143

ㅋ

캐스팅	338
캐시	583

커널	37
컨트롤러	35, 40, 126
컬럼 수정자	200
컬렉션	115, 394
컬렉션 매크로	399
컴포넌트	437
컴포저	20
쿼리 스코프	493
쿼리빌더	114
큐	408, 425, 443, 452, 464
큐 워커	411
큐 커넥션	409, 425
크론	501
클레임	605

ㅌ

테스트	90
테스트 커버리지	94

ㅍ

파사드	55
파일 다운로드	360, 372
파일 스토리지	356
파일 업로드	356, 374
페이지네이션	265, 399, 517, 556
프레젠스 채널	473
프론트 컨트롤러	36, 45, 51
플래시 메시지	157, 219

ㅎ

해싱	151, 180, 229, 360, 536, 589, 605
헬퍼함수	44, 59
환경변수	26, 470, 628
후 미들웨어	133

A

abort()	79
abort_if()	79
abort_unless()	79
Access Token	196, 526, 613
API	549
API 리소스	574
app()	44
APP_DEBUG	26, 628
APP_ENV	27
APP_KEY	25, 153, 339
AppServiceProvider	49
Artisan 파사드	488
auth 미들웨어	128, 132
Auth 파사드	153, 225
auth()	153
auth:sanctum 미들웨어	549
Authenticatable	32, 108
Authroization	543, 604
Axios	602

B

back()	142
Base64 URL-safe Encode	605
BroadcastMessage	478

C

Cache 파사드	585
cache()	585
cache.headers 미들웨어	588
CanResetPassword 인터페이스	213
CanResetPassword 트레이트	213
Carbon	337
Castable 인터페이스	368
CastsAttributes 인터페이스	366
Code Grant	196
collect()	115
config()	27
config:cache	630
confirmed 규칙	221, 243
ConvertEmptyStringsToNull 미들웨어	141
CSRF(Cross Site Request Forgery)	139, 598

D

DatabaseSeeder	111
dd()	116
debug()	73
DelegatesToResource 트레이트	576
dimensions 규칙	376
dump()	116

E

email 규칙	141
EmailVerificationRequest	164, 172
EnsureEmailIsVerified 미들웨어	168
env()	27
Etag	587
Event 파사드	179
event()	171
EventServiceProvider	170, 349, 446
exists 규칙	188

F

fake()	110
file 규칙	376
Form Requests	172

G

Gate 파사드	274
guest 미들웨어	131
Guzzle HTTP	542

H

HasApiTokens 트레이트	533
HasFactory 트레이트	112
Hash 파사드	152
HATEOAS(Hypermedia as the Engine of Application State)	529
Higher Order Messages	396
HTTP Method	137
HTTP 상태코드	528
HTTP 파사드	542

I

image 규칙	376

J

JsonResource	575

L

Laravel Contracts	60
Laravel Echo	470
Laravel Lang	144
laravel new	23
Laravel Query Detector	265
Laravel Websockets	464
LARAVEL_ENV_ENCRYPTION_KEY	628
LARAVEL_START	36
LengthAwarePaginator	400, 517
Log 파사드	77

M

Mail 파사드	424
Mailable	416
mailhog	158
MailMessage	435
MessageBag	143
mimes 규칙	376
mimetypes 규칙	376
MustVerifyEmail 인터페이스	159, 165, 447
MVC(Model, View, Controller)	30

N

Notifiable 트레이트	214, 432
Notification 파사드	434
npm run build	98, 471, 632
npm run dev	97

O

OAuth2	194
old()	139

P

Paginator	267, 400
Password 규칙	148
Password 파사드	218, 224
password.confirm 미들웨어	234
PasswordBroker	218
PasswordBrokerManager	224
PasswordReset 이벤트	221
PDO(PHP Data Object)	114
Personel Access Token	526
php artisan config:cache	630
php artisan db:seed	113
php artisan down	633
php artisan env:encrypt	628
php artisan help	26
php artisan jwt:secret	607
php artisan key:generate	25
php artisan lang:add	145
php artisan lang:publish	124
php artisan lang:rm	145
php artisan list	25
php artisan make:cast	366
php artisan make:channel	475
php artisan make:command	482
php artisan make:controller	40
php artisan make:event	450
php artisan make:exception	82
php artisan make:listener	450
php artisan make:mail	416
php artisan make:middleware	234
php artisan make:model	253
php artisan make:notification	430
php artisan make:observer	349
php artisan make:request	175
php artisan make:resource	574
php artisan make:rule	147
php artisan make:scope	493
php artisan make:seeder	112
php artisan make:test	176
php artisan migrate	87
php artisan migrate:refresh	107
php artisan migrate:rollback	107
php artisan model:prune	382
php artisan queue:failed-table	410
php artisan queue:listen	412
php artisan queue:table	410
php artisan queue:work	412
php artisan route:cache	630
php artisan route:list	137
php artisan schedule:run	505
php artisan schedule:work	504
php artisan scout:flush	512
php artisan scout:import	512
php artisan serve	24
php artisan session:table	155
php artisan storage:link	358
php artisan up	633
php artisan vendor:publish	72
php artisan view:cache	631
Prunable 트레이트	380
PSR-4 Autoloader Standard	36

R

RedirectResponse	142
RefreshDatabase 트레이트	176
regex 규칙	147
Registered 이벤트	160, 170, 446
report()	79
required 규칙	140
ResetPassword 알림	226
resolve()	45
REST(Representational State Transfer)	526
RESTful API	527
route()	120
RouteServiceProvider	126, 130

S

Searchable 트레이트	511

SendEmailVerificationNotification	170, 446
Session 파사드	156
session()	156
ShareErrorsFromSession 미들웨어	143
ShouldBroadcast 인터페이스	472
ShouldQueue 인터페이스	425, 443, 452, 477
signed 미들웨어	167
Socialite 파사드	202
SoftDeletes 트레이트	325
SPA 인증	596
StartSession 미들웨어	153
StatefulGuard	153
Storage 파사드	359
storage_path()	357

T

TelescopeServiceProvider	88
throttle 미들웨어	595
to_route()	159
trans()	125
TrimStrings 미들웨어	140

U

UploadedFile 클래스	360, 377
url()	120

V

Vagrant	67
ValidationException	142
Validator 파사드	141
verified 미들웨어	160, 168
VerifyCsrfToken 미들웨어	139
view()	39
VirtualBox	66
Vite	95

W

WithFaker 트레이트	176

X

WithFaker 트레이트	176

특수문자

@if	35, 120
@yield	122
@section	122
@show	123
@parent	123
@lang	125
@extends	122
@csrf	139
@error	143
@method	243
@can	278
@auth	35
@vite	98
@forelse	516
@each	207
@foreach	207
@slot	440
@servers	625
@setup	625
@task	626
$errors	143
$exception	82
__()	125

어썸 라라벨
실전 프로젝트로 배우는 라라벨 입문서

출간일 | 2023년 3월 30일 | 1판 1쇄

지은이 | 정상우
펴낸이 | 김범준
기획·책임 편집 | 김수민·유명한
교정교열 | 양하진
편집디자인 | 이승미
표지디자인 | 디자인빽

발행처 | 비제이퍼블릭
출판신고 | 2009년 05월 01일 제300-2009-38호
주소 | 서울시 중구 청계천로 100 시그니처타워 서관 9층 949호
주문/문의 | 02-739-0739   **팩스** | 02-6442-0739
홈페이지 | https://bjpublic.co.kr   **이메일** | bjpublic@bjpublic.co.kr

가격 | 37,000원
ISBN | 979-11-6592-187-3 (93000)
한국어판 ⓒ 2023 비제이퍼블릭

이 책은 저작권법에 따라 보호받는 저작물이므로 무단 전재와 무단 복제를 금지하며,
내용의 전부 또는 일부를 이용하려면 반드시 저작권자와 비제이퍼블릭의 서면 동의를 받아야 합니다.
잘못된 책은 구입하신 서점에서 교환해드립니다.